미림원
조리기능사
필기 총정리

NCS 학습모듈 완벽 분석 정리

조리사를 위한 통합 기본서
미림원 조리기능사
필기 총정리

조리기능장 **차 원 · 한인경 · 이윤선 · 이순란** 저

한식 | 양식 | 중식 | 일식 | 복어

차 례

Part 01 공통 편

Chapter 01 위생관리

- 01 개인위생관리 ······ 10
- 02 식품위생관리 ······ 13
- 03 주방위생관리 ······ 23
- 04 식중독 관리 ······ 26
- 05 공중보건 ······ 31
- 06 식품위생 관계법규 ······ 45
- **위생관리 TEST** ······ 54

Chapter 02 안전관리

- 01 개인안전관리 ······ 88
- 02 작업안전관리 ······ 89
- 03 작업장 환경관리 ······ 90
- 04 작업장 안전관리 ······ 90
- **안전관리 TEST** ······ 92

Chapter 03 재료관리

- 01 식품재료의 성분 ······ 94
- 02 식품의 색, 냄새, 맛 ······ 111
- 03 식품과 효소 ······ 117
- 04 식품의 저장관리 ······ 123
- 05 재고관리 ······ 126
- **재료관리 TEST** ······ 130

Chapter 04 구매관리

01 시장조사 및 구매관리 ········ 154
02 검수관리 ········ 160
03 원가 ········ 162
구매관리 TEST ········ 168

Chapter 05 기초조리실무

01 조리의 개요 ········ 174
02 식품의 조리와 성분변화 ········ 175
03 조리의 기본기술 및 조리설비 ········ 184
04 식품의 가공 및 저장 ········ 192
기초조리실무 TEST ········ 199

Part 02 종목 편

Chapter 01 한식

6. 한식 기초조리실무

01 기본 조리조작 ········ 222
02 한식의 기본 양념 ········ 225
03 한식의 고명, 향신료 ········ 227
04 한식의 기본 육수 ········ 230
05 한국음식의 종류 및 상차림 ········ 231
한식 기초조리실무 TEST ········ 233

6-1. 한식 조리

01 한식 밥조리 ········ 234
02 한식 죽조리 ········ 235
03 한식 국·탕조리 ········ 236
04 한식 찌개조리 ········ 238
05 한식 전·적조리 ········ 239
06 한식 생채·회조리 ········ 240
07 한식 조림·초조리 ········ 242
08 한식 구이조리 ········ 243
09 한식 숙채조리 ········ 244
10 한식 볶음조리 ········ 246
한식 조리 TEST ········ 247

Chapter 02 양식

7. 양식 기초조리실무

01 기본 조리조작 ········· 254
02 기본 조리법 및 조리 방법 ········· 255
03 조리기구의 종류와 용도 ········· 257
양식 기초조리실무 TEST ········· 259

7-1. 양식 조리

01 양식 스톡조리 ········· 260
02 양식 전채조리 ········· 263
03 양식 샌드위치조리 ········· 266
04 양식 샐러드조리 ········· 269
05 양식 조식조리 ········· 274
06 양식 수프조리 ········· 278
07 양식 육류조리 ········· 282
08 양식 파스타조리 ········· 284
09 양식 소스조리 ········· 288
양식 조리 TEST ········· 291

Chapter 03 중식

8. 중식 기초조리실무

01 기본 조리조작과 중국 요리의 특징 ········· 300
02 조리기구의 종류와 용도 ········· 302
03 물을 사용하는 조리법 ········· 304
04 기름을 사용하는 조리법 ········· 306
05 증기를 사용하는 조리법 ········· 307
중식 기초조리실무 TEST ········· 309

8-1. 중식 조리

01 중식 절임 · 무침조리 ········· 310
02 중식 육수 · 소스조리 ········· 314
03 중식 튀김조리 ········· 316
04 중식 조림조리 ········· 321
05 중식 밥조리 ········· 322
06 중식 면조리 ········· 324
07 중식 냉채조리 ········· 328
08 중식 볶음조리 ········· 331
09 중식 후식조리 ········· 333
중식 조리 TEST ········· 334

Chapter 04 일식·복어

9. 일식 기초조리실무

01 기본 칼 기술습득하기 ·········· 342
02 일식 조리 도구의 종류 및 계량 ·········· 345
03 일식 조리의 특징 ·········· 346

복어 기초조리실무

01 기본 썰기 및 양념 ·········· 348
02 복어 기본재료 및 조리도구 ·········· 351
03 식재료에 따른 조리원리 ·········· 353
일식·복어 기초조리실무 TEST ·········· 355

9-1. 일식 조리

01 일식 무침조리 ·········· 357
02 일식 국물조리 ·········· 358
03 일식 조림조리 ·········· 358
04 일식 면류조리 ·········· 360
05 일식 밥류조리 ·········· 361
06 일식 초회조리 ·········· 363
07 일식 찜조리 ·········· 364
08 일식 롤·초밥조리 ·········· 366
09 일식 구이조리 ·········· 368
일식 조리 TEST ·········· 371

9-2. 복어 조리

01 복어와 부재료 손질 ·········· 375
02 복어 양념장준비 ·········· 377
03 복어 껍질 초회조리 ·········· 378
04 복어 죽조리 ·········· 380
05 복어 튀김조리 ·········· 383
06 복어 회 국화모양조리 ·········· 386
복어 조리 TEST ·········· 389

부록 1 기출모의고사 1~5회 ·········· 393
부록 2 자기진단테스트 ·········· 445

PART 01 공통 편

Chapter 01 위생관리

Chapter 02 안전관리

Chapter 03 재료관리

Chapter 04 구매관리

Chapter 05 기초조리실무

Chapter 01

위생관리

01 | 개인위생관리

01 개인위생관리기준

1. 조리종사원의 위생
조리종사원은 식품의 입고에서부터 피급식자에게 음식이 제공되기 까지의 전 과정에서 음식을 오염 시킬 수 있으므로 안전한 먹거리를 제공하기 위해 위생적인 식품 취급에 대한 지식과 기술 및 태도 훈련이 중요하다.

2. 조리종사원의 건강진단(식품위생법 제40조)
총리령으로 정하는 영업자 및 그 종업원은 건강진단을 받아야 한다. 건강진단을 받지 아니한 자나 건강진단결과 타인에게 위해를 끼칠 우려가 있는 질병이 있는 자는 그 영업에 종사하지 못한다.

3. 건강진단 결과 관리
① 검진주기는 1년
② 검진주기는 건강진단서 검진일 기준으로 산정
③ 영업주는 영업시작 전, 종업원은 영업에 종사하기 전 검진을 받아야 함
④ 신입 직원은 근무 시작 전에 건강진단서를 미리 받아야 함
⑤ 건강진단서 원본을 항상 소지하고 근무하여야 함
⑥ 건강진단서 유효일자 만기 전에 미리 검진을 받아야 함

4. 개인위생 관리기준
작업장이 15℃ 이하의 온도로 유지되고 있는지 수시로 확인함

5. 영업에 종사하지 못하는 질병의 종류
① 콜레라, 장티푸스, 파라티푸스, 세균성이질, 장출혈성대장균감염증, A형간염
② 결핵(비감염성인 경우 제외)
③ 피부병 또는 그 밖의 화농성 질환
④ 후천성면역결핍증('감염병의 예방 및 관리에 관한 법률'에 의하여 성매매감염병에 관한 건강진단을 받아야 하는 영업에 종사하는 자에 한함)

02 식품위생개론

1. 식품위생

(1) 식품위생의 정의

식품위생이란 식품원료의 재배·생산·제조로부터 유통과정을 거쳐 최종적으로 사람에게 섭취되기까지의 모든 단계에 걸친 식품의 안전성·보존성·악화방지를 위해 취해지는 모든 수단을 말한다.

(2) 식품위생의 목적

식품으로 인한 위생상의 위해 방지와 식품영양의 질적 향상을 도모함으로써 국민보건의 향상과 증진에 기여한다고 밝히고 있다.

(3) 식품위생의 대상

식품위생이라 함은 식품, 식품첨가물, 기구 또는 용기와 포장을 대상으로 하는 음식에 관한 위생을 말한다.

2. 식품위생 행정기구

(1) 중앙기구

① **식품의약품안전처** : 식품, 의약품, 독성연구, 안전관리, 검장, 평가를 한다.
② **질병관리청** : 식품위생 행정을 보조하는 조사·연구를 하는 기관이다.
③ **보건복지부** : 식품위생에 관한 업무의 총괄, 조사, 기획 등을 주관한다.
④ **농림축산식품** : 농산·축산, 식량·농지·수리, 식품산업진흥, 농촌개발 및 농산물 유통에 관한 사무를 관장한다.
⑤ **해양수산부** : 해양정책, 수산물 유통, 해운·항만, 해양 조사, 해양 수산 자원 개발, 해양 과학 기술 연구·개발 및 해양 안전 심판에 관한 사무를 맡아 본다.

(2) 지방기구

① **식품위생 감시원** : 특별시·광역시·도의 보건복지과에서 식품위생 행정을 담당하고 있으며, 그 관하의 군청이나 구청의 위생과에서 말단의 위생 행정업무를 담당한다.
② **보건소** : 관할 영업소 종사자에 대한 건강진단과 위생강습, 식중독의 역학적 조사를 하고 있다.
③ **보건환경연구원** : 시·도 식품의 위생검사를 담당하고 있다.

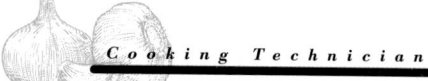

(3) 세계보건기구(WHO : World Health Organization)

① **창설** : 1948년 4월 7일 창설

② **본부** : 스위스 제네바에 있으며 6개의 지역사무소를 구성

③ **우리나라 가입** : 1949년 8월 17일 (65번째 회원국으로 가입)

④ **주요기능**
- 회원국에 대한 기술지원 및 자료 공급
- 국제적인 보건사업의 지위 및 조정
- 전문가 파견에 의한 기술 자문활동

02 식품위생관리

01 식품과 미생물

1. 미생물의 종류

(1) 바이러스

여과성 병원체로서 극히 작아 전자현미경으로 그 모양을 볼 수 있는 것으로 천연두, 인플루엔자, 일본뇌염, 광견병, 소아마비 등이 이 병원체이다.

(2) 리케차

세균과 바이러스의 중간에 속하는 것으로 원형, 타원형 등의 모양이다. 2분법으로 증식하며 운동성이 없고 살아 있는 세포 속에서만 증식한다. 발진열, 발진티푸스의 병원체이다.

(3) 스피로헤타

나선형이며 항상 운동을 하고 있다. 매독균, 재귀열, 서교증, 와일씨병 등의 병원체이다.

2. 미생물 생육에 필요한 조건

미생물의 생육에 필요한 환경요인으로는 영양소, 수분, 온도, pH, 산소 등을 들 수 있다.

(1) 영양소

필요한 양이 충분히 공급되어야 한다.

(2) 수분

미생물 종류에 따라 다르나 보통 40% 이상 있어야하고 그 이하가 되면 상당히 저해를 받는다. 생육에 필요한 수분량은 세균 〉 효모 〉 곰팡이의 순이다.

(3) 온도

일반적으로 0℃ 이하와 80℃ 이상에서는 발육하지 못하고 고온에서 보다 저온에서 저항력이 강하다. 저온균은 발육가능 최적온도가 15~20℃인 균이며 중온균은 발육가능 최적온도가 27~37℃인 균이고 고온균은 발육가능 최적온도가 50~60℃인 균이다

(4) pH(수소이온 농도)

일반적으로 곰팡이와 효모는 최적 pH가 4.0~6.0으로 산성쪽에서 잘 자라고 세균은 최적 pH가 6.5~7.5로 보통 중성 내지 약알칼리성에서 잘 자란다.

(5) 산소

보통 고등동물은 호흡을 위해서 산소를 요구하지만 산소를 필요로 하는 것도 있고, 산소가 있으면 오히려

저해를 받는 것도 있다.
① **호기성균** : 산소를 요구하는 균(곰팡이, 효모, 식초산균)
② **혐기성균** : 산소를 필요로 하지 않는 균(낙산균)
- **통성혐기성균** : 산소가 있거나 없거나 관계없이 발육하는균(젖산균)
- **편성혐기성균** : 혐기성균 중에서 산소를 절대적으로 기피하는 균

02 식품과 기생충병

1. 선충류에 의한 감염과 그 예방법

종류	회충, 편충	주로 분변 오염된 채소를 통하여 경구 감염됨
	구충 (십이지장충 = 채독벌레)	노출된 피부를 통한 경피 감염과 채소를 통하여 경구 감염됨
	요충	맹장 부위에 기생하며 항문 주위에 낳은 알이 유충이 되어 기어 다니면서 불쾌감과 집단감염을 유발함
	동양모양선충	감염유충은 저항력과 내염성이 강하여 절인 채소에도 부착하여 경구·경피감염이 됨
예방법	• 청정채소(인분을 사용하지 않고 화학비료만으로 농사지은 채소)를 보급하거나 채소를 충란이 완전히 제거되도록 흐르는 물이나 합성세제를 이용하여 철저히 세척한다. • 분변의 완전처리를 하거나 채소재배에 인분을 사용하지 않는다. • 평소 집단구충에 힘써서 충란의 배출을 막는다. • 채소를 가열 섭취한다.	

2. 조충류와 중간숙주

조충류	중간숙주
무구조충(민촌충 = 소고기촌충)	소
유구조충(갈고리촌충 = 돼지고기촌충)	돼지
선모충	돼지, 개, 고양이
톡소플라스마	돼지고기, 고양이의 배설물
만소니열두조충	닭

3. 어패류 및 게를 통하여 매개되는 기생충

기생충	제1중간숙주	제2중간숙주
간흡충(간디스토마)	왜우렁이	민물고기 (붕어, 잉어)
폐흡충(페디스토마)	다슬기	민물갑각류 (게, 가재)
횡천흡충(요꼬가와)	다슬기	담수어 (은어)
광절열두조충(긴촌충)	물벼룩	담수어 (연어, 송어, 농어)
아니사키스충	갑각류	해산어류(고등어, 조기, 고래, 생태, 오징어)

■ **조충류와 흡충류의 예방법**

① 중간숙주를 취급한 손과 조리기구인 도마와 칼, 식기에 의해 감염되지 않도록 주의한다.

② 중간 숙주를 생식하는 일이 없도록 하고 충분히 가열·섭취하도록 한다.

4. 사람이 중간숙주 역할을 하는 것

- 말라리아 – 학질 모기가 옮기는 전염병의 하나로 인간의 적혈구내에서 기생한다.

03 살균 및 소독의 종류와 방법

1. 소독과 살균

(1) 소독(Disinfection)

병원 미생물을 죽이거나 또는 반드시 죽이지 못하더라도 그 병원성을 약화시켜서 감염력을 없애는 조작이다.

(2) 살균(멸균 : Sterilization)
모든 미생물을 사멸시켜 무균 상태로 하는 조작이다.

(3) 방부(Chemical preservatives)
미생물의 증식을 막아 부패의 진행을 억제시키는 것으로 전염병을 예방하고 세균성 식중독이나 식품의 부패를 방지할 수 있다.

> **소독력의 강도** : 멸균(살균) 〉 소독 〉 방부

2. 물리적 소독·살균방법

저온(Pasteurization)소독법	우유와 같은 액체식품에 대해 61~65℃에서 30분간 가열하는 방법이다.
고온단시간(High Temperature Short Time)살균법	우유의 경우 70~75℃에서 15~20초 간 처리하는 방법이다.
초고온순간(Ultra Heat test) 살균법	우유 살균법으로 요즘 가장 많이 쓰이는 방법으로서, 130~140℃에서 2초간 살균처리 하는 방법이며 영양 손실을 줄이고 거의 완전멸균을 기대할 수 있다.
고압증기멸균법	120℃에서 15~20분간 살균하는 방법으로 멸균 효과가 좋아서 미생물 뿐아니라 아포까지도 죽일 수 있으며 통조림과 병조림의 보틀리누스균까지 제거할 수 있다.
방사선 조사	식품에 방사선을 방출하는 코발트60(Co) 등의 물질을 조사시켜 균을 죽이는 방법으로 곡류, 축산물, 청과물 등에 사용된다.
여과법(세균)	음료수나 액체식품 등을 세균여과기로 걸러서 균을 제거시키는 방법인데, 바이러스(여과성미생물)는 걸러지지 않는 것이 결점이다.
자비소독(열탕소독)	끓는 물(100℃)에서 30분간 가열을 하는 방법으로서 식기, 행주 등의 소독에 이용한다. 물의 소독법에는 100℃에서 끓이는 자비소독, 자외선 소독법, 오존 소독법과 소규모의 물은 표백분(수영장), 대규모의 물은 염소소독(수도)을 한다.
건열멸균법	건열멸균기(드라이오븐)에 놓고 150℃에서 30분간 가열하는 방법으로서 초자 기구 등의 소독에 이용한다.
증기소독법	100℃의 유통하는 증기 중에서 30~60분간 살균한다.

간헐(간단)멸균법	100℃의 유통증기 중에서 24시간 마다 40~50분간씩 3회에 걸쳐서 반복하는 방법으로서 100℃에서도 생존하였던 포자(내열성균)를 완전히 멸균시킬 수가 있다.
소각법(화염멸균법)	도자기류 등의 불에 타지 않는 물건을 소독하는데 이용되며, 대상물을 알콜램프·분젠버너 등의 불꽃에 넣어 20초 이상 가열한다.

3. 화학적 살균 및 소독법

화학적 소독법은 화학적 소독약을 이용하여 균을 죽이는 방법으로서 살균력과 침투력이 강하고 금속부식성과 표백성이 없고 용해성이 높아야 하며 경제적이고 사용방법이 간편하고 안전성이 있어야 한다.

(1) 석탄산(3%)

- 변소(분뇨)·하수도·진개 등의 오물 소독에 사용한다.
- 온도 상승에 따라 살균력도 비례하여 증가한다.
- 장점 – 살균력이 안정하여 유기물에도 살균력이 약화되지 않는다.
- 단점 – 냄새가 독하고, 독성이 강하여 피부점막에 강한 자극을 주고 금속을 부식시킨다.

$$\text{석탄산 계수} = \frac{\text{소독약의 희석배수}}{\text{석탄산의 희석배수}} = (\text{소독력을 측정하는 표준이 된다})$$

(2) 크레졸 비누액(3%)

변소(분뇨), 하수도, 진개 등의 오물 소독, 손 소독에 사용한다.

(3) 생석회

변소(분뇨), 하수도, 진개 등의 오물 소독에 이용할 수 있다.

(4) 포르말린

- 포름알데히드를 물에 녹여서 35~37.5%의 수용액이다.
- 변소(분뇨), 하수도, 진개 등의 오물 소독에 이용할 수 있다.

(5) 차아염소산나트륨

- 시판 중인 락스의 주성분이다.
- 수돗물, 과일, 채소, 식기류, 도마, 행주 등 주방용품 등의 소독에 널리 사용된다.

(6) 표백분(클로르칼키, 클로르석회)

우물, 수영장 소독 및 채소, 식기 소독에 사용

(7) 양성비누

- 일명 계면활성제이며 역성비누(invert soap)라고도 한다.
- 세척력은 약하지만 살균력이 강하고 냄새도 없고 부식성도 없다.
- 손의 소독(10%), 조리기구, 과일, 채소, 식기류 소독(0.01%)에 이용되며 의료용으로도 이용된다.
- 보통 비누와 함께 사용하면 살균효과가 떨어지므로 섞어서 쓰지 않도록 주의해야 한다.
- 유기물 (단백질)이 있으면 살균력이 떨어지므로 세제로 일단 씻어 낸 후에 사용한다.

(8) 과산화수소(3%)

자극성이 적어서 피부 상처소독, 입안 상처소독에 적합하다.

(9) 승홍수(0.1%)

- 비금속기구 소독에 이용한다.
- 온도 상승에 따라 살균력도 비례하여 증가한다.

(10) 에틸알콜(70%)

금속기구 · 초자기구 · 손 소독 등에 사용한다.

(11) 에칠렌옥사이드(기체)

식품 및 의약품 소독에 사용한다.

(12) 포름알데히드(기체)

병원, 도서관, 거실 등의 소독에 사용되고 있다.

04 식품의 위생적 취급기준

1. 식품 조리기구의 관리

(1) 장비, 용기 및 도구는 청소가 쉬운 디자인이어야 하며, 재질은 표면이 비독성이고 청소세제와 소독약품에 잘 견뎌야 함

(2) 사용할 조리설비, 용기 및 도구를 구매할 때나 부품을 교환할 때 구매 전에 구매하고자 하는 물건이 구매사양과 일치하는지 확인

(3) 작업종료 후 · 작업시작 전에 모든 장비, 조리도구, 바닥을 물로 청소하고 식품 접촉면은 염소계 소독제(200ppm)를 사용하여 살균 후 습기를 제거

2. 식재료 입출고 및 보관관리

(1) 입·출고되는 물품은 원·부재료, 포장재, 명문화된 라벨링 기준이 있으며, 보관된 실물과 실제가 일치하게 운영·기록 유지
(2) 유통기한이 초과된 원료 또는 제품은 보관 불가
(3) 식재료 보관 시에 벽과 바닥으로부터 일정간격 이상 유지
(4) 지정된 장소, 온도, 식별 표시하여 관리하고 식자재, 완제품 및 시험시료는 구분하여 보관

3. 식재료의 취급 파악

(1) 유통기한이 경과된 것 등은 저렴해도 구입불가
(2) 냉장식품의 비 냉장상태, 냉동식품은 해동흔적 등의 하자가 있을 경우 구입 불가
(3) 재고수량 파악한 후 적정량 구입
(4) 선입선출(FIFO ; First In, First Out) 방식으로 사용하고, 판매 유효기간 내에 있더라도 신선도가 떨어지는 것은 폐기

05 식품첨가물과 유해물질

1. 식품첨가물

식품 첨가물이란 식품의 제조·가공이나 보존할 때에 필요에 의해서 식품에 첨가 또는 침윤·혼합하고, 그 밖의 방법으로 식품에 사용되는 물질로 무엇보다도 인체에 안전해야 한다.

(1) 보존료(방부제, Chemical preservatives)
보존료란 살균작용이 아닌 정균작용 또는 발효억제이므로 보존기간을 연장시켜야 하고 독성이 없거나 극히 적을 것, 변질 미생물에 대한 증식 억제 효과가 클 것, 미량으로도 효과가 클 것, 무미, 무취하고 자극성이 없을 것, 공기, 빛, 열에 안정되고 pH에 의한 영향을 받지 않을 것, 사용하기 간편하고 값이 저렴할 것 등이다. 보존료의 종류는 다음과 같다.

  ① 데히드로 초산(나트륨) : 치즈, 버터, 마가린
  ② 소르빈산(칼륨) : 육제품, 절임식품, 케첩
  ③ 안식향산(나트륨) : 청량음료수, 간장, 식초
  ④ 프로피온산 (나트륨) : 빵, 생과자

(2) 소맥분 개량제(Maturing agents)

밀가루는 제분 후 즉시 사용하면 카로티노이드 등의 색소를 함유하고, 글루텐의 질이 좋지 않다. 만들어진 제분을 일정한 기간 동안 숙성시키면 흰 빛깔을 띠게 되며, 표백과 숙성은 제빵에도 영향을 미친다. 현재 허용된 개량제는 다음과 같다.

① 과산화벤조일〔$(C \cdot H \cdot CO)_2O_2$〕
② 과황산암모늄〔$(NH_4)_2S_2O_6$〕
③ 과붕산나트륨〔$NaBO_3$〕
④ 브롬산칼륨〔$KBrO_3$〕
⑤ 이산화염소〔ClO_2〕

(3) 산화방지제(Antioxidants)

항산화제라고도 하며 식품의 산화에 의한 변질현상을 방지하기 위해 사용되는 첨가물이다.

① **유용성 산화방지제** : 몰식자산 프로필, 부틸하이드록시 아니솔(BHA), 디부틸 히드록시 톨루엔(BHT)
② **수용성 산화방지제** : 에리소르빈산염, 아스코르빈산

(4) 감미료(Non-nutritive seetners)

감미료는 식품에 감미(甘味 : 단맛)를 부여하기 위하여 사용되는 첨가물이다.

① **사카린(염)** : 건빵, 생과자, 청량음료수에 사용된다.
② **D-솔비톨** : 흡습성이 강하며 용도가 매우 다양하다.
③ **글리실리친산나트륨** : 감미는 설탕의 200배 정도며 간장, 된장에만 사용된다.
④ **아스파탐(Aspatom)** : 식탁용 감미료로서 탄산음료, 빙과, 과자류 등에 사용된다.
⑤ **스테비오사이드(Stevioside)** : 청량음료, 빙과, 껌, 저칼로리 식품에 사용된다.

(5) 착색료(Coloring matter)

인공적으로 착색하여 천연색을 보완, 또는 미화하여 식욕을 촉진시키고 품질 면에서 그 가치를 높이고자 사용한다.

① **타르(Tar) 색소** : 수용성의 산성 식용색소로 녹색 3호, 황색 4·5호, 적색 2·40·102호, 청색 1·2호만 허용된다. 단무지, 면류, 김치류, 다류, 묵류, 젓갈류, 생과일주스, 벌꿀, 잼류, 식초, 소스류, 토마토케찹, 천연식품(식육, 어패류, 채소, 과실 등)에는 타르색소를 사용할 수 없다.
② **비 타르계 색소(β-카로틴)** : 지용성 색소로 바나나, 곤약, 치즈, 케익 믹스, 비엔나소시지, 초콜릿 등에 사용된다.

(6) 발색제(Color fixatives)

발색제는 자기 자신은 색이 없으며 그 자체에 의하여 착색되는 것이 아니고, 식품 중의 색소 성분과 반응하여 그 색을 고정(보존) 또는 나타나게(발색) 하는데 사용되는 첨가물이다.

 ① 육류 발색제 : 아질산나트륨, 질산나트륨
 ② 과채류 발색제 : 황산제1철, 소명반 등에 식물성 발색제가 있다.

(7) 착향료(Flavoring agents)

착향료란 일반적으로 향료라고 하며, 식품 제조, 가공 중에 향을 부가, 또는 증강하여 식욕을 증진 할 목적으로 첨가되는 물질이다.

 ① 시트랄 ② 바닐린 ③ 벤질알콜 ④ 계피알데히드 ⑤ L-맨톨

(8) 호료(Thickners)

식품의 점착성을 증가시키고, 유화안정성을 좋게 하며 입안에서의 촉감을 부드럽게 하여 주는 첨가물이다.

 ① 초산전분, 카제인(천연)의 화학적 합성품 다수가 있다.

(9) 피막제(Coating agents)

과채류의 선도를 장시간 유지하기 위하여 표면에 피막을 만들어 호흡작용을 적당히 억제하여, 수분의 증발을 방지할 목적으로 사용되는 첨가물이다.

 ① 초산비닐수지(Polyvinyl acetate)
 ② 물호린 지방산염(Morphorine fatty acid)

(10) 소포제(Deforming agents)

식품 제조 공정에 있어서 많은 거품이 발생하여 지장을 주는 경우에 거품을 없애기 위해 사용되는 첨가물이다.

 ① 규소수지(Silicone resin)

(11) 팽창제(Leavening agents)

팽창제는 빵이나 과자 등을 만들 때 제품을 부풀게 하여 적당한 형체를 갖추고 또한 부드러운 맛을 갖도록 하기 위하여 첨가하는 것이다.

 ① 천연품으로 효모 ② 명반 ③ 탄산수소나트륨
 ④ 탄산수소암모늄 ⑤ 탄산암모늄

(12) 영양강화제(Nutrients)

식품의 영양 강화를 목적으로 사용되는 첨가물이다.

 ① 비타민

② 무기질(칼슘, 철분)
③ 아미노산 등이 첨가제로 사용되고 있다.

(13) 이형제(Release agents)
빵의 제조과정에서 반죽이 분할기로부터 잘 분리되도록 하고 구울 때 빵의 형태를 유지하면서도 쉽게 분리되도록 하기 위해서 사용하는 첨가물이다.
① 유동 파라핀(Lquid paraffin)만이 허용되고 있다.

(14) 추출제(Extracting agents)
추출제는 일종의 용매로 볼 수 있으며, 천연식물에서 식용 유지를 제조할 때 유지 추출을 용이하게 하기 위해서 사용한다.
① n-핵산(Hexane)만이 허용되고 있다.

(15) 유화제(Emulsifiers)
물과 기름같이 서로 혼합이 잘 안되는 두 종류의 액체를 혼합할 때, 혼합 후 서로 분리 되지 않고 장시간 잘 분산되어 있는 상태로 유지하도록 해주는 물질을 유화제라고 한다.
① 글리세린지방산에스테르계 외 다수가 있다.

03 주방위생관리

Cooking Technician

01 조리기구의 위생적 관리

1. 주방시설의 소독방법

구분		위생관리	유의사항
행주	열탕소독 일광소독	• 100℃ 이상에서 30분 이상 삶은 후 일광에서 건조	• 재료는 흰색면목이 이상적이며 마른 행주와 젖은 행주를 구분하여 사용(소독횟수 : 1일 1회 이상)
도마	약품소독 열탕소독 일광소독	• 세제와 락스를 섞어서 세척 한후 60℃ 이상의 열탕 속에서 살균하여 일광에서 건조	• 채소용, 어육용 구분 사용 • 나무도마는 칼자국과 홈이 많이 생기면 음식물을 잔류 오염시키므로 새것으로 교환(소독횟수 : 1일 1회 이상)
칼	약품소독 열탕소독	• 사용 후 세제와 락스를 섞은 물에 씻은 후 끓는 물(100℃)에 담갔다가 건조시켜 사용	• 채소용, 과일용, 어육용을 구분 하여 사용(소독횟수 : 1일 1회 이상)
식기	건조	• 세제로 씻은 후 충분히 건조	• 소독횟수 : 1일 1회 이상
수저	열탕소독 증기소독 일광소독	• 세제로 깨끗이 씻은 후 여러 번 헹구고 열탕소독(끓는 물 100℃)한 후 건조	• 대나무 재질일 경우 썩지 않도록 건조시켜 사용 (소독횟수 : 1일 1회 이상)
스테인레스 용기 및 기구	열탕소독	• 세제로 여러 번 씻어 헹구어 냄	• 소독횟수 : 1일 1회 이상
고무장갑	열탕소독	• 세제로 여러 번 씻어 헹구어 냄	• 주방에서 사용하는 고무장갑은 걸레를 빨거나 쓰레기통을 청소하는 등 다용도로 사용하지 않음.

출처 : NCS 학습모듈(2020), 「한식위생관리」, p37.

02 식품안전관리인증기준(HACCP)

1. HACCP제도

HACCP는 HA(Hazard Analysis : 위해요인 분석)와 CCP(Critical Control point : 중점관리)의 합성어로 안전성에 영향을 미치는 위해요인을 분석하고 부분별로 나누어 중점관리를 하는 것이다. 이와 함께 생산, 보관, 판매시설의 주변 환경과 구조, 설비, 사용하는 물, 원료의 입고와 가공, 보존상태, 기계와 기구의 구조 및 유지관리, 종업원 교육 등 식품에 해로운 요소의 개입이 우려되는 점을 식품제조업체가 과정별로 관리하는 제도이다.

2. HACCP의 7가지 원칙

원칙 1 | 위해 요소를 분석한다(Hazard Analysis).
원칙 2 | 중요관리점을 결정한다(CCP : Critical Control Point).
원칙 3 | 각 CCP별로 한계기준(Critical rimits)을 설정한다.
원칙 4 | 각 CCP별로 감시(Monitoring) 방법을 확립한다.
원칙 5 | 한계기준이탈 시 개선조치(Corrective Action)방법을 강구한다.
원칙 6 | Haccp plan 및 시스템의 검증(Verification)절차를 확립한다.
원칙 7 | 문서화(Documentation)및 기록유지(Record keeping)절차를 확립한다.

3. Recall제도

Recall제도는 식품의 사후 관리방안의 일환으로 식품이 유통되는 과정에서 위해식품으로 판정되었을 때 생산자, 유통자 등이 위해식품을 자발적으로 회수·폐기하여 소비자를 위해식품으로 부터 사전에 보호하기 위한 제도적 장치로 식품회수제도가 실시됨에 따라 식품업체가 자사의 생산식품에 대해 스스로 책임지게 되어 제품의 질적 향상을 기대할 수 있다.

03 주방 시설·도구 위생관리

1. 기계 및 설비

(1) 설비 본체 부품을 분해하여 깨끗한 장소로 옮기기
(2) 1차 뜨거운 물로 세척하고 세제를 묻힌 스펀지로 제거하기
(3) 흐르는 물로 세제 씻어 내기
(4) 설비부품은 5분간 뜨거운 물에 담근 후 세척하거나 차아염소산나트륨 용액 200ppm에 5분간 담근 후 세척하기

(5) 건조를 완전히 시킨 후 재조립하기
(6) 설비 중 분해할 수 없는 지저분한 곳은 행주나 위생타월로 물기를 제거하고 소독용 알코올 분무하기
(7) 사용하기 전 설비는 표면이 촉촉해질 정도로 소독용 알코올로 재차 분무한 후 알코올 성분을 제거하여 사용하기

04 위생문제 발생 시 즉각적인 조치

1. 식중독 발생 시
① 즉각 상급자에게 보고
② 식품의약품안전청 식품안전국 식중독예방관리팀에 신속히 보고
③ 업장 이용고객 수, 증상, 경과시간 파악
④ 원인식품을 추정해서 육하원칙에 따라 조리방법 및 관리상태 파악
⑤ 144시간(6일) 전까지의 식자재 및 섭취음식을 파악
⑥ 종업원 전체 검변, 질병유무 확인

2. 판매된 음식에 이상 발생 시
① 즉각 상급자에게 보고
② 최초로 발생된 증상과 시간을 파악
③ 고객 중에 식중독 증세를 나타낸 환자수를 파악
④ 당일부터 2일전까지 추적하여 식사한 내용을 확인
⑤ 현재의 증상을 파악
⑥ 상급자에게 현재까지 파악된 내용과 조치사항을 보고

04 식중독 관리

01 식중독의 개념

(1) 식중독의 정의
유독 · 유해한 물질이 음식물과 함께 입을 통해 섭취되어 생리적인 이상을 일으키는 것을 말한다.

(2) 식중독 발생 시의 대책
식중독 환자를 진단한 의사는 지체없이 보건소장이나 지소장에게 보고하도록 하고 있으며 신고를 받은 보건소장이나 지소장은 지체없이 그 진상을 조사하여 필요한 조치를 하고, 그 결과를 시 · 도지사를 경유하여 보건복지부 장관에게 보고하도록 되어 있다.

■ 세균성 식중독과 소화기계 감염병의 차이점

세균성 식중독	소화기계(경구) 감염병
① 식중독균에 오염된 식품을 섭취시 발병한다.	① 전염병균에 오염된 식품과 물 섭취 시 경구 감염을 일으킨다.
② 식품에 많은 양의 균 또는 독소가 있다.	② 식품에 적은 양의 균이 있다.
③ 살모넬라, 장염비브리오 외에는 2차 감염이 없다.	③ 2차 감염이 있다.
④ 잠복기가 비교적 짧다.	④ 잠복기가 비교적 길다
⑤ 면역이 형성되지 않는다.	⑤ 면역이 형성되는게 많다.

생균수 검사의 목적 : 식품의 신선도(초기변질) 판정에 있으며 변질 초기의 생균수는 1g당 $10^7 \sim 10^8$ 정도이다.

02 식중독의 분류

1. 감염형 식중독

살모넬라	원인균	통성혐기성의 살모넬라균
	잠복기	평균 18시간 (12~24시간)
	증상	급격한 발열(38~40℃), 구토, 두통, 복통, 설사가 주된 증상

살모넬라	원인식품	살모넬라균에 오염되어 있는 육류나 달걀을 원재료로 사용한 경우, 다진 소고기, 간, 회, 닭고기, 기타 많은 원인균을 섭취 시
	예방대책	쥐나 곤충 및 조류에 의한 오염을 막고, 60℃에서 30분이면 사멸되므로 식품을 가열한 후 섭취하면 안전하다.
장염비브리오	원인균	비브리오균, 병원성 호염균, 3~4%의 식염 농도에서 잘 발육, 그람음성 무포자간균이다.
	잠복기	보통 13~18시간인데, 빠르면 5~8시간 내에도 증상이 나타난다.
	증상	위장의 통증과 설사, 구토, 메스꺼움, 발열이 주된 증상이다.
	원인식품	연안해역에서 잡은 어패류를 생것으로 먹을 때 발생한다.
	예방대책	① 어획 후 5℃ 이하의 저온에서 보존 ② 어패류 생식 금지(60℃에서 5분이면 사멸) ③ 2차 오염을 막기 위해 조리할 때 잘 씻고, 어패류에 닿은 칼, 도마, 식기, 용기 등의 소독을 철저히 한다.
병원성대장균 식중독	원인균	병원성 대장균
	잠복기	10~24시간
	증상	복통, 수양성 설사, 장염, 두통, 발열
	원인식품	우유, 채소, 샐러드, 가정에서 만든 마요네즈
	예방대책	동물의 배설물이 오염원으로 중요하므로 분변 오염이 되지 않도록 주의 필요

2. 독소형 식중독

클로스트리듐 퍼프린젠스 (Clostridium perfingens)	원인균	A형으로 웰치균은 혐기성, 아포를 형성하는 내열성균(독소는 100℃, 1시간 생존)
	잠복기	8~22시간(평균 10~12시간)
	증상	장독소에 의한 급성위장염으로 심한 설사와 복통으로 인한 탈수증상
	원인식품	가열조리식품
	예방대책	분변의 오염방지, 조리 후 식품을 급히 냉각시킨 다음 저온보관, 75℃ 이상에서 재가열 섭취
보툴리누스 중독증 (Clostridium botulinus)	원인균과 독소	• 편성혐기성의 포자 형성균(A, B, E, F 형이 원인균) • 뉴로톡신 독소(Neurotoxin : 신경독소)에 의해 일어나는 대표적인 독소형 중독
	잠복기	12~36시간
	증상	눈의 시력저하, 동공확대 등 신경마비, 치사율 40%
	원인식품	햄, 소시지, 통조림
	예방대책	80℃, 15분 정도의 가열로 독소파괴, 통조림 등 가열조리하여 저온보관

포도상구균 (Staphylococcus)	원인균과 독소	포도상구균, 엔테로톡신(Enterotoxin : 장독소), 전형적 독소형식중독으로 화농성질환이 원인
	잠복기	식후 3시간
	증상	오심, 구토, 설사, 복통
	원인식품	우유, 버터, 치즈, 떡, 콩가루, 쌀밥
	예방대책	① 120℃에서 20분간 가열하는 고압증기 멸균법으로도 예방하기 어려움 ② 화농성 질환자 식품 취급금지 ③ 5℃ 이하 저온보관 ④ 손 소독철저

3. 자연독에 의한 식중독

(1) 동물성 자연독

복어중독	① 독성물질 : 테트로도톡신(Tetrodotoxin), 치사량 2mg ② 독소부위 : 난소 〉 간 〉 장 〉 피부 등의 순으로 다량 함유 ③ 증상 : 복어 독 섭취 후 30분에서 5시간 내에 구토, 근육마비, 촉각, 미각둔화, 호흡곤란, 의식불명의 증상을 나타내며 사망률은 50~60%
조개류 중독	① 섭조개(홍합), 대합 등은 삭시톡신(Saxitoxin)이 원인물질이고, 유독 플랑크톤을 섭취한 조개류에서 검출됨. 식후 30분~3시간 내에 발병하며 신체마비, 호흡곤란 등의 증상이 나타나고 사망률은 10% ② 모시조개, 굴, 바지락 등은 베네루핀(Vernerupin) 독소가 원인물질이고 구토, 복통, 변비 등의 증상이 나타나며 사망률은 44~55%

(2) 식물성 자연독

독버섯 중독	독성물질은 무스카린(Muscaridine), 팔린(Phaline), 아마니타톡신(Amanitatoxin), 필지오린(Pilzhyorin), 자극성 유지류이며, 중독증상에 따라 다음과 같이 4군으로 나눈다.	
	위장형 식중독	구토, 설사, 복통 등의 위장 장해를 일으킨다(무당버섯, 화경버섯, 큰붉은점버섯).
	콜레라형 중독	허탈, 헛소리, 혼수상태 등을 일으킨다(알광대버섯, 독우산버섯, 마귀곰보버섯).
	신경계 장애형 중독	중추신경장애, 광증, 침흘리기, 땀내기, 혼수상태(파리버섯, 광대버섯, 미치광이버섯)
	혈액형 중독	콜레라형 위장장애, 응혈작용을 나타내어 황달, 혈색소뇨

■ 독버섯 감별법
① 버섯의 줄기가 세로로 쪼개지지 않는 것
② 고약한 냄새가 나는 것
③ 색깔이 아름답고 선명한 것
④ 쓴맛, 신맛이 나고 줄기부분이 거친 것
⑤ 은수저의 색이 검게 변하는 것
⑥ 점조성이 있고 공기 중에서 변색이 되는 것

감자중독	• 솔라닌(Solanine) : 감자의 발아부위, 녹색부위 • 셉신(sepsine) : 썩은 감자에서 독소생성 • 구토, 복통, 설사, 두통, 발열(38~39℃), 언어장애 • 독소부위 제거 후 섭취 • 서늘하고 그늘진 곳에 보관
기타 유독물질	독미나리(시큐톡신), 청매·복숭아씨·살구씨(아미그달린), 면실유(고시폴), 미치광이풀(아트로핀), 벌꿀(안드로메도톡신), 독맥(테물린), 피마자(리신), 강낭콩(렉틴), 오디(아코니틴)

4. 곰팡이에 의한 식중독(마이코톡신에 의한 중독)

아플라톡신 중독	간장독을 발생시키는 아스퍼질러스 플라브스(Aspergillus flavus)라는 곰팡이가 재래식 된장, 곶감 등에 침입하여 아플라톡신 독소를 생성함(1급 발암물질임)
맥각 중독	간장독을 발생시키는 맥각균이 보리, 밀, 호밀 등에 기생하여 에르고톡신, 에르고타민 등의 독소를 생성, 맥각병이 됨
황변미 중독	푸른곰팡이(페니실리움속)가 저장미에 번식하여 스트리닌(신장독), 시트리오버리딘(신장독), 아이슬랜톡신(간장독) 등의 독소를 생성한다.

5. 알레르기성 식중독 (부패성 식중독)

알레르기성 식중독	원인균	프로테우스 모르가니(Proteus morganii)
	원인독소	히스타민
	증상	두드러기
	원인식품	꽁치, 고등어 등 붉은살 어류
	예방대책	항히스타민제 투여

6. 화학적 물질에 의한 식중독

농약에 의한 식중독	유기인제 (급성 신경독)	① 원인물질 : 파라티온, 말라티온, 다이아지논, 테프(TEPP) 등의 농약 ② 예방법 : 살포시 흡입주의, 과채류의 산성액 세척, 수확 전 15일 이내의 살포금지
	유기염소제 (만성 신경독)	① 원인물질 : DDT, BHC 등의 농약 ② 중독 증상 및 예방법 : 복통, 설사, 구토, 두통, 시력감퇴, 전신권태 등이며 예방은 살포시 흡입주의, 과채류의 산성액 세척, 수확 전 15일 이내의 살포금지
불량 첨가물에 의한 식중독	착색제	황색 아우라민(auramine), 적색 로다민B(rhodamine B), 황색 파라니트로아닐린(P-nitroanline)
	감미료	페릴라틴(Peryllartine)은 설탕 2,000배의 감미, 둘신(Dulcin)은 설탕의 250배, 사이클라메이트(Cyclamate)는 설탕 50배의 단맛, 에틸렌 글리콜(Ethylene glycol), 니트로아닐린(Nitroaniline), 글루신(Glucin) 등이 독성첨가물
	표백제	롱갈리트(Rongalite), 형광표백제, 니트로젠 트리클로라이드(Nitrogen trichloride)
	보존료	포름알데히드(Formaldehyde), 불소화합물, 승홍
메탄올 (Methanol)		주류(酒類)의 메탄올 함유 허용량은 0.5mg/ml 이하이며, 중독량은 5~10ml, 치사량은 30~100ml 임. 증상은 두통, 구토, 설사, 실명 등이고, 심하면 호흡곤란으로 사망

■ 통조림 식품의 유해성 금속 물질 : 납, 주석

■ 화학적 식중독의 예방 대책

　① 불량기구 및 용기의 사용금지

　② 기구 및 용기의 청결

　③ 농약의 위생적 보관

　④ 농약의 사용방법 준수

　⑤ 불량 첨가물 사용금지

05 공중보건

01 공중보건의 개념

1. 공중보건의 정의
윈슬로우(C.E.A Winslow)는 조직적인 지역사회의 공동 노력을 통해서 질병을 예방하고 생명을 연장하며 육체적·정신적 효율을 증진(건강과 능률을 향상)시키는 기술과 과학을 공중보건이라고 정의하였다.

2. 건강에 대한 세계보건기구의 정의
1948년 세계보건기구(WHO : World Health Organization) 헌장에서 "건강이란 단순한 질병이나 허약의 부재상태만을 의미하는 것이 아니고 육체적·정신적·사회적으로 모두 완전한 상태에 놓여 있는 것이다" 라고 정의하였다.

3. 공중보건의 대상과 범위
대상은 개인이나 가족이 아닌 지역사회의 주민이며 더 나아가서 국민 전체가 대상이다. 공중보건은 예방의학적 학문으로서 질병의 치료 사업인 의료(치료) 사업은 공중보건의 범위에서 제외된다.

4. 보건 수준의 평가지표
한 지역이나 국가의 보건 수준을 나타내는 지표로서 영아사망률(영아사망의 원인 : 폐렴 및 기관지염, 장염 및 설사, 신생아 고유질환 및 사고), 조기사망률, 질병이환율을 이용하여 평가한다. 이중 가장 대표적인 평가지표는 영아사망률이다. 영아는 생후 12개월 미만의 아기로 환경악화와 비위생적인 환경에 가장 예민한 시기이다. 세계보건기구는 한 나라의 보건 수준을 표시하여 다른 나라와 비교할 수 있도록 하는 건강지표로서 **평균수명, 조기사망률, 비례사망지수**의 3가지를 들고 있다.

02 환경위생 및 환경오염의 관리

1. 자연환경
(1) 일광
　① 자외선의 작용

ㄱ. 신진대사와 건강보존에 관계가 있어 이 광선이 피부에 닿으면 그 부분의 프로비타민D(Provitamin D)가 비타민 D를 형성하여 구루병에 걸리지 않게 예방 해준다.

ㄴ. 건강선(Dorno ray)은 자외선 중 살균 효과를 가지는 선으로 살균 작용이 있어 식품, 물, 공기, 식기 등의 자연소독에 이용된다.

ㄷ. 일광의 살균력은 자외선 때문이며 특히 2500~2800Å(옹스트롬)범위의 것이 살균력이 강하다.(의복, 이불, 행주 등을 일광에 건조 시 결핵균, 기생충 등이 사멸)

ㄹ. 자외선을 과다하게 받으면 피부에 있어서는 화상을 입게 되고 심하면 피부암까지 유발한다. 눈에 있어서는 결막이나 각막이 손상된다.

ㅁ. 관절염 치료 작용이 있다.

② **가시광선의 작용**

인간에게 명암(明暗)을 구분하게 하고 색채를 부여해 준다.

③ **적외선의 작용**

3부분 중 파장이 7800Å(옹스트롬)으로 가장 길며 이 광선이 닿은 곳에는 열이 생기므로 기온을 좌우한다. 이 광선을 사람이 과도하게 받을 때 일사병(日射病)과 백내장(白內障)이 생길 수 있다.

2. 온열조건

체감온도의 3요소에는 기온, 기습, 기류가 있다.

(1) 기온(온도)

기온이란 대기의 온도로 지상 1.5m에서의 건구온도를 말한다. (백엽상 百葉箱)

① 하루 중 최고온도는 오후 2시경, 최저온도는 일출전이다.

② 쾌감온도는 18±2℃, 표준온도는 20℃이다.

③ 실내온도 26℃ 이상 시 냉방이 필요하고, 실내외의 온도차는 5~8℃ 이내로 유지해야 한다.

④ 실내온도는 10℃ 이하 시 난방이 필요하고 머리와 발의 온도차는 2~3℃ 내외가 좋다.

(2) 기습(습도)

습도란 일정온도의 공기 중에 포함될 수 있는 수증기 양을 말한다.

① 쾌감을 느낄 수 있는 습도는 40~70% 이다.

② 습도가 너무 낮은 동절기에 호흡기계 질환이 발생하고 다습한 하절기엔 피부질환이 발생하기 쉽다.

(3) 기류(공기의 흐름)

1초당 1m 이동할 때가 쾌감을 주고 방열 작용을 도와주며 건강에 좋다.

① 카타온도계 : 불감기류(0.2–0.5/sec)와 같은 미풍을 정확히 측정할 수 있기 때문에 기류측정의 미풍계로 사용
② 흑구온도계 : 복사열 측정   ③ 자기온도계 : 기온 측정   ④ 건구온도계 : 실외 온도 측정

4) 불쾌지수(Discomfort Index)

날씨에 따라 인체가 느끼는 불쾌감의 정도를 나타내는 지수로 D.I가 75이면 50%의 사람이 불쾌감을 느끼고, 80이면 거의 모든 사람이, 86 이상이면 견딜 수 없는 상태에 이른다고 한다.

3. 공기

(1) 공기의 조성 (0℃, 1기압 하에서 공기의 조성)

① **질소**(N_2) : 78%

② **산소**(O_2) : 대기 중의 산소의 양이 21%이며 산소의 양이 10% 이하면 호흡곤란, 7% 이하면 질식사한다.

③ **이산화탄소**(CO_2) : 대기 중 탄산가스의 양은 0.03%이며 0.1%=1000ppm은 위생학적인 허용한계이다. 공기 중의 탄산가스(CO_2) 함량은 공기오염의 지표가 된다.

④ **일산화탄소**(CO) : 물체의 불완전 연소 시 발생하는 무색, 무미, 무취의 가스로 인체에 침입하게 되면 혈액 속 헤모글로빈과의 친화력이 산소에 비해 250~300배 강하여 조직 내 산소결핍증을 초래하기 때문에 일산화탄소 중독을 일으키는 맹독성가스이다. 서한도는 0.01%(100ppm) 이다.

PPM(Parts Per Million)이란 : 100만분의 1을 나타내는 약호이다.
예 1% = 1/100 = 10,000PPM
   0.1% = 1/1,000 = 1,000PPM
   0.01% = 1/10,000 = 100PPM

⑤ **군집독** : 원인은 구취, 체취, 고온, 고습, 산소부족, 이산화탄소 증가 등 공기의 조성 변화이며 환기가 이루어지지 않는 실내에 다수인이 장시간 밀집되어 있을 경우 불쾌감, 현기증, 권태, 두통, 구토 등을 느끼는 현상이다.

4. 물

물은 하루에 1.8L–2.5L가 필요하며 인체의 65–70%가 수분으로 구성되어 있다.

(1) 경수(센물)
① 칼슘이나 마그네슘 등의 무기화합물이 많아서 맛이 나쁘고 설사의 원인이 된다.
② 비누가 잘 풀리지 않고 차를 끓이는 데도 나쁘다.
③ 경수를 연수로 만들고자 할 때 소석회를 사용하면 된다.

(2) 연수(단물)
연수는 수돗물같이 무기화합물이 없고 맛이 좋으며 비누도 잘 풀린다.

(3) 지하수
① 땅속을 거쳐 나와 정화되었으므로 맛도 좋아 음료수로 사용할 수 있다.
② 지하수 오염방지를 위해 우물 내벽 3m까지 방수처리를 하고 변소와의 최소거리는 20m 이상을 둔다.

(4) 수인성 전염병
물을 통해 전염되는 질병을 말하며 장티푸스, 파라티푸스, 세균성 이질, 콜레라, 아메바성 이질 등이 대표적으로 물은 어떤 방법이든 정수를 해서 먹도록 해야 한다.

■ **수인성 전염병의 특징**
① 계절에 관계없이 발생하며 환자 발생이 폭발적이다.
② 음료수 사용지역과 유행지역이 일치한다.
③ 치명률이 낮고 2차 감염환자의 발생이 거의 없다.
④ 성, 연령, 직업, 생활수준에 따른 발생 빈도에 차이가 없다.

(5) 상수도
먹는 물을 운반하는 시설을 상수도라 한다.
① 상수처리(정수)과정은 침사 → 침전 → 여과 → 소독의 순이다.
② 소독은 염소소독을 하며 이때 잔류 염소량을 0.2ppm을 유지해야 한다.
(단, 여름철이나 전염병 발생시 0.4ppm을 유지)
③ 염소소독의 장·단점
ㄱ. 가격이 저렴하다.
ㄴ. 방법이 간편하다.
ㄷ. 소독력이 강하고 잔류성이 크다.
ㄹ. 피부점막에 강한 자극성을 주고 냄새가 독한 단점을 가지고 있다.

> **잔류염소**
> - 물의 소독을 완전히 하여 완전산화가 된 상태를 불연속점 염소소독이라 하며, 그 이상 여분의 염소를 말한다.
> - 잔류 염소는 사용 중의 오염이나 송수과정 중의 오염 시 소독 효과를 가져 오도록 하기 위하여 필요하다.

(6) 하수도
하수를 운반하는 시설을 하수도라 한다.

① 합류식 하수처리 방법
　ㄱ. 가정하수, 산업폐수 등의 인간용수를 천수(눈, 비)와 함께 처리하는 방법이다.
　ㄴ. 시설비가 적고 하수관이 자연청소 된다.
　ㄷ. 수리와 청소가 용이하다.

② 하수처리 중 본 처리 과정
　ㄱ. 호기성(好氣性)처리법에는 가장 진보적인 활성오니법과 살수여과법이 있다.
　ㄴ. 혐기성(嫌氣性)처리법에는 부패조 처리법과 임호프탱크(Imhoff tank)법이 있다.

(7) 하수의 위생검사
① 생화학적 산소요구량 (Biochemical Oxygen Demand)의 측정 : 유기물질의 양을 간접적으로 나타내는 지표로 20ppm 이하이어야 한다. 생화학적 산소요구량(BOD) 측정은 20℃에서 보통 지정하는 기간은 5일이다.

② 용존산소량(Dissolved Oxygen)의 측정 : 물속에 녹아 있는 산소를 용존산소라 하며 4~5ppm 이상이어야 한다. 용존산소(DO) 농도의 감소는 오염도가 높은 것을 의미한다.

(8) 알아두면 좋은 음용수의 수질 기준
① 일반세균은 1ml중 100을 넘지 아니할 것.
② 대장균은 50ml중에서 검출되지 아니할 것.

> 대장균이 수질오염의 지표로 중요시 되는 이유는 대장균 자체가 유해한 작용을 하는 것은 아니지만 대장균의 추출은 다른 미생물이나 분변 오염을 추측 할 수 있고 검출 방법이 간편하고 정확하기 때문이다.

③ 납은 0.1mg/l 를 넘지 아니할 것.
④ 불소는 1mg/l 를 넘지 아니할 것.

> **우치** : 불소가 적게 함유된 물을 장기 음용 시 발생한다.
> **반상치** : 불소가 과다하게 함유된 물을 장기 음용 시 발생한다.

⑤ 경도는 300mg/l 를 넘지 아니할 것.

⑥ 색도는 5도를 탁도는 2도를 넘지 아니할 것.

⑦ 냄새와 맛은 소독으로 인한 냄새와 맛 이외의 냄새와 맛이 있어서는 아니할 것.

⑧ 수소이온 농도는 pH 5.8~8.5이하이어야 할 것.

⑨ 질산성질소는 10ml/l 를 넘지 아니 할 것.

> **청색아(Blue baby)** : 질산성 질소를 다량 함유된 물을 장기 음용 시 소아가 청색증에 걸려 목숨을 잃을 수 있다.

5. 인위적 환경

(1) 채광

채광이란 태양광선을 이용한 자연조명을 뜻한다.

① 채광에 의해서 충분한 효과를 얻기 위한 유리창의 면적은 바닥 면적의 1/5~1/7이 적당하고, 벽면적의 70%이상, 개각은 45도 입사각은 28도 이상이 좋다.

② 창의 높이는 높을수록 밝으며, 천장인 경우에는 보통 창의 3배나 밝은 효과를 얻을 수 있다.

(2) 조명

인공광을 이용하는 것으로 간접조명이 좋다.

① 조명 불량에 의한 피해 - 작업능률 저하 및 재해 발생과 가성근시, 안정피로, 안구 진탕증, 전광성 안염, 백내장 등이 발생 될 수 있다.

② 인공조명 시 고려할 점

ㄱ. 광색은 주광색에 가깝고 조도는 작업상 충분할 것.

ㄴ. 유해가스 발생, 폭발, 발화의 위험이 없을 것.

ㄷ. 취급이 간편하고 가격이 저렴할 것.

ㄹ. 조도는 균등할 것.

(3) 환기

① **자연환기** : 실내·외의 온도차, 풍력, 기체의 확산에 의하여 오염된 실내공기를 자연적으로 환기하는 것.

> **중성대** : 들어오는 공기와 나가는 공기의 경계면으로 압력이 0인 지대를 말하며 중성대는 방의 천장 가까이에 있는 것이 좋다.

② **인공환기**: 배기 팬 등을 이용한 환기로 조리장은 고온다습한 환경이므로 환기가 필요하다.
  ㄱ. 환기창은 5% 이상으로 할 것.
  ㄴ. 신속한 교환과 생리적으로 쾌적감을 줄 것.
  ㄷ. 신선한 공기로 교환, 교환된 공기는 실내에 고르게 유지될 것.

6. 대기오염

세계보건기구가 정의하는 대기오염(Air pollution)이란 "대기 중에 오염물질이 혼입되어 그 양, 질, 농도, 지속시간이 상호작용 하여 다수의 지역주민에게 불쾌감을 일으키거나, 보건상에 위해를 끼치며, 인류의 생활이나 식물의 성장을 방해하는 상태를 말한다"라고 하였다. 현대 공해의 특성은 다양화·광역화·누적화 및 다발화 현상을 나타내고 있다.

① 대기오염원 : 공장, 자동차의 배기가스, 굴뚝 매연, 공사장의 분진
② 대기오염 물질 : 아황산가스, 일산화탄소, 질소산화물, 자동차 배기가스
③ 대기오염에 의한 피해
  ㄱ. 인체 – 호흡기계 질병 유발, 기관지염, 눈을 자극
  ㄴ. 식물피해 – 농작물의 잎을 고사, 채소의 변색 등의 피해
④ 대기오염 대책 : 도시계획의 합리화, 공장 대기오염 실태 파악과 방지 계몽, 지도, 법적 규제와 방지 대책을 세워야 한다.

> **아황산(SO_2)가스의 특징** : 우리나라에서 먼지 다음으로 많이 배출되는 가스로 무색, 자극성이 강하고 대기오염지표이다. 금속 부식력이 강하고 산성비의 원인이 된다.
> **기온역전현상** : 대기층의 온도는 100m 상승 때 마다 1℃ 정도 낮아지므로 상부기온이 하부기온보다 낮다. 그러나 기온역전은 상부기온이 하부기온보다 높을 때를 말하며 대기오탁이 잘 발생하는 기후로 오염도가 높다.
> **링겔만(Ringelmann)의 비탁표** : 굴뚝의 매연인 검댕이(Soot)를 측정 하는 것.
> **환경오염에서 모니터링(Monitoring)** : 공기의 검체를 취하여 대기오염의 질을 조사하는 것을 말함.
> **스모그(Smog)** : 공장이나 난방 때문에 나오는 연기가 공중에 가득 차서 안개같이 된 것(런던스모그 – 석탄배기가스, LA스모그 – 자동차배기가스가 원인이 됨).

7. 오물 처리

(1) 분뇨처리
① 가온식 소화 처리 시에는 28~35℃에서 1개월 정도
② 무가온식 소화처리 시에는 2개월 이상 실시하고, 퇴비로 사용 할 경우에는 여름 1개월, 겨울 3개월 정도의 충분한 부숙 기간을 갖는다.

(2) 진개(쓰레기)처리
가정의 진개는 주개와 잡개로 분리 · 처리하는 2분법 처리가 좋다.
① 매립법 – 매립 시는 진개의 두께가 2m, 복토의 두께는 60cm~1m 정도가 적당하다.
② 소각법 – 가장 위생적인 방법이나 대기오탁의 원인이 된다.
③ 비료화(퇴비화)법 – 쓰레기를 발효시켜 비료로 사용한다.

> **바퀴** : 야간활동성과 질주성, 군서성, 잡식성을 특징으로 하는 바퀴는 온도 · 습도가 맞는 장소면 어디서나 서식하지만 특히, 1년 내내 온도가 잘 유지되는 건물이면 더욱 잘 번식한다. 구제법으로 각종 살충제 및 붕산에 의한 독이법이 이용되며 잔류효과가 있어야 한다.
>
> **위생곤충의 구제방법**
> ① 발생의 근원을 제거한다.
> ② 생태, 습성에 따라 행한다.
> ③ 광범위하게 한꺼번에 실시한다.
> ④ 되도록 발생 초기에 행한다.

03 역학 및 감염병의 관리

1. 감염병 발생의 주기
① 계절적 변화 : 1년을 주기로 여름엔 소화기계, 겨울엔 호흡기계통의 질병이 유행한다.
② 순환변화(단기변화) : 3~4년을 주기로 유행하며 홍역, 백일해, 유행성이하선염이 있다.
③ 추세변화(장기변화) : 10~15년을 주기로 유행하며 장티푸스, 디프테리아 등이 있다.

2. 감염병 발생의 3대 요소

전염원(병원체)	직접적인 원인이 되는 것으로 병균의 양이 충분해야 발생한다.
전염경로(환경)	병원체에 감염될 수 있는 환경조건이 구비되어야 발생된다
인간(숙주)	병원체에 대한 면역성이 없고, 감수성이 있어야 한다.

병원소 : 병원체가 생활하고 증식하고 생존을 계속해서 인간에게 전파될 수 있는 상태로써 저장되는 장소를 말하며 사람, 동물, 토양이 병원소이다.

3. 질병과 감염병의 원인별 분류

(1) 식사의 부적합으로 일어나는 질병

① 고혈압은 식염의 과다 섭취와 자극성 식품을 장복 시 발생한다.
② 위암과 원발성 간암의 발생은 백미를 일상식으로 하는 한국인에게 발생한다.
③ 식도암, 후두암 및 위암의 발생은 뜨거운 음식을 장복 시 발생한다.
④ 고혈압, 비만증, 관상동맥, 심장질환, 당뇨병, 골관절염의 유발은 과다 지방식이나 과식 시 발생된다.

(2) 양부모에게서 전염되거나 유전되는 질병

매독, 두창, 풍진, 혈우병, 통풍, 고혈압, 당뇨병, 알레르기, 정신발육 지연 등

(3) 면역이 형성되지 않는 감염병

풍진, 이질, 성병, 세균성 식중독, 매독, 말라리아

(4) 영구적으로 면역이 형성되는 감염병

천연두(두창), 폴리오(소아마비, 급성 회백수염), 홍역

(5) 병원체에 따른 감염병

세균	콜레라, 이질, 파라티푸스, 성홍열, 디프테리아, 백일해, 페스트, 장티푸스, 파상풍, 결핵, 폐렴, 한센병(나병)
바이러스 (여과성미생물)	뇌염, 홍역, 인플루엔자, 급성회백수염(소아마비, 폴리오), 전염성 간염, 트라콤, 풍진, 광견병(공수병), 유행성이하선염, 천열
리케차	발진티푸스, 발진열, 양충병
스피로헤타	와일씨병, 매독, 서교증, 재귀열
원충	말라리아, 아메바성 이질, 아프리카 수면병

> **천열** : 1927년 일본의 금택시에서 유행한 것으로 천이란 사람이 처음으로 보고한 Virus에 의한 질병이며, 39℃ 이상의 발열을 일으킨다.
> **잠복기** : 감염되고 나서 발병되기까지의 기간을 말하며 잠복기가 짧은 콜레라와 잠복기가 긴 감염병으로 한센병·나병(3~4년), 결핵(부정확함), 간염(5년), AIDS(10년)가 있다.

(6) 직접접촉 감염병 : 매독, 임질

(7) 간접접촉 감염병(비말·진애 감염, 호흡기계 침입)

환자·보균자의 기침, 재채기, 대화할 때 감염되는 것으로 디프테리아, 백일해, 결핵, 폐렴, 인플루엔자, 홍역, 수두, 풍진, 유행성이하선염, 성홍열이 있다.

(8) 개달물(식기, 손수건) 감염병 : 결핵, 트라코마, 천연두

(9) 수인성 음식물 감염병(소화기계침입)

이질(아메바성, 세균성), 콜레라, 파라티푸스, 장티푸스, 폴리오, 유행성간염

(10) 위생해충으로 인한 감염병

모기	말라리아, 일본뇌염, 황열, (말레이)사상충증, 뎅기열
이	발진티푸스, 재귀열
벼룩	페스트, 발진열, 재귀열
빈대	재귀열
바퀴	이질, 콜레라, 장티푸스, 폴리오
파리	장티푸스, 파라티푸스, 이질, 콜레라, 결핵, 디프테리아
진드기	쯔쯔가무시증, 옴, 재귀열, 신증후군, 출혈열, 양충병
쥐	페스트, 서교증, 재귀열, 와일씨병, 발진열, 유행성 출혈열, 쯔쯔가무시증
토양, 상처	파상풍, 매독, 한센병, 야토병, 페스트, 발진티푸스

(11) 우리나라의 법정 감염병

	제1급감염병	제2급감염병	제3급감염병	제4급감염병
특성	생물테러감염병 또는 치명률이 높거나 집단 발생의 우려가 커서 발생 또는 유행 즉시 신고. 음압격리와 같은 높은 수준의 격리가 필요한 감염병 (17종)	전파가능성을 고려하여 발생 또는 유행 시 24시간 이내에 신고. 격리가 필요한 감염병 (21종)	발생을 계속 감시할 필요가 있어 발생 또는 유행 시 24시간 이내 신고하여야 하는 감염병 (26종)	유행 여부를 조사하기 위하여 표본감시 활동이 필요한 감염병 (23종)

	제1급감염병	제2급감염병	제3급감염병	제4급감염병
종류	가. 에볼라바이러스병 나. 마버그열 다. 라싸열 라. 크리미안콩고출혈열 마. 남아메리카출혈열 바. 리프트밸리열 사. 두창 아. 페스트 자. 탄저 차. 보툴리눔독소증 카. 야토병 타. 신종감염병증후군 파. 중증급성호흡기 　　증후군(SARS) 하. 중동호흡기증후군 　　(MERS) 거. 동물인플루엔자 　　인체감염증 너. 신종인플루엔자 더. 디프테리아	가. 결핵 나. 수두 다. 홍역 라. 콜레라 마. 장티푸스 바. 파라티푸스 사. 세균성이질 아. 장출혈성대장균감염증 자. A형간염 차. 백일해 카. 유행성이하선염 타. 풍진 파. 폴리오 하. 수막구균 감염증 거. b형헤모필루스인플루엔자 너. 폐렴구균 감염증 더. 한센병 러. 성홍열 머. 반코마이신내성황색 　　포도알균(VRSA) 감염증 버. 카바페넴내성장내세균속 　　균종(CRE) 감염증 서. E형간염	가. 파상풍 나. B형간염 다. 일본뇌염 라. C형간염 마. 말라리아 바. 레지오넬라증 사. 비브리오패혈증 아. 발진티푸스 자. 발진열 차. 쯔쯔가무시증 카. 렙토스피라증 타. 브루셀라증 파. 공수병 하. 신증후군출혈열 거. 후천성면역결핍증 　　(AIDS) 너. 크로이츠펠트- 　　야콥(CJD) 및 　　변종 크로이츠펠트- 　　야콥병(vCJD) 더. 황열 러. 뎅기열 머. 큐열 버. 웨스트나일열 서. 라임병 어. 진드기매개뇌염 저. 유비저 처. 치쿤구니야열 커. 중증열성혈소판 　　감소증후군(SFTS) 터. 지카바이러스 감염증	가. 인플루엔자 나. 매독 다. 회충증 라. 편충증 마. 요충증 바. 간흡충증 사. 폐흡충증 아. 장흡충증 자. 수족구병 차. 임질 카. 클라미디아 감염증 타. 연성하감 파. 성기단순포진 하. 첨규콘딜롬 거. 반코마이신내성장알균 　　(VRE) 감염증 너. 메티실린내성황색 　　포도알균(MRSA) 감염증 더. 다제내성녹농(MRPA) 　　감염증 러. 다제내성아시네토박터 　　바우마니균(MRAB) 감염증 머. 장관감염증 2) 버. 급성호흡기감염증) 서. 해외유입기생충감염증 어. 엔테로바이러스감염증 저. 사람유두종바이러스 　　감염증
감시 방법	전수감시	전수감시	전수감시	표본감시
신고	즉시	24시간 이내	24시간 이내	7일 이내
보고	즉시	24시간 이내	24시간 이내	7일 이내

출처 : 2020 법정감염병 진단·신고, 질병관리본부

(12) 우리나라의 검역 감염병

외국에서 들어오는 사람이나 물건 등에 대하여 병원체의 유무를 검사하고 소독하는 일로 전염병을 예방하기 위하여 우리나라 검역법에 정해진 검역 감염병의 3종은 **콜레라, 페스트, 황열**이다.

> **인축공동감염병**
> 전염병 가운데 사람과 동물 사이에서 동일한 병원체에 의해서 발생하는 질병이나 감염상태를 인축공동전염병이라 한다.
> ① **결핵** : 감염된 소의 우유
> ② **브루셀라(파상열)** : 사람은 병에 걸린 염소, 양, 소의 젖과 유제품을 통해 감염되어 열병 증상이 나타나며 암컷 동물은 유산, 수컷동물은 고환염, 관절염에 걸린다.
> ③ **야토병** : 산토끼와의 접촉에 의해 피부, 점막을 통해 경구로 감염된다.
> ④ **광견병(공수병)** : 개
> ⑤ **페스트** : 쥐
> ⑥ **탄저, 비저** : 양, 말
> ⑦ **돈단독, 선모충, Q열** : 돼지

4. 질병과 감염병의 관리 대책

(1) 전염원(감염원) 대책

① 전염원의 조기발견
  ㄱ. 환자의 신고
  ㄴ. 병원체 보유자의 검색
  ㄷ. 역학 조사
② 전염원에 대한 처치
  ㄱ. 환자격리 조치
  ㄴ. 업무종사 제한 및 집회금지
  ㄷ. 교통차단과 건강 격리
  ㄹ. 병원체 보유동물 대책
  ㅁ. 환자·보균자의 배설물 및 오염 물건 소독
  ㅂ. 외래 감염병 : 검역을 철저히 하여 국내 침입을 사전에 방지한다.

(2) 전염경로(감염경로) 대책

  ㄱ. 전염원과의 접촉 기회 억제

ㄴ. 소독·살균의 철저 : 물건 등의 소독, 손의 수세 소독

ㄷ. 공기의 위생적 유지

ㄹ. 상수도의 위생관리

ㅁ. 식품의 오염방지

(3) 병원체에 대한 면역

면역이란 사람이나 동물의 몸 안에 병균이나 독소가 침입하여도 발병하지 아니할 만한 저항력을 가지는 것으로서, 종류는 선천적으로 받은 선천면역과 후천적인 것으로 얻는 후천면역이 있다.

① **선천면역** : 종속면역, 인종면역, 개인차 특이성

② **후천면역**

　　ㄱ. 능동면역
- 자연 능동면역 : 질병 감염 후 획득한 면역으로 면역 강도가 최대임
  예 홍역, 장티푸스, 콜레라, 백일해
- 인공 능동면역 : 예방접종을 하여 얻은 면역
  예 홍역, 파상풍, 장티푸스, 두창

　　ㄴ. 수동면역
- 자연 수동면역 : 모체로부터 출생 시 태반이나 모유를 통해 얻은 면역
- 인공 수동면역 : 혈청 제제의 접종으로 얻은 면역

(4) 감수성 대책 (면역증강)

질병에 대한 감수성을 가진 사람을 대상으로 평소에 일반 저항력 증진을 위한 영양관리, 운동, 충분한 수면 등의 관리와 예방접종을 실시하여 면역력을 증강시킨다.

> **감수성(접촉)지수**
> 질병을 받아들일 수 있는 능력으로 홍역, 천연두[95%] → 백일해[70%] → 성홍열[40%], 디프테리아[10%] → 소아마비(폴리오)[0.1%] 순이다.

(5) 예방접종(인공능동면역)

① 투베르쿨린 반응 검사 – 결핵균 감염 유무 확인 검사이다.

② 보균자 – 발병은 하지 않았지만 몸 안에 병원균을 가지고 있어 평상시에 혹은 때때로 병원균을 배출하고 있는 자로서 건강보균자·잠복기(발병 전) 보균자·병후 보균자 등이 있다.

결핵예방접종	생후 4주 이내 접종하며 생후 첫 번째 접종한다.
B형 간염	모체가 양성인 경우 출생 후 12시간 이내, 음성인 경우 2개월 이내 첫 접종함
DPT (D : 디프테리아, P : 백일해, T : 파상풍)	생후 2, 4, 6개월이 되었을 때 3회 기초접종하고 15~18개월 사이, 4~6세, 만 11~12세에 추가 접종한다.
폴리오(OPV)	생후 2, 4, 6개월이 되었을 때 3회 기초접종하고 추가 접종은 4~6세에 1회한다.
MMR (M : 홍역, M : 유행성이하선염, R : 풍진)	1차 접종은 생후 12~15개월 2차 접종은 만 4~6세
일본 뇌염	생후 12~23개월에 7~30일 간격으로 2차 접종, 12개월 후 3차 접종, 만 6세와 12세에 각 1회씩 추가접종한다.

■ 직업병의 종류

원인별	질병명
고열환경	열중증(열경련증, 열허탈증, 열쇠약증, 울열증) 反 저온환경 – 동상, 동창, 참호족염
고압환경	잠함병 反 저압환경 – 고산병, 항공병
수은(Hg) 중독	미나마타병의 원인 중금속 – 언어장애, 보행곤란, 호흡마비, 지각마비 증세
카드뮴(cd) 중독	이타이이타이병의 원인 중금속 – 골연화증, 폐기종, 전신위축, 단백뇨 증세
납(Pb)중독	• 소량씩 장시간 섭취시 만성중독 증상을 보이는 독성이 강한 중금속 • 신장장애(요독증), 뇨중에 코프로포피린 검출, 연연, 칼슘대사 이상
PCB(미강유증)중독	가내미유증 : 미강유 제조 시 PCB가 누출되어 기름에 혼입 – 식욕부진, 관절통
분진	진폐증 : 규폐증(유리규산), 석면폐증(석면), 활석폐증(활석)
소음	두통, 수면방해, 직업성 난청 (방지 : 귀마개 사용, 방음벽 설치, 작업방법 개선)
진동	진동공구 사용 장애 : 레이노드병 – 근로자 손가락에 발생하는 말초혈관 이상
비소	법랑용기, 도자기의 안료로 식품에 오염, 피부이상 및 신경장애, 설사 등 유발
주석	산성 과일 제품을 주석 통조림 제품에 담았을 때
구리	구리로 만든 식기 등의 부식이 원인이 되며 혈액독으로 간장과 신장에 장애

06 식품위생 관계법규

참고 : 국가법령정보센터, https://www.law.go.kr/, (2021)

01 식품위생법 및 관계법규

1. 식품위생법의 목적

식품으로 인하여 생기는 위생상의 위해(危害)를 방지하고 식품영양의 질적 향상을 도모하며 식품에 관한 올바른 정보를 제공하여 국민보건의 증진에 이바지함을 목적으로 한다.

2. 용어의 정의

용어	정의
식품	모든 음식물(의약으로 섭취하는 것은 제외한다)
식품첨가물	식품을 제조·가공·조리 또는 보존하는 과정에서 감미(甘味), 착색(着色), 표백(漂白) 또는 산화방지 등을 목적으로 식품에 사용되는 물질. 이 경우 기구(器具)·용기·포장을 살균·소독하는 데에 사용되어 간접적으로 식품으로 옮아갈 수 있는 물질을 포함한다.
화학적 합성품	화학적 수단으로 원소(元素) 또는 화합물에 분해 반응 외의 화학 반응을 일으켜서 얻은 물질
기구	식품 또는 식품첨가물에 직접 닿는 기계·기구나 그 밖의 물건(농업과 수산업에서 식품을 채취하는 데에 쓰는 기계·기구나 그 밖의 물건 및 「위생용품 관리법」 제2조제1호에 따른 위생용품은 제외한다) ① 음식을 먹을 때 사용하거나 담는 것 ② 식품 또는 식품첨가물을 채취·제조·가공·조리·저장·소분[(小分) : 완제품을 나누어 유통을 목적으로 재포장하는 것. 이하 같다]·운반·진열할 때 사용하는 것
용기·포장	식품 또는 식품첨가물을 넣거나 싸는 것으로서 식품 또는 식품첨가물을 주고받을 때 함께 건네는 물품
위해	식품, 식품첨가물, 기구 또는 용기·포장에 존재하는 위험요소로서 인체의 건강을 해치거나 해칠 우려가 있는 것
영업	식품 또는 식품첨가물을 채취·제조·가공·조리·저장·소분·운반 또는 판매하거나 기구 또는 용기·포장을 제조·운반·판매하는 업(농업과 수산업에 속하는 식품 채취업은 제외한다)
영업자	영업허가를 받은 자나 영업신고를 한 자 또는 영업등록을 한 자
식품위생	식품, 식품첨가물, 기구 또는 용기·포장을 대상으로 하는 음식에 관한 위생
집단급식소	영리를 목적으로 하지 아니하면서 특정 다수인에게 계속하여 음식물을 공급하는 다음의 어느 하나에 해당하는 곳의 급식시설로서 대통령령으로 정하는 시설 ① 기숙사 ② 학교, 유치원, 어린이집 ③ 병원 ④ 사회복지시설 ⑤ 산업체 ⑥ 국가, 지방자치단체 및 공공기관 ⑦ 그 밖의 후생기관 등

용어	정의
식품이력추적관리	식품을 제조·가공단계부터 판매단계까지 각 단계별로 정보를 기록·관리하여 그 식품의 안전성 등에 문제가 발생할 경우 그 식품을 추적하여 원인을 규명하고 필요한 조치를 할 수 있도록 관리하는 것
식중독	식품 섭취로 인하여 인체에 유해한 미생물 또는 유독물질에 의하여 발생하였거나 발생한 것으로 판단되는 감염성 질환 또는 독소형 질환
집단급식소에서의 식단	급식대상 집단의 영양섭취기준에 따라 음식명, 식재료, 영양성분, 조리방법, 조리인력 등을 고려하여 작성한 급식계획서

3. 식품과 식품첨가물

(1) 판매가 금지되는 위해식품

① 썩거나 상하거나 설익어서 인체의 건강을 해칠 우려가 있는 것

② 유독·유해물질이 들어 있거나 묻어 있는 것 또는 그러할 염려가 있는 것. 다만, 식품의 의약품 안전처장이 인체의 건강을 해칠 우려가 없다고 인정하는 것은 제외

③ 병(病)을 일으키는 미생물에 오염되었거나 그러할 염려가 있어 인체의 건강을 해칠 우려가 있는 것

④ 불결하거나 다른 물질이 섞이거나 첨가(添加)된 것 또는 그 밖의 사유로 인체의 건강을 해칠 우려가 있는 것

⑤ 안전성 심사 대상인 농·축·수산물 등 가운데 안전성 심사를 받지 아니하였거나 안전성 심사에서 식용(食用)으로 부적합하다고 인정된 것

⑥ 수입이 금지된 것 또는 수입신고를 하지 아니하고 수입한 것

⑦ 영업자가 아닌 자가 제조·가공·소분한 것

(2) 판매가 금지되는 병든동물의 질병(총리령으로 정하는 질병)

① 도축이 금지되는 가축전염병

② 리스테리아병, 살모넬라병, 파스튜렐라병 및 선모충증

4. 기구와 용기·포장

(1) 유독·유해물질이 들어 있거나 묻어 있어 인체의 건강을 해칠 우려가 있는 기구 및 용기·포장과 식품 또는 식품첨가물에 직접 닿으면 해로운 영향을 끼쳐 인체의 건강을 해칠 우려가 있는 기구 및 용기·포장을 판매하거나 판매할 목적으로 제조·수입·저장·운반·진열하거나 영업에 사용하여서는 아니 된다.

(2) 식품의약품안전처장은 판매하거나 영업에 사용하는 기구 및 용기·포장에 관하여 다음 각 호의 사항

을 정하여 고시한다.
① 제조 방법에 관한 기준
② 기구 및 용기·포장과 그 원재료에 관한 규격

5. 검사

(1) 출입·검사·수거 등
식품의약품안전처장, 시·도지사 또는 시장·군수·구청장은 식품 등의 위해방지·위생관리와 영업질서의 유지를 위하여 필요하면 다음의 조치를 할 수 있다.
① 영업자나 그 밖의 관계인에게 필요한 서류나 그 밖의 자료의 제출 요구
② 관계 공무원으로 하여금 다음 각 목에 해당하는 출입·검사·수거 등의 조치
    ㄱ. 영업소(사무소, 창고, 제조소, 저장소, 판매소, 그 밖에 이와 유사한 장소를 포함한다)에 출입하여 판매를 목적으로 하거나 영업에 사용하는 식품등 또는 영업시설 등에 대하여 하는 검사
    ㄴ. ㄱ항에 따른 검사에 필요한 최소량의 식품 등의 무상 수거
    ㄷ. 영업에 관계되는 장부 또는 서류의 열람

(2) 자가품질검사 의무
① 식품 등을 제조·가공하는 영업자는 총리령으로 정하는 바에 따라 제조·가공하는 식품 등이 기준과 규격에 맞는지를 검사하여야 한다.
② 식품 등을 제조·가공하는 영업자는 ①항에 따른 검사를 자가품질위탁 시험·검사기관에 위탁하여 실시할 수 있다.
③ 검사를 직접 행하는 영업자는 검사 결과 해당 식품 등이 국민 건강에 위해가 발생하거나 발생할 우려가 있는 경우에는 지체 없이 식품의약품안전처장에게 보고하여야 한다.
④ 검사의 항목·절차, 그 밖에 검사에 필요한 사항은 총리령으로 정한다.

(3) 식품위생감시원의 직무
① 식품 등의 위생적인 취급에 관한 기준의 이행 지도
② 수입·판매 또는 사용 등이 금지된 식품 등의 취급 여부에 관한 단속
③ 표시 또는 광고기준의 위반 여부에 관한 단속
④ 출입·검사 및 검사에 필요한 식품등의 수거
⑤ 시설기준의 적합 여부의 확인·검사
⑥ 영업자 및 종업원의 건강진단 및 위생교육의 이행 여부의 확인·지도

⑦ 조리사 및 영양사의 법령 준수사항 이행 여부의 확인·지도

⑧ 행정처분의 이행 여부 확인

⑨ 식품등의 압류·폐기 등

⑩ 영업소의 폐쇄를 위한 간판 제거 등의 조치

⑪ 그 밖에 영업자의 법령 이행 여부에 관한 확인·지도

6. 영업

(1) 영업의 허가·신고·등록

① 허가를 받아야 하는 업종

    ㄱ. 식품조사처리업 : 식품의약품안전처장

    ㄴ. 단란주점영업, 유흥주점영업 : 특별자치시장·특별자치도지사 또는 시장·군수·구청장의 허가

② 영업신고를 하여야 하는 업종(시행령 제25조)(특별자치시장·특별자치도지사 또는 시장·군수·구청장에게 신고)

    ㄱ. 즉석판매제조·가공업

    ㄴ. 식품운반업

    ㄷ. 식품소분·판매업

    ㄹ. 식품냉동·냉장업

    ㅁ. 용기·포장류제조업(자신 제품 포장을 위해 용기·포장류를 제조하는 경우는 제외한다)

    ㅂ. 휴게음식점영업, 일반음식점영업, 위탁급식영업, 제과점영업

③ 등록하여야 하는 영업(시행령 제26조2)(특별자치시장·특별자치도지사 또는 시장·군수·구청장에게 등록)

    ㄱ. 식품제조·가공업

    ㄴ. 식품첨가물 제조업

(2) 식품접객업의 종류

용어	정의
휴게음식점영업	주로 다류(茶類), 아이스크림류 등을 조리·판매하거나 패스트푸드점, 분식점 형태의 영업 등 음식류를 조리·판매하는 영업으로서 음주행위가 허용되지 아니하는 영업.(다만, 편의점, 슈퍼마켓, 휴게소, 그 밖에 음식류를 판매하는 장소에서 컵라면, 일회용 다류 또는 그 밖의 음식류에 물을 부어 주는 경우는 제외한다.)
일반음식점영업	음식류를 조리·판매하는 영업으로서 식사와 함께 부수적으로 음주행위가 허용되는 영업

용어	정의
단란주점영업	주로 주류를 조리·판매하는 영업으로서 손님이 노래를 부르는 행위가 허용되는 영업
유흥주점영업	주로 주류를 조리·판매하는 영업으로서 유흥종사자를 두거나 유흥시설을 설치할 수 있고 손님이 노래를 부르거나 춤을 추는 행위가 허용되는 영업
위탁급식영업	집단급식소를 설치·운영하는 자와의 계약에 따라 그 집단급식소에서 음식류를 조리하여 제공하는 영업
제과점영업	주로 빵, 떡, 과자 등을 제조·판매하는 영업으로서 음주행위가 허용되지 아니하는 영업

(3) 식품위생교육

① 대상 : 영업자 및 유흥종사자를 둘 수 있는 식품접객업 영업자의 종업원
② 시기 : 매년
③ 기관 : 식품위생교육전문기관, 동업자조합, 한국식품산업협회
④ 내용 : 식품위생, 개인위생, 식품위생시책, 식품의 품질관리 등
⑤ 영업을 하려는 자가 받아야 하는 식품위생교육 시간
  - 식품운반업, 식품소분·판매업, 식품보존법, 용기·포장류제조업 : 4시간
  - 식품접객업, 집단급식소 설치 운영자 : 6시간
  - 식품제조·가공업, 즉석판매제조·가공업, 식품첨가물제조업 : 8시간

(4) 우수업소, 모범업소

종류	지정권자	구분
우수업소	식품의약품안전처장 또는 특별자치시장·특별자치도지사·시장·군수·구청장	식품제조·가공업 및 식품첨가물제조업 (우수업소와 일반업소로 구분)
모범업소	특별자치시장·특별자치도지사·시장·군수·구청장	집단급식소 및 일반음식점영업 (모범업소와 일반업소로 구분)

7. 조리사

(1) 조리사를 두지 않아도 되는 경우

① 집단급식소 운영자 또는 식품접객영업자 자신이 조리사로서 직접 음식물을 조리하는 경우
② 1회 급식인원 100명 미만의 산업체인 경우
③ 영양사가 조리사의 면허를 받은 경우

(2) 조리사를 두어야 하는 경우

① 집단급식소 운영자

② 식품접객업 중 복어를 조리·판매하는 영업을 하는자(복어 조리 자격을 취득한 조리사)

> **참고 : 집단급식소에 근무하는 조리사의 직무**
> ① 집단급식소에서의 식단에 따른 조리업무[식재료의 전(前)처리에서부터 조리, 배식 등의 전 과정을 말한다]
> ② 구매식품의 검수 지원
> ③ 급식설비 및 기구의 위생·안전 실무
> ④ 그 밖에 조리실무에 관한 사항

(3) 조리사 면허

① 조리사가 되려는 자는 해당 기능분야의 자격을 얻은 후 특별자치시장·특별자치도지사·시장·군수·구청장의 면허를 받아야 한다.

② 조리사 면허의 결격사유

ㄱ. 정신질환자(다만, 전문의가 조리사로서 적합하다고 인정하는 자는 그러하지 아니하다.)

ㄴ. 감염병환자(B형간염환자는 제외)

ㄷ. 마약이나 그 밖의 약물 중독자

ㄹ. 조리사 면허의 취소처분을 받고 그 취소된 날부터 1년이 지나지 아니한 자

(4) 조리사 교육

식품의약품안전처장은 식품위생 수준 및 자질의 향상을 위하여 필요한 경우 조리사와 영양사에게 교육(조리사의 경우 보수교육)을 받을 것을 명할 수 있다. 다만, 집단급식소에 종사하는 조리사와 영양사는 2년마다 교육을 받아야 한다.

8. 집단급식소

(1) 집단급식소 신고 및 준수사항

① 집단급식소의 설치·운영하려는 자는 특별자치시장·특별자치도지사·시장·군수·구청장에게 신고(신고사항중 총리령으로 정하는 사항을 변경하는 경우도 같다.)

② 집단급식소 설치·운영자의 준수사항(시설의 유지, 관리 등 급식을 위생적으로 관리하기위한 사항)

ㄱ. 식중독 환자가 발생하지 아니하도록 위생관리를 철저히 할 것

ㄴ. 조리·제공한 식품의 매회 1인분 분량을 섭씨 영하 18℃ 이하로 144시간 이상 보관할 것

ㄷ. 영양사를 두고 있는 경우 그 업무를 방해하지 아니할 것
ㄹ. 영양사를 두고 있는 경우 영양사가 집단급식소의 위생관리를 위하여 요청하는 사항에 대하여는 정당한 사유가 없으면 따를 것
ㅁ. 검사를 받지 아니한 축산물 또는 실험 등의 용도로 사용한 동물을 음식물의 조리에 사용하지 말 것
ㅂ. 「야생생물 보호 및 관리에 관한 법률」을 위반하여 포획·채취한 야생생물을 음식물의 조리에 사용하지 말 것
ㅅ. 유통기한이 경과한 원재료 또는 완제품을 조리할 목적으로 보관하거나 이를 음식물의 조리에 사용하지 말 것
ㅇ. 수돗물이 아닌 지하수 등을 먹는 물 또는 식품의 조리·세척 등에 사용하는 경우에는 먹는물 수질검사기관에서 검사를 받아 마시기에 적합하다고 인정된 물을 사용할 것. 다만, 둘 이상의 업소가 같은 건물에서 같은 수원(水源)을 사용하는 경우에는 하나의 업소에 대한 시험결과로 나머지 업소에 대한 검사를 갈음할 수 있다.
ㅈ. 위해평가가 완료되기 전까지 일시적으로 금지된 식품 등을 사용·조리하지 말 것
ㅊ. 식중독 발생 시 보관 또는 사용 중인 식품은 역학조사가 완료될 때까지 폐기하거나 소독 등으로 현장을 훼손하여서는 아니 되고 원상태로 보존하여야 하며, 식중독 원인규명을 위한 행위를 방해하지 말 것
ㅋ. 그 밖에 식품 등의 위생적 관리를 위하여 필요하다고 총리령으로 정하는 사항을 지킬 것

9. 행정처분

(1) 영업소의 폐쇄를 위한 관계공무원의 조치
① 해당 영업소의 간판 등 영업 표지물의 제거나 삭제
② 해당 영업소가 적법한 영업소가 아님을 알리는 게시문 등의 부착
③ 해당 영업소의 시설물과 영업에 사용하는 기구 등을 사용할 수 없게 하는 봉인(封印)

(2) 영업소 폐쇄를 위한 조치 시 제시하는 서류의 기재사항
① 조사목적
② 조사기간 및 대상
③ 조사의 범위 및 내용
④ 조사담당자의 성명 및 소속

⑤ 조사 관계 법령
⑥ 그 밖에 해당 조사와 관련하여 필요한 사항

(3) 조리사 면허취소 등 행정처분

위반사항/행정처분	1차위반	2차위반	3차위반
조리사 면허의 결격사유에 해당한 자	면허취소	-	-
조리사 및 영양사는 법(제56조) 규정에 따라 교육을 받아야 한다.(감염병 유행이나 집단식중독의 발생 및 확산 등으로 국민건강을 해칠 우려가 있다고 인정된 경우 또는 식품위생수준의 향상이 필요하여 교육 실시를 요청한 경우)	시정명령	업무정지 15일	업무정지 1개월
식중독이나 그 밖에 위생과 관련한 중대한 사고 발생에 직무상의 책임이 있는 경우	업무정지 1개월	업무정지 2개월	면허취소
면허를 타인에게 대여하여 사용하게 한 경우	업무정지 2개월	업무정지 3개월	면허취소
업무정지기간 중에 조리사의 업무를 한 경우	면허취소	-	-

02 제조물책임법

(1) 제조물책임법의 목적

제조물의 결함으로 발생한 손해에 대한 제조업자 등의 손해배상책임을 규정함으로써 피해자 보호를 도모하고 국민생활의 안전 향상과 국민경제의 건전한 발전에 이바지함을 목적으로 한다.

(2) 용어의 정의

용어	정의
제조물	제조되거나 가공된 동산(다른 동산이나 부동산의 일부를 구성하는 경우를 포함)을 말한다.
결함	해당 제조물에 다음 각 목의 어느 하나에 해당하는 제조상·설계상 는 표시상의 결함이 있거나 그 밖에 통상적으로 기대할 수 있는 안전성이 결여되어 있는 것을 말한다. ① 제조업자가 제조물에 대하여 제조상·가공상의 주의의무를 이행하였는지에 관계없이 제조물이 원래 의도한 설계와 다르게 제조·가공됨으로써 안전하지 못하게 된 경우를 말한다. ② 제조업자가 합리적인 대체설계(代替設計)를 채용하였더라면 피해나 위험을 줄이거나 피할 수 있었음에도 대체설계를 채용하지 아니하여 해당 제조물이 안전하지 못하게 된 경우를 말한다. ③ 제조업자가 합리적인 설명·지시·경고 또는 그 밖의 표시를 하였더라면 해당 제조물에 의하여 발생할 수 있는 피해나 위험을 줄이거나 피할 수 있었음에도 이를 하지 아니한 경우를 말한다.

용어	정의
제조업자	① 제조물의 제조·가공 또는 수입을 업(業)으로 하는 자 ② 제조물에 성명·상호·상표 또는 그 밖에 식별(識別) 가능한 기호 등을 사용하여 자신을 가목의 자로 표시한 자 또는 가목의 자로 오인(誤認)하게 할 수 있는 표시를 한 자

(3) 제조물 책임

① 제조업자는 제조물의 결함으로 생명·신체 또는 재산에 손해(그 제조물에 대하여만 발생한 손해는 제외)를 입은 자에게 그 손해를 배상하여야 한다.

② 위 ①항에도 불구하고 제조업자가 제조물의 결함을 알면서도 그 결함에 대하여 필요한 조치를 위하지 아니한 결과로 생명 또는 신체에 중대한 손해를 입은 자가 있는 경우에는 그 자에게 발생한 손해의 3배를 넘지 아니하는 범위에서 배상책임을 진다. 이 경우 법원은 배상액을 정할 때 다음의 사항을 고려하여야 한다.

　ㄱ. 고의성의 정도
　ㄴ. 해당 제조물의 결함으로 인하여 발생한 손해의 정도
　ㄷ. 해당 제조물의 공급으로 인하여 제조업자가 취득한 경제적 이익
　ㄹ. 해당 제조물의 결함으로 인하여 제조업자가 형사처벌 또는 행정처분을 받은 경우 그 형사 처벌 또는 행정처분의 정도
　ㅁ. 해당 제조물의 공급이 지속된 기간 및 공급 규모
　ㅂ. 제조업자의 재산상태
　ㅅ. 제조업자가 피해구제를 위하여 노력한 정도

위생관리 Test

01 조리종사원은 식품위생법에 따라 건강진단을 받아야 한다. 규정으로 맞는 것은?

① 2년 2회
② 2년 1회
③ 1년 2회
④ 1년 1회

02 건강진단 결과 관리 내용으로 옳지 않은 것은?

① 검진주기는 건강진단서 검진일 기준으로 산정한다.
② 종업원은 영업에 종사하기 전 검진을 받아야 한다.
③ 건강진단서 유효일자 만기 후에 검진을 받아야 한다.
④ 건강진단서 원본을 항상 소지하고 근무하여야 한다.

> **해설**
> **건강진단 결과 관리**
> • 검진주기는 1년
> • 검진주기는 건강진단서 검진일 기준으로 산정
> • 영업주는 영업시작 전, 종업원은 영업에 종사하기 전 검진을 받아야 함
> • 신입 직원은 근무 시작 전에 건강진단서를 미리 받아야 함
> • 건강진단서 원본을 항상 소지하고 근무하여야 함
> • 건강진단서 유효일자 만기 전에 미리 검진을 받아야 함

03 영업에 종사하지 못하는 질병의 종류에 해당되지 않는 것은?

① B형간염
② 비전염성 결핵
③ 장티푸스
④ 피부병 기타 화농성 질환

> **해설**
> **영업에 종사하지 못하는 질병의 종류**
> • 전염병예방법에 의한 제1군전염병 중 소화기계 전염병(장티푸스 등 6종)
> • 전염병예방법에 의한 제3군 전염병중 결핵(비전염성인 경우 제외)
> • 피부병 기타 화농성 질환
> • B형간염(전염의 우려가 없는 비활동성 간염은 제외)
> • 후천성면역결핍증('감염병의 예방 및 관리에 관한 법률'에 의하여 성병에 관한 건강진단을 받아야 하는 영업에 종사하는 자에 한함)

04 위생문제 발생 시 즉각적인 조치시행으로 옳지 않은 것은?

① 즉각 상급자에게 보고한다.
② 종업원 전체 검변, 질병유무 확인은 안 해도 된다.
③ 3일 전까지의 식자재 및 섭취음식을 파악한다.
④ 식품의약품안전청 식품안전국 식중독예방관리팀에 신속히 보고한다.

> **해설**
> **위생문제 발생 시 즉각적인 조치시행**
> • 즉각 상급자에게 보고
> • 식품의약품안전청 식품안전국 식중독예방관리팀에 신속히 보고
> • 업장 이용고객 수, 증상, 경과시간 파악
> • 원인식품을 추정해서 육하원칙에 따라 조리방법 및 관리상태 파악
> • 3일 전까지의 식자재 및 섭취음식을 파악
> • 종업원 전체 검변, 질병유무 확인

정답 01 ④ 02 ③ 03 ② 04 ②

05 주방 시설·도구를 위생관리에 대한 설명으로 옳지 않은 것은?

① 설비 본체 부품을 분해하여 깨끗한 장소로 옮긴다.
② 1차 뜨거운 물로 세척하고 세제를 묻힌 스펀지로 제거한다.
③ 흐르는 물로 세제를 씻는다.
④ 건조를 완전히 시키지 않아도 재조립할 수 있다.

해설
주방 시설·도구의 위생관리
- 설비부품은 5분간 뜨거운 물에 담근 후 세척하거나 차아염소산나트륨 용액 200ppm에 5분간 담근 후 세척하기
- 건조를 완전히 시킨 후 재조립하기
- 설비 중 분해할 수 없는 지저분한 곳은 제거한 후 행주나 위생타월로 물기를 제거한 후 소독용 알코올 분무하기
- 사용하기 전 설비는 표면이 촉촉해질 정도로 소독용 알코올로 재차 분무한 후 알코올 성분을 제거하여 사용하기

06 미생물이 식품에 오염되어 증식할 수 있는 생육인자와 가장 거리가 먼 것은?

① 식품 중의 수분
② 식품 중의 pH
③ 식품 중의 향기성분
④ 식품 중의 영양소

해설 미생물은 적당한 영양소, 온도, 수분, pH가 있어야 생육할 수 있다.

07 식품의 위생과 관련된 효모에 관한 설명 중 잘못된 것은?

① 요구르트, 김치 등 발효식품을 변질시킬 수 있다.
② 대부분 식중독을 일으키지 않는다.
③ 원핵세포로 된 단세포생물이다.
④ 출아법으로 증식한다.

해설 효모는 곰팡이처럼 진핵세포로 된 단세포 생물이다.

08 다음의 식품 중 수분 활성도가 가장 높은 것은?

① 시금치
② 쌀
③ 보리
④ 콩

해설 수분활성도(Aw)란 어떤 임의의 온도에서 식품이 나타내는 수증기압을 그 온도의 순수한 물의 최대 수증기압으로 나눈 것으로 물의 Aw = 1, 일반식품의 수분활성도는 항상 1보다 작다. 곡류나 건조식품 등은 과일, 채소류보다 수분활성도가 낮다.

09 식품 중 형성된 미생물층의 특징이 잘못 설명된 것은?

① 가열처리된 식품에는 내열성균과 2차 오염균에 따른 미생물층이 형성된다.
② 신선한 식품엔 그 식품이 유래된 환경과 유사한 미생물층이 형성된다.
③ 원료의 가공, 저장이 저온환경에서 이루어질 경우 호냉세균이 형성된다.
④ 수분함량이 많은 식품에는 곰팡이류가 우선적으로 증식한다.

해설 수분함량이 적은 건조식품에는 곰팡이류가 우선적으로 증식한다.

정답 05 ④　06 ③　07 ③　08 ①　09 ④

10 미생물의 발육을 억제하여 식품의 부패나 변질을 방지할 목적으로 사용될 수 없는 것은?

① 소르빈산
② 테히드로초산
③ 호박산나트륨
④ 안식향산나트륨

해설 방부제의 종류는 데히드로초산(치즈, 버터, 마가린), 소르빈산(식육제품, 어육연제품), 안식향산(청량음료, 간장), 프로피온산 나트륨(빵, 과자)에 사용되고 글루타민산 나트륨과 호박산나트륨은 맛난 맛을 증진시킬 목적으로 첨가하는 조미료이며, 규소수지는 식품의 제조공정에서 생기는 거품(기포) 제거에 사용되는 첨가물로 소포제이다.

11 식품의 냉장효과를 바르게 설명한 것은?

① 식품의 오염세균을 사멸시킨다.
② 식품의 기생충을 사멸시킨다.
③ 식품 중 부패세균의 생육을 억제시킬 수 있다.
④ 식품 중 세균의 생육을 중단시킨다.

해설 식품의 냉장 보관 시 부패세균의 생육을 억제시킬 수는 있지만, 기생충, 오염세균의 생육을 중단시키지는 못한다.

12 식품의 부패에 영향을 미치는 인자 중에서 비교적 거리가 먼 것은?

① 수소이온농도
② 식품의 색
③ 보관온도
④ 수분함량

해설 식품의 부패에 영향을 미치는 인자는 효소, 수분, 일광, 온도, 산소, 수소이온 농도 등이다.

13 다음 중 위생지표세균에 속하는 것은?

① 대장균군
② 캔디다균
③ 리조푸스균
④ 페니실륨균

해설 대장균의 검출은 다른 미생물의 존재여부를 알 수 있다. 검출방법이 간편하고 정확하기 때문에 수질오염의 지표 미생물로 취급하고 있다.

14 식품공전 상 식품의 위생적인 관리를 위해 필요한 온도를 표시할 때 어느 것을 사용하는가?

① 켈빈법
② 셀시우스법
③ 화라디법
④ 화렌화이트법

해설 셀시우스법은 온도를 표시할 때 사용하는 방법으로 한국 사람은 온도를 나타낼때 섭씨온도로 영국, 미국사람들은 온도를 나타낼때 보통 화씨로 나타낸다.

15 식품위생의 목적이 아닌 것은?

① 식품영양의 질적 향상
② 위생상의 위해 방지
③ 식품판매의 수단
④ 국민보건증진에 기여

해설 식품위생의 목적 : 식품영양의 질적 향상 도모, 식품으로 인한 위생상의 위해 방지, 국민보건증진에 이바지한다.

정답 10 ③ 11 ③ 12 ② 13 ① 14 ② 15 ③

16 식품 등의 위생적 취급이 잘못된 것은?

① 식품접객업소의 냉면육수, 칼, 도마, 행주 등은 기준 및 규격이 정하는 미생물 권장규격에 적합하게 관리한다.
② 식품원료 보관실, 제조가공실, 포장실 등의 내부는 항상 청결하게 유지 · 관리한다.
③ 모든 식품 및 원료는 냉장 · 냉동시설에 보관, 관리한다.
④ 부패, 변질되기 쉬운 식품 및 원료는 냉동 · 냉장 시설에 보관 · 관리한다.

해설 식품 등의 위생적 취급은 부패, 변질되기 쉬운 식품은 냉장, 냉동실설에 보관, 관리하며 건조식품 등은 습기가 적고 통풍이 잘 되는 곳에 보관한다.

17 미생물 종류 중 크기가 가장 작은 것은?

① 효모(Yeast)   ② 바이러스(Virus)
③ 곰팡이(Mold) ④ 세균(Bacteria)

해설
미생물의 크기의 순서
바이러스 < 리케차 < 세균 < 효모 < 곰팡이 순이다.

18 미생물의 발육인자와 가장 거리가 먼 것은?

① 수분   ② 자외선
③ 수소이온농도(pH) ④ 온도

해설 미생물의 발육에 필요한 조건은 적당한 영양소, 수분, 온도, 수소이온농도(pH), 산소이다.

19 과일, 채소류의 선도유지를 위해 표면 처리하는 식품첨가물은?

① 강화제   ② 피막제
③ 보존료   ④ 품질개량제

해설
팽창제: 빵이나 카스테라 등을 만들 때 잘 부풀게 하고 적당한 형태를 갖추게 한다.
유화제: 서로 혼합이 잘 되지 않는 2종류의 액체를 유화시키기위하여 사용하는 첨가물
피막제: 과채류를 채취한 후 그 선도를 장시간 유지하게 하기위하여 표면에 피막을 만들어 호흡작용을 적당히 제한하고 수분의 증발을 방지 하기 위해 사용되는 첨가물
산화방지제: 식품의 산화에 의한 변질현상을 방지하기 위하여 사용하는 첨가물

20 식품의 점착성을 증가시키고 유화 안정성을 좋게 하는것은?

① 강화제   ② 호료
③ 팽창제   ④ 용제

해설 호료(thickners)는 식품의 점착성을 증가시키고, 유화안정성을 좋게하며 입안에서의 촉감을 부드럽게 하여 주는 첨가물이다.

21 식품 첨가물 중 유해한 착색료는?

① 붕산(Boric acid)
② 롱가릿(Rongalite)
③ 아우라민(Auramine)
④ 둘신(Dulcin)

해설
독성이 강하여 사용 금지된 첨가물
착색제: 아우라민, 로다민B, 파라니트로아닐린 등
감미료: 둘신, 글루신, 페릴라틴, 에틸렌글리콜, 니트로아닐린, 사이클라 메이트 등
표백제: 롱가릿, 형광표백제, 니트로겐트리클로라이드 등
보존료: 붕산, 포름알데히드, 불소화합물, 승홍 등

정답 16 ③ 17 ② 18 ② 19 ② 20 ② 21 ③

22 사용이 금지된 감미료는?

① 사카린나트륨(Saccharin Sodium)
② 아스파탐(Aspartame)
③ 페릴라틴(Peryllartine)
④ 디 소르비톨(D Sorbitol)

해설 **독성감미료** : 둘신, 글루신, 페릴라틴, 에틸렌글리콜, 니트로아닐린, 사이클라 메이트

23 식품 첨가물로서 대두 인지질의 용도는?

① 추출제   ② 유화제
③ 표백제   ④ 피막제

해설 대두 인지질은 유화제로 서로 혼합이 잘 되지 않는 2종류의 물질을 유화시키기 위하여 사용한다.

24 식품 첨가물로서 조미료에 해당하는 것은?

① 글루탐산나트륨   ② 아질산나트륨
③ 피로인산나트륨   ④ 소르빈산나트륨

해설
• 글루탐산나트륨 – 맛난맛(지미료)
• 아질산나트륨 – 발색제
• 피로인산나트륨, 소르빈산나트륨 – 보존료

25 식품 첨가물의 사용 목적과 거리가 먼 것은?

① 영양강화
② 식품의 상품가치 향상
③ 질병의 예방 및 치료
④ 보존성 향상

해설 식품첨가물의 사용목적은 식품의 영양가치 향상, 보존기간 연장, 품질 향상, 식품의 대량생산, 기호성 향상 등이다. 그러나 안전성이 문제되는 경우가 많다.

26 식품의 오염방지에 관한 설명 중 잘못된 것은?

① 합성세제는 경성의 것을 사용
② 수확전의 일정기간 동안 농약 살포금지
③ 가정에서는 정화조를 설치 사용
④ 공장폐수는 정화한 후 방류

해설 식품의 오염방지를 위해 합성세제는 중성의 것을 사용한다.

27 다음 중 유해성 표백제는?

① 포름알데히드(Formaldehyde)
② 아우라민(Auramine)
③ 사이클라메이트(Cyclamate)
④ 롱가릿(Rongalite)

해설 유해성 표백제는 롱가릿과 형광 표백제가 있다.

28 식품과 음료의 제조공정 중 거품을 없애도록 하는 식품 첨가물은?

① 초산비닐수지   ② 규소수지
③ 몰호린 지방산염   ④ 폴리부텐

해설 식품과 음료의 제조공정 중 거품이 생겼을때 이를 제거하기 위해 사용되는 첨가물로 소포제인 규소수지가 있다.

정답 22 ③ 23 ② 24 ① 25 ③ 26 ① 27 ④ 28 ②

29 다음 식품첨가물 중 보존제는?

① 소르빈산칼륨 ② 타르색소
③ 캬라멜 ④ 바닐린

해설

보존제(방부제)
- 안식향산 – 청량음료, 간장
- 데히드로초산 – 치즈, 버터, 마가린
- 프로피온산 – 빵, 생과자
- 소르빈산, 소르빈산칼륨 – 식육제품, 어육연제품, 젓갈류, 된장에 사용된다.

30 색소를 함유하고 있지는 않지만 식품의 성분과 결합하여 색을 안정화시키면서 선명하게 하는 물질은?

① 산화방지제 ② 발색제
③ 착색재 ④ 보존료

해설

- **산화방지제** : 유지의 산패 및 식품의 변질현상을 방지하기 위해 사용되는 첨가물
- **발색제** : 자기자신은 무색이어서색을 나타내지는 못하지만 식품 중의 색소 성분과 반응하여 식품 자체의 색을 고정시키고 선명하게 하는 첨가물
- **착색제** : 식품의 가공과정에서 상실되는 색을 복원하거나 외관을 보기 좋게 하기위해 착색용으로 사용하는 첨가물
- **보존료** : 식품저장 중 미생물의 증식을 억제하여 식품의 변질 및 부패를 방지하기위해 사용되는 첨가물

31 추출제는 일종의 용매로서 천연식물 등에서 그 성분을 용해 추출하기 위해서 사용한다. 현재 사용 시 허용된 추출제는?

① 유동파라핀 ② 초산비닐수지
③ n-헥산 ④ 규소수지(Silicon resin)

해설

- **추출제** : 천연식물에서 유지 등 특정한 성분을 용출하기 위해 사용되는 물질로 n-헥산만이 허용되었다.
- **이형제** : 유동파라핀
- **껌기초제** : 초산비닐수지
- **소포제** : 규소수지

32 관능을 만족시키는 첨가물이 아닌 것은?

① 발색제 ② 조미료
③ 강화제 ④ 산미료

해설

관능을 만족시키는 첨가물
- 조미료, 감미료, 산미료, 착색료, 착향료, 발색제, 표백제가 있다.
- 식품 영양강화에 사용하는 첨가물은 주로 비타민, 무기질, 단백질을 강화한다.

33 치즈, 마가린 및 버터 등의 보존료로 많이 사용되는 것은?

① 안식향산(Benzoic acid)
② 이초산나트륨(Sodium diacetate)
③ 프로피온산(Propionic acid)
④ 데히드로초산(Dehydroacetic acid)

해설 데히드로초산(염)은 치즈, 버터, 마가린 등에 사용되는 식품보존료(방부제)이다.

정답 29 ①　30 ②　31 ③　32 ③　33 ④

34 다음 중 식용색소 황색 제4호를 사용할 수 있는 식품은?

① 카레　　② 캔디류
③ 케첩　　④ 식빵

> **해설** 식용색소 황색 제4호는 고춧가루, 식육제품(소세지 제외), 버터, 마가린, 카레, 케첩, 식빵에 사용할 수 없다.

35 다음 첨가물 사용 목적과 적합하지 않은 첨가물은?

① 표백제 : 메타중아황산 칼륨
② 산미제 : 벤즈알데히드
③ 감미제 : 사카린 나트륨
④ 착색제 : 철클로로필린 나트륨

> **해설** 벤즈알데히드는 착향료이며 산미제는 구연산, 주석산이다.

36 다음 중 보존료가 아닌 것은?

① 프로피온산나트륨
② 안식향산
③ 부틸히드록시아니졸
④ 소르빈산칼륨

> **해설** 부틸히드록시아니졸(BHA)은 지용성 산화방지제이다.

37 빵을 구울 때 기계에 달라붙지 않고 분할이 쉽도록 하기 위하여 사용하는 첨가물은?

① 피막제　　② 이형제
③ 유화제　　④ 조미료

> **해설**
> - **피막제** : 과일, 야채의 호흡과 수분증발을 적당히 제한하여 신선도를 유지하기 위한 첨가물
> - **이형제** : 빵을 제조할 때 형태를 손상시키지 않고 빵틀로부터 분리하기 위해 사용
> - **유화제** : 서로 혼합되지 않는 2종류의 물질을 서로 혼합될 수 있게 중간제 역할을 하는 첨가물
> - **조미료** : 조리에 있어서 식품의 본래의 맛을 좀더 강하게 하거나 식욕을 증진시키기 위해 사용하는 것

38 다음 중 보존제를 가장 잘 설명한 것은?

① 식품중의 부패 세균이나 전염병의 원인균을 사멸시키는 물질
② 식품에 발생하는 해충을 사멸시키는 물질
③ 식품의 변질 및 부패를 방지하고 영양가와 신선도를 보존하는 물질
④ 곰팡이의 발육을 억제 시키는 물질

> **해설** 보존료란 살균작용이 아닌 정균작용, 또는 발효억제이므로 보존기간을 연장시키는 첨가물이다.

39 식품으로 인한 위생상의 위해요인이 아닌 것은?

① 식품첨가물　　② 위험 미생물
③ 복어, 바지락　　④ 비타민 결핍

> **해설** 비타민 결핍은 섭취식품의 부족으로 인한 영양 결핍증이다.

정답 34 ②　35 ②　36 ③　37 ②　38 ③　39 ④

40 버터에 있는 천연 황 색소는?

① 플라보노이드계 색소
② 클로로필계 색소
③ 카로티노이드계 색소
④ 안토시아닌계 색소

해설 카로티노이드계 색소는 천연 적색, 황색을 나타내며 당근, 늙은호박, 토마토, 버터 등에 함유되어 있다.

41 회충은 인체의 어느 부위에서 기생을 하는가?

① 간
② 큰 창자
③ 허파
④ 작은 창자

해설 회충과 십이지장충은 인체내 소장에 기생한다.

42 민물고기를 생식한 일이 없는 경우에 간흡충에 감염될 가능성이 있는 것은?

① 채소의 생식으로 감염
② 가재, 게 등의 생식으로 감염
③ 요리 기구를 통해서 감염
④ 공기전파로 감염

해설 민물고기인 붕어, 잉어 등을 조리한 조리 기구를 위생적으로 취급하지 않았을 때 2차 오염에 의해 감염된다.

43 간디스토마는 제2중간숙주인 민물 고기내에서 어떤 형태로 존재하다가 인체에 감염을 일으키는가?

① 레디아(Redia)
② 포자유충(Sporocyst)
③ 유모유충(Miracidium)
④ 피낭유충(Metacercaria)

해설 간디스토마의 제1중간숙주(왜우렁이) → 제2중간숙주(붕어, 잉어) → 근육 속에서 피낭유충으로 존재

44 회충란을 사멸시킬 수 있는 능력이 가장 강한 상태는?

① 빙결
② 일광
③ 건조
④ 저온

해설 회충란(알)은 직사광선과 열에 약하다.

45 집단감염이 잘 되며 항문부위의 소양증이 있는 기생충증은?

① 간흡충
② 회충
③ 요충
④ 구충

해설 요충은 집단감염 기생충이며 산란기가 되면 항문 주위에 산란하므로 항문에 소양증이 있다.

정답 40 ③   41 ④   42 ③   43 ④   44 ②   45 ③

46 다음 기생충과 인체 감염 원인식품의 연결이 틀리게 된 것은?

① 간흡충 – 민물고기
② 폐흡충 – 가재, 게
③ 무구조충 – 바다생선
④ 유구조충 – 돼지고기

> **해설** 무구조충(민촌충)은 소고기의 생식을 금해야 예방이 된다.

47 회충감염의 예방대책에 속하는 것은?

① 쥐의 구제 ② 분뇨처리장 설치
③ 어류의 가열섭취 ④ 육류의 가열섭취

> **해설** 회충을 예방하기 위해선 철저한 분변관리와 청정채소(화학비료로 농사 지은것) 보급하고, 환경 개선 및 철저한 개인위생이 필요하다.

48 다음 기생충들 중 주로 채소를 통해 감염되는 것은?

① 십이지장충, 간흡충 ② 회충, 민촌충
③ 촌충, 광절열두조충 ④ 회충, 편충

> **해설** 채소를 매개로 전염되는 기생충은 회충, 요충, 구충(십이지장충), 편충, 동양모양 선충이다. 간흡충은 민물고기, 민촌충은 소고기로 감염된다.

49 소고기를 가열하지 않고 섭취하면 감염될 수 있는 기생충은?

① 무구조충 ② 폐흡충
③ 광절열두조충 ④ 유구조충

> **해설**
> **기생충의 중간숙주**
> • 무구조충 : 소   • 폐흡충 : 게, 가재
> • 광절열두조충 : 연어, 송어   • 유구조충 : 돼지

50 포도상구균 식중독의 원인물질은?

① 엔테로톡신(Enterotoxin)
② 테트로도톡신(Tetrodotoxin)
③ 에르고톡신(Ergotoxin)
④ 아플라톡신(Aflatoxin)

> **해설** 포도상구균 식중독의 원인독소는 엔테로톡신이고 테트로도톡신은 복어독이며 아플라톡신은 곰팡이독이다.

51 다음 식품과 독성분의 관계가 틀린 것은?

① 독보리 – 테물린(Temuline)
② 섭조개 – 삭시톡신(Saxitoxin)
③ 복어 – 베네루핀(Venerupin)
④ 독버섯 – 무스카린(Muscarine)

> **해설** 복어의 독소는 테트로도톡신(Tetrodotoxin)이며, 모시조개, 굴, 바지락은 베네루핀(Venerupin)이다.

정답 46 ③ 47 ② 48 ④ 49 ① 50 ① 51 ③

52 도자기류의 안료에서 문제가 될 수 있는 유해물질은?

① 석탄산　　② 카드뮴
③ 칼슘　　　④ 포르말린

> **해설** 카드뮴(Cd)로 오염된 도자기류, 공장폐수, 매연, 농작물 등을 식품으로 섭취 했을때 중독된다.

53 화학물질에 의한 식중독을 일으키지 않는 물질은?

① 승홍　　② 만니톨
③ 붕산　　④ 포르말린

> **해설** 만니톨(Mannitol)은 버섯, 해조류 등의 자연계에 널리 분포되어 있고 단맛이 강하나 체내 이용되지 않아서 당뇨환자의 감미료로 사용된다.

54 청매, 수수, 오색콩 등에 함유된 청산배당체 독소는?

① 솔라닌(Solanine)
② 아미그달린(Amygdalin)
③ 테트로도톡신(Tetrodotoxin)
④ 고시폴(Gossypol)

> **해설** 솔라닌은 감자, 고시폴은 목화씨, 테트로도톡신은 복어, 아미그달린은 청매, 수수 등에 함유된 독소이다.

55 통조림, 병조림과 같은 밀봉식품의 부패가 원인이 되는 식중독과 가장 관계 깊은 것은?

① 포도상구균 식중독
② 클로스트리디움 보툴리늄 식중독
③ 리스테리아 식중독
④ 살모넬라 식중독

> **해설** 클로스트리디움 보툴리늄 식중독은 주로 햄, 소시지, 통조림 등의 산소가 부족한 식품에서 발생한다.

56 통조림 식품의 통조림관에서 유래될 수 있는 식중독 원인물질은?

① 주석　　② 카드뮴
③ 페놀　　④ 수은

> **해설** 통조림관에서 유래될 수 있는 식중독의 원인물질은 주석과 납이다.

57 섭조개 중독의 원인 물질은?

① 테트로도톡신(Tetrodotoxin)
② 콜린(Choline)
③ 삭시톡신(Saxitoxin)
④ 베네루핀(Venerupin)

> **해설**
> **섭조개(대합조개) 중독의 원인 물질**
> 삭시톡신, 복어 : 테트로도톡신
> 독버섯 : 콜린
> 모시조개 : 베네루핀

정답 52 ②　53 ②　54 ②　55 ②　56 ①　57 ③

58 일반적으로 식품의 세균성 식중독 방지와 가장 관계 깊은 처리방법은?

① 예방접종 ② 마스크 사용
③ 냉장과 냉동 ④ 방사능물질 오염방지

해설
세균성 식중독의 예방법
- 오염된 균의 증식 억제를 위해 얼마 안되는 시간이라도 냉장고에 4℃ 이하로 보관한다.
- 식중독균의 오염방지를 위해 충분히 세척하고 소독한다.
- 식품중의 균이나 독소의 파괴를 위해 섭취직전에 충분히 가열한다.

59 히스티딘 식중독을 유발하는 원인 단백질은 어느 것인가?

① 발린 ② 히스타민
③ 알리신 ④ 트립토판

해설 알레르기성 식중독이란 고등어, 꽁치 같은 등푸른 어류를 섭취했을때 두드러기가 나고 열이 나는 증상이 나타나는것. 원인 물질은 히스타민이고 원인균은 프로테우스 모르가니, 항히스타민제를 복용하면 빨리 낫는다.

60 생선이나 조개류의 생식에 가장 관계 깊은 식중독은?

① 살모넬라 식중독
② 병원성 대장균 식중독
③ 장염 비브리오 식중독
④ 포도상구균 식중독

해설 장염 비브리오 식중독은 호염성 세균으로 3~4%의 식염 농도에서도 잘 자라며 어패류의 생식과 관계가 있다. 이 균은 60℃에서 5분 가열하면 사멸되므로 익혀서 먹는다.

61 곰팡이의 대사 산물에 의해 사람이나 동물에 질병이나 생리적 장애를 유발하는 물질군은?

① 식물성 자연독 ② 동물성 자연독
③ 진균독 ④ 권패류독

해설 진균독(mycotoxin)은 곰팡이의 대사 산물에 의해 사람이나 동물에 질병이나 생리적 장애를 유발하는 물질군
권패류독은 다슬기, 달팽이, 전복, 소라 등 나사모양 조개에 의한 중독

62 식중독 발생 시 보호자의 조치사항 중 잘못된 것은?

① 식중독 발생 사실을 신고한다.
② 즉시 환자를 의사에게 진단하게 한다.
③ 환자의 가검물을 원인 조사 시까지 진단하게 한다.
④ 항생제를 복용시킨다.

해설 식중독 발생 시 보호자측에서는 식중독 발생 신고를 해당기관에 즉시 해야 하며 역학 조사를 위해서 식중독의 원인식품이나 구토물 등은 보관해야 한다.

63 다음 중 감염형 세균성 식중독에 해당하는 것은?

① 살모넬라 식중독
② 독꼬치 식중독
③ 클로스트리디움 보툴리늄 식중독
④ 아플라톡신 식중독

해설 세균성 식중독 중 살모넬라, 장염비브리오, 병원성 대장균은 감염형이고, 포도상구균, 크로스트리디움 보툴리누스는 독소형이다. 아플라톡신은 곰팡이 독이다. 독꼬치는 열대 및 아열대 연안에 분포하는 지용성의 마비성 신경독소를 가지고 있는 독어(毒魚)이다.

정답 58 ③ 59 ② 60 ③ 61 ③ 62 ④ 63 ①

64 곰팡이 독(Mycotoxin)과 관계 깊은 것은?

① 엔테로톡신(Enterotoxin)
② 라이신(Lysine)
③ 테트로도톡신(Tetrodotoxin)
④ 아플라톡신(Aflatoxin)

해설 아플라톡신은 곰팡이 독으로 재래식 된장, 곶감 등에 발생하여 간장독을 일으킨다.

65 중금속에 의한 화학적 식중독의 주요한 원인 물질과 가장 관계가 적은 것은?

① 수은   ② 납
③ 금   ④ 카드뮴

해설 수은은 미나마타병, 납은 칼슘흡수방해, 시력장애, 지각상실, 카드뮴은 이타이이타이병

66 식중독 예방과 가장 관련이 적은 것은?

① 맛있는 조리방법 개발
② 식품의 적절한 온도관리
③ 신속한 소비
④ 식재료 및 기구의 청결

해설 식중독 지수란 그날의 온도에 따른 미생물에 의한 식중독 위험도를 나타낸 지수로 조리실의 온도가 높으면 식중독지수가 올라가 조리한 음식이 빨리 상하게 되므로 조리한 음식은 신속하게 소비해야 한다.

67 포도상구균 식중독의 주원인은?

① 세균에 오염된 포도의 섭취
② 비위생적으로 처리된 채소의 섭취
③ 불충분하게 가열 · 살균된 통조림 식품
④ 식품 취급자의 화농성 염증

해설 포도상구균식중독은 화농성 염증이 원인이 되며 독소형 식중독의 원인물질인 엔테로톡신(장독소)을 생성한다. 잠복기가 짧고 급성위장염증세를 나타내며 장독소는 내열성이 강해 120℃에서 30분간 처리해도 파괴되지 않으므로 피부병 기타 정신질환자는 식품 취급을 금해야 한다.

68 Escherichia coli에 대한 설명 중 잘못된 것은?

① 그램음성의 무포자 간균으로 유당을 발효시켜 산과 가스를 생성한다.
② 내열성이 강하며 독소를 생산한다.
③ 식품위생의 지표 미생물이다.
④ 병원성을 띠는 경우도 있다.

해설 대장균(Escherichia coli)은 그램음성의 무포자 간균으로 유당을 발효시켜 산과 가스를 생성하고 식품위생의 지표 미생물이며 병원성을 띠는 경우도 있다.

69 피마자씨에 들어 있는 독성 물질로서 적혈구를 응집시키는 작용을 하는 것은?

① 리신(Ricin)
② 둘린(Dhurrin)
③ 고시폴(Gossypol)
④ 아미그달린(Amygdalin)

해설 리신은 피마자의 유독물질이다.

정답 64 ④   65 ③   66 ①   67 ④   68 ②   69 ①

70 사시, 동공확대, 언어장해 등의 특유의 신경마비증상을 나타내며 비교적 높은 치사율을 보이는 식중독 원인균은?

① 셀레우스균
② 포도상구균
③ 병원성 대장균
④ 클로스트리디움 보툴리늄균

해설 클로스트리디움 보툴리늄균(Clostridium Botulinum)은 독소형 식중독으로 신경독소 뉴로톡신을 생성하며 세균성 식중독 중 치명률이 가장 높다.

71 버섯으로 인해 식중독을 일으키는 독성분은?

① 아마니타톡신(Amanitatoxin)
② 솔라닌(Solanine)
③ 엔테로톡신(Enterotoxin)
④ 아트로핀(Atropin)

해설
- 독버섯의 독성분 : 아마니타톡신, 무스카린, 팔린
- 감자의 독성분 : 솔라닌
- 포도상구균 식중독의 원인물질인 장독소 : 엔테로톡신
- 미치광이풀 : 아트로핀

72 복어 식중독과 관련된 설명 중 바른 것은?

① 일반적으로 복어의 껍질부위에 맹독 또는 강독이 있어 복어중독의 가장 큰 원인이 되고 있다.
② 일반적으로 검은 계통의 껍질에는 독이 없으나 다갈색또는 암갈색 계통의 껍질에는 독소가 많다.
③ 일반적으로 밀복은 무독종으로 식용으로 가장 많이 이용된다.
④ 테트로도톡신의 독성상 특징은 복어의 종류, 장기부위별, 계절에 따라 차이가 없다.

해설 복어 중독의 원인독은 테트로도톡신으로 복어의 난소, 내장, 알, 간 등에 있고 피부와 근육조직에도 극히 미량 함유되어 있다. 특히 산란기인 5월~6월경이 가장 위험하다.

73 비소 화합물에 의한 식중독 유발사건과 관계가 먼 것은?

① 아미노산 간장에 비소 물질이 함유되어서
② 쥬스 통조림관의 녹이 쥬스에 이행되어서
③ 비소 화합물이 밀가루 등으로 오인되어서
④ 비소제 살충제의 농작물 잔류에 의해서

해설 쥬스 통조림관의 녹이 쥬스에 이행되는 것은 납과 주석이 원인이다.

정답 70 ④ 71 ① 72 ② 73 ②

74 식품과 독성분이 서로 관계없이 연결된 것은?

① 감자 – 솔라닌(Solanine)
② 독미나리 – 베네루핀(Venerupin)
③ 조개류 – 삭시톡신(Saxitoxin)
④ 복어 – 테트로도톡신(Tetrodotoxin)

해설
- 독미나리 : 시큐톡신(Cicutoxin)
- 조개류(모시조개, 바지락 등) : 베네루핀
- 조개류(홍합, 대합 등) : 삭시톡신

75 다음 중 독소형에 속하는 세균성 식중독은?

① 리스테리아 식중독
② 살모넬라 식중독
③ 장염 비브리오 식중독
④ 포도상구균 식중독

해설 독소형 식중독에는 포도상구균 식중독과 보툴리누스균 식중독이 있다.

76 목화씨로 조제한 면실유를 식용한 후 식중독이 발생했다면 그 원인 물질은?

① 솔라닌(Solanine)
② 리신(Ricin)
③ 고시폴(Gossypol)
④ 아미그달린(Amygdalin)

해설 목화씨 기름을 충분히 정제하지 못한 것을 섭취할 경우 고시폴 중독을 일으키게 된다. 솔라닌은 감자, 리신은 피마자, 아미그달린은 청매임

77 다음 식중독 중 세균의 장독소(enterotoxin)에 의해 유발 되는 식중독은?

① 장염비브리오 식중독
② 살모넬라 식중독
③ 복어 식중독
④ 포도상구균 식중독

해설 포도상구균에 의한 식중독은 화농성 질환의 대표적인 식중독으로 포도상구균이 식품 중에 번식할 때 형성하는 엔테로톡신(Enterotoxin : 장독소)이라는 독소에 의해 일어나는 전형적인 독소형 식중독이다.

78 장염 비브리오 식중독 예방법으로 가장 옳은 것은?

① 어패류를 바닷물로 씻는다.
② 먹기 전에 반드시 가열한다.
③ 식품을 실온에서 보관한다.
④ 내장을 제거하지 않는다.

해설 장염 비브리오 식중독은 어패류의 생식이 원인이 되고, 저온에서 번식하지 못하므로 냉장 보관하거나 60℃에서 5분 이면 사멸되므로 가열하여 섭취한다.

79 살모넬라균의 식품 오염원으로 가장 중요시 되는 것은?

① 오염된 가금류
② 사상충
③ 선모충
④ 곰팡이

해설 살모넬라 식중독의 원인 식품으로는 육류·어패류 및 가공품, 우유 및 유제품, 가금육과 달걀 등이다.

정답 74 ② 75 ④ 76 ③ 77 ④ 78 ② 79 ①

80 세균성 식중독 중 마비성 증상(신경 증상)을 나타내는 대표적인 것은?

① 살모넬라 식중독
② 포도상구균 식중독
③ 장염비브리오 식중독
④ 클로스트리디움 보툴리늄 식중독

해설 클로스트리디움 보툴리늄 식중독은 신경독소인 뉴로톡신에 의해 발병하는데, 신경마비 증상이 일어난다.

81 일반적으로 식중독을 방지하는데 기본적으로 가장 중요하게 취급하여야 할 사항은?

① 식품의 냉장과 냉동보관
② 취급자의 마스크 사용
③ 위생복의 착용
④ 예방접종

해설 세균성 식중독의 예방법
- 오염된 균의 증식 억제를 위해 얼마 안되는 시간이라도 냉장고에 4℃ 이하로 보관한다.
- 식중독균의 오염방지를 위해 충분히 세척하고 소독한다.
- 식품중의 균이나 독소의 파괴를 위해 섭취직전에 충분히 가열한다.

82 저장 중에 생긴 감자의 녹색 부위에 많이 들어있는 독소는?

① 테물린(Temuline)
② 솔라닌(Solanine)
③ 아미그달린(Amygdalin)
④ 리신(Ricin)

해설 독보리는 테물린, 감자는 솔라닌, 청매는 아미그달린, 피마자는 리신이라는 독성분을 가지고 있다.

83 식중독 원인 세균 중 히스타민(Histamine)을 생성 축적하여 알레르기(Allergy)증상을 일으키는 균은?

① 살모넬라균(Salmonella)
② 아리조나균(Arizona)
③ 장염비브리오균(Vibrio)
④ 모르가니균(P. morganii)

해설 알레르기성 식중독이란 고등어, 꽁치와 같은 등푸른 어류를 섭취 했을 때 가려움과 두드러기 증상이 나타나는 것으로 원인균은 프로테우스 모르가니균이고 원인 물질은 히스타민으로 항히스타민을 복용하면 빨리 낫는다.

84 포도상구균에 의한 식중독 예방대책으로 가장 적당한 것은?

① 어패류를 저온에서 보존하여 생식하지 않는다.
② 쥐나 곤충 및 조류의 접근을 막아야 한다.
③ 화농성질환자의 식품취급을 금지한다.
④ 토양의 오염을 방지하고 특히 통조림의 살균을 철저히 해야 한다.

해설 포도상구균 식중독은 유가공품과 김밥, 도시락, 떡이 원인 식품이며 균은 열에 약하여 60℃에서 30분간의 가열로 사멸됨. 독소(엔테로톡신)는 열에 강해 120℃에서 수분간의 가열로도 사멸되지 않는다. 예방책은 식품의 저온보관, 화농성질환자의 식품취급금지, 조리한 식품은 가급적 빨리 먹도록 한다.

정답 80 ④ 81 ① 82 ② 83 ④ 84 ③

85 식품에 따른 독성분이 잘못 연결된 것은?

① 독미나리 – 시큐톡신(Cicutoxin)
② 감자 – 솔라닌(Solanine)
③ 모시조개 – 베네루핀(Venerupin)
④ 복어 – 무스카린(Muscarine)

해설 복어의 독성분은 테트로도톡신(Tetrodotoxin) 난소, 간, 내장, 표피의 순으로 다량 함유됨.

86 다음 중 독소형 세균성 식중독은?

① 맥각독 식중독과 프로테우스 식중독
② 살모넬라 식중독과 장염비브리오 식중독
③ 리스테리아 식중독과 복어독 식중독
④ 포도상구균 식중독과 클로스트리디움 보툴리늄 식중독

해설 세균성 식중독에는 독소형 식중독 : 포도상구균, 클로스트리디움 보툴리늄균
감염형 식중독 : 살모넬라, 장염비브리오, 병원성 대장균

87 클로스트리디움 보툴리늄균(Ciostridium botulinum)의 증식을 억제하기 위한 방법은?

① 식품의 pH를 7.0으로 유지한다.
② 식품에 착색제를 첨가한다.
③ 식품을 수분활성을 0.95 이상 유지한다.
④ 식품을 냉동 또는 4℃ 이하의 냉장 보관한다.

해설 보툴리늄균은 발육에 필요한 최적온도가 25~35℃이다. 식품의 저온보관은 세균성식중독의 예방법이다.

88 덜 익은 매실, 살구씨, 복숭아씨 등에 들어 있으며, 인체장내에서 청산을 생산하는 것은?

① 시큐톡신(Cicutoxin)
② 솔라닌(Solanine)
③ 아미그달린(Amygdlin)
④ 고시폴(Gossypol)

해설 **독미나리** : 시큐독신, **감자** : 솔라닌, **청매, 살구씨** : 아미그달린, **목화씨** : 고시폴

89 합성 플라스틱 용기에서 용출될 수 있는 유독물질과 가장 거리가 먼 것은?

① 포르말린   ② 유기주석화합물
③ 에탄올   ④ 페놀

해설 에탄올은 각종 음료속에 함유되어 있어 주정 또는 에틸알코올이라고도하며 공업용, 주류용, 의약용, 음료용으로 나뉘어 쓰인다. 압축이 불완전한 플라스틱 제품은 포르말린 · 페놀 등이 용출되어 문제가 된다.

90 곰팡이의 대사산물에 의해 질병이나 생리작용에 이상을 일으키는 것과 거리가 먼 것은?

① 황변미중독   ② 식중독성 무백혈구증
③ 청매중독   ④ 아플라톡신중독

해설 청매, 살구씨 : 아미그달린은 식물성 식중독이다.

정답 85 ④   86 ④   87 ④   88 ③   89 ③   90 ③

91 어류를 먹고 알레르기(Allergy)를 일으켰다면 어떤 균에 의해 일어났는가?

① 대장균(E. coli)
② 모르가니균(Proteus morganii)
③ 시트로박터균(Citrobacter)
④ 장염 비브리오균(Vibrio parahaemolyticus)

해설 알레르기성 식중독이란 고등어, 꽁치와 같은 등푸른 어류를 섭취 했을 때 가려움과 두드러기 증상이 나타나는 것으로 원인균은 프로테우스 모르가니균이고 원인 물질은 히스타민으로 항히스타민을 복용하면 빨리 낫는다.

92 은행, 살구씨 등에 함유된 물질로 청산중독을 유발할 수 있는 것은?

① 리신(Ricin)
② 솔라닌(Solanine)
③ 아미그달린(Amygdalin)
④ 고시폴(Gossypol)

해설 청매(미숙한 매실), 은행, 살구씨, 수수, 오색콩은 청산배당체인 아미그달린을 함유하고 있어 식중독을 일으킬수 있다. 리신 – 피마자, 솔라닌 – 감자, 고시폴 – 목화씨의 독성성분이다.

93 화학물질에 의한 식중독의 원인물질과 거리가 먼 것은?

① 기구, 용기, 포장 재료에서 용출·이행 하는 유해 물질
② 식품 자체에 함유되어 있는 동·식물성 유해 물질
③ 제조과정 중에 혼입되는 유해 중금속
④ 제조, 가공 및 저장 중에 혼입된 유해 약품류

해설 식품자체에 함유되어 있는 동·식물성 유해물질은 복어 중독, 조개류 중독, 독버섯 중독 등의 자연독 식중독을 말한다.

94 다음 중 화학성 식중독과 관계가 깊은 것은?

① 무스카린(Muscarine)
② 메탄올(Methanol)
③ 테트로도톡신(Tetrodotoxin)
④ 솔라닌(Solanine)

해설 버섯 – 무스카린, 복어 – 테트로도톡신, 감자 – 솔라닌, 메탄올 – 화학적 식중독

95 세균성 식중독의 설명으로 틀린 것은?

① 살모넬라균, 장염비브리오균, 포도상구균 등이 원인균이다.
② 미량의 균과 독소로는 발병되지 않는다.
③ 면역성이 있다.
④ 주요 증상은 두통, 구역질, 구토, 복통, 설사이다.

해설 세균성 식중독은 소화기계 전염병 보다 잠복기간이 짧고 1차 감염만 이루어지며 면역성이 없다.

96 식중독 발생방지를 위한 3대 수칙에 해당되지 않는 것은?

① 손 씻기   ② 끓여먹기
③ 냉동하기   ④ 익혀먹기

해설
식품안전청의 식중독 예방 3대수칙
• 손 씻기   • 끓여먹기   • 익혀먹기

정답 91 ② 92 ③ 93 ② 94 ② 95 ③ 96 ③

97 어패류 매개 기생충 질환의 가장 확실한 예방법은?

① 환경위생 ② 보건교육
③ 개인위생 ④ 생식금지

해설 어패류 매개 기생충 질환의 가장 확실한 예방법은 생것으로 먹지 않고 조리 기구를 소독하여 사용하는 것이다.

98 손에 상처가 있는 사람이 만든 크림빵을 먹은 후 감염 되었다면 가장 의심되는 식중독은?

① 프로테우스균 식중독
② 포도상구균 식중독
③ 클로스트리듐 보툴리눔 식중독
④ 병원성 대장균 식중독

해설 포도상구균 식중독은 화농성질환자에 의해 감염됨

99 식품과 독성분과의 관계를 나타낸 것 중 잘못된 것은?

① 청매 – 아미그달린(Amygdalin)
② 섭조개 – 시큐톡신(Cicutoxin)
③ 모시조개 – 베네루핀(Venerupin)
④ 복어 – 테토로도톡신(Tetorodotoin)

해설
식품과 독성분
• 청매, 살구씨 : 아미그달린
• 섭조개(검은조개) : 삭시톡신(Saxitoxin)
• 모시조개, 바지락 : 베네루핀
• 복어 : 테트로도톡신
• 독미나리 : 시큐톡신

100 살모넬라 식중독의 증상과 거리가 먼 것은?

① 시력장애 ② 복통
③ 설사   ④ 구토

해설 살모넬라 식중독은 급격한 발열, 구토, 두통, 설사, 복통의 증상을 나타낸다.

101 복어 중독의 치료법으로 부적당한 것은?

① 하제 투여   ② 진통제 투여
③ 최토제 투여 ④ 위세척

해설 복어중독은 해독제가 없으며 원인물질인 테트로도톡신을 체외로 배출시키는것이 가장 좋은 방법이다.

102 아스퍼질러스 플라버스(Aspergillus flavus)가 만드는 발암물질은?

① 루브라톡신(Rubratoxin)
② 아이스란디톡신(Islanditoxin)
③ 니트로사민(Nitrosamine)
④ 아플라톡신(Aflatoxin)

해설 곰팡이 식중독 중 아플라톡신은 아스퍼질러스 플라버스라는 곰팡이가 재래식 된장, 곶감 등에 침입하여 아플라톡신 독소를 생성한다.

정답 97 ④ 98 ② 99 ② 100 ① 101 ② 102 ④

103 세균성 식중독 및 그 원인 세균에 대한 설명이 잘못 된 것은?

① 포도상구균 식중독은 이 균이 생성한 엔테로톡신에 의해서 일어난다.
② 클로스트리디움 보툴리늄 식중독은 대표적인 독소형 식중독이다.
③ 살모넬라 식중독은 이 균이 생성한 테트로도톡신에 의해서 일어난다.
④ 장염비브리오 식중독의 원인균은 일반적으로 3~4%의 식염농도에서 잘 발육한다.

해설 살모넬라식중독균은 세균성성 식중독 중 감염형으로 독소가 없고 테트로도톡신은 복어의 독소이다.

104 주로 부패한 감자에 생성되어 중독을 일으키는 물질은?

① 셉신(Sepsin)
② 아미그달린(Amygadalin)
③ 시큐톡신(Cicutoxin)
④ 마이코톡신(Mycotoxin)

해설 셉신은 부패한 감자의 독성물질 솔라닌은 싹이난 감자나 푸른 부분의 독성물질이다.

105 꽁치, 고등어, 정어리와 그 가공품에 탈탄산 작용을 갖는 세균이 증식하여 생성한 부패 아민이 사람에게 알레르기(allergy)성 식중독을 일으키는 것은?

① 솔라닌(Solanine)
② 엔테로톡신(Enterotoxin)
③ 트리메틸아민(Trimethylamine)
④ 히스타민(Histamine)

해설 알레르기성 식중독이란 고등어, 꽁치와 같은 등푸른 어류를 섭취했을 때 가려움과 두드러기 증상이 나타나는 것으로 원인균은 프로테우스 모르가니균이고 원인 물질은 히스타민으로 항히스타민을 복용하면 빨리 낫는다.

106 단백질을 변성시키는 작용이 있으며, 체내에서 개미산으로 산화되어 배설되고 신장염, 소화작용의 저해, 두통, 구토 등을 일으키는 것은?

① 붕산(Boric acid)
② 메탄올(Methanol)
③ 포름알데히드(Formaldehyde)
④ 페놀(Phenol)

해설
1. **붕산** : 체내 축적성이 있고 세포원형물질의 팽화, 소화작용 억제, 장기의 출혈 등을 나타낸다
2. **메탄올** : 알코올 발효과정에서 펙틴에 의해 생성되기도 한다. 체내에서 마취작용을 일으키며, 시신경장애를 나타낸다.
3. **포름알데히드** : 단백질을 불활성화시키며 구토, 두통, 위경련을 일으키며 신장염을 일으킨다.
4. **페놀** : 인후, 구강, 위에 작열감을 주며, 괴사, 구토, 호흡마비를 나타낸다.

정답 103 ③ 104 ① 105 ④ 106 ③

107 화학성 식중독 관련물질 중 초기의 두통·구토·설사 증상을 보이다가 심하면 실명을 가져오는 물질은?

① 아우라민(Auramine)
② 무스카린(Muscarine)
③ 에르고타민(Ergotamine)
④ 메탄올(Methanol)

해설 메탄올(methanol)은 치사량이 30~100ml로 두통, 구토, 설사, 실명 등의 증상을 보이다가 심하면 호흡곤란으로 사망한다.

108 살모넬라균의 특성이 잘못된 것은?

① 수모성 편모가 있다.
② 최적 pH는 7~8이다.
③ 최적온도는 37℃이다.
④ 그램 양성균이다.

해설 살모넬라균은 그램음성 무아포간균으로 통성혐기성균이다.

109 화학성 식중독의 가장 대표적인 증상은?

① 고열　② 경련
③ 구토　④ 설사

해설 화학성 식중독의 증상은 구토, 복통, 두통, 설사가 있지만 가장 대표적인 증상은 구토이다.

110 식중독을 일으키는 버섯은?

① 밤버섯　② 팽이버섯
③ 느타리버섯　④ 화경버섯

해설 화경버섯은 구토, 설사, 복통 등의 위장장애를 일으키는 위장형 중독 독버섯이다.

111 식품위생법에서 의미하는 식품의 원료, 제조, 가공 및 유통의각 단계에서 발생할 수 있는 위해요소를 분석, 관리하여 식품의 안전성을 확보하는 제도는?

① 회수제도(Recall)　② HACCP
③ 공표제도　④ ISO 인증

해설 HACCP는 위해요소 중점관리 제도로 안전성에 영향을 미치는 위해요인을 분석하고 부문별로 나누어 중점관리하는 것이다.

112 세계보건기구(WHO)의 중요 기능이 아닌 것은?

① 개인의 정신보건 향상
② 회원국에 대한 기술지원 및 자료공급
③ 전문가 파견에 의한 기술자문 조정
④ 국제적인 보건사업의 지휘 및 조정

해설 세계보건기구(WHO)의 중요 기능은 회원국에 대한 기술지원 및 자료공급, 전문가 파견에 의한 기술자문 조정, 국제적인 보건사업의 지휘 및 조정이다.

정답 107 ④　108 ④　109 ③　110 ④　111 ②　112 ①

113 공중보건 사업에 있어서 최소 단위가 되는 것은?

① 직장 ② 개인
③ 지역사회 ④ 가족

해설 공중보건의 대상은 개인이나 가족이 아닌 인간집단이며, 지역사회나 한 국가의 국민이 최소 단위가 된다.

114 건강의 정의가 가장 적절히 표현된 것은?

① 육체적 · 정신적 · 사회적 안녕의 완전 상태
② 허약하지 않은 상태
③ 식욕이 왕성하며, 정신적 안녕의 완전 상태
④ 질병이 없는 상태

해설 WHO는 건강을 "단순한 질병이나 허약의 부재상태만이 아니라, 육체적, 정신적, 사회적으로 모두 안녕의 완전한 상태"라고 정의하고 있다.

115 지역사회 보건수준 평가의 가장 대표적 지표로 사용되고 있는 것은?

① 영아사망률 ② 조사망률
③ 평균수명 ④ 성인병발생률

해설 생후 12개월 미만의 아기사망률인 영아사망률은 지역사회의 보건수준을 나타내는 가장 대표적인 지표가 된다.

116 공중보건의 사업범주에서 제외되는 것은?

① 보건교육 ② 개인의료
③ 보건행정 ④ 모자보건

해설 공중보건의 대상은 개인과 가족은 아니고 지역사회나 한 나라의 국민이 대상이다.

117 세계보건기구(WHO)에서 한 나라의 보건수준을 표시하여 다른 나라와 비교할 수 있도록 사용되는 건강지표와 가장 거리가 먼 것은?

① 평균수명 ② 비례사망지수
③ 질병이환율 ④ 보통 사망률

해설 세계보건기구는 한 나라의 보건수준을 표시하여 다른 나라와 비교할 수 있도록 하는 건강지료로 1.평균수명, 2.비례사망지수, 3.조사망률의 3가지를 들고 있다.

118 공중보건의 목적이 옳게 짝지어진 것은?

① 질병예방, 생명연장, 건강증진
② 질병예방, 질병치료, 건강유지
③ 질병치료 기술개발, 생명연장, 전염병 예방
④ 생명연장, 질병치료, 건강증진

해설 공중보건의 목적 : 질병 예방, 생명 연장, 국민 건강 증진

119 위생해충의 방제법 중 가장 근본적인 방법은?

① 천적을 이용한 생물학적 방법
② 살충제에 의한 화학적 방법
③ 유인에 의한 물리적 방법
④ 서식처 제거에 의한 환경적 방법

해설 위생해충의 방제법 중 가장 근본적인 방법은 발생원(서식처)를 제거하는 것이다.

정답 113 ③ 114 ① 115 ① 116 ② 117 ③ 118 ① 119 ④

120 다음 중 선천성 면역이 아닌 것은?

① 자연능동면역성　② 종속저항성
③ 개인저항성　　　④ 인종저항성

해설 자연 능동면역은 질병 감염 후 획득한 면역이기에 후천면역에 해당된다.

121 호흡기 전염병에 속하지 않는 것은?

① 일본뇌염　② 홍역
③ 백일해　　④ 디프테리아

해설 **호흡기계 전염병** : 디프테리아, 홍역, 백일해, 천연두, 유행성 이하선염, 풍진
소화기계 전염병 : 장티푸스, 콜레라, 세균성 이질, 파라티푸스, 아메바성 이질, 소아마비

122 바이러스(Virus)의 감염에 의하여 일어나는 전염병은?

① 장티푸스　② 폴리오
③ 세균성 이질　④ 파라티푸스

해설 폴리오는 바이러스성 전염병이고 장티푸스, 세균성 이질, 파라티푸스는 세균(Bacteria)의 감염에 의한 전염병이다.

123 인공능동면역에 의하여 면역력이 강하게 형성되는 전염병은?

① 디프테리아　② 이질
③ 폴리오　　　④ 말라리아

해설 폴리오, 홍역, 수두, 풍진, 백일해, 황열, 천연두 등은 인공능동면역에 의하여 면역력이 강하게 형성되는 전염병이다.

124 다음 전염병 중 생후 가장 먼저 예방접종을 실시하는 것은?

① 홍역　② 백일해
③ 결핵　④ 파상풍

해설 BCG는 결핵 예방접종으로 아기가 태어나서 제일 처음 받는 예방접종이다.

125 잠복기가 가장 긴 전염병은?

① 파라티푸스　② 디프테리아
③ 한센병　　　④ 콜레라

해설
1. **잠복기가 1주일 이내** : 콜레라, 이질, 성홍열, 파라티푸스, 디프테리아, 뇌염, 황열, 인플루엔자 등
2. **잠복기가 1~2주일** : 홍역, 발진티푸스, 두창, 백일해, 급성 회백수염, 장티푸스, 수두, 유행성이하선염, 풍진
3. **잠복기가 특히 긴 것** : 결핵, 나병(한센병)

126 아메바에 의해서 발생되는 질병은?

① 장티푸스　② 이질
③ 콜레라　　④ 유행성 간염

해설 아메바성 이질이다.

정답 120 ①　121 ①　122 ②　123 ③　124 ③　125 ③　126 ②

127 장티푸스에 대한 예방대책으로 적절하지 않은 것은?

① 검역을 강화한다.
② 환경위생 관리를 강화한다.
③ 보균자 관리를 강화한다.
④ 예방접종을 강화한다.

해설 검역 전염병은 콜레라, 황열, 페스트이다.

128 음식물로 매개되는 전염병과 거리가 먼 것은?

① 일본뇌염 ② 유행성 간염
③ 폴리오   ④ 콜레라

해설 일본뇌염은 모기에 의한 절족동물 전염이다.

129 디.티.피(DTP)와 관계 없는 질병은?

① 파상풍   ② 디프테리아
③ 페스트   ④ 백일해

해설 디.티.피(DTP)는 D:디프테리아, P:백일해, T:파상풍을 의미한다.

130 BCG 예방접종은 어느 면역에 해당 하는가?

① 자연수동면역 ② 자연능동면역
③ 인공수동면역 ④ 인공능동면역

해설
• 자연능동면역 : 질병 감염 후 획득한 면역
• 자연수동면역 : 모체로부터 얻은 면역
• 인공능동면역 : 예방접종으로 획득한 면역
• 인공수동면역 : 혈청제재의 접종으로 획득한 면역

131 칼슘(Ca)과 인(P)이 소변 중으로 유출되는 골연화증 현상을 유발하는 유해 중금속은?

① 주석   ② 카드뮴
③ 납   ④ 수은

해설 카드뮴(Cd) 중독은 이타이이타이병의 원인물질로 폐기종, 골연화, 전신위축, 신장장애, 단백뇨 등의 증세가 있다.

132 병원체가 바이러스인 것은?

① 디프테리아 ② 콜레라
③ 장티푸스   ④ 유행성이하선염

해설
• 바이러스(Virus)성 전염병 : 유행성이하선염, 홍역, 인플루엔자, 급성회백수염, 전염성간염, 트라콤
• 호흡기 계통 : 디프테리아, 백일해, 결핵, 유행성 이하선염, 인플루엔자, 홍역, 두창 등
• 소화기 계통 : 장티푸스, 이질, 소아마비(폴리오), 유행성 간염 등

133 전염병을 일으키는 3대 요소가 아닌 것은?

① 곤충   ② 환경
③ 병인   ④ 숙주

해설 전염병의 발생 3대 요소는 병인(전염병), 전염경로(환경), 감수성 숙주(인간)이다.

134 장티푸스 유행지역에서 가장 중요한 관리방법은?

① 환경위생 철저 ② 보건교육강화
③ 신체청결유지   ④ 공기정화

해설 장티푸스와 같은 수인성 또는 소화기계 전염병은 식품, 음료수, 분뇨 등 환경위생의 불량이 문제가 된다.

정답 127 ① 128 ① 129 ③ 130 ④ 131 ② 132 ④ 133 ① 134 ①

135 다음 전염병 중 소화기 계통의 증상을 일으키지 않는 것은?

① 콜레라 ② 세균성이질
③ 장티푸스 ④ 디프테리아

해설
인체 침입구에 따른 전염병의 분류
- 호흡기계 침입 : 디프테리아, 인플루엔자, 백일해, 결핵, 폐렴, 홍역 등
- 소화기계 침입 : 콜레라, 장티푸스, 파라티푸스, 세균성이질, 유행성간염 등

138 질병을 매개하는 위생 해충과 그 질병의 연결이 잘못된 것은?

① 모기 – 사상충증, 말라리아
② 파리 – 장티푸스, 콜레라
③ 진드기 – 유행성출혈열, 쯔쯔가무시증
④ 이 – 페스트, 재귀열

해설 페스트 – 쥐, 재귀열.
발진티푸스 – 이

136 법정감염병의 종류에 있어 제2급감염병이 아닌 것은?

① 한센병 ② 성병
③ 세균성이질 ④ 결핵

해설 성병은 법정 제4급 감염병(23종)이다.

139 다음 중 공통매개체(Common vehicle)가 아닌 것은?

① 우유 ② 파리
③ 공기 ④ 물

해설 우유, 공기, 물은 다양한 질병을 매개할 수 있는 공통매개체이고 파리는 장티푸스, 콜레라 등의 매개체이다.

137 감수성지수(접촉감염지수)가 가장 낮은 것은?

① 폴리오 ② 홍역
③ 성홍열 ④ 디프테리아

해설 감수성지수는 두창, 홍역95%, 백일해60~80%, 성홍열40%, 디프테리아10%, 폴리오(소아마비)0.1%이다.

140 법정 제1급감염병에 해당되는 것은?

① 콜레라 ② 신종인플루엔자
③ 백일해 ④ 결핵

해설 콜레라, 백일해, 결핵은 법정 제2급감염병(21종)이다.

정답 135 ④ 136 ② 137 ① 138 ④ 139 ② 140 ②

141 경구전염병과 비교할 때 세균성 식중독이 가지는 일반적인 특성은?

① 잠복기가 짧다.
② 폭발적, 집단적으로 발생한다.
③ 소량의 균으로도 발병한다.
④ 2차 발병률이 높다.

해설
세균성 식중독과 경구 전염병의 비교
• 세균성 식중독
 ① 식중독균에 오염된 식품을 섭취 시 발병한다.
 ② 식품에 많은 양의 균 또는 독소가 있다.
 ③ 살모넬라·장염비브리오 외에는 2차 감염이 없다.
 ④ 잠복기는 짧은 것이 많다.
 ⑤ 면역이 없다.
• 소화기계 전염병
 ① 전염병균에 오염된 식품과 물 섭취시 경구 감염을 일으킨다.
 ② 식품에 적은 양의 균이 있다.
 ③ 2차 감염이 있다.
 ④ 잠복기가 비교적 길다
 ⑤ 면역이 된다.

142 환경위생의 개선으로 발생이 감소되는 전염병과 가장 거리가 먼 것은?

① 이질 ② 장티푸스
③ 홍역 ④ 콜레라

해설 홍역은 공기전파이므로 환경위생 개선으로 예방할 수 없다. 수인성 전염병인 소화기계 전염병은 환경위생 개선으로 감소시킬 수 있다.

143 질병 발생의 3대요소가 아닌 것은?

① 면역 ② 병인
③ 숙주 ④ 환경

해설 전염병 발생의 3대 요인병인(병원체), 전염경로(환경), 숙주(인간)

144 파리가 전파할 수 있는 전염병은?

① 일본뇌염 ② 사상충증
③ 장티푸스 ④ 말라리아

해설
• **모기** : 일본뇌염, 말라리아, 사상충증, 황열, 뎅기열
• **파리** : 장티푸스, 파라티푸스, 콜레라, 결핵 등

145 다음 중 병원소(reservior of infection)가 아닌 것은?

① 세균 ② 불현성환자
③ 건강 보균자 ④ 토양

해설 병원소(전염원)는 병원체가 생활하고 생존을 계속하여 다른 숙주에서 전파될 수 있는 상태로 저장되는 장소로 인간, 동물, 토양이 3대 병원소이고 불현성환자, 건강보균자, 동물, 토양 등이 이에 속한다.

146 면역획득에 있어서 다음 중 영구면역성인 것은?

① 세균성이질 ② 홍역
③ 폐렴 ④ 임질

해설
1. 영구면역이 잘 되는 질병 : 홍역, 수두, 백일해, 천연두 등
2. 면역이 형성되지 않는 질병 : 매독, 성병, 식중독, 이질, 말라리아 등

147 병원체가 인체에 침입한 후 자각적·타각적 임상증상인 발병까지의 기간은?

① 이환기 ② 잠복기
③ 전염기 ④ 세대기

해설 잠복기란 병원체가 몸 안에 들어가서 증세를 나타내기까지의 기간

정답 141 ① 142 ③ 143 ① 144 ③ 145 ① 146 ② 147 ②

148 생균백신을 예방 접종하는 질병은?

① 콜레라　　② 결핵
③ 일본뇌염　④ 장티푸스

해설　생균백신을 예방접종 – 홍역, 결핵, 황열, 회수백신, 탄저병
사균백신을 접종 – 콜레라, 장티푸스, 일본뇌염 등이다.

149 다음 전염병 중에서 환자의 인후분비물에 의해 감염되는 것은?

① 세균성 이질　② 디프테리아
③ 장티푸스　　④ 유행성 간염

해설　환자의 인후분비물에 의해 감염되는 질병(호흡기계 전염병)은 디프테리아, 백일해, 천연두, 홍역, 인플루엔자, 성홍열 등이고 세균성이질, 장티푸스, 유행성간염은 소화기계 전염병임

150 공기 중의 일산화탄소가 많으면 중독을 일으키는 주된 이유는?

① 혈압의 상승
② 간 세포의 섬유화
③ 조직 세포의 산소부족
④ 근육의 경직

해설　일산화탄소는 혈액 속의 헤모글로빈과 친화력이 산소보다 250~300배 강하여, 혈중 산소농도를 저하시킴으로써 결과적으로 조직세포의 산소부족증을 일으킨다.

151 온열요소가 아닌 것은?

① 기압　② 기류
③ 기온　④ 기습

해설　온열인자 요소 = 기온, 기습, 기류, 복사열

152 주방에서 후드(Hood)의 가장 중요한 기능은?

① 실내의 습도를 유지시킨다.
② 증기, 냄새 등을 배출시킨다.
③ 실내의 온도를 유지시킨다.
④ 바람을 들어오게 한다.

해설　후드(Hood)는 증기, 냄새 등을 배출시켜 쾌적한 주방 환경을 유지시키며 4방형과 원형이 가장 효율이 좋다.

153 공기의 조성원소 중에 가장 많은 채적 백분율을 차지하는 것은?

① 이산화탄소　② 질소
③ 산소　　　　④ 아르곤

해설　0℃ 1기압의 정상공기의 화학적 조성비 : 질소78%, 산소21%, 아르곤0.93%, 이산화탄소0.03%

154 자외선에 의한 인체 건강 장애와 거리가 먼 것은?

① 설안염　② 결막염
③ 백내장　④ 폐기종

해설　폐기종은 폐포가 커지고 폐가 지속적으로 확장하는 병으로 카드뮴(Cd)와 관계가 있다.

정답　148 ②　149 ②　150 ③　151 ①　152 ②　153 ②　154 ④

155 많은 사람이 모인 실내에 있으면 두통이 발생하는 가장 중요한 원인은?

① 실내공기의 이화학적 조성의 변화
② 실내기온의 증가
③ 실내공기의 화학적 변화
④ 공기성분 중 산소의 부족현상 초래

해설 많은 사람이 밀집한 곳의 실내공기는 화학적 조성이나 물리적 조성의 변화로 인하여 불쾌감, 두통, 권태, 현기증, 구토 등의 생리적 이상을 일으키는데 이러한 현상을 군집독이라 한다.

156 기온역전현상은 언제 발생 하는가?

① 상부기온과 하부기온이 같을 때
② 상부기온이 하부기온보다 높을 때
③ 안개와 매연이 심할 때
④ 상부기온이 하부기온보다 낮을 때

해설 기온 역전현상이란 대기층의 온도는 100m 상승시마다 1℃정도 낮아져서 상부기온이 하부기온보다 낮지만 기온 역전현상이라 함은 상부기온이 하부기온보다 높을 때를 말한다.

157 실내공기의 오탁도를 판정하는 기준은?

① 이산화탄소　② 산소
③ 일산화탄소　④ 질소

해설 이산화탄소는 실내 공기 오염(오탁)의 지표로 이용되며, 허용기준은 0.1%(1,000ppm)이다.

158 대기오염방지를 위한 조치와 거리가 먼 것은?

① 도시계획과 녹지대 조성
② 석유계 연료의 탈황장치
③ 대기오탁 방지를 위한 법적규제 및 계몽
④ 진개의 소각처리

해설 진개의 소각처리는 가장 위생적인 방법이나 매연으로 인한 대기오염의 단점이 있다.

159 작업장내의 부적당한 조명이 인체에 미치는 주영향은?

① 위궤양　② 체중감소
③ 소화불량　④ 안정피로

해설 작업장내의 부적당한 조명으로 인한 직업병으로 안정피로, 근시, 안구진탕증이 올 수 있다.

160 미생물을 사멸시킬 수 있지만 대기오염을 유발할 수 있는 쓰레기 처리 방법은?

① 매립법　② 투기법
③ 소각법　④ 재활용법

해설 쓰레기 처리방법 중 소각법은 가장 위생적인 방법이나, 소각 시 발생하는 매연으로 인한 대기 오염이 단점이다.

정답　155 ①　156 ②　157 ①　158 ④　159 ④　160 ③

161 실내의 자연환기 작용과 관계가 가장 먼 것은?

① 기체의 확산력
② 실내와 실외의 온도차
③ 실외의 풍력
④ 실내와 실외의 습도차

해설 자연환기는 실내·외의 온도차, 외기의 풍력, 기체의 확산에 의해 일어남.

162 소량씩 장시간 섭취할 경우에는 피로, 소화기장애, 체중감소 등과 같은 만성중독 증상을 보이며, 옹기류, 수도관 등을 통하여 식품에 혼입되는 것은?

① 비소(As)   ② 주석(Sn)
③ 구리(Cu)   ④ 납(Pb)

해설
- 비소(As) : 도자기, 법랑 용기의 안료로 식품에 오염, 피부 이상 및 신경장애, 위장장애(설사)
- 주석(Sn) : 산성 과일제품을 주석 도금한 통조림에 담을 때
- 구리(Cu) : 구리로 만든 식기 등의 부식이 원인이 되며, 혈액독으로 간장과 신장에 장애를 일으킨다.
- 납(Pb) : 소량씩 장기간 섭취 시 만성중독 증상을 보이는 독성이 강한 중금속 통조림의 땜납, 납 성분이 함유된 수도관, 도자기나 법랑용기의 안료, 특히 산성식품과 접촉이 길면 침식되어 용출되며, 피로, 지각상실, 체중감소

163 환경오염에서 모니터링(monitoring)에 관한 설명으로 가장 알맞은 것은?

① 연기의 배출 시 색과 투명도를 조사하는 도표를 말한다.
② 물을 정화하기 위한 여과법 중의 하나이다.
③ 공기 중의 입자물질을 제거하는 방법을 말한다.
④ 환경오염의 검체를 취하여 오염의 질을 조사하는 것을 말한다.

해설 환경오염에서 모니터링은 공기의 검체를 취하여 대기오염의 질을 조사하는 것이다.

164 다음 중 공해의 발생원인으로 취급되지 않은 것은?

① 인구의 증가   ② 화산의 폭발
③ 산업의 발달   ④ 물질소비의 증가

해설 공해 발생의 원인은 인공적인 것으로 화산폭발과 같은 자연 발생적인 것은 공해의 원인이 아니다.

165 공기 중에 먼지가 많으면 어떤 건강장해를 일으키는가?

① 진폐증   ② 울열
③ 저산소증   ④ 군집독

해설 진폐증은 산업장에서 분진을 흡입함으로써 발생하는 건강장애이다.

정답   161 ④   162 ④   163 ④   164 ②   165 ①

166 수영장 물의 수질등급은 무엇을 기준으로 나누는가?

① 물의 온도
② 생물화학적 산소요구량
③ 대장균균수
④ 화학적 산소요구량

해설 대장균은 수질오염의 지표균으로 대장균 검출은 다른 미생물이나 분변오염을 추측할 수 있으며, 검출방법이 간단하고 정확하다.

167 해충구제의 가장 근본적인 방법은?

① 발생원의 제거   ② 성충구제
③ 유충구제   ④ 방충망의 설치

해설 구충, 구서의 구제를 위한 가장 근본적인 방법은 발생원(서식처)을 제거하는 것임

168 이타이이타이 병의 원인물질은?

① 카드뮴   ② 수은
③ 구리   ④ 아연

해설
- **카드뮴(Cd)중독**: 이타이이타이병의 원인 물질로 신장장애, 폐기종, 단백뇨, 골연화 등의 증세가 있다.
- **수은(Hg)중독**: 미나마타병의 원인 물질로 자각이상, 언어장애, 보행곤란을 일으킴.

169 상수의 잔류염소량을 표현한 것으로 가장 적절한 것은?

① 물에 주입한 염소의 총량
② 물의 염소 요구량
③ 수중의 유기물 산화에 필요한 염소의 총량
④ 불연속 점(break point) 이상의 염소량

해설 잔류 염소는 0.2ppm 유지되어야하는데 사용 중의 오염이나 송수과정중의 오염 시 소독효과를 가져오도록 하기 위해 필요하다. 물의 소독을 완전히 하여 완전 산화된 상태를 불연속 점(break point) 염소 소독이라 한다.

170 먹는물 소독에 부적당한 것은?

① 차아염소산칼슘   ② 표백분
③ 염소   ④ 석탄산

해설 석탄산은 소독약의 살균력을 측정하는 지표로 사용되는 물질로 변소, 하수도, 진개소독에 쓰인다. 취기와 독성이 강하고 피부점막의 자극성과 금속부식성이 있다.

171 오늘날 보건적 문제로 3P라는 말이 사용되는데 여기에 해당되지 않는 것은?

① 인구문제   ② 빈곤문제
③ 불량식품문제   ④ 오염(공해)문제

해설 인구폭발로 야기될 수 있는 문제로 소위 3P에 해당되는 것은 인구문제(Population), 빈곤문제(Poverty), 오염(공해)문제(Pollution) 이다.

정답 166 ③ 167 ① 168 ① 169 ④ 170 ④ 171 ③

172 자외선의 작용과 거리가 먼 것은?

① 피부암 유발 ② 비타민 D 형성
③ 관절염 유발 ④ 살균 작용

해설 자외선(2400~2800옹스트롱)의 작용은 피부병, 결핵 및 관절염 치료에 효과, 강한 살균, 비타민D 형성 촉진을 한다.

173 다수인에게 밀집한 실내공기의 조성의 변화로 두통, 불쾌감, 현기증, 권태 등이 일어나는 현상은?

① 산소 중독 ② 군집독
③ 열중증 ④ 열허탈증

해설 군집독이란 많은 사람이 밀폐된 실내에 있을 때 공기의 물리·화학적 조성에 변화가 일어나 불쾌감, 두통, 권태, 현기증, 구역질, 구토 등이 일어나는 현상을 말함.

174 하수 오염도 측정 시 산소요구량(BOD)의 양을 좌우하는 가장 중요한 인자는?

① 하수량 ② 물의 경도
③ 수중 유기물량 ④ 수중 광물질량

해설 수중의 유기물량에 따라 생화학적 산소요구량(BOD)은 달라진다.

175 음료수의 염소 소독 시 쉽게 사멸되지 않는 병원체는?

① 콜레라균 ② 파라티푸스 균
③ 장티푸스 균 ④ 유행성 간염

해설 유행성 간염 바이러스는 염소소독에 의해 쉽게 사멸되지 않는다.

176 감각온도(체감온도)의 3요소에 속하지 않는 것은?

① 기류 ② 기온
③ 기압 ④ 기습

해설 감각온도의 3요소 = 기온18±2℃, 기습40~70%, 기류1m/sec 이다.

177 음료수 및 식품에 오염되어 신장장해, 칼슘 대사 이상을 유발하는 중금속은?

① 크롬(Cr) ② 시안화합물(CN)
③ 철(Fe) ④ 납(Pb)

해설 납중독 : 신장장애, 칼슘대사 이상장애 등을 일으키며, 특히 칼슘의 흡수를 방해하여 신장결석을 유발함.

178 미나마타(Minamata)병의 원인은?

① 수질오염 – 카드뮴
② 방사능오염 – 아연
③ 수질오염 – 수은
④ 방사능오염 – 구리

해설
수질오염에 의한 공해질병
- 미나마타병 : 수은(Hg)이 원인, 지각마비증상
- 이타이이타이병 : 카드뮴(Cd)이 원인, 골연화증

정답 172 ③ 173 ② 174 ③ 175 ④ 176 ③ 177 ④ 178 ③

179 아포형성균의 멸균에 가장 좋은 방법은?

① 저온소독법
② 일광소독법
③ 초고온순간멸균법
④ 고압증기멸균법

해설 통조림 살균에 이용되는 고압증기멸균법은 고압증기 멸균 솥(오토클레이브)을 이용하여 120℃에서 15~20분간 살균하는 방법으로서, 멸균효과가 좋아서 미생물 뿐 만 아니라 아포까지도 죽일 수 있다.

180 다음 중 분변소독에 가장 적합한 것은?

① 생석회
② 약용비누
③ 과산화수소
④ 표백분

해설 생석회는 하수도, 진개(쓰레기) 등의 오물 소독에 가장 우선적으로 사용할 수 있다.

181 소독제의 살균력을 비교하기 위해서 이용되는 소독약은?

① 과산화수소(H_2O_2)
② 알콜(Alcohol)
③ 크레졸(Cresol)
④ 석탄산(Phenol)

해설 석탄산은 각종 소독약의 살균력 비교 시 사용된다.

182 다음 중 무해하기 때문에 손이나 조리기구 등의 소독에 가장 적당한 것은?

① 역성비누
② 머큐로크롬
③ 알코올
④ 과산화수소

해설 역성(양성)비누는 무색, 무취, 무자극성, 무독성이므로 식품 및 식기, 손 소독에 사용된다. 유기물이 존재하면 살균효과가 떨어지므로 세제로 씻은 후 사용해야함.

183 다음 중 변기나 화장실내의 소독에 사용하는 약품은?

① 석탄산수, 크레졸수 소독
② 표백분, 자외선등 소독
③ 역성비누, 알콜 소독
④ 유통증기, 고압증기 소독

해설
• 야채 및 과일 : 역성비누, 차아염소산나트륨, 표백분
• 진개, 변기나 화장실 내 소독 : 석탄산수, 크레졸수, 생석회
• 음료수의 소독 : 표백분, 염소, 차아염소산나트륨
• 조리기구 소독 : 역성비누, 차아염소산나트륨

184 조리기구의 소독방법으로 부적당한 것은?

① 화염소독법
② 증기소독법
③ 자외선소독법
④ 자비소독법

해설
• 화학적 방법 – 역성비누, 치아염소산나트륨, 표백분
• 물리적 방법 – 자비소독, 증기소독, 일광소독

185 화학약품으로 소독할 때 소독약으로서의 구비조건에 해당되지 않는 것은?

① 살균력이 높을 것
② 침투력이 강할 것
③ 용해성이 높을 것
④ 표백성이 높을 것

해설 **소독약의 구비조건** : 살균력이 강할것, 금속 부식성이 없을것, 표백성이 없을것, 용해성이 높을것, 저렴하고 사용법이 간단할 것, 침투력이 강하며 안전성이 있을 것.

정답 179 ④ 180 ① 181 ④ 182 ① 183 ① 184 ① 185 ④

186. 살균작용 강도를 바르게 나타낸 것은?

① 방부 〉멸균 〉소독
② 소독 〉방부 〉멸균
③ 멸균 〉소독 〉방부
④ 방부 〉소독 〉멸균

해설
- **멸균** : 강한 살균력으로 미생물, 기타 모든 균을 멸살시키는 것.
- **소독** : 병원 미생물의 생활을 파괴 또는 멸살시켜 병원균의 감염력과 증식력을 억제하는 것.
- **방부** : 미생물의 성장을 억제하여 식품의 부패와 발효를 억제하는 것.

187. 끓는물 100℃에서 30분간 가열하는 방법으로서 식기, 행주 등의 소독에 이용되는 것은?

① 자비소독법
② 증기소독법
③ 자외선소독법
④ 화염소독법

해설 화염멸균법은 알콜램프, 분젠버너 등의 불꽃에 넣어 20초이상 가열하는 방법.
화학적 소독방법은 역성비누, 치아염소산나트륨, 표백분을 이용하고 물리적 소독방법은 자비소독, 증기소독, 일광소독이 사용된다.

정답 186 ③ 187 ①

Chapter 02

안전관리

01 개인안전관리

1. 개인 안전사고 예방 및 사후조치

(1) 구성요소의 연쇄반응

사회적 환경 → 유전적 요소와 개인적인 성격의 결함 → 불안전한 환경·조건, 불안전한 행위 → 산업재해의 발생이 일어나므로 재해사고는 시간전개형으로 본다면 구성요소의 연쇄반응현상이다.

(2) 재해 발생의 원인

① 잘못된 지식
② 적절치 못한 태도, 습관
③ 불안전한 자세 동작 등의 행동
④ 불충분한 기술 습득 상태
⑤ 환경의 위험한 결함

(3) 안전교육의 목적

① 불의의 사고를 예방
② 개인 및 집단의 안전에 필요한 지식, 기능, 태도 등을 이해시킴
③ 자신과 타인의 생명을 존중
④ 안전한 생활을 영위할 수 있는 습관 형성

(4) 응급조치의 목적

① 전문적인 의료가 실시되기 전까지 환자 생명유지
② 더 이상의 상태악화 방지, 지연

(5) 응급처치 시 꼭 지켜야 할 사항

① 사고 현장에서 자신의 안전을 확인
② 응급처치 대상에게 자신의 신분을 밝힘
③ 응급처치 시행하기 전 환자의 생사유무를 판정하지 않음
④ 응급처치 시 원칙적으로 의약품 사용 불가
⑤ 응급환자 처치는 응급처치만 하고 전문 의료요원 인계

02 작업안전관리

1. 조리장비 도구 안전관리 지침

조리 장비·도구는 주기적으로 분해, 청소하고 사용 전 이상 유무를 확인한다.

■ 조리 장비·도구 이상 유무 점검방법

장비명	용도	점검방법
음식절단기	각종 식재료를 필요한 형태로 얇게 썰 수 있는 장비	• 전원 차단 후 기계를 분해하여 중성세제와 미온수로 세척하였는지 확인 • 건조시킨 후 원상태로 조립하고 안전장치 작동에서 이상이 없는지 확인
튀김기	튀김요리에 이용	• 사용한 기름을 식은 후 다른 용기에 기름을 받아내고 오븐크리너로 골고루 세척했는지 확인 • 기름때가 심한 경우 온수로 깨끗이 씻어 내고 마른걸레로 물기를 완전히 제거하였는지 확인 • 받아둔 기름을 다시 유조에 붓고 전원을 넣어 사용
육절기	재료를 혼합하여 갈아내는 기계	• 전원을 끄고 칼날과 회전봉을 분해하여 중성세제와 이온수로 세척하였는지 확인 • 물기 제거 후 원상태로 조립 후 전원을 넣고 사용
제빙기	얼음을 만들어 내는 기계	• 전원을 차단하고 기계를 정지시킨 후 뜨거운 물로 제빙기의 내부를 구석구석 녹였는지 확인 • 중성세제로 깨끗하게 세척하였는지 확인 • 마른 걸레로 깨끗하게 닦은 후 20분 정도 지난 후 작동
식기세척기	각종 기물을 짧은 시간에 대량 세척	• 탱크의 물을 빼고 세척제를 사용하여 브러시로 깨끗하게 세척했는지 확인 • 모든 내부 표면, 배수로, 여과기, 필터를 주기적으로 세척하고 있는지 확인
그리들	철판으로 만들어진 면철로 대량으로 구울 때 사용	• 그리들 상판온도가 80℃가 되었을 때 오븐크리너를 분사하고 밤솔 브러시로 깨끗하게 닦았는지 확인 • 뜨거운 물로 오븐크리너를 완전하게 씻어내고 다시 비눗물을 사용해서 세척하고 뜨거운 물로 깨끗이 헹구어 냈는지 확인 • 세척이 끝난 면철판 위에 기름칠을 하였는지 확인

출처 : NCS 학습모듈(2020), 『한식안전관리』, P36.

급식시설에서 조리작업은 칼날, 동력, 화기 등을 사용하므로 상처, 부상 등의 사고가 일어나지 않도록 시설, 설비의 철저한 점검과 조리종사자에게 기기의 안전취급, 작업방법, 작업동작에 대한 교육 훈련을 실시하여 재해를 방지하고 안전사고를 예방해야 한다.

03 작업장 환경관리

1. 주방의 작업환경

주방환경에서 작업자의 피로, 건강 및 작업태도 등에 영향을 주는 요인인 온도, 높은 습도, 소음 등은 제품의 품질 · 생산성 · 서비스의 질을 떨어뜨릴 수 있다.

2. 주방의 조리환경

- 주방의 크기와 규모, 인적 구성요인, 임금 및 후생복지시설, 시설물 및 기물의 배치 등 주방환경은 조리종사원의 건강과 근무의욕 등에 영향을 미친다.
- 온도와 습도의 조절, 주방 내부의 색깔, 주방의 소음, 조명시설, 통풍장치 등은 조리작업장 환경요소이다.

3. 작업환경 측정의 의의와 목적

(1) 작업환경 측정의 의의

- 작업자의 건강에 장해를 줄 수 있는 물리 · 화학 · 생물학적 · 인간공학적인 유해인자들을 파악하여 측정, 분석, 평가하는 과정이다.
- 화학적 유해인자의 노출 평가는 예비조사, 측정전략 수립, 측정기구의 보정, 시료채취, 시료의 운반 및 보관, 분석처리 등의 복잡한 과정과 전문성이 요구된다.

(2) 작업환경 측정의 목적

소음, 분진, 유해화학물질 등의 작업 시 발생하는 유해인자에 작업자가 얼마나 노출되는지를 측정, 평가한 후 시설과 설비 등의 깨끗한 작업환경 개선으로 작업자의 건강보호 및 생산성 향상에 기여하는 데 있다.

04 작업장 안전관리

(1) 작업장의 온도 · 습도 · 조명 유지관리를 실시한다.

① 작업장 온도는 겨울엔 18.3 ~ 21.1℃, 여름엔 20.6 ~ 22.8℃의 온도를 유지

② 적정한 상대습도 40 ~ 60%이며, 높은 습도는 정신이상, 낮은 습도는 피부와 코의 건조증 유발

③ 작업장(220Lux)과 육안검사구간(540Lux) 등 적정한 조도 기준을 유지한다.

(2) 정기안전교육, 신규 채용자 교육, 작업내용 변경 시 교육, 특별안전교육의 4가지 안전교육 과정이 있다.

■ 사업장 내 안전 교육

교육과정	교육대상	교육시간
정기교육	사무직 종사 근로자	매월 1시간 이상 또는 매분기 3시간 이상
	관리감독자의 지위에 있는 사람	매반기 8시간 이상 또는 연간 16시간 이상
채용 시의 교육	일용근로자	1시간 이상
	일용근로자를 제외한 근로자	8시간 이상
작업내용 변경 시의 교육	일용근로자	1시간 이상
	일용근로자를 제외한 근로자	8시간 이상
특별교육	특수 직무에 해당하는 작업에 종사하는 일용근로자	• 16시간 이상(최초 작업에 종사하기 전 4시간 이상 실시하고 12시간은 3개월 이내에서 분할하여 실시가능) • 단기간 작업 또는 간헐적 작업인 경우에는 2시간 이상

출처 : NCS 학습모듈(2020), 「한식안전관리」, p51.

(3) 주방에서의 재해 유형
① 절단 및 창상
② 화상과 데임
③ 미끄러짐과 넘어짐, 끼임
④ 전기 감전

(4) 화재의 예방적 점검 및 조치방법
① 인화성 물질 적정보관 여부 점검
② 화재안전기준에 따른 소화전함, 소화기 비치, 관리상태 점검
③ 출입구 및 복도, 통로 등 적재물 비치 여부 점검
④ 비상통로 확보 상태, 비상조명등 예비 전원 작동상태 점검
⑤ 자동 확산 소화용구 설치의 적합성 등 점검

안전관리 Test

01 재해 발생의 원인으로 적합하지 않은 것은?

① 잘못된 지식
② 적절치 못한 태도·습관
③ 불안전한 자세 동작 등의 행동
④ 충분한 기술습득 상태

> **해설**
> 재해 발생의 원인
> • 불충분한 기술습득 상태
> • 환경의 위험한 결함

02 안전교육의 목적으로 적합하지 않은 것은?

① 불의의 사고를 예방
② 자신과 타인의 생명을 존중
③ 개인에게만 안전에 필요한 지식, 태도 등을 이해시킴
④ 안전한 생활을 영위할 수 있는 습관 형성

> **해설** 개인 및 집단의 안전에 필요한 지식, 기능, 태도 등을 이해시킴

03 응급처치 시 꼭 지켜야 할 사항으로 적합하지 않은 것은?

① 사고 현장에서 환자의 안전만을 확인
② 응급처치 대상에게 자신의 신분을 밝힘
③ 응급 처치 시 원칙적으로 의약품 사용 불가
④ 응급처치 시행하기 전 환자의 생사유무를 판정 불가

> **해설** 사고 현장에서 자신의 안전을 확인한다.

04 주방에서의 재해 유형 중 가장 사고 빈도가 높은 것은?

① 화상과 데임
② 전기 감전
③ 절단 및 창상
④ 미끄러짐과 넘어짐, 끼임

> **해설** 절단 및 창상(발생 빈도가 가장 높음)

05 화재예방적 점검과 화재 조치방법으로 적절치 않은 것은?

① 인화성 물질 적정보관 여부 점검 불 필요
② 화재안전기준에 따른 소화전함 관리상태 점검
③ 화재안전기준에 따른 소화기 비치 관리 상태 점검
④ 비상통로 확보 상태, 비상조명 등 예비전원 작동상태 점검

> **해설**
> • 인화성 물질 적정보관 여부 점검
> • 자동 확산 소화용구 설치의 적합성 등 점검

06 작업장 안전관리를 위한 안전교육과정에 해당되지 않은 것은?

① 정기안전교육
② 특별안전교육
③ 종사하는 근로자 교육
④ 작업내용 변경 시 교육

> **해설** 해설 정기안전교육, 신규 채용자 교육, 작업내용 변경 시 교육, 특별안전교육의 4가지 안전교육 과정이 있다.

정답 01 ④ 02 ③ 03 ① 04 ③ 05 ① 06 ③

Chapter 03

재료관리

01 식품재료의 성분

01 식품과 영양

1. 식품의 구비조건과 영양소

(1) 식품의 정의

식품이란 사람에게 필요한 영양소를 한 가지 또는 그 이상을 함유하고, 유해한 물질을 함유하지 않는 천연물 또는 가공품을 말한다. 식품위생법 제2조 제1항에서는 "식품이라 함은 모든 음식물을 말한다. 다만, 의약으로서 섭취하는 것을 제외한다."고 정의하였다.

(2) 식품의 구비 조건

① 영양적 가치
② 위생적 문제
③ 기호적 가치
④ 경제적 가치

(3) 영양소

건강을 유지하기 위하여 반드시 필요하면서 체내에서 전혀 합성되지 않거나 소량 합성되므로 음식물로 반드시 먹어야 하는 물질이다. 영양소는 탄수화물, 지방, 단백질, 비타민, 무기질 등으로 물을 포함하면 6대 영양소이다.

① 체조직의 구성
② 에너지의 공급
③ 생리작용의 조절

2. 식품의 일반적 분류

(1) 식물성 식품

① 곡류 ② 두류 ③ 감자류 ④ 버섯류 ⑤ 해조류 ⑥ 채소류 ⑦ 과일류

ㄱ. 화채류 - 꽃을 식용으로 하며 브로콜리, 커리플라워, 아티쵸크 등이 해당된다.
ㄴ. 과채류 - 열매를 식용으로 하며 호박, 가지, 참외, 고추, 토마토 등이 해당된다.
ㄷ. 녹황색 채소류 - 당근, 시금치, 토마토 등이 해당된다.
ㄹ. 담색채소류 - 엷은 빛깔이며 양파, 양배추, 오이, 무 등이 해당된다.
ㅁ. 장과류 - 즙이 많고 속에 씨가 들어 있으며 포도, 딸기, 귤, 무화과 등이 해당된다.

ㅂ. 핵과류 – 씨가 단단한 핵으로 싸여 있으며 복숭아, 살구, 자두, 매실 등이 해당된다.
ㅅ. 인과류 – 꽃턱이 발달하여 과육부를 형성하며 배, 사과, 석류 등이 해당된다.
ㅈ. 견과류 – 껍질이 단단한 밤, 호두, 잣 등이 해당된다.

(2) 동물성 식품
① 수조어육류 ② 우유 ③ 난류 ④ 어패류

(3) 기호식품
다류와 청량음료처럼 영양소는 거의 함유하고 있지 않으며 식품에 향·색깔·맛을 부여하거나, 우리가 직접 섭취하여 식욕을 증진시키는 물질을 기호식품(favorite food)이라 한다.

3. 식품의 구성성분

일반성분(영양적 가치 결정)
- 열량소 : 탄수화물(1g당 4kcal), 단백질(1g당 4kcal), 지방(1g당 9kcal)
- 구성소 : 단백질, 무기질
- 조절소 : 비타민, 무기질

특수성분(기호적 가치 결정)
- 색깔, 냄새, 맛, 효소, 독성성분

02 탄수화물

탄수화물(carbohydrates)은 지방, 단백질과 함께 식품의 중요한 기본성분으로 소화되는 탄수화물인 당질과 소화되지 않는 탄수화물인 섬유소가 있다. 이것은 C, H, O로 구성되어 있다.

1. 단당류

산, 알카리, 효소 등에 의한 가수분해로 더 이상 가수분해(加水分解)되지 않는 제일 간단한 형의 탄수화물로 체내에서 소화되면 최후에는 단당류(單糖類)로 흡수된다.

(1) 포도당(Glucose : 당도 0.7~0.8)
쌀, 빵, 감자 등이 소화되어 전분의 최종 분해산물이 되는 포도당은 흡수되어 간에 들어가고, 간에서 글리

코겐으로 저장된다. 혈액 중에 약 0.1%의 농도로 존재한다.

(2) 과당(Fructose : 당도 1.7)

감미(甘味)는 포도당의 약 2.3배로 체내에 들어오면 포도당과 마찬가지로 그대로 흡수되어서 이용되며 과일 속에 포함되어 있다.

(3) 갈락토오즈(Galactose : 당도 0.2~0.3)

젖당의 구성성분이다.

(4) 자일리톨(Xylitol : 당도 0.9)

단맛이 매우 강하며 체내에서 흡수, 대사가 일반 당류보다 완전하지 못해 당뇨병 환자들을 위한 감미료로 사용된다.

(5) 만노오즈(Mannose)

곤약성분의 다당류인 만난, 갈락토만난의 구성성분이다.

2. 이당류

단당류가 2개 결합되어 있는 당류로 수용성이며 단맛이 있다.

(1) 자당(Sucrose : 당도 1.0)

포도당과 과당이 결합된 것으로 설탕이다.

> **전화당(Invert sugar : 당도 1.3)**
> 설탕의 가수분해과정을 전화(inversion)라 하고 이렇게 형성된 포도당과 과당의 혼합물을 전화당이라고 한다. 설탕보다 당도가 강하다.

(2) 맥아당(Maltose : 당도 0.3~0.6)

포도당 2분자가 결합된 당으로 엿기름이나 발아 중의 곡류에 그 함량이 많으며 엿당이라고도 한다. 효소에 의해 발효된다.

(3) 젖당(Lactose : 당도 0.15~0.3)

- 포유류인 사람의 젖에는 6.7%, 우유에는 4.5%의 젖당이 함유되어 있다.
- 젖당은 유용한 젖산균의 발육을 왕성케 하여 유해세균의 번식을 억제하고 정장작용을 한다.
- 젖산균의 왕성한 번식으로 산을 만들어 장내의 pH가 산성쪽으로 기울어지면, 무기질의 흡수가 좋아지고 영·유아의 장내에서 악성발효나 설사를 막는다.
- 감미는 적으나 유아에 있어서는 결핍되면 안되는 중요한 열량원이다.

- 포도당과 갈락토오즈가 결합된 당이다.

3. 다당류

다당류는 여러 분자의 단당류들이 글루코사이드와 결합하여 중합된 거대한 분자의 탄수화물로 단맛이 없다.

(1) 전분(Starch)

- 전분은 물에 침전하는 가루라는 뜻이다.
- 아밀로즈(Amylose)는 포도당이 $α-1,4$결합으로 연결되어 요오드 반응 시 청색을 띠며 멥쌀전분에 20%, 아밀로펙틴 80%가 함유되어 있다.
- 아밀로펙틴(Amylopectin)은 기본단위가 포도당이고 긴 사슬에 가지가 붙은 $α-1,4$결합과 $α-1,6$결합으로 연결되어 있고 요오드와 반응하면 자색을 띤다. 찹쌀은 아밀로펙틴 100%로 구성되어 있다.
- 옥수수, 고구마, 감자, 타피오카, 밀, 쌀도 전분의 원료로 사용되고 있다.

> **전분의 이용**
> 보리를 20~25℃로 8일간 1.7~2.0배가 되도록 발아시키면 맥아(엿기름)가 된다.
> ① 단맥아(短麥芽)는 싹이 짧은 것으로 고온에서 발아시켜 맥주 양조용에 사용된다.
> ② 장맥아(長麥芽)는 비교적 저온에서 발아시킨 것으로 싹의 길이가 길어 식혜 제조에 이용된다. 식혜를 제조할 때 이용되는 효소는 $β-$ amylase이며 엿기름의 농도가 높을수록 당화속도가 빨라진다.
> ③ 맥아엿은 맥아당 50~60%, dextrin 10~20%가 함유되어 있는 엿기름을 50~63℃로 5~6시간 가열하여 제조한다.
> ④ 각종 전분입자의 크기 및 형태는 쌀이 다면형으로 제일 크기가 작다. 감자는 달걀형으로 크기가 가장 크다.

(2) 글리코겐(Glycogen)

- 동물성 저장다당류로 동물의 간장에 6%, 근육에 1% 정도 포함되어 있다.
- 가수 분해되면 포도당(Glucose)을 만든다.
- 요오드와 반응하면 갈색을 띤다.

(3) 섬유소

- 셀룰로오즈(Cellulose)는 곡류, 채소류, 과일류의 세포막 구성성분이다.
- 인체 내에는 섬유소를 분해하는 효소가 없다.
- 혈청 콜레스테롤의 수치를 낮추는 중요한 역할을 한다.
- 소화, 대사되지 않으나 장의 연동을 자극하여 변통을 좋게 한다.
- 열량은 없으면서 포만감을 주어 저칼로리 식품으로 이용된다.

(4) 펙틴(Pectin)
- 펙틴 수용액은 특정의 조건을 주면 gel화 하여 이른바 jelly상을 이룬다.
- 펙틴의 겔화 정도는 펙틴의 양, 메톡실기양, pH 등에 영향을 받는다.

(5) 갈락탄(Galactan)
- 갈락토오즈(galactose)의 결합체로 소화되지 않는 다당류이다.

(6) 이눌린(Inulin)
- 과당의 결합체로 다알리아, 우엉, 돼지감자에 많이 함유되어 있다.
- 과당제조의 가장 적합한 원료이다.

4. 당질의 기능

(1) 에너지 공급
- 탄수화물은 1g이 4kcal의 에너지를 발생한다.
- 소화시간이 짧아 에너지화가 빠르고 98%의 높은 소화율을 가지고 있다.

(2) 혈당의 유지
혈액 내 0.1%의 혈당은 뇌를 비롯한 각 기관세포의 주된 에너지원으로 사용된다.

(3) 단백질의 절약작용
열량섭취량이 부족하면 우선 신체적 생리기능을 유지하기 위하여 체내에서 열량원으로 사용할 수 있는 물질을 이용한다. 구성소이면서 열량소인 단백질은 우선 에너지를 충당시키고 난 다음에 단백질 고유의 작용인 구성소로서 역할을 할 수 있게 되므로 탄수화물을 충분히 섭취함으로써 단백질을 절약하게 된다.

5. 당질의 과잉증과 결핍증, 권장량
① 과잉증 : 소화불량 비만증
② 결핍증 : 체중감소, 발육불량
③ 권장량 : 1일 총 열량섭취량의 55~65%

6. 급원식품
곡류, 감자류, 설탕류

03 지질

- 지질은 C·H·O의 화합물로 지방산과 글리세롤 에스테르이다.
- 실온에서 고체인 것을 지방(Fat)이라 하고 액체인 것은 유(Oil)라 한다.
- 단백질과 탄수화물보다 g당 열량발생량이 많아 9kcal의 에너지를 낸다.

> 라드는 돼지기름, 라유는 고추기름이다.

1. 유지의 물리적 성질

유지의 물리적 성질로는 용해성, 융점, 비중, 가소성, 발연점, 연화점, 굴절률 등이 있다.

(1) 용해성(Solubiltity)

유지는 glycerol의 −OH기와 지방산의 −COOH가 에스테르와 결합하여 친수성기가 나타나지 않게 되므로 극성 용매인 물에 녹지 않고 Ether, Benzene 등과 같은 비극성 유기용매에 잘 녹는다. 동일한 용매에서도 탄소수가 많은 지방산을 갖는 유지일수록 그리고 불포화지방산을 적게 갖고 있는 유지일수록 용해도는 감소한다.

(2) 비중(Specific gravity)

유지의 비중은 일반적으로 0.92~0.94로서 물보다 가볍다. 유지는 저급지방산의 함량이 많을수록 또는 지방산의 불포화도가 높을수록 그 비중이 커진다.

(3) 가소성(Plasticity)

가소성은 외부 조건에 의하여 유지의 상태가 변했다가 원상태로 회복되지 않는 성질로 버터나 마가린, 쇼트닝이 지니는 성질 중의 하나이다.

(4) 발연점(Smoking point)

- 발연점은 유지를 가열할 때 유지의 표면에서 푸른 연기가 발생할 때의 온도이다.
- 기름의 사용횟수가 많아 유리지방산의 함량과 유지 중에 외부에서 들어간 이물질의 존재가 많을수록, 노출된 유지의 표면적이 넓을수록 발연점은 낮아진다.
- 튀김은 150~200℃가 적온이고 발연점이 높은 식물성 기름이 적합하다.
- 기름을 발연점 이상으로 가열하면 지방산과 글리세롤로 분해되고, 글리세롤이 탈수되어 자극성 냄새를 가진 아크롤레인(Acrolein)을 형성하게 된다.
- 기름을 장시간 고온으로 가열해서 사용하면 중합되어 착색되고 거품이 많이 생긴다.

- 기름 종류에 따른 발연점은 콩기름(256℃), 면실유(233℃), 옥수수기름(227℃), 버터(208℃), 라드(194℃), 올리브유(175℃), 낙화생유(160℃)이다.

(5) 유화성(Emulsifying, 에멀전화)
- 지방질은 그 분자 중에 친수성기와 소수성기를 가지고 있어 지방을 유화시키는 성질이 있다. 이러한 성질을 가지고 있는 물질을 유화제(Emulsifying agent)라 한다.
- 유중 수적형(Water in oil, W/O)은 기름 속에 물이 분산되어 있는 버터, 마가린 등이 있다.
- 수중유적형(Oil in water type, O/W)은 물속에 기름의 입자가 분산되어 있는 우유, 아이스크림, 마요네즈 등이 있다.
- 마요네즈는 달걀노른자 중의 레시틴(Lecithin)이라는 인지질의 작용으로 물 속에 기름을 분산하여 만들어진 유화 식품이다.
- 마요네즈 조리비율 : 노른자 1개, 식용유 200ml(65%), 식초, 소금, 양겨자 등이다.

2. 유지의 화학적 성질

(1) 검화가(Saponification value)
- 유지를 알칼리로 가수분해하면 글리세롤과 비누가 생성되는데 이러한 가수분해를 검화(Saponification) 또는 비누화라고 한다.
- 검화가는 1g의 유지를 검화하는 데 필요한 KOH의 mg수로 나타낸다.
- 검화가는 지방산의 평균 탄소수나 분자량을 측정하는데 이용된다.

(2) 요오드가(Iodine value)
유지 100g 중에 흡수되는 요오드의 g수로서 지방산 중에 이중결합이 많을수록 요오드가가 높아지며 유지의 불포화도를 나타내는 척도이다. 고도의 불포화지방산을 함유한 지방으로서 요오드가가 높으면 불포화지방 함량이 많다.

① 건성유(130 이상) - 들깨, 잣, 호두, 아마인유
② 반건성유(100~130) - 대두유, 면실류, 참기름, 채종유(유채기름, 해바라기씨유)
③ 불건성유(100 이하) - 올리브, 동백유, 낙화생유

(3) 산가(Acid value)
- 산가는 유지 1g 중에 함유된 유리지방산을 중화하는데 필요한 KOH의 mg수로 나타낸다.
- 정제식용유에서는 산가가 대체로 1.0 이하이며 이보다 높은 것은 변질되었거나 정제 정도가 낮은 것을 의미한다.

- 산가는 사용 중인 유지의 품질저하의 정도를 나타내는 하나의 척도이다.

(4) 과산화물가(Peroxide value)
- 유지가 자동산화나 가열산화에 의하여 산패되면 이중결합에 인접한 탄소에 분자상의 산소가 결합된 과산화물이 형성된다.
- 과산화물가는 유지 1kg에 생성된 과산화물 mg당 양으로 표시되며 과산화물가 10 이하이면 신선한 기름이라고 본다.

3. 지방산의 분류

(1) 포화지방산
포화지방산의 팔미트산, 스테아린산은 동물성유에 많이 함유되어 있고 분자 내에 이중결합이 없다.

(2) 불포화지방산
불포화지방산의 아라키돈산, 리놀레산, 리놀렌산, 올레인산은 식물성유에 많이 함유되어 있고 분자 내에 이중결합을 갖고 있다.

(3) 필수지방산
인체의 정상적인 성장, 활동과 신체기능 유지를 위해서 반드시 음식물을 통해 공급해야 되는 필수지방산은 불포화지방산의 아라키돈산, 리놀레산, 리놀렌산으로 비타민 F라고도 부른다.

> **경화유(Trans fat)**
> 불포화지방산에 니켈(Ni)을 촉매로 백금(Pt)과 수소를 첨가시켜 포화지방산으로 만든 고체형의 기름이다. 쇼트닝과 마가린이 있다.

4. 지방의 기능

① 1g당 9kcal를 발생하며 95%의 소화율을 가진다.
② 비타민의 흡수를 좋게 한다. - 비타민 A·D·E·K 등은 지용성 비타민으로 지방과 함께 섭취하지 않으면 몸에 이용되지 않으므로 조리할 때에 지방을 사용해서 지방과 함께 섭취하는 것이 효과적이다.
③ 영양분의 손실을 막는다. - 유지를 사용하는 튀김과 볶음은 고온에 단시간 조리하게 되므로 영양분의 손실을 막을 수 있다.
④ 위에 머무르는 시간이 길어 포만감을 준다.
⑤ 콜레스테롤은 지방의 한가지로 간에서 만들어지며, 혈액에 의해서 각 조직에 운반되어 담즙산과 호

르몬의 전구체 역할을 한다.

⑥ 조리 과정에서의 역할은 향미 부여, 튀김, 유화액 형성, 밀가루 음식의 연화 등이다.

5. 지질의 과잉증과 결핍증, 권장량

① 과잉증 : 비만증, 심장기능 약화, 동맥경화증

② 결핍증 : 신체쇠약, 성장부진

③ 권장량 : 1일 총 열량 섭취량의 15~30%

6. 급원 식품

동물성 유지와 식물성 유지인 샐러드유, 대두유, 옥수수유 등이 있다.

> **담즙(bile)**
> 간에서 합성된 후 담낭에 저장 농축된 후 분비된다.
> 황갈색의 쓴맛을 내는 pH 7.8~8.6의 액체로 지방을 소화되기 쉬운 형태로 유화시켜 준다.

04 단백질

- 단백질은 신체의 기본적 구성물질로써 중요하며 열량 영양소이기도 하다.
- 단백질에 프로테인(Protein)이란 이름을 붙인 것은 1833년 뮬더(Mulder)이다.
- Protein은 "으뜸가는 것(To take the first place)"이라는 뜻이다.
- 인체의 근육이나 혈액, 호르몬(Hormone), 효소, 질병에 대한 저항력의 주체 등 건강상 중요한 것은 거의 단백질로 되어 있다.
- 단백질은 C · H · O · N(평균 16%의 질소 함유)의 원소로 구성되었다.
- 현재 아미노산은 30종류 이상 알려져 있다.

1. 단백질의 영양학적 분류

(1) 완전단백질

① 필수아미노산이 동일 비율로 충분히 함유되어 있어 동물의 성장에 도움되는 것을 완전단백질이라

한다.
② 우유의 카제인, 달걀의 알부민, 글로불린 등 동물성 단백질은 완전 단백질이다. 한 가지 예외는 트립토판과 리신의 함량이 부족한 젤라틴은 제외한다.

(2) 불완전단백질
- 식물성 단백질은 대부분 불완전 단백질이다.
- 생물가가 낮은 견과류, 종자류, 곡류, 채소류는 이에 속한다.
- 식품 중의 단백질은 구성 아미노산의 조성이 서로 다르므로 만일 아미노산이 서로 다른 두 종류 이상의 단백질을 같이 섭취하면 단백질의 질을 높일 수 있다.
- 쌀, 보리, 밀과 같은 곡류는 두 가지의 아미노산인 리신(Lysine)과 트레오닌(Threonine)이 결핍되어 있으며 두류, 육류 그리고 우유에는 메치오닌(Methionine)이 적고, 옥수수에는 트립토판(Tryptophan)과 리신(Lysine)이 부족하다. 트립토판(Tryptophan)과 메치오닌(Methionine)이 결핍되어 있는 두류와 곡류를 혼합하면 서로 부족한 필수 아미노산을 보상하여 결과적으로 모든 필수 아미노산들을 지니게 된다.
- 밀가루로 만든 빵에 땅콩버터를 발라 먹는다든지, 된장국에 쌀밥을 먹는 것도 이러한 보상의 하나라고 할 수 있다.

2. 아미노산의 종류

(1) 필수아미노산
- 체내 합성이 안 되어 반드시 음식물 섭취를 통해 얻어지는 단백질로 동물성 식품에 많이 함유되어 있다.
- 페닐알라닌, 루신, 발린, 리신, 메티오닌, 트립토판, 트레오닌, 이소루신의 8가지 종류가 있다.
- 성장기 어린이와 회복기 환자는 알기닌, 히스티딘의 2종류를 더해서 10가지이다.

(2) 불필수아미노산
- 체내합성이 가능
- 종류에는 알기닌, 알라닌, 글리신 등이 있으며, 이 불필수아미노산을 많이 섭취함으로써 필수 아미노산의 소모를 적게 하는 이점이 있다.

3. 단백질의 기능
- 신체의 성장 및 체조직, 항체구성, 효소, 호르몬, 혈장 단백질을 형성한다.
- 삼투압력의 유지를 통한 수분평형을 조절한다.

- 1g의 단백질은 4kcal를 공급하며 소화율은 92%이다.

4. 단백질의 과잉증과 결핍증, 권장량

① 과잉증 : 체온·혈압의 상승, 신경과민, 불면증
② 결핍증 : 성장부진, 콰시오커(Kwashiorkor), 빈혈, 부종
③ 권장량 : 1일 총 열량 섭취량의 7~20%로 성인 남자와 여자의 1일 섭취량은 각 60~65g, 50~55g이다.

5. 급원 식품

육류, 수조어육류, 난류 등

6. 단백질의 생물가

어떤 식품에 있는 단백질이 체내의 단백질로 얼마나 잘 전환되느냐를 측정하는 값이다.

7. 단백질의 변성

- 단백질의 변성은 골격을 이루는 아미노산을 연결해 주는 펩티드결합 이외의 자연적인 규칙배열을 만드는 다른 결합을 전체 혹은 부분적으로 끊는 것이다.
- 변성이 되면 모양과 수화력이 변하고, 2차적인 연합반응 때문에 용해도가 낮아지고 점성이 증가한다. 효소작용을 하는 단백질은 변성이 되면 능력을 잃는다. 대부분의 단백질은 변성을 하면 단백질 분해효소의 공격을 받기 쉬우므로 소화력이 증가된다.

8. 열량과 영양소

- 칼로리(calory)는 열량을 재는 단위로 1칼로리는 1L의 물을 1℃ 높이는데 필요한 열량이다.
- 열량은 단백질과 당질이 1g에 대해 각각 4kcal, 지방이 9kcal를 발생하며 이 3가지의 영양소는 몸의 활동에 필요한 에너지를 공급하고 열을 발생하는 열량소로 3대 열량소라고 한다.
- 예를 들어, 쌀밥 100g 중에는 단백질 2.7g, 지질 0.2g, 당질 31.7g이 함유되어 있다고 하면 2.7g×4kcal=10.8kcal, 0.2g×9kcal=1.8kcal, 31.7g×4kcal=126.8kcal, 합계를 내면 139.4kcal이다. 따라서, 쌀밥 100g 은 139kcal를 낸다.

1. 기초 대사량
① 무의식적 활동인 호흡, 심장박동 등에 필요한 열량을 기초 대사량이라 한다.
② 평상 시보다 수면 시에는 10% 정도 감소한다.
③ 성인여자의 기초 대사량은 1,200~1,400kcal 정도이다.
④ 성인남자의 기초 대사량은 1,400~1,800kcal 정도이다.

2. 작업대사량 : 활동하거나 식품을 소화, 흡수하는데 필요한 열량을 뜻한다.

3. 기초대사에 영향을 주는 인자
① 체표면적이 넓고 클수록 소요 열량이 크다.
② 같은 체중과 신장을 가진 여자와 남자가 있을 때 남자가 여자보다 소요 열량이 크다.
③ 근육질인 사람이 지방질인 같은 체중과 신장을 가진 사람에 비해 소요 열량이 크다.
④ 체온의 상승으로 발열이 있는 사람은 소요 열량이 크다.
⑤ 기온이 낮으면 소요 열량이 커진다.

05 무기질(Mineral)

- 식품을 550~600℃로 회화하여 재로 남는 부분으로 회분(ash)이라고도 한다.
- 인체의 약 4%를 차지한다.
- 인체의 구성 원소 중 C, H, O, N 등 유기 성분을 제외한 원소를 통틀어 무기질이라 한다.
- 다량함유 : 칼슘, 인, 칼륨, 황, 나트륨, 염소, 마그네슘
- 미량함유 : 철, 아연, 망간, 구리, 요오드, 몰리브덴, 코발트, 불소 등이 있다.
- 무기질은 에너지원이 아니지만 비타민과 함께 생명에 관련된 많은 생리작용에 관여한다.

1. 산성 식품
- 산성 식품은 음식물을 섭취했을 때 체내에서 유기물이 연소되고 남은 물질 중 산을 형성하는 것이 많은 식품이다.
- 산성 식품은 탄수화물과 단백질을 많이 함유하고 있는 곡류, 육류, 생선류로 이 식품들은 연소하면 탄산을 생성하고 황(S), 인(P), 염소(Cl)를 형성한다.

■ 무기질의 생리작용과 결핍증, 급원식품

무기질	생리작용	결핍증	급원식품
Ca 칼슘 (Calcium)	골격 및 치아 형성, 혈액응고 촉진, 삼투압 및 pH조절, 근육수축작용, 신경흥분 억제, 효소의 활성화	골격 및 치아의 발육부진, 골연화증, 혈액응고 불량	멸치, 우유, 해조류, 콩, 치즈, 난황
P 인 (Phosphorus)	골격 및 치아 형성, ATP 및 산인지질인 단백질의 구성성분, 삼투압 및 pH 조절	골격 및 치아의 발육부진, 골연화증, 성장부진	멸치, 새우, 우유, 육류, 난황, 콩
Mg 마그네슘 (Magnesium)	골격 및 치아 형성, 근육 및 신경의 흥분 억제, 당질대사효소와 조효소의 구성성분	근육 및 신경의 자극 감수성촉진, 혈관확장, 경련, 과잉증 : Ca의 배설 촉진	곡류, 두류, 푸른잎 채소, 코코아
K 칼륨 (Potassium)	삼투압 및 pH 조절, 근육수축 및 신경의 자극전달, glycogen 및 단백질 합성	근육이완, 발육부진, 체액의이동, 구토, 설사	곡류, 채소류, 과일류
Na 나트륨 (Sodium)	삼투압 및 pH 조절, 근육수축 및 신경흥분 억제, 타액효소(Ptyalin)의 활성화	식욕부진, 소화불량, 메스꺼움	식탁염(NaCl) 가공식품, 염장식품
Cl 염소 (Chlorine)	삼투압 및 pH 조절, 위액의 산성유지, 소화에 관여	위액의 산도저하, 식욕부진, 소화불량	식탁염(NaCl) 가공식품, 염장식품
Fe 철 (Iron)	Hemoglobin 및 Myoglobin의 구성성분, 효소의 활성화	저혈색소성 빈혈, 피로, 유아발육부진	간, 난황, 육류, 깻잎
S 황 (Sulfur)	함황아미노산, 비타민 B_1, 담즙산의 구성성분, 혈액응고, 해독작용 및 효소의 활성화	손·발톱, 모발의 발육부진	육류, 어류, 우유, 달걀, 콩, 함황채소(무, 양파, 부추)
Cu 구리 (Copper)	Hemoglobin 합성 촉진, 철의 산화작용과 흡수 및 운반에 관여	빈혈, 백혈구의 감소, 성장장애	간, 해조류, 두류, 푸른잎 채소류
Mn 망간 (Manganese)	Arginase의 구성성분으로 요소 형성, 단백질 대사, 지방산 및 콜레스테롤 합성에 관여	생식작용 불능, 발육부진	곡류, 두류, 채소류, 코코아
Zn 아연 (Zinc)	Insulin의 구성성분, 효소의 구성성분	발육장애, 탈모현상	곡류, 두류, 채소류
I 요오드 (Iodine)	갑상선 호르몬의 구성성분	갑상선종, 비만증	해조류, 간유
Co 코발트 (Cobalt)	비타민 B_{12}의 구성성분, 적혈구 생성에 참여	빈혈, 비타민 B_{12} 결핍	간, 채소류
F 불소 (Fluorine)	골격, 치아에 침착하여 경화, 충치예방	과잉증 : 반상치아	해조류, 고등어, 정어리

2. 알카리성 식품

- 알칼리성 물질을 형성하는 물질이 많을 때는 알칼리성 식품이라고 한다.
- 알칼리성식품은 모든 채소와 과일, 견과류 등의 식물성 식품과 우유 등이 있다.
- 식물성 식품에는 알칼리성 물질을 형성하는 원소인 나트륨(Na), 칼륨(K), 칼슘(Ca), 마그네슘(Mg) 등이 많이 함유되어 있다.

06 비타민(Vitamin)

- 비타민은 동물의 영양과 생리작용을 조절(소)하여 체내의 물질대사를 원만하게 진행되도록 하는 유기화합물로 체내에서 합성되지 않으므로 식품을 통하여 섭취해야 하는 필수물질이다.
- 지용성 비타민 A·D·E·F·K 이다.
- 수용성 비타민 B_1·B_2·B_6·B_{12}·C·P·나이아신 등이 있다.
- 비타민의 기능과 특성은 유기물질로 되어있고, 필수물질이지만 미량이 필요하다.
- 에너지나 신체 구성물질로 사용되지 않으며 대사작용 조절물질 즉, 보조효소의 역할을 한다.
- 여러 가지 결핍증을 예방 또는 방지한다.
- 비타민은 미량으로 생물의 대사에 중요한 역할을 하기 때문에 단위는 mg이나 또는 mcg으로 표시하고 I.U(International Units)국제 단위로도 표시한다.

성질	지용성 비타민	수용성 비타민
용해도	지방과 지방용매에 용해된다.	물에 용해된다.
방출	담즙을 통하여 체외로 매우 서서히 방출된다.	특히 요(尿)를 통하여 빠르게 방출된다.
저장	간 또는 지방조직에 저장된다.	과잉분은 저장하지 않는다.
공급	매일 공급할 필요는 없다.	매일 공급하여야 한다.
전구체	존재한다.	존재하지 않는다.
조리 시 손실	손실이 적다.	영양손실이 일어난다.

1. 지용성 비타민

(1) 비타민 A(Retinol)

- 피부, 점막을 보호하여 항상 피부를 촉촉하게 한다.

- 결핍증은 각막건조증이나 결막염, 시력과 관계가 있어 야맹증에 걸리게 된다.
- 급원식품은 동물성 식품인 소나 돼지의 간, 뱀장어, 난황, 버터, 우유, 치즈 등에 많이 함유되어 있다.
- 카로틴(Carotene=Provitamin A)은 비타민 A의 전구물체로 식물성 식품인 풋고추, 토마토, 시금치, 홍당무 등 녹황색 채소로 알려진 것에 많이 포함되어 있어 지방과 함께 섭취하여 동물의 몸에 들어오면 비타민 A로 되어 이용되나 그 효과는 흡수율이 낮아 대체로 1/3 정도다.
- 붉은 색소인 리코펜(Lycopen)은 토마토, 수박, 감 등에 함유되어 있으며 β카로틴과 같은 링구조를 갖지 않으므로 비타민 A의 전구체가 아니다.

(2) 비타민 D(Calciferol)
- 항 구루병 비타민으로 반드시 식품에서 섭취하지 않아도 우리들의 몸은 자외선을 받으면 피하에서 비타민 D가 만들어 진다.
- 급원식품은 말린 고기, 말린 물고기, 일광에 건조된 식품 등이 있다.
- 에르고스테린(Provitamin D)은 비타민 D의 전구체로 일광욕을 하면 피하에 형성된다.

(3) 비타민 E(Tocopherol)
- 열에 매우 안정하며 항산화성 비타민이다.
- 결핍 시 동물은 불임증, 인간은 노화현상이 촉진된다.
- 비타민 A의 산화를 막고 흡수를 돕는다.

(4) 비타민 F
- 필수지방산(Essential fatty acid)으로 리노레익산(Linoleic acid), 리노레닉산(Linolenic acid), 아라키도닉산(Arachidonic acid)이 있다.
- 결핍증은 피부염, 피부건조증이 발생된다.

(5) 비타민 K(Phylloquinone)
- 응혈성 비타민이다.
- 양배추, 시금치 등에 함유되어 있다.
- 장내 세균에 의해 합성된다.

2. 수용성 비타민

(1) 비타민 B_1(thiamine)
- 비타민 B_1은 당질이 완전히 영양으로 되는데 없으면 안 된다. 당질을 많이 섭취하는 한국인의 식생활에는 비타민 B_1이 필요하다.

- 결핍증 : 각기병, 만성피로, 의욕상실
- 급원식품 : 맥류(麥類), 감자류, 땅콩, 돼지고기, 어육(魚肉), 소시지 등에 많이 함유되어 있다. 마늘에 들어 있는 알리신은 비타민 B_1의 흡수를 도와준다.
- 비타민 B_1은 곡류 등에 많이 함유되어 있으나 정백하면 비타민 B_1을 함유하고 있는 부분을 버리게 되고 조리할 때 물에 녹는 것, 열 등에 의한 손실이 약 30% 정도이다.

(2) 비타민 B_2(Rivoflavin)
- 결핍증은 구각염, 설염(舌炎)
- 급원식품은 녹황색 채소, 콩, 우유, 달걀, 유제품 등에 많이 함유되어 있다.

(3) 비타민 B_6(Pyridoxine)
- 피부염성 비타민이다.
- 급원식품은 간, 육류의 살코기, 밀의 배아 등이다.

(4) 비타민 B_{12}(Cobalamine)
- 악성 빈혈증 비타민으로 Co 와 P을 함유한다.
- 급원식품은 살코기, 우유, 달걀, 치즈 등이다.

(5) 나이아신(Nicotnic acid)
- 펠라그라 비타민으로 피부병을 예방한다.
- 급원식품은 생채소, 근채(芹菜)류, 쌀겨, 내장, 연어, 육류 등이다.
- 나이아신은 필수아미노산인 트립토판(Tryptophan)이 60:1로 만들어 주기 때문에 육류를 즐겨 먹는 민족에게는 부족증이 없으나 옥수수를 주식으로 하는 민족에게 펠라그라 병이 생길 수 있다.

(6) 비타민 C(Ascorbic acid)
- 괴혈성 비타민이다.
- 급원식품은 과일류, 채소류이다.
- 권장량은 1인 1일당 55mg이다.

> 비타민 C의 파괴효소인 아스코르비나제(Ascorbinase)는 당근, 호박, 오이 등에 함유되어 있어 비타민 C가 함유된 식품과 같이 두면 비타민 C가 파괴된다.

(7) 엽산(Folic acid)
엽산은 1931년 L. Willis가 임신부에서 거대적 아구성 빈혈을 이스트 농축물로 치료 후, Mitchell(1941년)이 식물의 잎(folium)에 존재한다는 뜻에서 Folic acid라 하였다.

엽산은 비타민 B₁₂와 함께 아미노산과 핵산대사에 중요하며 엽산이 부족하면 성장정지, 거대적 구성 악성 빈혈, 생식불능, 혈액질병 등을 일으킨다.

07 수분

- 수분은 모든 식품 중에 가장 일반적으로 존재하고 또 중요한 역할을 하는 성분의 하나인 동시에 인체의 구성 성분으로서도 중요하다.
- 물은 사람 체중의 약 2/3를 차지한다.
- 체내에서 영양소의 운반, 소화, 흡수를 돕고 체내에서 불필요한 것은 체외로 배출한다.
- 춥고 더움에 따라서 체온의 조절이나 체액의 조절 등 중요한 역할도 한다.

■ 유리수와 결합수의 차이

유리수, 자유수(Free water)	결합수(Bound water)
① 용매(solvent)로 작용	① 용질에 대해 용매의 기능이 없음
② 건조로 쉽게 분리 제거 가능(유리 상태로 존재)	② 압력을 가해도 제거되지 않음(식품의 구성성분과 수소 결합에 의해 결합)
③ 미생물이 이용할 수 있는 보통 형태의 물	③ 미생물의 번식에 이용하지 못함
④ 0℃ 이하에서 쉽게 동결	④ 0℃ 이하의 낮은 온도에서도 얼지 않음
⑤ 비점(끓는점)과 융점(녹는점)이 높음	⑤ 대기 중 100℃ 이상 가열해도 제거되지 않음(수증기압이 보통 물보다 낮음)

02 식품의 색, 냄새, 맛

01 식품의 맛

1. 맛의 종류

- 맛을 과학적으로 분류한 사람은 독일의 헤닝(Henning)이다.
- 단맛(sweet)·신맛(sour)·쓴맛(bitter)·짠맛(saline)등 네 가지 기본맛으로 구분하였다.
- 단맛(혀의 앞부위)과 짠맛(혀의 양옆과 전체)은 생리적으로 요구되는 맛이다.
- 신맛(혀의 양옆부위)과 쓴맛(혀의 뿌리부위)은 '취미의 맛'이라고도 한다.

(1) 음식의 적정온도

구분	적정온도
캐러멜화	170~200℃
크로켓 튀기는 온도	190℃
커틀렛	170℃
도우넛	160℃
전골과 찌개	95℃
국, 커피, 홍차	80℃
달걀찜	70~75℃
청주, 식혜 당화온도	55~60℃
매운맛	55~60℃
쓴맛	40~50℃
신맛	25~50℃
단맛	20~50℃
짠맛	30~40℃
전체적으로 예민한 온도	30℃ 전후
밥, 납두균, 겨자, 우유	40~45℃
빵(이스트) 발효온도	25~35℃

(2) 식품의 단맛

식품명	단맛 성분
과실 벌꿀, 산화당엿	포도당
과실, 벌꿀	과당
물엿, 엿기름	맥아당
모유, 우유	유당(락토오스)
서당	자당(설탕)
해초	만니트

(3) 식품의 쓴맛

식품명	쓴맛 성분
커피, 초콜릿	카페인
차, 양파껍질	테인, 큐얼세틴(Quercetin)
맥주	호프, 휴물론
오이꼭지	쿠커비타신
감귤류의 껍질	나린진(Naringin), 헤스페리딘(Hesperidin)

(4) 식품의 신맛

식품명	신맛 성분
식초	식초산
감귤류, 살구	구연산
포도	주석산
사과, 배	사과산
요구르트, 유산음료	유산, 젖산
버터, 치즈	낙산
과실, 채소류	아스코르빈산(비타민 C)
떫은맛(단백질 변성)	탄닌(Tannin)

(5) 식품의 매운맛

식품명	매운맛 성분
마늘	알리신(Allicin)
고추	캡사이신(Capsaicine)
생강	진저론(Zingerone)
후추	채비신(Chavicine), 피페린(Piperine)
겨자	시니그린(Sinigrine)
와사비	아릴이소티오시아네이트(Allylisothioyanate)

(6) 식품의 기타 맛 성분

식품명	기타 맛 성분
가다랭이포, 소고기, 건멸치	이노신산(Inosinic acid)
다시마, 된장, 간장, 화학조미료	글루타민산(Glutamic acid)
건표고버섯	구아닌산
육류, 어류	시스테인, 리신
어패류, 생선, 다시마, 청주	호박산(Succinic acid)
참기름	세사몰(Sesamol)
생선 비린내 성분	트리메틸아민(Trimethylamine)
오징어	베타인(Betaine)

(7) 기본 4원미의 대표적인 물질과 역치

기본맛	대표적인 물질	역치(%)
쓴맛	키니네	0.00005
신맛	초산	0.012
짠맛	식염	0.2
단맛	설탕	0.5

역치
- 물질의 자극에 의해 감각이 느껴지는 최저 농도이다.
- 표에서 보는 바와 같이 쓴맛이 역치가 가장 낮다고 할 수 있다.

2. 맛의 혼합효과

(1) 맛의 강화 또는 대비(Contrast)
서로 다른 정미성분이 혼합되었을 때 강한 쪽의 맛이 더 세어지는 현상

예) 단 것을 먹은 후 사과를 먹으면 신맛이 느껴진다. 설탕용액에 소금을 첨가하면 단맛이 상승한다. 소금에 유기산을 넣으면 짠맛이 강해진다.

(2) 맛의 상쇄(Compensation, 소멸현상)
두 종류 이상의 맛이 섞이면 각각의 맛이 나타나지 않고 조화된 맛이 느껴지는 현상이다.

예) 커피에 설탕을 넣으면 쓴맛이 약해진다. 신맛에 설탕을 넣으면 신맛이 약해진다.

(3) 맛의 변조(Successive contrast)
한 가지 맛을 느낀 직후 다른 맛을 정상적으로 느끼지 못하는 현상

예) 신 음식을 먹은 후 사과를 먹었을 때 달게 느껴지는 현상. 쓴 약을 먹은 뒤 물을 마시면 단맛이 나는 현상

(4) 맛의 순응
모든 감각은 동일한 맛을 계속 접하면 감각이 차츰 약해져 그 맛 성분을 잘 느끼지 못하고 그 역치가 높아지는 경우를 순응 또는 피로(fatigue)라 한다. 특정한 정미성분을 혀에 장시간 접촉시켰을 때도 마찬가지로 미각이 차츰 약해져서 역치가 상승한다.

(5) 맛의 미맹
PTC(Phenylthiocarbamide)와 미맹은 색깔을 정상적으로 인식 못하는 색맹이 있듯이 어떤 물질의 맛에 대해서 대부분의 사람들과는 다르게 맛을 느끼거나 맛 자체를 전혀 느끼지 못하는 것을 말한다.

(6) 맛의 억제현상
서로 다른 정미성분이 혼합되었을 때 주된 정미성분의 맛이 약화되는 현상을 맛의 억제 또는 손실현상이라 한다.

02 식품의 냄새·향기

식품의 냄새는 색과 함께 식품의 기호적, 경제적 품질을 결정하는 매우 중요한 요소이고 향기 성분은 색과 함께 식품의 맛을 좌우하는 중요한 요소로서, 방향과 맛을 합친 것을 풍미(flavour)라고 한다.

(1) 식물성 식품의 냄새

① 알코올류와 알데히드류는 감자, 계피, 오이, 복숭아의 향기 성분이다.

② 에스테르류는 주로 과일향이다.

③ 유황화합물류는 마늘, 양파, 파, 무, 고추냉이 등의 냄새 성분이다.

④ 테르펜류는 녹차, 레몬, 오렌지 등의 향기 성분이다.

(2) 동물성 식품의 냄새

① 아민류와 암모니아류는 식육, 어육의 냄새 성분이다.

② 지방산과 카르보닐 화합물은 우유, 치즈, 버터 등의 냄새 성분이다.

03 식품의 색

신선한 채소와 과일의 아름다운 색이 조리한 후 변하는 경우가 있다. 색소의 성질 및 조리에 의한 변화를 알아본다.

1. 식물성 색소

(1) 엽록소(클로로필 색소)

일반 녹색 채소의 녹색을 나타내는 것은 클로로필 때문이며 클로로필은 광합성을 하는 색소이다. 클로로필분자의 중앙에 위치한 Mg이온은 수소이온으로 쉽게 대치가 되어 검은 녹색의 페오피틴으로 된다. 이 현상은 채소에 존재하고 있는 산이 채소 조리 시 클로로필과 작용하여 올리브색의 페오피틴으로 된다. 이런 현상을 방지하기 위하여 소다(알카리)를 조금 사용하면 녹색의 클로로필린이 되므로 올리브색으로 되는 것은 막을 수 있으나 채소의 질감이 물러지므로 바람직 하지는 않다. 엽록소의 성질은 열과 산에 불안정하며 엽록소가 지용성인 것은 메틸기 때문이다.

(2) 안토시안 색소 : 사과, 딸기, 포도, 가지의 색으로 적색, 청색, 자색을 띤다. 수용성 색소로 가공 중에 쉽게 변색되는 색소이다.

• 산성 → 적색, 중성 → 자색, 알칼리성 → 청색으로 변색된다.

(3) 플라보노이드 색소 : 옥수수, 밀감껍질, 연근, 우엉, 밀가루 등의 미백색으로 산에 대해서는 안정하나 알칼리에 대해서는 불안정하다.

(4) 카로티노이드 색소 : 당근, 늙은 호박, 토마토의 색으로 적색, 주황색을 띠며 카로티노이드계 색소는 조

리 중에 영향을 받지 않지만 광선에 민감하다.

2. 동물성 색소

(1) 미오글로빈(육색소) : 육류의 근육 속에 함유되어 있는 적자색 색소이다.

① 미오글로빈(Myoglobin)은 동물식육의 근육색소로 암 적자색(Purple red)이다.

② 미오글로빈이 공기에 닿으면 선명한 적색을 가진 옥시미오글로빈(Oxymyoglobin)이 된다.

③ 공기 중에 더 오래 방치하면 옥시미오글로빈이 산화하여 메트 미오글로빈(Metmyoglobin)으로 되어 갈색으로 변한다.

④ 고기를 가열하면 메트미오크로모겐(Metmyochromogen)과 헤마틴(Hematin)이 되어 회갈색으로 변한다.

(2) 헤모글로빈(혈색소) : 육류의 혈액 속에 있는 적색 색소이다.

(3) 아스타산틴(카로티노이드계) : 새우, 가재, 게, 연어, 송어에 함유되어 있는 색소로 단백질과 결합하여 청록색을 나타낸다. 열을 가했을 때 단백질이 유화되고 아스타산틴은 산화되어 적색의 아스타신(Astacin)이 된다.

03 식품과 효소

01 식품의 갈변

- 식품재료를 수확, 가공, 저장하는 동안에 고유의 색이 퇴색, 변색을 일으켜 무색의 물질이 반응을 하여 유색물질을 형성하고, 더욱 반응하여 갈변색소를 형성한다.
- 갈변화는 식품의 외관과 풍미를 나쁘게 하고 품질을 향상시키거나 또는 저하시키는 경우도 있다. 그 예로서 흰색 채소나 과일 중 껍질을 벗기거나 자를 때, 또는 상처가 났을 때 갈색으로 변하는 것이 있는데 사과, 청주, 식초, 식용유 등의 갈변은 품질을 저하시킨다. 그러나 홍차, 커피, 된장, 간장, 맥주, 위스키, 빵을 구울 때 갈색반응은 향미와 외관에 영향을 주어 품질을 향상시키는 경우도 있다. 갈변반응은 효소적 갈변과 비효소적 갈변으로 나눌 수 있다.

1. 효소적 갈변 반응

효소에 의한 갈변반응(Enzymic browning reaction)은 크게 폴리페놀(Poly-phenol)이 산화효소(Oxidase)에 의한 산화(Oxidation)와 타이로시네이즈(Tyrosinase)에 의한 산화로 분류할 수 있다.

(1) Polyphenol oxidase에 의한 갈변

효소적 갈변반응 중의 하나로 배나 사과를 깎아서 공기 중에 방치하면 갈색으로 변하는 현상이다. 감귤류는 비타민 C 함량이 많아 거의 갈변이 일어나지 않고 감은 탄닌(Tannin)과 효소가 결합하여 불활성화되어 갈변이 일어나지 않는다.

(2) Tyrosinase에 의한 갈변

감자 갈변은 타이로시나아제(Tyrosinase)에 의한 것인데 Tyrosinase는 Cu에 의한 활성을 갖고 Cl에 의해 억제되므로 감자를 깎아서 소금물에 담가두면 갈변이 억제된다.

2. 효소적 갈변 방지법

- 효소를 불활성화 시켜 갈변을 억제해야 한다.
- 열탕처리, 식염수 침지, 설탕용액침지, 산용액 처리, 진공보존, 아황산침지 등이 있다.
- 효소는 단백질로 구성되어 있으므로 가열에 의하여 쉽게 불활성화 시킬 수 있고 아황산가스, 황산염, -SH 화합물 등 환원성 물질을 첨가한다.
- 산소제거, 효소반응, 기질제거, 아스콜빅 아시드(Ascorbic acid) 첨가, 붕산 및 붕산염에 의한 효소억제 작용을 할 수 있다.

3. 비효소적 갈변반응

비효소적 갈변반응은 메커니즘에 따라 Maillard 반응, Caramel화 반응, Ascorbic acid 산화반응 등 세 가지로 구분하는데, 식품은 여러 가지 성분을 모두 갖고 있으므로 한 가지 반응이 단독으로 일어나기보다는 혼합하여 일어난다.

(1) 메일라드(Maillard) 반응에 의한 갈변

- Amino carbonyl reaction 또는 발견자의 이름을 따서 Maillard 반응이라고 한다.
- 갈변반응에 의하여 갈색색소인(Melanoidine)가 생성되면 색, 향기물질이 생성되고 맛에도 커다란 영향을 준다.
- 라이신(Lysine)과 같은 아미노산이 파괴되어 영양가가 저하된다.
- 커피, 홍차, 캐러멜, 쿠키, 식빵, 된장, 간장 등의 특유한 빛깔, 풍미, 방향을 얻는다.
- 갈변반응은 식품의 가공·저장 중에도 자연발생적으로 계속 일어날 수 있으며 억제하기도 매우 어렵다.
- 아미노(Amino)화합물과 카르보닐(Cabonyl)화합물은 온도, 수분, pH, 산소, 금속 등에 의해서도 Maillard 갈변반응에 영향을 준다.

(2) 메일라드(Maillard) 갈변의 억제법

① 식품의 저장온도를 저하시키고, 수분함량을 조절한다.
② pH 저하, 불활성 기체를 이용한 포장 반응활성 성분을 제거한다.
③ 아황산염 첨가 등으로 반응에 영향을 주는 촉진인자를 억제하여야 한다.

(3) 캐러멜화(Caramelization)에 의한 갈변

- 당류를 융점 180~200℃ 이상으로 가열하면 산화 및 분해물의 중합 및 축합에 의하여 점 조성을 띠는 갈색물질을 형성하는 반응을 캐러멜화(Caramelization)라 한다.
- 캐러멜은 간장, 된장, 합성청주, 양주, 청량음료, 과자류 등의 갈색 착색료로 이용된다.
- 식품의 풍미와 색에 중요한 요소이다.
- 당류를 가열하면 설탕은 160~180℃, 글루코즈(Glucose)는 147℃에서 분해가 시작된다.
- 캐러멜화에 적절한 pH는 6.5~8.2이고 자연발생적으로는 일어나지 않는다.

02 식품의 변질

1. 식품의 변질
변질의 주원인은 미생물의 번식, 식품자체의 효소작용, 공기 중의 산화로 인한 비타민 파괴 및 지방 산패이며 그 외에 식품 중의 수분, 일광, 온도, 화학적·물리적 작용 등 여러가지 요인이 작용한다.

(1) 변질의 종류
① **부패** : 단백질 식품이 혐기성 세균의 번식에 의해 분해를 일으켜 아미노산, 아민, 암모니아(NH_3)등이 만들어지면서 악취를 내고 유해성 물질이 생성되는 현상. 후란은 호기성 세균에 의한 단백질의 분해현상으로 악취가 없다.
② **변패** : 당질 성분을 갖는 식품이 미생물의 작용을 받아 변질 되는 현상
③ **산패**(Rancidity) : 지방질 식품을 장기간 저장할 때 산소, 광선, 효소, 미생물 등의 작용을 받아 불쾌한 냄새(off flavor)를 발생하고 착색이 되며 맛이 나쁘게 되어 품질저하로 식용으로 사용할 수 없게 되는 현상

> **유지의 산패에 영향을 미치는 인자**
> ① 온도 : 온도가 높을수록 반응속도가 증가하므로 산패가 촉진된다.
> ② 광선 : 광선 및 자외선에 가까운 파장의 광선은 유지의 산패를 강하게 촉진한다.
> ③ 수분 : 금속의 촉매작용에 영향을 미쳐 수분 함량이 많을 경우에는 촉매작용이 강해진다.
> ④ 금속 : Cu, Fe, Mn, Ni, Co, Al, Sn, Zn 등은 미량으로 유지의 자동산화를 현저하게 촉진한다.
> ⑤ 지방산의 불포화도 : 불포화도가 클수록 유지의 산패는 더욱 활발하게 일어난다.

④ **발효** : 식품 중의 탄수화물이 미생물의 작용으로 분해되어 부패산물로 여러 가지 유기산 또는 알코올 등 사람에게 유익한 물질로 변화되는 현상을 말한다.

03 식품의 보존법

1. 물리적 처리에 의한 보존 방법
(1) 건조법(탈수법)
미생물의 생육에는 수분이 필요해 수분이 15% 이하이면 번식할 수 없다.

① 일광건조법 : 어류, 패류, 김, 오징어 등

② 직화건조법(배건법) : 차잎, 보리차 등

③ 분무건조법(액상유를 건조시킬 때 사용하는 방법) : 분유 등

④ 동결 건조법 : 한천, 당면

⑤ 진공동결건조법 : 라면 스프의 김치, 파, 건조 채소 등

⑥ 고주파건조법 : 식품을 타지 않고 균일하게 건조시키는 방법

(2) 냉장 · 냉동법

미생물은 보통 10℃ 이하에서는 활동이 둔해지며 증식이 되지 않는다.

① 움저장 : 10℃정도의 움속에 파, 당근, 무우 등을 저장

② 냉장 : 0~4℃에서 얼지 않을 정도로 저장하며 채소, 과일, 육류

③ 냉동 : -40℃ 이하에서 급속 냉동시켜 -20℃에서 어패류 등을 저장

   ㄱ. 급속 동결법(-40℃ 이하)은 얼음의 크기를 작게 하여 조직이 부서지는 것을 방지하고 신선한 식품을 사용 할 수 있게 한다.

   ㄴ. 해동의 원칙은 온도변화를 최소화하면서 서서히 냉장고 내에서 해동한다. 냉동육류나 어류를 급속히 온도를 높여 해동하면 조직이 상해서 드립(Drip)이 많이 발생하는데 이는 단백질의 변성에 의한 것으로 품질이 저하된다.

2. 화학적 처리에 의한 보존방법

(1) 염장법

보통의 미생물은 10% 정도의 소금 농도에서 발육이 억제된다. 해산물, 채소, 육류 등의 저장에 사용하며 장기간 저장 시 20%의 소금 농도를 사용한다.

(2) 당장법

보통의 미생물은 50% 정도의 설탕농도에서 발육이 억제된다. 약간의 산을 가해 주면 저장이 더 잘 되며 젤리, 잼, 가당연유 제조에 사용

(3) 산저장

보통 초산 3~4% 함유한 식초를 사용한 방법으로 피클 등의 제조에 이용

(4) 가스저장법

과실, 채소를 냉장저장과 병행하여 산소를 제거하고 이산화탄소, 질소 등의 불활성 가스를 사용하며 호흡, 증산 작용을 억제하여 저장하는 방법(토마토, 바나나 등)

3. 발효 처리에 의한 방법

(1) 세균 · 효모에 응용
식품에 유용한 미생물을 번식시켜 유해한 미생물의 번식을 억제 시키는 것으로서 김치, 치즈, 요구르트, 청국장, 식초, 주류, 빵 등의 제조에 사용된다.

(2) 곰팡이의 응용
식품에 특정한 곰팡이를 발육시켜 그의 작용에 의해 유해 미생물의 발육을 저지시키는 것으로 간장 · 된장 등의 제조에 이용된다.

> **김치**
> 1. 배추 절일 때 Mg^{2+}, Ca^{2+}이 많은 호염을 사용하면 채소의 조직이 단단하다.
> 2. 김치의 숙성과정 중 산도가 pH4.0 정도인 때가 가장 맛있다.
> 3. 비타민류 등은 숙성기간이 경과됨에 따라 증가하여 최고에 달한 후 감소한다.
> 4. 비타민 C는 알맞게 맛이 든 때에 최고의 양을 보인 후 감소한다.
> 5. 김치의 연부현상
>   ① 김치가 숙성적기를 지나면 산패 및 연부현상을 나타낸다.
>   ② 호기성 미생물이 성장번식하기 때문에 김치가 물러지는 현상이다.
>   ③ 조직을 구성하고 있는 펙틴질이 분해되기 때문이다.
>   ④ 용기에 꼭 눌러 담지 않아 내부에 공기가 존재하여 발생한다.
>   ⑤ 저장온도가 높을수록 숙성적기의 기간이 짧아진다.

4. 종합적 처리에 의한 방법

(1) 훈연법
   ① 살균작용 물질 : 포름알데히드, 크레오소트, 메틸알코올, 페놀
   ② 효과 : 세균의 번식 예방, 염장에 의한 방부 효과, 식품의 풍미를 더해 준다.
   ③ 소시지, 베이컨 등 육류, 어류의 보존에 이용된다.

(2) 염건법
소금을 첨가한 다음 건조시켜 보존하는 것으로서 어패류 등에 이용

(3) 밀봉법
식품을 용기에 넣고 수분증발, 수분흡수, 공기(산소)의 통과 등을 막아 보존하는 방법으로 통조림, 병조림, 레토르트 식품 등이 있다.

Retort pouch 식품
① 플라스틱 주머니에 밀봉 가열한 식품이다.
② 음료, 비상식품, 보약 등에 널리 이용된다.
③ 냉장, 냉동할 필요가 없으며 방부제를 첨가할 필요가 없다
④ 살균 시간의 단축 및 색깔, 조직, 풍미 및 영양가의 손실이 적다.

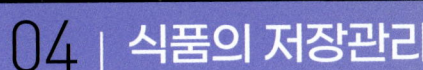

04 식품의 저장관리

1. 식품의 냉동저장

(1) 냉동저장

냉동고의 온도는 -18~-23℃이며, 너무 장기간 보관 시 냉해(freezer burn), 탈수(dehydration), 오염(contamination) 및 부패(spoilage) 등 품질저하가 발생하게 된다.

(2) 냉동저장관리

- 재료의 품질규격 및 물리·화학적 특성을 확인하여 저장
- 냉동저장고의 온도를 -20℃ 이하로 유지
- 적정온도유지 상태를 매일 3~4회 기록하여 관리
- 냉동식품을 저장할 수 있는 충분한 공간과 시설 확보
- 재료의 포장상태 확인, 특성에 맞게 저장

2. 식품의 냉장저장

(1) 냉장고의 종류

식품군		내용
가정용 냉장고		단열제로 주위가 싸여 있음
쇼케이스	개방형	식재료를 보면서 선택할 수 있는 형태
	반개방형	유리문이 부착되어 있는 형태
	밀폐형	유리문을 앞뒤 또는 좌우로 열 수 있는 형태
영업용 냉장고		대량 보관할 수 있는 창고형

(2) 식품군별 냉장 보관기간

식품군	식품명	저장온도(℃)	저장습도(%)	저장기간
육류	로스트, 스테이크	0~22	70~75	3~5일
	국거리, 갈은 것			1~2일
	베이컨			7일
	기타 육류			1~2일
가금류	거위, 오리, 닭	0~22	70~75	1~2일
	가금류 내장			1~2일

식품군	식품명	저장온도(℃)	저장습도(%)	저장기간
어류	고지방 생선 및 냉장보관 생선	−1.1 ~ 1.1	80 ~ 95	1 ~ 2일
패류	각종 조개류	−1.1 ~ 1.1	80 ~ 95	1 ~ 2일
난류	달걀, 가공된 달걀	4.4 ~ 7.2	75 ~ 85	1일 미만
	달걀 조리식품	0 ~ 22		
채소류	고구마, 호박, 양파	15.6	80 ~ 90	7일 ~ 14일
	감자	7.2 ~ 10		30일
	양배추, 근채류	4.4 ~ 7.2		14일
	기타 모든 채소류	4.4 ~ 7.2		5일
과일류	사과	4.4 ~ 7.2	80 ~ 90	14일
	딸기, 포도, 배 등			3 ~ 일
유제품류	시판우유		75 ~ 85	제조일로부터 5 ~ 7일
	농축우유, 탈지우유	3.3 ~ 4.4		밀폐된 상태로 1년
	고형치즈			6개월

출처 : 박경곤·최성기(2014), 『식자재관리 및 구매』, 백산출판사.

(3) 냉장식품군별 식재료 품질 감별법

식품군	식품류	식품명
육류가공품	소시지햄	소시지와 햄을 잘랐을 때 육질이 탄력있고 밀착되어 있으며 특유의 냄새가 있는 것이 좋다.
	베이컨	훈연 냄새가 나며 광택이 있고, 끈적이지 않는 것이 좋다.
어육가공품	어육제품	특유의 냄새를 가지고 있고, 탄력이 있으며 표면에 액즙이 없는 것이 좋다.
난류	달걀	표면이 거칠고, 무게감이 있으며 흔들었을 때 움직임이 없는 것이 신선한 것이다.
채소류	감자	모양이 둥글고 고르며, 싹이 없고 껍질이 깨끗한 것이 좋다.
	토란	모양이 둥글고 고르며 잘랐을 때 점액질이 많은 것이 좋다.
	오이	• 위아래의 굵기가 고르고 곧게 자란 것이 좋다. • 취청이나 가시오이는 표면에 가시가 많은 것이 좋다.
과일류	사과	고유의 모양으로 붉은색이 고르며 반점이나 해충이 없고 향이 있는 것이 좋다.
	배	과피가 얇고 매끄러우며 짙은 황색이 좋으며, 고유의 모양으로 꼭지가 깊은 것이 좋다.
	포도	• 포도분이 많이 묻어 있고 꼭지화 속줄기가 싱싱하며 과피는 얇은 것이 좋다. • 품종 고유의 향기를 지닌 것이 좋다.
유제품류	우유	위생적으로 처리되어 있고 상단 부분이 밀폐되어 있으며 유통기한이나 제조일자를 확인해야 한다.
	버터	포장이 위생적으로 되어 있고 담황색의 색상이 균일하여 버터 고유의 냄새로 이취가 없어야 한다.

출처 : 김기영 외 2인(2006), 『외식산업론』, 현학사.

(4) 냉장저장관리

- 재료의 품질규격 및 물리, 화학적 특성을 확인하여 저장
- 냉장고의 온도를 0~7℃로 일정하게 유지
- 적정온도 유지 상태를 매일 3~4회 기록하여 관리
- 냉장식품을 저장할 수 있는 충분한 공간과 시설 확보
- 재료의 포장상태 확인, 특성에 맞게 저장

3. 식품의 창고저장

(1) 창고저장 관리

- 재료의 품질규격 및 물리, 화학적 특성을 확인하여 저장
- 통풍이 잘되고, 직사광선이 없어야함
- 온도 10℃ 유지와 습도 50~60% 이어야함
- 적정온도와 습도 유지 상태를 매일 1회 기록 관리
- 선반은 바닥에서 15cm 이상의 공간을 띄워 청소가 용이
- 안내된 보관방법, 특성에 맞게 저장
- 건조식품류 등의 보관은 실온(20±5℃)에서 보관이 가능함
- 곡류 낮은 습도 유지, 환기구의 설치, 그물형의 선반(shelf)을 사용

(2) 창고 저장 식품군별 식재료 품질 감별법

식품군	식품류	감별법
해조류	미역	건조가 잘 되어 있고 색상이 고르며 찢어지지 않고 두꺼운 것이 좋다.
	김	건조가 잘 되어 있고 색깔에 광택이 있으며 표면이 고른 것이 좋다.
버섯류	표고버섯	버섯 갓이 고르게 피어 있고, 상처가 없으며 고유의 색상과 향기를 가지고 있는 것이 좋다.
	건조버섯	건조가 고르게 되어 변색과 변질이 되지 않은 것으로 부서진 것이 없이 갓의 형태를 잘 유지하고 있는 것이 좋다.
저장식품류	통조림	외형이 위생적이고 상표가 잘 보이며 통조림이 찌그러지거나 튀어 나온 것이 없고, 두드렸을 때 맑은 소리가 나는 것이 좋다.
	병조림	외형이 위생적이며 상표가 잘 부착되어 있고, 뚜껑이 밀착되어 잘 밀봉되어 있는 것이 좋다.

출처 : 김기영 외 2인(2006), 『외식산업론』, 현학사.

05 재고 관리하기

1. 물품의 재고관리

(1) 재고관리의 목적
- 물품의 수요 발생 시 신속한 대처로 취급비용 최소화
- 재고의 수준을 최적 상태로 유지 관리하는 것
- 발주시기, 발주량, 적정 재고수준을 결정
- 최소한의 재고로 최상의 품질상태를 유지
- 손실되는 비용을 최대한 절감하는 것

(2) 재고수준
- 수요를 미리 예측하여 재고의 적정량 유지
- 수요의 변동, 수송방법 등을 감안하여 과부족이 없도록 하는 것

(3) 적정재고
수요를 이상적으로 충족시킬 수 있는 최소한의 재고량

(4) 재고회전율
- 일정기간 재고가 얼마나 고갈되었다가 채워졌는가를 측정하는 것
- 재고량이 많으면 일정 기간 회전빈도는 낮아짐
- 재고량이 적으면 회전빈도는 높아짐
- 회전율이 높다는 것은 재고 고갈의 위험성이 있기 때문에 주의해야 함
- 회전율이 너무 낮으면 보관비용의 증대
- 적정주문량 발주, 적정 재고수준을 유지 필요

> **재고회전율** = 총출고액 ÷ 평균재고액
> **평균재고액** = (초기재고액+마감재고액) ÷ 2

2. 재고관리의 유형

(1) 영구재고 시스템(Perpetual inventory system)
- 입·출고시 물품 수량을 계속기록하므로 정확한 재고 품목과 수량 파악 가능
- 적정재고량의 확보와 유지 가능
- 대규모의 외식업에서 주로 사용

- 재고수준에 대한 수시 정보 및 자료제공 가능
- 과다구매 및 과소 구매방지 가능
- 입고 및 출고변화의 추적 가능
- 선입선출에 의한 재고관리 가능

(2) 실사재고 시스템(Physical inventory system)
- 재고 물품의 품목과 수량에 대해 주기적으로 확인하여 기록하는 방법
- 영구재고 시스템의 부정확성을 보완하기 위한 것
- 노동력이 많이 들고 조사원에 의한 실수가 발생 가능한 단점
- 실사재고 시스템을 이용한 재고량 및 재고가치의 계산 방법

> **전월 재고액/량 + 실사기간 내의 구매액/량**
> = 실사기간 내의 총 재고액/량 − 현재고액/량
> = 실사기간 내의 총 사용량

3. 재고 보안관리

(1) 창고 저장관리 3가지 관리 원칙

안전성 (Safety)	저장 시설 관리 철저로 저장식품의 안전보장
위생성 (Sanitation)	저장고의 청결, 구충·구서의 시설, 미생물의 오염방지, 온도와 습도 관리 준수
자각성 (Perception)	저장고의 물품별로 구획배치, 입고 순서에 의한 적재 등 저장고의 효율적 관리운영

(2) 보안관리의 원칙
- 잠금장치 설치
- 담당책임자 열쇠관리 철저
- 담당책임자 외 저장고의 출입 제한
- 입·출고 시간과 절차 규정을 정례화
- 저장고의 책임자의 권한과 책임 부여

4. 선입선출 관리하기

(1) 식재료 품질관리
- 모든 식품은 다양한 조건으로 숙성(aging), 과숙(over ripening), 부패(putrefaction)의 과정을 거치게 됨
- 미생물에 의한 품질변화는 온도, pH, 산소, 습도 등의 외부환경 영향
- 물리적인 변화 중 가장 큰 원인은 수분함량
- 색, 향미, 조직감 등이 저하

(2) 식재료 유통기한 관리
- 식품을 구매시 유통기한을 가장 중요하게 고려해야 함.
- 우리나라 식품위생법상 유통기한은 식품의 제조일로부터 소비자에게 판매가 허용되는 기간을 말한다.

■ 유통기한과 제조일자 표기 방법

유통기한	○○년 ○○월 ○○일까지
	○○○○년 ○○월 ○○일까지
	○○○○. ○○. ○○까지
제조일자	제조일로부터 ○○일까지
	제조일로부터 ○○월까지
	제조일로부터 ○○년까지
	즉석조리식품의 경우는 '○○월 ○○일 ○○시까지

폐기량(肺氣量)과 정미량(正味量)
폐기량이란 버리는 부분의 중량이고, 정미량은 식품에서 먹을 수 있는 부분의 중량이다.

■ 유통기한 표시방법의 종류

용 어	해 설
품질유지기한	최상의 품질유지 가능기한으로 표시된 저장조건 하에서 그 품질이 완전한 시장성이 있고 표시한 특정한 품질이 유지되는 최종일자를 보증하는 날짜이다. 품질유지기한이 지난 식품이라도 일정기간 소비할 수 있다. 일본에서는 상미기간으로 표시하고 있으며, 이는 품질보존기간이라고도 지칭하는 개념으로 품질유지기간과 같은 의미로 사용하고 있다.
최종 판매일자	소비자에게 판매를 위해 제공할 수 있는 최종일자로 가정에서 통상적인 저장기간이 남아 있는 날짜이다. 현재 우리나라가 적용하고 있는 유통기한과 가장 유사한 개념이다.

용 어	해 설
최종 권장 사용일자	표시된 저장조건 하에서 그 일자 이후에는 소비자가 통상 기대하고 있는 품질특성을 가지지 못할 수 있는 추정기간의 최종일을 보증하는 날짜이다. 이 이후에 식품의 시장성은 없다고 보아야 하며 이 개념을 사용하는 대표적인 제품은 이유식이다.
포장일자	식품이 궁극적으로 팔리게 될 용기에 포장된 날짜이다.
제조일자	식품공전에 규정된 제품으로 식품을 제조한 날짜이다.
유통기간	식품의 특수성을 고려한 가장 종합적인 의미의 유통기간이다.
소비기한	정해진 조건 하에서 보관했을 때 위생상의 안전성이 보장된 최종일로 소비기한이 지난 식품은 소비할 수 없다.

출처 : 장명숙 외 2인(2014), 『식생활관리』, 신광출판사.

(3) 선입선출 관리

① 선입선출법(first-in, first-out) : 먼저 입고되었던 식재료부터 순서대로 출고하는 방법

② 자재분류의 원칙

데이터 코드화	품목별 식별 코드번호에 자리 수 여유를 두어 자재량이 많을 경우를 미리 대비한다.
분류집계의 체계화	모든 식자재가 포함될 수 있도록 품목별 분류집계의 체계화
해독성과 편이성	부여된 코드의 뜻을 이해하기 쉽게 함
전산처리화	품목별 식별 코드 분류작업이 전산처리될 수 있도록 함

③ 바코드(bar code)에 의한 분류방법

- 바코드는 제품의 가격, 제품의 종류와 제조회사를 알 수 있음
- 판매량과 재고량까지도 확인할 수 있음
- 13자리 수로 맨 앞의 3자리 숫자는 국가별 식별코드로 978은 우리나라 고유의 국가코드
- 다음의 4자리는 제조사코드, 다음의 5자리는 상품의 가격과 종류, 마지막 한 자리 수는 바코드의 이상 유무를 확인하는 검증코드임

▮ 바코드의 예

국가코드	제조사코드	상품코드	검증코드
978	8994	20453	6

재료관리 Test

01 냉동 저장 관리에 대한 설명으로 옳지 않은 것은?

① 재료의 품질규격 및 물리·화학적 특성을 확인하여 저장
② 냉동저장고의 온도를 -10℃ 이하로 유지
③ 적정온도유지 상태를 매일 3~4회 기록하여 관리
④ 재료의 포장상태 확인, 특성에 맞게 저장

해설
- 냉동저장고의 온도를 -20℃ 이하로 유지
- 냉동식품을 저장할 수 있는 충분한 공간과 시설 확보

02 재고관리의 목적에 해당되지 않는 것은?

① 물품의 수요 발생 시 신속한 대처로 취급비용 최소화
② 발주시기, 발주량, 적정 재고수준을 결정
③ 최소한의 재고로 최상의 품질상태를 유지
④ 손실되는 비용을 최대한 증대하는 것

해설
- 재고의 수준을 최적 상태로 유지 관리하는 것
- 손실되는 비용을 최대한 절감하는 것

03 창고 저장관리 3가지 관리 원칙에 해당되지 않은 것은?

① 효과성　② 안전성
③ 위생성　④ 자각성

해설 창고 저장관리 3가지 관리 원칙은 안전성, 위생성, 자각성임

04 유통기한 표시방법으로 옳지 않은 것은?

① ○○년 ○○월 ○○일까지
② ○○○○년 ○○월 ○○일까지
③ ○○○○. ○○. ○○까지
④ ○○. ○○. ○○까지

해설 유통기한은 표시는
○○년 ○○월 ○○일까지
○○○○년 ○○월 ○○일까지
○○○○. ○○. ○○까지 임

05 자재분류의 원칙에 해당되지 않는 것은?

① 데이터 숫자화
② 분류집계의 체계화
③ 해독성과 편이성
④ 전산처리화

해설 자재분류의 원칙에는 데이터 코드화, 분류집계의 체계화, 해독성과 편이성, 전산처리화가 있음

06 지용성 비타민으로만 된 항목은?

① 비타민 A, D, E, K
② 비타민 A, B, E, P
③ 비타민 B, C, P, K
④ 비타민 C, D, E, P

해설
- 지용성 비타민 : 비타민 A, D, E, K
- 수용성 비타민 : 비타민 B_1, B_2, B_6, B_{12}, 나이아신, C

정답 01 ②　02 ④　03 ①　04 ④　05 ①　06 ①

07 다음 유지 중 건성유는?

① 땅콩유　　② 참기름
③ 아마인유　④ 면실유

해설 요오드가(iodine value)는 유지 100g 중에 흡수되는 요오드의 g수로서 지방산의 불포화도를 나타내는 척도로 요오드가가 높을수록 불포화도가 높다. 요오드가에 의한 식물성유는
- 건성유(요오드가 130 이상) : 들깨, 잣, 아마인유, 호두 등
- 반건성유(요오드가 100~130) : 대두유, 참기름, 면실유, 채종유 (유채기름, 해바라기씨 기름)
- 불건성유(요오드가 100 이하) : 낙화생유, 동백기름, 올리브유 등

08 다음 중 대표적인 콩 단백질은?

① 글루텐(Gluten)
② 제인(Zein)
③ 알부민(Albumin)
④ 글리시닌(Glycinin)

해설 콩의 주단백질은 글리시닌이며 양질의 단백질이 30~40% 함유되어 있다.

09 다음 중 당질의 구성요소가 아닌 것은?

① 탄소　　② 산소
③ 질소　　④ 수소

해설 탄수화물과 지방의 구성요소는 탄소(C), 수소(H), 산소(O_2)이며 단백질은 탄소, 수소, 산소 외에 평균 16%의 질소(N)를 함유하고 있다.

10 다음 채소류 중 일반적으로 꽃 부분을 식용으로 하는 것과 가장 거리가 먼 것은?

① 브로콜리(Broccoli)
② 컬리플라워(Cauliflower)
③ 비트(Beets)
④ 아티쵸크(Artichoke)

해설 화채류는 채소류 중 꽃 부분을 식용으로 하는 것을 말하며 브로콜리, 컬리플라워, 아티초크 등이고, 비트는 뿌리를 식용하기에 근채류이다.

11 핵산의 구성 성분이고 보조효소 성분으로 되어 있으며, 생리상 중요한 당은?

① 프럭토오스　　② 리보오스
③ 글루코오스　　④ 미오신

해설 단당이면서 5탄당인 리보오스(Ribose)는 DNA와 RNA의 중요한 구성성분이다.

12 침(타액)에 들어있는 소화효소의 작용은?

① 전분을 맥아당으로 변화시킨다.
② 단백질을 펩톤으로 분해시킨다.
③ 카제인을 응고시킨다.
④ 설탕을 포도당과 과당으로 분해시킨다.

해설 침속의 소화효소는 프티알린과 말타아제로 전분과 맥아당에 작용한다.

정답 07 ③　08 ④　09 ③　10 ③　11 ②　12 ①

13 황함유 아미노산은?

① 트레오닌 ② 프로린
③ 글리신   ④ 메티오닌

해설 황을 함유하는 단백질은 메티오닌과 시스테인이다.

14 유지의 변패정도를 나타내는 변수가 아닌 것은?

① 카르보닐가 ② 요오드가
③ 과산화물가 ④ 산가

해설 요오드가란 지방산의 불포화도를 나타내는 척도로 요오드가가 높을수록 불포화도가 높다.

15 다음 중 효소가 아닌 것은?

① 유당(Lactose)
② 말타아제(Maltase)
③ 펩신(Pepsin)
④ 레닌(Rennin)

해설 유당은 젖당으로 포도당과 갈락토오즈가 결합한 당으로 동물의 유즙에 함유되어 있으며 감미도가 낮다.

16 지질의 소화효소는?

① 레닌   ② 펩신
③ 리파아제 ④ 아밀라아제

해설 리파아제는 지방을 지방산과 글리세롤로 분해시킴.

17 일반적으로 프로비타민 A를 많이 함유하는 식품은?

① 효모   ② 녹엽채소
③ 콩나물   ④ 감자

해설 프로비타민 A인 카로틴은 녹황색 채소로 알려진 녹엽채소, 토마토, 당근, 고추 등이 급원식품이다.

18 육류의 색의 안정제, 밀가루의 품질개량제, 과채류의 갈변과 변색 방지제로 이용되는 비타민은?

① 나이아신(Niacin)
② 리보플라빈(Riboflavin)
③ 티아민(Thiamin)
④ 아스코르빈산(Ascorbic acid)

해설 아스코르빈산(Ascorbic acid)은 비타민 C로 육류의 색의 안정제, 밀가루의 품질 개량제, 과채류의 갈변과 변색방지제로 이용되며 항산화 기능을 해주는 비타민이다.

19 어유와 일반 식물유의 차이점은?

① 어유는 포화지방산이 많고 요오드가가 적다.
② 어유는 불포화지방산이 적고 요오드가가 높다.
③ 어유에는 불포화지방산이 많고 혼합 글리세리드이다.
④ 어유는 불포화지방산이 적고 요오드가가 적다.

해설 등푸른 생선의 간에서 추출한 어유(fish oil)는 지질이므로 1g당 9kcal의 에너지를 낼 뿐만 아니라 고도의 콜레스테롤을 제공하고 이것은 트리 글리세리드(Triglyceride)인 단순 지방이다.

정답 13 ④ 14 ② 15 ① 16 ③ 17 ② 18 ④ 19 ③

20 효소와 기질식품의 연결이 잘못된 것은?

① 레닌(Rennin) – 우유
② 우레아제(Urease) – 육류
③ 아밀라아제(Amylase) – 전분
④ 파파인(Papain) – 지방

해설 파파인(Papain)은 파파야에 함유된 육류 단백질의 연육제(meat tenderizer)이다.

21 식품에 있는 영양소 중 생리작용을 조절하는 것이 아닌 것은?

① 단백질   ② 무기질
③ 지방   ④ 비타민

해설 지방은 열량영양소이다

22 대두에 가장 많은 단백질은?

① 글로불린   ② 알부민
③ 글루텔린   ④ 프롤라민

해설
- 알부민(Albumin) : 달걀
- 글루테린(Glutelin) : 보리, 쌀, 밀
- 프롤라민(Prolamin) : 옥수수 밀, 보리

23 식물성 액체유를 경화 처리한 고체기름은?

① 버터   ② 마요네즈
③ 라드   ④ 쇼트닝

해설 불포화지방산이 다량 함유된 식물성유에 니켈, 백금, 수소를 첨가하여 고체상태의 포화지방산으로 만드는 과정을 경화(Hydrogenation) 또는 가수소화라 한다. 쇼트닝과 마가린이 있다. 라드는 돼지기름이다.

24 담즙의 기능을 설명한 것 중 틀린 것은?

① 유화작용
② 약물 및 독소 등의 배설작용
③ 당질의 소화
④ 산의 중화작용

해설 담즙은 쓸개즙이라고도 하며 간에서 만들어서 쓸개에 저장되어 있다가 지방의 소화를 돕는다.

25 침에 들어있는 소화효소의 작용은?

① 지방을 지방산과 글리세린으로 분해한다.
② 녹말을 맥아당으로 변화시킨다.
③ 단백질을 아미노산으로 분해한다.
④ 수용성 비타민을 아미노산으로 분해한다.

해설 프티알린과 말타제는 침에 있는 소화효소로 녹말→맥아당, 맥아당→포도당으로 변화시킨다.

26 유지의 품질저하에 대한 설명으로 맞는 것은?

① 불포화지방산이 많은 것은 공기의 산화를 받기 쉽다.
② 유지를 갈색 병에 넣어두면 햇빛이 비치는 곳이라도 상관없다.
③ 가열온도가 낮을수록 산화가 촉진된다.
④ 스테인리스 냄비를 사용했을 때 산화가 가장 빠르다.

해설 유지를 공기 중에 방치하면 산소, 온도, 수분, 일광, 금속 등에 의하여 산화되어 과산화물의 생성으로 인하여 향기, 색깔, 맛의 변화로 독성물질이나 악취를 발생시켜 식용으로 할 수 없게 되는 현상을 산패라 한다. 산패를 막으려면 공기와의 접촉을 적게 하고 건 냉암소에 저장한다.

정답 20 ④ 21 ③ 22 ① 23 ④ 24 ③ 25 ② 26 ①

27 버터나 마가린이 지니는 중요한 물리적 성질은?

① 점탄성 ② 탄성
③ 가소성 ④ 점성

해설 가소성은 외부 조건에 의하여 유지의 상태가 변했다가 외부 조건을 원상태로 복구해도 유지의 변형 상태로 그대로 유지되는 성질로 버터나 마가린, 쇼트닝이 지니는 성질 중 하나이다.

28 다른 식품과 비교하여 해조류에 많이 들어 있는 영양소는?

① 비타민 ② 단백질
③ 당질 ④ 요오드

해설 해조류인 미역, 다시마, 어육 등에는 요오드 함량이 많아 요오드 결핍증인 갑상선 장애를 예방할 수 있다.

29 다음 당류 중 단맛을 느낄 수 없는 것은?

① 전분 ② 포도당
③ 설탕 ④ 과당

해설 전분은 흰색 분말로 맛과 냄새가 없다.

30 다음 중 탄수화물이 아닌 것은?

① 섬유소 ② 젤라틴
③ 글리코겐 ④ 펙틴

해설 젤라틴은 유도단백질로 동물의 뼈, 껍질을 원료로 경단백질인 콜라겐을 가수분해하여 얻은 물질이다.

31 무기질의 급원식품이 아닌 것은?

① Cu - 간, 해조류, 채소류
② Fe - 간, 난황, 녹황색 채소
③ K - 우유, 코코아, 콩
④ P - 멸치, 우유, 난황

해설 K(칼륨)의 급원식품은 곡류, 채소류, 과일류이다.

32 무를 강판에 갈아 두었을 때 가장 쉽게 파괴되는 영양소는?

① 비타민 B_1 ② 비타민 E
③ 비타민 C ④ 비타민 K

해설 무를 강판에 갈아 두 시간이 경과되면 27% 정도의 비타민 C가 파괴된다.

33 체조직의 구성과 성장을 촉진하는 영양소는?

① 탄수화물 ② 비타민
③ 단백질 ④ 지방

해설 단백질은 동식물 세포의 체조직 구성과 성장을 촉진시킨다.

34 무기질의 기능과 무관한 것은?

① 체액의 pH 조절
② 열량 급원
③ 체액의 삼투압 조절
④ 효소 작용의 촉진

해설 3대 열량 급원은 탄수화물, 단백질, 지방이다.

정답 27 ③ 28 ④ 29 ① 30 ② 31 ③ 32 ③ 33 ③ 34 ②

35 유지 산패에 영향을 주는 조건과 가장 거리가 먼 것은?

① 지방산의 불포화도　② 팽윤제
③ 산화방지제　　　　④ 온도

해설 팽윤제는 빵이나 카스테라 등을 부풀게 하며 적당한 형태를 갖추게 하기 위하여 사용되는 첨가물

36 채소를 분류할 때 근채류에 속하는 것은?

① 죽순　② 토마토
③ 시금치　④ 우엉

해설 뿌리 부분을 식용으로 하는 채소류를 근채류라 하며 우엉, 연근, 당근, 무 등이 있다.

37 마늘과 같이 섭취시 흡수가 증진되는 비타민은?

① 비타민 C　② 비타민 A
③ 비타민 K　④ 비타민 B_1

해설 비타민 B_1은 항각기성 비타민으로 마늘과 같이 섭취 시 흡수가 증가되며 돼지고기, 간, 난황, 우유, 콩류가 급원식품

38 지방의 산패를 촉진시키는 요인과 거리가 먼 것은?

① 토코페롤　② 금속
③ 효소　　④ 자외선

해설 산패는 지방질 식품을 장기간 저장할 때 산소, 광선, 효소, 미생물 등의 작용을 받아 불쾌한 냄새를 발생하고 착색이 되며 맛이 나쁘게 되는 현상이다. 비타민 E(토코페롤)는 유지에 대해서 자연 항산화제로서 역할을 하고 인체 내에서 노화를 방지한다.

39 결합수에 관한 특성 중 맞는 것은?

① 끓는점과 녹는점이 매우 높다.
② 미생물의 번식과 발아에 이용된다.
③ 식품조직을 압착하여도 제거되지 않는다.
④ 보통의 물보다 밀도가 작다.

해설
결합수의 특징
- 용질에 대해 용매의 기능이 없다.
- 압력을 가해도 제거될 수 없다.
- 0℃에서는 물론 그보다 낮은 온도에서도 얼지 않는다.
- 100℃ 이상으로 가열하여도 제거되지 않는다.

40 유지에 관한 설명 중 잘못된 것은?

① 유지 1g 중에 함유되어 있는 유리지방산을 중화하는데 요하는 KOH의 ㎎수를 산가라고 한다.
② 불포화지방산에 수소를 첨가하여 고체상태의 포화지방산으로 만든 것을 경화유라고 한다.
③ 유지는 요오드가에 따라 건성유, 반건성유, 불건성유로 분류한다.
④ 필수지방산은 리놀레산(linoleic acid), 리놀렌산(linolenic acid), 팔미트산(palmitic acid)이다.

해설 필수지방산이란 체내에서 합성되지 못하여 식품으로 섭취해야 하는 것을 말하며 그 종류로는 리놀레산, 리놀렌산, 아라키돈산 등이 있다. 불포화지방산은 이중결합이 1개 이상으로 상온에서 액체상태인 식물성기름에 다량 함유되어 있다.

정답 35 ②　36 ④　37 ④　38 ①　39 ③　40 ④

41 다음 중 비타민 B₂의 함량이 가장 많은 식품은?

① 밀　　　　　② 마가린
③ 우유　　　　④ 돼지고기

> **해설** 비타민 B₂는 항구각염 비타민으로 우유, 달걀, 간, 난백, 치즈 등이 급원식품이다.

42 해안에서 멀리 떨어진 산간지방 주민에게 해산물의 섭취부족으로 결핍되기 쉬운 무기질은?

① Ca　　　　　② I
③ Mg　　　　　④ Fe

> **해설** 산간지역에서는 해산물이 부족하여 무기질 중 요오드(I)가 부족 하기 쉽다. 갈조류(미역, 다시마 등)에 요오드의 함량이 높으며, 요오드가 부족하면 성장이 지연되고 갑상선 호르몬은 세포 내에서 산화속도에 영향을 미치므로 열량대사가 정상으로 이루어지지 않는다.

43 당도가 10%되는 설탕물 200cc가 내는 열량은?

① 60kcal　　　② 80kcal
③ 20kcal　　　④ 40kcal

> **해설** 설탕물 200cc에 들어있는 설탕의 양은 200cc의 10%이므로 20g이다. 설탕은 주성분이 탄수화물로 1g당 4kcal의 열량을 내므로 20g × 4kcal = 80kcal의 열량을 낸다.

44 칼슘(calcium)이 가장 풍부한 식품은?

① 감자, 소고기　　② 우유, 멸치
③ 사과, 미역　　　④ 호박, 고추

> **해설** 칼슘은 우유 및 유제품, 뼈째 먹는 생선에 다량 함유되어 있다.

45 카제인이 산이나 효소에 의하여 응고되는 성질을 이용한 식품은?

① 치즈　　　　② 크림스프
③ 버터　　　　④ 아이스크림

> **해설** 치즈는 응유효소인 레닌 또는 산을 우유에 넣어 단백질인 카제인과 지방을 응고시켜 세균, 곰팡이 등을 이용하여 숙성시킨 것이다.

46 성장을 촉진시키고 피부의 상피세포기능과 시력의 정상유지에 관여하는 비타민은?

① 비타민 K　　② 비타민 E
③ 비타민 A　　④ 비타민 D

> **해설**
> • 비타민 K : 용혈성 비타민, 부족시 혈액응고 지연, 장내세균에 의해 합성된다.
> • 비타민 E : 항불임성 비타민, 천연 산화 방지제, 인간의 노화예방에 좋다.
> • 비타민 A : 성장촉진 및 눈의 상피세포의 각화예방, 야맹증예방에 좋다.
> • 비타민 D : 항구루병성 비타민, 칼슘과 인의 흡수를 촉진하여 골격과 치아의 발육을 돕는다.

47 비타민 B₂의 급원식품은 달걀, 우유, 간, 푸른 채소 등이다. 비타민 B₂의 결핍증과 관계 없는 것은?

① 성장촉진장애　② 구순구각염
③ 야맹증　　　　④ 설염

> **해설** 비타민 B₂(Riboflavin)는 성장촉진에 관여함. 달걀, 우유, 간, 푸른 채소, 육류가 급원식품이며 결핍증은 구순구각염, 설염 등이 나타난다.

정답 41 ③　42 ②　43 ②　44 ②　45 ①　46 ③　47 ③

48 무기질의 생리작용이 틀린 것은?

① 인(P) - 골격이나 치아의 형성, 에너지 대사의 관여
② 아연(Zn) - 인슐린의 성분
③ 황(S) - 비타민 B₂의 구성성분, 함유황 아미노산의 구성성분
④ 요오드(I) - 갑상선 호르몬의 구성성분

해설 황(S)은 비타민 B₁의 구성성분, 함유황 아미노산의 구성성분, 항독소작용을 한다.

49 우리가 흔히 사용하는 설탕은 당질의 분류 중 어디에 속하는가?

① 다당류   ② 이당류
③ 삼당류   ④ 단당류

해설
탄수화물
- 단당류 : 포도당, 과당, 갈락토오즈, 만노스
- 이당류 : 설탕(포도당+과당), 맥아당(포도당+포도당), 유당(포도당+갈락토오즈)
- 다당류 : 글리코겐, 전분, 섬유소, 펙틴, 한천, 이눌린, 알긴산, 헤미셀룰로오스

50 다당류에 속하는 탄수화물은?

① 전분   ② 포도당
③ 젖당   ④ 설탕

해설 49번 참고

51 다음 중 식이섬유(dietary fiber)에 해당되지 않는 것은?

① 키틴(Chitin)
② 펙틴(Pectin) 물질
③ 전분(Starch)
④ 셀룰로오스(Cellulose)

해설 식이섬유는 소화효소로 가수분해되지 않아 소화되지 않고 장을 자극하여 변통을 원활하게 한다. 식물성으로는 셀룰로오스, 헤미셀루로오스, 펙틴, 리그닌 등이 있고 갑각류에 존재하는 키틴 등이 있다. 전분은 음식물로 섭취하는 다당류로 열량원이다.

52 다음 유지 중 필수지방산의 함량이 가장 높은 것은?

① 올리브유   ② 참기름
③ 버터   ④ 미강유

해설 필수지방산이란 체내에서 합성되지 못하여 식품으로 섭취해야 하는 것을 말하며 그 종류로는 리놀레산, 리놀렌산, 아리키돈산 등이 있다. 불포화지방산은 이중결합이 1개 이상으로 상온에서 액체 상태인 식물성기름에 다량 함유되었다.

정답 48 ③   49 ②   50 ①   51 ③   52 ④

53 다음 중 생리작용 조절 식품인 것은?

① 채소류　　② 유지류
③ 곡류　　　④ 육류

해설　비타민과 무기질은 몸의 생리기능을 조절하고 질병을 예방하는 조절식품으로 비타민과 무기질이다. 채소 및 과일류가 급원식품이다.

54 당류와 식품소재의 연결이 틀린 것은?

① 갈락튜로닉산(Galacturonic acid) – 채소, 과일
② 맥아당(Maltose) – 엿기름
③ 포도당(Glucose) – 과일
④ 유당(Lactose) – 동물의 혈액

해설　젖당(유당 : Lactose)은 이당류(포도당+갈락토오스)로 포유동물의 유즙 중에 존재한다. 젖당은 젖산균의 발육이 촉진되어 유해세균의 발육이 억제되므로 정장의 효과가 크다.

55 지질의 체내 기능에 대하여 설명한 것 중 잘못된 것은?

① 열량소 중에서 가장 많은 열량을 낸다.
② 뼈와 치아를 형성한다.
③ 지용성 비타민의 흡수를 돕는다.
④ 필수 지방산을 공급한다.

해설　지질은 열량원으로 1g당 9kcal의 가장 높은 열량을 내며 지용성 비타민의 인체 내 흡수를 도와주고, 뇌와 신경조직의 구성성분으로 주요 장기보호 및 체온조절, 필수 지방산을 공급한다.

56 다음 중 글루텐을 형성하는 단백질을 가장 많이 함유한 것은?

① 보리　　② 쌀
③ 밀　　　④ 옥수수

해설　밀가루 단백질은 글루테닌과 글리아딘이다. 밀가루에 물과 소금을 넣어 반죽하면 글루텐(Gluten)을 형성하여 점탄성을 갖게 된다.

57 인슐린 호르몬 결핍에 관한 설명 중 잘못된 것은?

① 단백질 합성 감소
② 당질대사 증가
③ 지방산 합성 감소
④ 단백질 분해 증가

해설　인슐린 호르몬 결핍 시에는 당뇨병을 유발하며 당뇨병에 걸리면 당질대사가 잘 일어나지 않는다. 인슐린은 체내에서 혈당치를 낮춰주는 작용을 한다.

58 곡류 중 지방과 단백질 함량이 가장 높고 무기질과 비타민 B군도 많이 함유한 것은?

① 귀리　　② 보리
③ 호밀　　④ 쌀

해설　귀리(Oats)는 정백하여 오트밀(Oat meal)을 만들어 식용하고 성분 및 특성은 단백질인 글로불린(Globulin)과 지방, 비타민 B_1이 풍부하고 식이섬유소를 다량 함유하고 있다.

정답　53 ①　54 ④　55 ②　56 ③　57 ②　58 ①

59 비타민 식품을 설명한 것 중 틀린 것은?

① 비타민 C는 대단히 불안정하여 공기, 열, 알칼리에 의해 곧 파괴된다.
② 비타민 E는 기름에 용해되며 자외선이나 산소에 의하여 쉽게 산화된다.
③ 비타민 B_1은 물에 잘 녹으므로 씻을 때 주의한다.
④ 비타민 A는 알칼리에는 강하나 산화효소에 의해 파괴된다.

[해설] 비타민 E(Tocopherol)은 지용성 비타민으로 지방과 함께 흡수되며, 항산화제이다.

60 떫은 맛을 내는 물질과 관계 깊은 현상은?

① 배당체 응고   ② 단백질 응고
③ 당질 응고   ④ 지방 응고

[해설] 떫은 맛은 혀의 점막 단백질을 응고시킴으로써 미각 신경의 마비로 생긴 수렴 및 수축과정에서 생기는 감각이다.

61 시유 및 낙농제품에서 특히 문제가 되는 유지의 변질은?

① 중합에 의한 변질
② 가수분해에 의한 변질
③ 가열에 의한 변질
④ 변향에 의한 변질

[해설] 유지방은 약간의 가수분해에 의해서도 Butyric acid 특유의 불쾌한 자극취를 생성한다.

62 무기질이 다량 들어 있는 식품은?

① 해조류   ② 간
③ 설탕   ④ 땅콩

[해설] 회분이라고도 하는 무기질은 인체의 약 4%를 차지하며 필수적 신체 구성성분, 체내 대사 조절, 산과 염기의 평형유지, 신경의 자극을 전달한다. 다시마, 미역, 김 같은 해조류에 다량 함유되어 있다.

63 갑각류나 조개류는 육질에 감미를 지니고 있다. 이 감미 물질은 무엇인가?

① 설탕   ② 포도당
③ 글리코겐   ④ 맥아당

[해설] 갑각류나 조개류의 감미물질은 글리코겐으로 독특한 맛을 준다.

64 포도당(Glucose)이 함유되어 있지 않는 당은?

① 설탕(Sucrose)
② 유당(Lactose)
③ 맥아당(Maltose)
④ 아라비노오스(Arabinose)

[해설]
• 설탕(서당, 자당 ; Sucrose) : 포도당 + 과당이 결합된 당
• 유당(젖당 ; Lactose) : 포도당 + 갈락토오즈가 결합된 당
• 맥아당(엿 ; Maltose) : 포도당 + 포도당이 결합된 당
• 아라비노오스(Arabinose)는 단맛을 가지고 있으며 효모에 의해 발효되지 않는다.

정답 59 ② 60 ② 61 ② 62 ① 63 ③ 64 ④

65 간장이나 된장을 만들 때 누룩곰팡이에 의해서 가수분해되는 주물질은?

① 무기질　　② 비타민
③ 지방질　　④ 단백질

해설　간장은 20여종이나 되는 아미노산이 감칠맛과 알코올, 에스테르 등의 방향, 짠맛 및 단맛을 갖는다. 된장 담근 후 누룩곰팡이에 의해서 가수분해되는 주물질은 콩 속의 단백질로 단백질 분해효소 작용을 받아 아미노산으로 분해되어 된장의 독특하고 구수한 맛을 내게 된다.

66 버터 대용품으로 생산되고 있는 식물성 유지는?

① 땅콩버터　　② 쇼트닝
③ 마요네즈　　④ 마가린

해설　경화유(Trans fat)는 불포화 지방산에 니켈(Ni)을 촉매로 백금(Pt)과 수소를 첨가시켜 포화지방산으로 만든 고체형의 기름으로 마가린은 버터 대용품으로 생산된다. 쇼트닝과 마가린이 있다.

67 필수지방산에 속하는 것은?

① 스테아린산　　② 리놀렌산
③ 팔미트산　　④ 올레산

해설　필수지방산이란 체내에서 합성되지 못하여 식품으로 섭취해야 하는 것을 말하며 그 종류로는 리놀레산, 리놀렌산, 아라키돈산 등이 있다. 불포화지방산은 이중결합이 1개 이상으로 상온에서 액체상태인 식물성기름에 다량 함유되었다.

68 다음 설명하는 것은 어떤 영양소의 기능인가?

- 대부분 열량을 내는데 쓰인다.
- 해독 작용을 한다.
- 단백질 절약작용을 한다.
- 혈당 성분을 유지한다.

① 지방　　② 탄수화물
③ 단백질　　④ 무기질

해설　탄수화물은 혈액 중에 0.1%로 유지하며 각 조직에 보내져서 에너지로 되는 생리적 중요기능이 있으며 단백질 절약작용도 한다.

69 식품의 산성 및 알칼리성을 결정하는 기준 성분은?

① 구성무기질
② 필수아미노산 존재 유무
③ 구성 탄수화물
④ 필수지방산 존재 여부

해설　· 무기질인 S, P, Cl와 Ca, Mg, Na, K 의해 구분된다.
· 산성식품 : 황(S), 인(P), 염소(Cl)를 많이 포함한 것으로 곡류, 육류, 생선류 등
· 알칼리성 식품 : 칼슘(Ca), 마그네슘(Mg), 나트륨(Na), 칼륨(K)을 포함한 것으로 채소류, 과일류, 해조류, 우유

70 요오드를 많이 함유하고 있는 식품은?

① 소고기　　② 미역
③ 시금치　　④ 우유

해설　요오드를 다량 함유하고 있는 식품은 해조류인 미역, 김, 다시마, 톳 등이다.

정답　65 ④　66 ④　67 ②　68 ②　69 ①　70 ②

71 요오드가가 높은 지방은 어느 지방산의 함량이 높겠는가?

① 팔미트산 ② 스테아르산
③ 라우르산 ④ 리놀렌산

> **해설** 요오드가(iodine value)는 유지 100g 중에 흡수되는 요오드의 g수로서 지방산의 불포화도를 나타내는 척도로 요오드가가 높을수록 불포화도가 높다. 요오드가에 의한 식물성유는
> • 건성유(요오드가 130 이상) : 들깨, 잣, 아마인유, 호두 등
> • 반건성유(요오드가 100~130) : 대두유, 참기름, 면실유, 채종유 (유채기름, 해바라기씨 기름)
> • 불건성유(요오드가 100 이하) : 낙화생유, 동백기름, 올리브유 등

72 쌀과 같이 당질을 많이 먹는 식습관을 가진 한국인에게 강조해야하는 비타민은?

① 비타민 B₁ ② 비타민 D
③ 비타민   ④ 비타민 A

> **해설** 비타민 B_1은 당질이 완전히 영양으로 되기 위해 필요하다. 한국인의 식생활처럼 일상의 식사에 당질을 많이 섭취하는 경우 비타민 B_1이 더욱 필요하다.

73 기초대사량에 대한 일반적인 설명 중 맞는 것은?

① 단위체표면적에 비례한다.
② 정상시보다 영양상태가 불량할 때 더 크다.
③ 근육조직의 비율이 낮을수록 더 크다.
④ 여자가 남자보다 대사량이 더 크다.

> **해설** 기초대사량은 단위체표면적에 비례하며 영양상태가 불량할 때 기초대사량은 작아진다. 또한 근육조직이 많을수록, 남자가 여자보다 기초대사량이 높다.

74 다음 스파이스 중 고추의 원종이 아닌 것은?

① 칠리페퍼(Chili papper)
② 펜넬(Fennel)
③ 파프리카(Paprika)
④ 카이언(Cayenne)

> **해설** 펜넬(Fennel)은 감미로운 향기가 있는 열매로서 천연의 향신료이다. 피클이나 사탕, 애플와인 등에 사용된다.

75 다음 중 비타민 A의 함량이 가장 큰 식품은?

① 감자 ② 오이
③ 쌀   ④ 당근

> **해설** 비타민 A는 동물의 간, 내장, 난황, 버터 등에 있고 식물성 식품에는 ProvitameA(카로틴)이 토마토, 호박, 당근, 시금치 등 녹황색 채소에 많이 함유되어 있다.

76 식품 중 단백질에 대한 설명이 바르게 된 것은?

① 모든 아미노산은 단백질의 구성성분으로만 존재한다.
② 동물성 단백질을 구성하는 아미노산은 모두 필수 아미노산이다.
③ 탄수화물, 지방과 달리 단백질의 구성원소는 C,H,O외에 N를 반드시 가지고 있다.
④ 인체의 단백질 형성에 필요한 필수 아미노산은 모두 인체 내에서 합성된다.

> **해설** 단백질의 구성원소는 C(탄소), H(수소), O(산소) 외에 N(질소)를 평균 16%로 함유하고 있다.

정답 71 ④ 72 ① 73 ① 74 ② 75 ④ 76 ③

77 다음 중 감미도가 가장 높은 것은?

① 과당
② 포도당
③ 설탕
④ 맥아당

해설 과당>전화당>서당>포도당>맥아당>유당 순서이다.

78 발연점이 가장 높은 것은?

① 정제된 대두유
② 조제된 올리브유
③ 버터
④ 조제된 옥수수유

해설 콩기름은 기름의 종류 중 발연점이 256℃로 가장 높다.

79 다음 중 설탕의 특성을 설명한 것 중 틀린 것은?

① 설탕은 농도가 높아지면 방부성을 지닌다.
② 설탕은 전분의 노화를 촉진시킨다.
③ 설탕은 다른 당류와 함께 흡습성을 가지고 있다.
④ 설탕은 물에 녹기 쉽다.

해설
설탕의 특성
- 노화방지 : 전분의 노화를 지연
- 방부성 : 설탕의 농도가 50% 이상이면 방부효과
- 연화성 : 빵반죽을 부드럽게 한다.

80 반건성유에 속하는 것은?

① 참기름
② 올리브유
③ 아마인유
④ 낙화생유

해설 요오드가(Iodine value)는 유지 100g 중에 흡수되는 요오드의 g수로서 지방산의 불포화도를 나타내는 척도로 요오드가가 높을수록 불포화도가 높다. 요오드가에 의한 식물성유는
- 건성유(요오드가 130 이상) : 들깨, 잣, 아마인유, 호두 등
- 반건성유(요오드가 100~130) : 대두유, 참기름, 면실유, 채종유 (유채기름, 해바라기씨 기름)
- 불건성유(요오드가 100 이하) : 낙화생유, 동백기름, 올리브유 등

81 지방의 소화에 관여하는 효소는?

① 아밀라아제
② 트립신
③ 프티알린
④ 리파아제

해설
소화효소
- 리파아제(위) : 지방 분해효소
- 스테압신(췌장) : 지방 분해효소
- 프티알린(침) : 당질 분해효소
- 트립신(췌장) : 단백질 분해효소

82 핵산의 구성 성분이고 보조효소 성분으로 되어 있으며, 생리상 중요한 당은?

① 프럭토오스
② 리보오스
③ 글루코오스
④ 미오신

해설 리보오스(Ribose)는 단당류인 5탄당의 일종으로 핵산(RNA)의 구성성분이며, 비타민 B_2의 구성성분으로 생리적으로 중요한 물질의 구성성분이 된다.

정답 77 ① 78 ① 79 ② 80 ① 81 ④ 82 ②

83 새우, 게류를 삶을 때 나타나는 색소는?

① 카로틴(Carotene) 색소
② 헤모글로빈(Hemoglobin) 색소
③ 아스타신(Astacin) 색소
④ 안토시아닌(Anthocyanin) 색소

해설 카로틴 색소는 당근, 토마토, 감 등에 함유되어 있는 색소, 헤모글로빈은 혈액 색소, 아스타신은 새우, 게 등에 포함되어 있는 색소, 안토시아닌은 식물성 적자색 색소이다.

84 사과, 배, 복숭아 등의 주된 향기성분은?

① 알코올류
② 황화합물류
③ 에스테르류
④ 테르펜류

해설 알코올 및 알데히드류는 감자, 복숭아, 계피 등이고, 황화합물류는 마늘, 양파, 파, 무, 고추냉이 등이고, 에스테르류는 주로 과일향이고, 테르펜류는 녹차, 레몬, 오렌지 등의 향기성분이다.

85 짠맛을 내는 조미료인 소금에 대한 설명 중 틀린 것은?

① 신맛을 줄여주고, 단맛을 높여준다.
② 제빵, 제면에 첨가하면 제품의 물성을 향상시킨다.
③ 식품의 조리와 방부력을 지닌 보존료이며, 무기질의 공급원이다.
④ 온도에 따른 용해도의 차가 크다.

해설 소금은 온도 차이에 따른 용해도의 차가 적다.

86 액포속의 수용성물질은 어떤 상태로 분산되어 있는가?

① 유화상태
② 혼합물 상태
③ 현탁액 상태
④ 콜로이드 상태

해설 콜로이드(Colloid)란 특정한 물질을 말하는 것이 아니라 물질의 존재상태를 표현하는 개념으로 다른 물질에 분산되어 있는 분산계를 말함

87 적자색 채소를 조리할 때 식초나 레몬즙을 약간 넣었다. 가장 관계 깊은 현상은?

① 플라보노이드계 색소가 변색되어 청색으로 된다.
② 안토시아닌계 색소가 더욱 선명하게 유지된다.
③ 카로티노이드계 색소가 변색되어 녹색으로 된다.
④ 클로로필계 색소가 더욱 선명하게 유지된다.

해설 안토시안 색소는 채소, 과일 등의 적색, 자색 등의 색소로 산성(식초물)에서는 선명한 색, 중성에서는 자색, 알칼리인 소다 사용 시 청색을 띤다.

정답 83 ③ 84 ③ 85 ④ 86 ④ 87 ②

88 부패가 진행됨에 따라 식품은 특유의 부패취를 내는데 그 성분이 아닌 것은?

① 인돌 ② 황화수소
③ 아세톤 ④ 휘발성 아민

해설 아세톤(acetone)은 무색의 휘발성 액체, 목초산에 들어 있으며 혈액과 오줌에도 조금 함유되어 있다.
인돌은 민물고기의 비린내, 황하수소는 썩은 달걀냄새, 휘발성 아민은 불쾌한 인분냄새

89 식품과 쓴맛 성분이 맞지 않는 것은?

① 양파 껍질 – 히스타민(Histamine)
② 감귤류 껍질 – 나린진(Naringin)
③ 맥주 – 휴물론(Humulone)
④ 오이꼭지 – 쿠쿠르비타신(Cucurbitacin)

해설 양파 껍질의 쓴맛 성분은 큐얼세틴(Quercetin)이고, 히스타민(Histamine)은 부패한 생선에서 생성될 수 있으며 매운맛이다.

90 생선의 육질이 육류보다 연한 이유는?

① 미오글로빈 함량이 적으므로
② 미오신과 액틴의 함량이 많으므로
③ 콜라겐과 엘라스틴의 함량이 적으므로
④ 불포화지방산의 함량이 많으므로

해설 콜라겐과 엘라스틴은 육류에 함유된 결합조직이다.

91 사과, 바나나, 파인애플 등의 주요 향미성분은?

① 에스테르(Ester)류
② 퓨란(Furan)류
③ 유황화합물류
④ 고급지방산류

해설 사과, 바나나, 파인애플 등의 주요 향미성분은 에스테르(Ester)류, 알코올 및 알데히드류이다.

92 참기름에 함유된 항산화 성분은?

① 토코페롤 ② 고시폴
③ 세사몰 ④ 유게놀

해설 참기름에 함유된 항산화 성분은 세사몰(Seasmol)이다.

93 해산어패류의 선도 평가에 적절한 지표성분은?

① 트리메틸아민 ② 암모니아
③ 메르캅탄 ④ 황화수소

해설 해산어패류의 선도 평가에 적절한 지표성분은 트리메틸아민으로 신선한 어류에는 원래 존재하지 않는다.

정답 88 ③ 89 ① 90 ③ 91 ① 92 ③ 93 ①

94 육류의 조리가공 중 색소성분의 변화에 대한 설명이 바르게 된 것은?

① 육류 조직 내의 미오글로빈(Myoglobin)은 공기 중에 노출되면 산소와 결합하여 메트미오글로빈(Metmyoglobin)으로 되어 선명한 붉은 색이 된다.
② 햄, 베이컨, 소시지 등의 육류 가공품은 질산염이나, 아질산염과 작용하여 옥시미오글로빈(Oxymyoglobin)으로 되어 선명한 붉은 색이 된다.
③ 신선한 육류의 절단면이 계속 공기 중에 노출되면 옥시미오글로빈(Oxymyoglobin)으로 되어 갈색이 된다.
④ 육류를 가열하면 미오글로빈(Myoglobin)이 메트미오글로빈(Metmyoglobin)으로 되어 갈색이 된다.

해설
① 육류 조직 내의 미오글로빈은 공기 중에 노출시키면 분자상 산소가 결합하여 옥시미오글로빈(oxymyoglobin)으로 되어 선명한 적색을 나타낸다.
② 햄, 베이컨, 소시지와 같은 육제품은 발색제인 질산염이나 아질산염과 작용하여 니트로소미오글로빈(Nitrosomyoglobin)으로 되어 아름다운 적색을 유지한다.
③ 신선한 육류의 절단면을 계속 공기 중에 노출시키면 옥시미오글로빈(oxymyoglobin)이 메트미오글로빈(metmyoglobin)으로 변하여 갈색을 나타낸다.
④ 메트미오글로빈(metmyoglobin)의 생성은 자연산만이 아니라 가열에 의해서도 생기는데 이것은 고기를 굽는 경우의 색이다.

95 매운 맛을 내는 성분의 연결이 바른 것은?

① 생강 – 호박산(Succinic acid)
② 고추 – 진저롤(Gingerol)
③ 겨자 – 캡사이신(Capsaicin)
④ 마늘 – 알리신(Allicin)

해설 생강은 진저롤, 고추는 캡사이신, 겨자는 시니그린을 함유한다.

96 침속에 들어 있으며 녹말을 분해하여 엿당(맥아당)으로 만드는 효소는?

① 프티알린
② 펩티다아제
③ 펩신
④ 리파아제

해설 침속에는 프티알린과 말타아제가 있어 녹말(전분)과 맥아당을 분해시킨다.

97 다음 영양소와 결핍증의 연결이 부적당한 것은?

① 나이아신 – 각막건조증
② 비타민 C – 괴혈병
③ 비타민 B_2 – 구각염
④ 비타민 B_1 – 각기병

해설
영양소의 결핍증
• 나이아신 : 펠라그라
• 비타민 A : 야맹증, 안구 건조증

정답 94 ④ 95 ④ 96 ① 97 ①

98 버터의 특성이 아닌 것은?

① 쇼트닝성이 있어 과자류가 연하고 잘 부스러지게 한다.
② 독특한 맛과 향기를 가져 음식에 풍미를 준다.
③ 크림성이 있어 제과 시 가열팽화나 버터크림 제조 등에 이용한다.
④ 우유의 단백질로 만든 것이다.

해설 버터는 우유에서 지방만을 분리해서 만든 것이다.

99 쓴약을 먹은 뒤 곧 물을 마시면 단맛이 나는 것은 맛의 무슨 현상인가?

① 소실현상 ② 변조현상
③ 대비현상 ④ 미맹현상

해설
- 변조현상 : 한 가지 맛을 느낀 직후 다른 맛을 보았을 때 고유의 맛이 아닌 다른 맛을 느끼게 되는 현상
- 상쇄(소실)현상 : 두 종류의 맛이 혼합되었을 때 각 맛을 느낄 수 없고 조화된 맛이 느껴지는 현상
- 대비현상(맛의 강화현상) : 본래의 물질에 다른 물질이 섞여서 본래의 맛이 증가하는 현상
- 미맹현상 : 쓴맛 물질인 PTC(phenylthiocarbamide)에 대하여 쓴맛을 느끼지 못하는 현상

100 샐러드에 사용하기 위해 적자색 양배추를 채 썰어 물에 장시간 담가두었더니 탈색되었다. 가장 관계 깊은 것은?

① 플라보노이드(Flavonoid)계 색소 : 수용성
② 클로로필(Chlorophyll)계 색소 : 지용성
③ 안토시아닌(Anthocyanin)계 색소 : 수용성
④ 카로티노이드(Carotenoid)계 색소 : 지용성

해설 안토시안계 색소는 과실·야채류에 존재하는 적자색의 색깔을 가진 수용성인 색소들이며 산성에서는 적색, 중성에서는 자색, 알카리성에서는 청색을 띤다.

101 식물성 식품의 아린 맛에 대한 설명이 잘못된 것은?

① 대표적인 아린 맛 성분으로 무기염류, 배당체, 탄닌, 유기산 등이 관계한다.
② 죽순, 토란의 아린 맛 성분은 아미노산의 대사산물이다.
③ 고사리, 우엉, 토란, 가지 등의 야채와 산채류에서 볼 수 있는 불쾌한 맛으로, 이 맛을 제거하기 위해 조리하기 전에 물에다 담근다.
④ 아린 맛은 혀 표면의 점성 단백질이 일시적으로 변성, 응고되어 일어나는 수렴성의 불쾌한 맛이다.

해설 떫은 맛은 혀 표면의 점성 단백질이 일시적으로 변성, 응고되어 일어나는 수렴성의 불쾌한 맛이다.

정답 98 ④ 99 ② 100 ③ 101 ④

102 역치가 가장 낮은 정미물질은?

① 쓴맛　　② 짠맛
③ 신맛　　④ 단맛

해설　역치란 물질의 자극에 의해 감각을 느껴지는 최저 농도

기본 4원미의 대표적인 물질과 역치

기본맛	대표적인 물질	역치(%)
쓴맛	키니네	0.00005
신맛	초산	0.012
짠맛	식염	0.5
단맛	설탕	0.5

표에서 보는 바와 같이 쓴맛이 역치가 가장 낮다고 할 수 있다.

103 동물성 식품의 냄새 성분과 거리가 먼 것은?

① 암모니아 류　　② 카르보닐화합물
③ 아민류　　④ 시니그린

해설
- 암모니아류 및 아민류 – 육류, 어류의 냄새 성분
- 카르모닐합물 및 지방산류 – 치즈, 버터 등의 유제품의 냄새
- 시니그린 – 겨자의 매운 맛

104 단팥죽을 만들 때 약간의 소금을 넣었더니 맛이 더 달게 느껴졌다. 이 현상을 무엇이라 하는가?

① 맛의 상쇄　　② 맛의 대비
③ 맛의 발현　　④ 맛의 변조

해설　맛의 대비 현상 – 주된 맛을 내는 물질에 다른 맛을 혼합할 경우 원래의 맛이 강해지는 현상

105 다음 중 화학 조미료는?

① 설탕　　② 물엿
③ 맥아당　　④ 글루타민산 나트륨

해설
화학조미료의 종류 : 글루타민 산 나트륨, 구연산 나트륨, 이노신 산염이 있다.

106 마늘의 매운 맛과 향을 내는 것으로 비타민 B_1의 흡수를 도와주는 성분은?

① 헤스페리딘(Hesperidine)
② 알라닌(Alanine)
③ 알리신(Allicin)
④ 아스타신(Astacene)

해설　마늘의 매운맛 성분인 알리신은 비타민 B_1의 흡수율을 증가시킨다.

107 식물성 식품의 색소가 아닌 것은?

① 플라본　　② 안토시아닌
③ 엽록소　　④ 헤모글로빈

해설
- 플라본(미백색)색소 : 무, 도라지, 양파 등의 담황색
- 안토시안(적자색)색소 : 포도, 딸기 등의 적색 혹은 자색
- 엽록소 : 채소류의 녹색
- 헤모글로빈 : 동물의 혈액 속의 적색임

정답　102 ①　103 ④　104 ②　105 ④　106 ③　107 ④

108 식품의 건조방법 중 분무건조법으로 만들어지는 것은?

① 한천
② 보리차
③ 분유
④ 건조쌀밥

해설 분무건조법은 액상의 우유를 분유로 만들 때 이용된다.

109 냉동시켰던 소고기를 해동하니 드립(drip)이 많이 발생했다. 다음 중 가장 관계 깊은 것은?

① 탄수화물의 호화
② 단백질의 변성
③ 무기질의 분해
④ 지방의 산패

해설 해동의 원칙은 온도변화를 최소화하면서 서서히 냉장고 내에서 해동한다. 냉동육류나 어류를 급속히 온도를 높여 해동하면 조직이 상해서 드립(Drip)이 많이 발생하는데 이는 단백질의 변성에 의한 것으로 품질이 저하된다.

110 식품의 감별로 적합하지 않은 것은?

① 송이버섯 – 봉오리가 크고 줄기가 부드러운 것
② 달걀 – 표면이 거칠고 광택이 없는 것
③ 감자, 고구마 – 병충해, 발아, 외상, 부패 등이 없는 것
④ 생과일 – 성숙하고 신선하며 청결한 것

해설 송이버섯은 봉오리가 피지 않고 단단하며 향이 진하면서 굵고 은백이 선명한 것일수록 상품이다.

111 사과를 깎아 방치했을 때 나타나는 갈변현상과 관계없는 것은?

① 산화효소
② 섬유소
③ 산소
④ 페놀류

해설 사과 속에 함유되어 있는 페놀계의 화합물이 산화효소와 산소의 영향으로 갈색 물질로 변하는 것

112 식품의 변질현상에 대한 설명 중 잘못된 것은?

① 변패는 탄수화물, 지방에 미생물이 작용하여 변화된 상태
② 부패는 단백질에 미생물이 작용하여 유해한 물질을 만든 상태
③ 산패는 유지식품이 산화되어 냄새발생, 색택이 변화된 상태
④ 발효는 탄수화물에 미생물이 작용하여 먹을 수 없게 변화된 상태

해설 발효란 탄수화물이 미생물의 작용으로 분해되어 알코올이나 각종 유기산을 생성하는 경우로 유익한 물질로 변화되는 현상

정답 108 ③ 109 ② 110 ① 111 ② 112 ④

113 식품의 효소적 갈변에 대한 설명으로 맞는 것은?

① 기질은 주로 아민(Amine)류와 카르보닐(Carbonyl)화합물이다.
② 간장, 된장 등의 제조과정에서 생긴다.
③ 블랜칭(Blanching)에 의해 반응이 억제된다.
④ 비타민 C에 의해 갈변이 촉진된다.

해설 블랜칭(Blanching) – 끓는 물 또는 증기에서 살짝 데치는 것을 블랜칭 이라 하며 동결 저장 중 활성을 가져 식품의 품질을 저하시키는 효소를 불활성화 시키는 목적과 부피감소, 살균 효과, 효소파괴 효과가 있다.

114 달걀프라이를 하기 위해 프라이팬에 달걀을 깨뜨려 놓았다. 다음 중 가장 신선한 달걀은?

① 작은 혈액덩어리가 있었다.
② 난황이 터져 나왔다.
③ 난백이 넓게 퍼졌다.
④ 난황은 둥글고 주위에 농후난백이 많았다.

해설 달걀은 난황이 둥글고 탄력이 있어야하고 수양 난백보다 농후난백이 많아 흰자가 흐르지 않는 것이 신선하다.

115 캐러멜화(Caramelization)반응을 일으키는 것은?

① 지방질　　② 비타민
③ 아미노산　④ 당류

해설 캐러멜화는 당류를 180~200℃로 가열하면 적갈색을 띤 점조성의 물질로 변하는 현상으로 이 색소는 간장, 소스, 약식 등 식품가공에 이용된다.

116 마요네즈 소스를 만들 때 기름이 분리를 막아주는 것은?

① 난황　　② 소금
③ 난백　　④ 식초

해설 마요네즈(Myonaise)는 난황속의 인지질인 레시틴이 친수기, 친유기를 갖고 있기 때문에 가공할 수 있다.

117 생육의 환원형 미오글로빈은 신선한 고기의 표면이 공기와 접촉하여 분자상의 산소와 결합하여 옥시미오글로빈으로 된다. 이 옥시미오글로빈의 색은?

① 선명한 적색　　② 회갈색
③ 적자색　　　　④ 분홍색

해설 미오글로빈(Myoglobin)은 동물식육의 근육색소로 암적자색(Purple red)이다. 이 미오글로빈이 공기에 닿으면 선명한 적색을 가진 옥시미오글로빈(Oxymyoglobin)이 된다. 공기 중에 더 오래 방치하면 옥시미오글로빈이 산화하여 메트미오글로빈으로 되어 갈색으로 변한다. 또한 고기를 가열해도 미오글로빈이 → Oxymoglobin → Metmyogibin이 되어 갈색 또는 흑색으로 변한다.

정답　113 ③　114 ④　115 ④　116 ①　117 ①

118 식품이 미생물의 작용을 받아 분해되는 현상과 거리가 먼 것은?

① 부패(Puterifaction)
② 발효(Fermentation)
③ 변향(Flavor reversion)
④ 변패(Deterioration)

해설 **식품의 변질**
1. 변향(Flavor reversion)은 산패취와 다른 이취현상(off-flavor)으로 산패가 오기 전에 나타난다.
2. 부패 : 단백질 식품이 혐기성 세균의 작용에 의해 형태, 맛 등의 본래 성질을 잃고 악취를 내며 인체에 유해한 물질이 생성되는 현상
 • 후란 – 호기성세균에 의한 단백질식품의 분해로 악취는 없다.
3. 발효 : 탄수화물이 미생물의 분해 작용을 받아 유기산, 알코올 등을 만드는 현상으로 사람에게 유익한 물질로 작용된다.
4. 변패 : 단백질 이외의 질소를 함유하지 않는 탄수화물이나 지질식품이 미생물 등의 작용에 의하여 변화를 받아서 변질되는 현상으로 식용으로 할 수 없다.
5. 산패 : 지방의 분해(산화)되어 과산화물의 생성으로 인하여 향기, 색깔, 맛의 변화가 생겨 식용으로 할 수 없다.

119 식품의 급속냉동(quick freezing)에 대한 장점이 잘못 설명된 것은?

① 육류식품 중 근육 단백질의 변성이 적게 발생한다.
② 급속하게 냉동되므로 얼음 결정이 매우 크게 형성된다.
③ 식품의 형태 및 질감의 원상유지에 유리하다.
④ 효소 작용을 빨리 억제시킬 수 있어 변질이 적다.

해설 식품을 -30~-40℃의 저온으로 급속 냉동하면 급속히 동결하므로 얼음결정이 작게 형성되어 조직이 거의 파괴되지 않는다.

120 동물성 식품의 부패경로는?

① 사후강직 → 자기소화 → 부패
② 자기소화 → 사후강직 → 부패
③ 사후강직 → 부패 → 자기소화
④ 자기소화 → 부패 → 사후강직

해설 가축이 도살된 후 일정시간이 경과되면 근육이 수축되는 사후강직이 오는데 일정시간이 지나면 근육 자체가 가지고 있는 자기분해효소에 의해서 단백질이 분해되는 자기소화 또는 숙성(Aging)현상이 나타나 고기가 연화되고 풍미가 좋아진다. 일정시간이 지나면 부패되기 시작한다.

121 신선한 달걀의 감별법 중 옳은 것은?

① 혀를 대 보아서 둥근 부분이 따뜻한 것
② 표면에 광택이 있는 것
③ 햇빛에 비추어 보아 불투명하고 어두운 것
④ 혀를 대 보아서 뾰쪽한 부분이 따뜻한 것

해설 **달걀의 감별법**
1. 진음법 : 달걀을 흔들었을 때 흔들리지 않아야 하고 혀를 대 보아 둥근 부분이 따뜻하고 뾰쪽한 부분은 찬 것이 신선한 달걀이다.
2. 외관법 : 달걀 껍질은 두껍고 강한 것이 품질이 좋다. 신선한 난각에는 표면이 거칠거칠한 큐티클 층이 형성되어 있어 세균의 침입을 막아준다.
3. 난황계수 : 달걀을 깨뜨려서 노른자의 높이와 직경을 측정하여 높이를 직경으로 나눈 값을 난황계수라 한다. 신선한 달걀의 난황계수는 0.36~0.44이다.
4. 비중법 : 신선한 달걀은 6%의 식염수에 담갔을 때 밑에 가라앉는다. 신선란의 비중은 약 1.08~1.09인데 신선도가 저하됨에 따라 감소한다.
5. 투시법 : 신선한 달걀은 난백부가 밝으며, 기실은 적고, 난황은 중앙부에서 둥글고 엷은 장미색이 신선하다.

정답   118 ③   119 ②   120 ①   121 ①

122 생선 및 육류의 초기부패를 확인하는 화학적 분석에 사용되는 성분은?

① 유기산, 아미노산
② 암모니아, 히스타민
③ 멜라닌, 트리메틸아민
④ 지방, 비타민

해설 히스타민은 생선이 부패하여 단백질로 부패, 분해시킬 때 생성되고 암모니아는 어류의 신선도가 떨어지면 발생한다

123 식품의 부패를 충족시킬 수 있는 요인이 아닌 것은?

① 장시간 저장
② 식품의 조성
③ 물리적 충격
④ 부패 미생물의 오염

해설 식품의 부패에 영향을 미치는 요인 – 장시간의 저장, 식품의 조성, 부패미생물의 오염 등이 있다.

124 과실이 수확 후 연해지는 이유는?

① 비타민의 변화 때문
② 단백질의 변화 때문
③ 펙틴질의 변화 때문
④ 지방의 변화 때문

해설 과실의 펙틴질은 수확 후 숙성됨에 따라 가용성의 펙틴 및 펙틴산으로 분해되어 연해짐

125 신선도가 저하된 식품은?

① 우유의 pH가 3.0정도로 낮다.
② 당근의 고유한 색이 진하다.
③ 햄을 손으로 눌렀더니 탄력이 있고 점액질이 없다.
④ 소고기를 손가락으로 눌렀더니 자국이 생겼다가 곧 없어졌다.

해설 신선한 우유의 pH는 6.6으로 우유의 pH가 3.0 이하로 낮은 것은 산성화가 많이 진행되고 있다는 것을 의미함

정답 122 ② 123 ③ 124 ③ 125 ①

미림원 조리기능사 필기 총정리

Chapter 04

구매관리

01 시장조사 및 구매관리

01 시장조사

1. 시장조사의 의의
① 구매활동에 필요한 자료를 수집
② 구매방법을 발견
③ 구매방침 결정
④ 비용절감, 이익증대를 도모
⑤ 구매시장의 예측 : 가격변동, 수급현황, 신자재의 개발, 공급업자와 업계의 동향을 파악

2. 시장조사의 목적
① **구매예정가격의 결정** : 원가계산가격과 시장가격 참고
② **합리적인 구매계획의 수립** : 품목의 품질, 구매거래처, 구매시기, 구매수량
③ **신제품의 설계** : 품목의 종류와 경제성, 구입 용이성, 구입시기
④ **제품개량** : 품목의 새로운 판로개척 · 원가절감

3. 시장조사의 내용
① **품목** : 제조회사, 대체품 고려하여 구매리스트 확정
② **품질** : 가격과 물품가치 고려하여 품질에 대해 조사
③ **수량** : 예비구매량, 대량구매에 따른 원가절감, 보존성 고려한 구매수량 조사
④ **가격** : 거래조건 변경 등에 의한 가격인하 고려한 가격 조사
⑤ **시기** : 구매가격, 사용시기 · 시장시세 고려한 구매시기 결정
⑥ **구매거래처** : 복수거래 및 상시 공급 가능한 업체 선정
⑦ **거래조건** : 인수, 지불 조건 등 거래 조건에 대해 조사

4. 시장조사의 종류
(1) 일반 기본 시장조사
구매정책 결정을 위한 기초자재의 시가, 수급변동 상황, 관련업계의 동향, 구입처의 대금결제조건 등을 조사
(2) 품목별 시장조사

구매물품의 가격산정을 위한 기초자료와 구매수량 결정을 위해 수급 및 가격 변동에 대한 조사

(3) 구매거래처의 업태조사

안정적인 거래를 유지하기 위한 거래 업체의 개괄적 상황, 품질관리, 제조원가, 금융·판매·노무·생산 상황 등의 업무조사

(4) 유통경로의 조사

구매가격에 영향을 미치는 유통경로 조사

5. 시장조사의 원칙

① **비용 경제성의 원칙** : 시장조사에 소요되는 비용과 구매의 효율성 사이에 조화가 이루어져야 함
② **조사 적시성의 원칙** : 필요한 시기에 구매가 적절하게 이루어지도록 정보를 주어야 함
③ **조사 탄력성의 원칙** : 시장상황변동과 정책 변화에 능동적으로 대응할 수 있어야 함
④ **조사 계획성의 원칙** : 시장조사에 앞서 구체적인 계획이 수립되어야 함
⑤ **조사 정확성의 원칙** : 시장 실태에 대한 정확한 정보를 전달해야 함

6. 식품의 구입계획을 위한 기초지식

① **물가 파악을 위한 자료장비** : 전 년도에 사용한 식품의 단가 알람표 등이 해당됨
② **식품의 출회표와 가격의 상황** : 산지 및 출하시기에 따른 변수 많은 식품의 가격 현황과 변동추세 확인
③ **식품의 유통기구와 가격** : 모든 과정을 파악하여 가격과 선도를 판정함
④ **폐기율과 가식부** : 표준 폐기율 산출표를 작성하여 구입수량 결정함
⑤ **사용계획** : 저장허용량, 저장수량과 저장기간을 고려하여 예산과 대조 사용계획 수립
⑥ **재료의 종류와 품질판정법** : 불량식품 적발, 이화학적인 방법, 세균검사, 식품의 일반분석 등을 통해 판정

7. 공급처의 선정

(1) 구매 물품의 공급처와 유통경로 파악하고 업체의 지리적 위치, 인적 관리, 생산능력, 가격경쟁력, 자본력, 신용도 등을 고려하여 공급처를 선정
(2) 거래선 등록신청서를 작성 후 보관하여 체계적인 공급처 관리를 한다.

8. 시장조사 방법의 종류

① 문헌조사
　　② 전문가조사
　　③ 사례조사
　　④ 박람회, 전시회, 강연회, 현지답사, 실사조사

9. 주요 식품의 재료별 검사방법
(1) 관능검사
　　① 눈으로 식품의 상태, 색, 크기, 탄력, 신선도 등으로 재료를 식별
　　② 음료, 향신료, 장류 등은 취각 및 미각을 통하여 감정
　　③ 밀가루, 곡류 등은 촉각감정법으로 감정
　　④ 수박, 통조림, 달걀 등은 음향감정법(청각 감정)을 이용한 감정

(2) 이화학적 검사
　　① 현미경 등을 이용한 검경적인 방법실시(조직이나 세포의 모양 등을 관찰 후 위생도 결정)
　　② 화학적 방법으로 성분 분석
　　③ 물리적 방법(부피, 중량, 점도, 응고점, 융점, 경도) 등과 같은 물리적 성질을 측정하여 신선도 감정
　　④ 생화학적 방법(효소반응, 효소활성) 등과 같은 생화학적인 특성을 실험하여 신선도 감정

02 식품구매관리

구매명세서의 내용에는 물품명, 용도, 상표명(브랜드), 품질 및 등급, 크기, 형태, 숙성정도, 산지명, 전처리 및 가공 정도, 보관 온도, 폐기율을 기록하여야 한다.

1. 구매담당자의 일반적인 업무
(1) 물품구매 총괄업무
　　① 구매계획서 작성
　　② 구매결과 분석

(2) 식재료 결정
　　① 발주단위 결정

② 신상품 개발
(3) **구매방법 결정** : 품목별로 경쟁력 있는 구매방법 결정
(4) **시장조사** : 경쟁업체 가격분석 및 시세분석
(5) **공급업체 관리**
　① 공급업체 관리 및 평가
　② 공급업체별 구매품목 결정
(6) **원가관리**
　① 구매원가관리
　② 경쟁지수관리
(7) **공급업체 등록 및 대금지급 확인**
　① 공급업자와의 약정서 체결
　② 대금지급 업무
(8) **고객관리 측면에서 식재료 정보 공유**
　① 식재료 모니터링
　② 식재료 정보사항 공지

03 식품재고관리

1. 식품재고관리의 결정
① 불확실한 수요와 공급을 위해 최적의 보관기능으로 공급의 변화, 회전율, 저장시설, 식재료 수송방법 등을 고려하여 재고수준을 결정한다.
② 재고관리는 발주량, 발주시기, 적정 재고수준, 재고품질 변화에 따른 손실비용 등을 포함한다.
③ 정확한 재고조사 및 재고자산의 가치 평가기능은 원가관리 부서에서 하고, 생산부서, 구매부서 등이 관련 부서이다.

2. 재고관리의 기능
① 실제물량과 예측물량 간의 차이를 제공
② 재고 보충시기를 결정

③ 재고투자를 최소화
④ 재무보고서에 따른 재고량을 파악
⑤ 물품에 대한 품질유지 및 안정성을 확보
⑥ 물품용도 및 사용빈도

3. 재고보유 결정요인
① 저장시설의 규모와 최대 용량
② 발주빈도 및 평균사용량
③ 재고가치 및 공급자의 최소 주문요구량

4. 효율적인 실사재고 시스템을 위한 관리방법
① 품목의 위치를 순서대로 정렬하고 품목명 기록
② 실시 전 품목의 가격을 미리 기록
③ 냉동 저장용품은 꼬리표 부착하여 입고

5. 재고관리 담당자 업무
① 재고물품에 대하여 건별 입·출고 후 재고/수불현황을 정리하고 모든 입고물품은 입고일 및 수입검사의 합격표시 등을 부착시키고 지정장소에 정돈 보관한다.
② 수기로 창고 보관 중인 자재나 제품에 열화가 발생하였는지 품질열화 점검표에 의한 점검표를 매월 말일 작성하여 승인을 득한다.
③ 매월 말 기준으로 재고/수불현황을 작성하여 승인을 득한 후 필요 부서에 송부한다.
④ 장기 보관 중인 재료나 제품에 대하여 매월 품질열화 점검에 따라 입고 후 1년 된 재료의 목록을 작성하여 재검사를 의뢰하고, 검사 완료된 부재료는 선입선출을 위하여 최초 입고일자 및 재 검사일자를 동시에 기록한다.

6. 재고관리기법
(1) ABC 관리방식을 활용한다.
① ABC 관리방식(ABC inventory control method)은 구매 및 재고 물품의 가치도에 따라 A, B, C의 등급으로 분류하여 차등적으로 관리하는 방식

② 재고품의 단가는 재고량과 통제에 영향을 주어 용도에 맞게 품목을 분류하는 과정이 중요하다. 이 분류방식은 파레토 분석(Pareto analysis) 곡선을 이용하며 재고관리에서 시간과 노력의 우선순위를 결정하는 데 도움을 준다.

■ ABC 분석도표(파래토 분석)

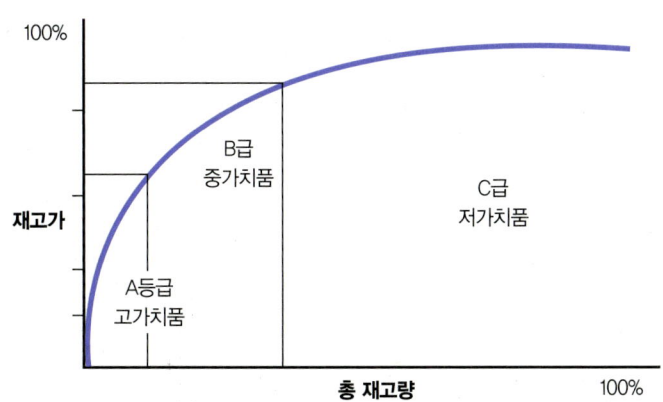

출처 : 김동승 외(2006), 『식품구매론』, 광문각, p189.

③ ABC 관리방식을 이용한 물품의 가치도에 따라 분류된 A, B, C형의 각 특성은 다음과 같다.

■ ABC 관리기법의 분류 및 특성

품목분류	특성

A형 품목	• 고가품목(육류, 주류)에 적용
	• 총재고액의 10~20% 차지(재고액의 70~80% 차지)
	  재고액은 절대 최소 수준 유지
	• 정기 발주방식 적용
	  소요량과 보유량을 확인하여 발주량을 정확히 산출하는 것이 중요함.

B형 품목	• 중가품목(과일류 및 채소류)에 적용 • 총재고액의 15~20% 차지(재고액의 20~40% 차지) • 일반적인 재고관리 시스템 적용
C형 품목	• 저가품목(밀가루, 설탕, 조미료, 세재) • 총재고액의 40~60% 차지(재고액의 5~10% 차지)

출처 : 김동승 외(2006), 『식품구매론』, 광문각, p190.

02 검수관리

01 검수관리(식재료의 품질 확인 및 선별)

1. 검수절차 6단계
① 식재료와 구매청구서 대조(품목, 수량, 중량 포함)
② 식재료와 송장 대조(품목, 수량, 중량 가격 포함)
③ 식재료인수 또는 반환처리 결정(품질, 등급, 위생상태 고려)
④ 식품분류 및 명세표 부착(검수일자, 가격, 품질검사 확인, 납품업자 명)
⑤ 검수식품 정리보관 및 저장장소 이동
⑥ 검수일지, 송장납품서, 검수표, 검수인, 반품서 등 기록

2. 식품 등의 위생적인 취급을 위한 식품위생법상의 검수기준
① 제품명(기구 또는 용기, 포장 제외)을 확인한다.
② 식품의 유형(식품 첨가물도 해당)을 확인한다.
③ 업소명 및 소재지를 확인한다.
④ 제조년월일(포장완료일을 기준으로 소분판매는 소분용 원료제품의 포장시점)을 확인한다.
⑤ 유통기한(식품첨가물 제외)을 확인한다.
⑥ 내용량(내용량의 성상에 따라 중량, 용량, 개수로 표시)을 확인한다.
⑦ 성분 및 원재료명(식품첨가물 포함) 및 함량(특정성분을 제품명의 일부로 사용하는 경우)을 확인한다.
  ㄱ. 영양식품(따로 정하는 제품에 한하여 특수 영양식품 및 건강보조식품)을 확인한다.
  ㄴ. 기타 식품 등의 세부 표시기준에서 정하는 사항을 확인한다.

3. 식품의 검수 후 보관방법
① 오염의 우려가 있는 외포장 등을 제거한 후 검수실에 반입한다.
② 공산품, 농수산물, 육류는 구분하여 검수대에 올려 놓고 검수하며 맨 바닥에 놓지 않는다.
③ 냉장, 냉동식품, 육류, 생선류, 채소류 등의 신선식품은 검수한 당일 사용한다.
④ 식재료명, 포장상태, 유통기한, 수량 및 원산지 표시, 품질, 온도, 이물질 혼입 등을 확인하여 기록한다.
⑤ 작업장(220Lux)과 육안검사구간(540Lux) 등 적정한 조도 기준을 유지한다.

⑥ 검수대는 세척, 소독을 실시한다.

⑦ 수산물은 얼음과 비닐을 제거한 후 내용물을 바구니에 부어 어느 정도 물이 빠지면 무게를 재고 검수한다. 검수 후 세척, 소독 실시하여 바닥이 오염되지 않게 한다.

4. 검수를 위한 설비 및 기기의 종류

검수대, L형의 운반차, 전자저울, 플랫폼형 전자저울, 온도계(탕침식, 탕침식-펜 타입, 비접촉식 적외선 온도계), 당도계, 염도계, 통조림 따개 등이 있다.

5. 식품의 감별법

식품의 감별은 올바른 식품지식을 바탕으로 하여 불량식품이나 유해식품을 가려내어서 식중독을 미연에 방지하기 위함이다. 관능검사는 외관, 색깔, 경도, 냄새, 맛 등을 정상적인 것과 비교하여 감별하는 것인데, 개인차가 있고 같은 사람이라도 그 건강 상태에 따라 차이가 나므로 유의하여야 한다. 주요 식품에 대한 감별법은 다음과 같다.

식품	양호	불량
식육	• 소고기는 선홍색을 띠고 탄력이 있다. • 돼지고기는 지방의 색이 희고 탄력이 있으며, 살코기는 엷은 분홍색을 띤다.	• 검은색, 초록색, 보라색 등의 얼룩이나 반점이 있다. • 이상한 냄새가 나고 탄력이 없다.
가금육	탄력이 있고 살이 단단하다.	이상한 냄새가 나고 끈적거리거나 어두운 색을 띤다.
어류 (냉동생선은 해동 후)	• 사후강직 중 비늘이 피부에 잘 붙어 있으며, 어종 특유의 색깔과 싱싱한 광택을 띤다. • 눈은 돌출하였고 혈액의 침출이나 혼탁이 없다. • 아가미는 선홍색이다. • 배부분을 누르면 탱탱하다. • 살색이 투명하고 살을 뼈에서 발라내기 어렵다.	• 물에 뜬다. • 몸체는 연화하고 자가소화가 현저하다. • 눈은 함몰하고 현저하게 혼탁하거나 탈리하고 있다. • 아가미는 암록색이고, 불쾌한 냄새가 난다. • 복부는 주저앉고 물렀다. • 살은 뿌옇게 혼탁하다.
달걀	• 껍질표면이 거칠고, 광택이 없다. • 흔들었을 때 소리가 나지 않는다. • 전등 빛에 비추면 밝고 투명하다.	• 깨보면 난백이 퍼진다. • 흔들었을 때 소리가 난다. • 전등빛에 비추면 어둡게 보인다.
콩제품	• 외관, 냄새, 맛이 정상이다. • 이물질이 없다.	표면에 점액이 있다.
채소류	광택이 있고 싱싱하다.	잎이 시들고 탄력이 없다.

03 원가

01 원가계산

1. 원가의 개념

(1) 원가

'제품의 제조, 용역의 생산 및 판매를 위하여 소비된 유형·무형의 경제적 가치'로 정의된다. 따라서 급식 원가란 음식을 생산하여 제공하기 위해 소비된 경제적 가치로서 급식에 소요되는 제반비용 들, 즉 식재료비, 인건비, 수도, 광열비, 통신비 등이 모두 포함된다.

(2) 원가계산의 목적

가격 결정의 목적	제품의 판매 가격을 결정하기 위하여 실시
원가관리의 목적	경영활동에 있어서 가능한 원가를 절감하도록 관리하는 기법
예산편성의 목적	예산 편성을 위한 기초자료 제공
재무재표의 작성 목적	• 기업은 일정기간 동안의 경영활동 결과를 재무 재표로 작성하여 보고하기 위하여 실시 • 원가계산은 1개월을 원칙으로 하고 3개월, 1년에 한번 씩 실시하기도 함

2. 원가의 종류

(1) 재료비, 노무비, 경비

이것은 원가를 발생하는 형태에 따라 분류한 것이다. 이것을 '원가의 3요소'라고 한다.

재료비	제품의 제조를 위하여 소비된 비용으로, 단체급식 시설에 있어서의 재료비는 급식 재료비를 의미
노무비	제품제조 종사자들에게 제공되는 임금, 급료, 잡급, 상여금, 퇴직금 등으로 구분
경비	재료비, 노무비를 제외한 모든 비용으로 수도, 광열비, 전력비, 보험료, 감가상각비 등 다수의 비용으로 구분

(2) 직접원가, 제조원가, 총원가

① 직접원가 = 직접재료비 + 직접노무비 + 직접경비

② 제조원가 = 직접원가 + 제조간접비

③ 총원가 = 제조원가 + 판매관리비

④ 판매원가 = 총원가 + 이익

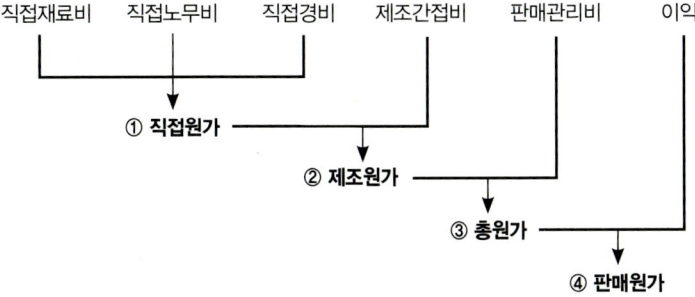

(3) 실제원가, 예정원가, 표준원가

실제원가	확정원가, 현실원가, 보통원가
예정원가	견적원가, 추정원가
표준원가	기업이 이상적으로 제조활동을 할 경우에 예상되는 원가로, 실제원가를 통제하는 기능

(4) 직접비, 간접비

이것은 원가요소를 제품에 배분하는 절차로 보아서 분류한 것이다.

직접비(직접원가)	특정제품에 직접 부담시킬 수 있는 것으로 직접재료비, 직접노무비, 직접경비로 구분된다.
간접비	여러 제품에 공통적으로 또는 간접적으로 소비되는 것으로서, 이것은 각 제품에 인위적으로 적절히 부담시킨다.

■ 단체급식 시설의 원가요소

급식재료비	급식에 소요되는 모든 재료비
노무비	노동력의 대가로 급식업무에 종사하는 사람들에게 지불되는 비용
시설 사용료	• 급식시설 사용에 대하여 지불하는 비용 • 수도, 광열비, 전기료, 연료비를 사용하고 지불하는 비용
전화 사용료	급식시설에서 업무 수행상 사용한 전화료
각종 소모품비	급식업무에 소요되는 각종 소모품 구입비용
기타경비	위생비, 피복, 세척비 또는 기타 잡비를 총칭
관리비	별도로 계산되는 간접경비

■ 원가계산의 원칙

진실성의 원칙	제품제조에 소요된 원가를 정확하게 계산하여 진실되게 표현해야 된다는 원칙
발생기준의 원칙	모든 비용과 수익의 계산은 그 발생시점을 기준으로 하여야 한다는 원칙
계산경제성의 원칙	원가계산을 할 때에는 경제성을 고려해야 한다는 원칙
확실성의 원칙	가장 확실성이 높은 방법을 선택해야 한다는 원칙
정상성의 원칙	비정상적으로 발생한 원가는 계산하지 않고, 정상적으로 발생한 원가만을 계산하는 원칙
비교성의 원칙	다른 부분의 것과 비교할 수 있도록 실행되어야 한다는 원칙
상호관리의 원칙	유기적 관계를 구성하여 상호관리가 가능하도록 되어야 한다는 원칙

02 원가계산의 구조

원가계산은 보통 다음과 같은 단계를 거쳐 실시하게 된다.

1. 제1단계 <요소별 원가계산>

제품의 원가는 먼저 재료비, 노무비, 경비의 3가지 원가 요소를 몇 가지의 분류방법에 따라 세분화하여 각 원가 요소별(비목별)로 계산하게 된다. 이 방법에 의한 제조원가 요소(직접비 +간접비)를 예시하면 다음과 같다.

(1) 직접비

　① 직접재료비 : 주요 재료비(단체급식 시설에서는 급식원 제출)

　② 직접노무비 : 임금 등

　③ 직접경비 : 외주 가공비, 특허권 사용료 등

(2) 간접비

　① 간접재료비 : 보조 재료비(단체급식 시설에서는 조미료 등)

　② 간접노무비 : 급료, 잡금, 수당 등

　③ 간접경비 : 감가상각비, 보험료, 수선비, 전력비, 가스비, 수도광열비 등

2. 제2단계 <부문별 원가계산>

부문별 원가계산이란 전 단계에서 파악된 원가요소를 원가 부문별로 분류 집계하는 계산절차를 가리킨다.

3. 제3단계 <제품별 원가계산>

제품별 원가계산이란 요소별 원가계산에서 파악된 직접비는 제품별로 직접 집계하고, 부문별 가계산에서

파악된 부문비는 일정한 기준에 따라 제품별로 배분하여 최종적으로 각 제품의 제조원가를 계산하는 절차를 가리킨다.

03 재료비의 계산

1. 재료비의 개념

기업이 제품을 제조할 목적으로 외부로부터 구입 조달한 물품을 재료라 하고 제품의 제조과정에서 실제로 소비되는 재료의 가치를 화폐액수로 표시한 금액을 재료비라고 한다. 재료비는 제품원가의 중요한 요소가 된다. 재료비는 재료의 실제 소비량에 재료의 소비단가를 곱하여 산출한다.

2. 재료소비량의 계산

계속기록법	재료를 동일한 종류별로 분류하고, 들어오고 나갈 때마다 수입·불출 및 재고량을 계속해서 기록함으로써 재료소비량을 파악하는 방법이다. 단체급식 시설의 경우는 식품 수불부나 출납부 또는 카드 등에 의하여 매일 식품재료의 수입, 불출 및 재고량을 기입함으로써 식품 재료의 소비량을 파악할 수 있다.
재고조사법	원가계산의 기말이나 또는 일정 시기에 재료의 실제 재고량을 조사하여 기말 재고량을 파악하고 전기이월량과 당기구입량의 합계에서 이 기말재고량을 차감함으로써 재료소비량을 산출하는 방법이다. (전기이월량 + 당기구입량 - 기말재고량 = 당기소비량)
역계산법	일정 단위를 생산하는데 소요되는 재료의 표준소비량을 정하고 그것에다 제품의 수량을 곱하여 전체의 재료소비량을 산출하는 방법이다.

3. 재료 소비가격의 계산

개별법	재료를 구입단가별로 가격표를 붙여서 보관하다가 출고할 때 그 가격표에 표시된 구입단가를 재료의 소비가격으로 하는 방법이다.
선입선출법	먼저 구입한 재료를 먼저 소비한다는 가정 아래 재료의 소비가격을 계산하는 방법이다. 즉, 이 방법은 구입일자가 빠른 재료의 구입단가를 소비가격으로 하는 방법이다.
후입선출법	선입선출과는 정반대로 최근(나중)에 구입된 재료부터 먼저 사용한다는 가정 아래 재료의 소비가격을 계산하는 방법이다.
단순평균법	일정기간 동안의 구입단가를 구입 횟수로 나눈 구입단가의 평균을 재료 소비단가로 하는 방법이다.
이동평균법	구입 단가가 다른 재료를 구입할 때마다 재고량과의 가중평균가를 산출하여 이를 소비재료의 가격으로 하는 방법이다.

4. 식품 재료의 구입과 불출의 기장법

식품의 합리적인 재고 관리를 위해서는 식품의 수입과 불출을 명확하게 기록해야 하는데, 이러한 목적을 위하여 마련된 장부가 식품수불부이다.

선입선출법	재고품 중 제일 먼저 들어온 식품부터 불출한 것처럼 기록하는 방식이다. 따라서 기말 재고액은 가장 최근에 구입한 식품의 단가가 남게 된다.
후입선출법	선입선출법과는 반대로 최근에 구입한 식품부터 불출한 것처럼 기록하는 방식이다. 따라서 기말재고액은 가장 오래 전에 구입한 식품의 단가가 남게 된다.
이동평균법	식품을 구입할 때마다 재고량과 금액을 합계하여 평균단가를 계산하고, 불출할 때는 이 평균단가만 기입하는 방식이다.
총평균법	일정 기간의 총 구입액과 이월액을 그 기간의 총 구입량과 이월량으로 나누어 평균단가를 계산하여 불출시는 이 단가를 기입하는 방식이다. 따라서 평소의 불출시는 수량만을 기록해 두었다가 기말에 평균단가를 계산하여 기록하게 된다.
손익계산	손익분석은 원가, 조업도, 이익의 상호관계를 조사 분석하여 이론부터 경영계획을 수립하는데 유용한 정보를 얻기 위해서 실시되는 하나의 기법이다. 손익분석은 보통 손익분기점 분석의 기법을 통하여 이루어지기 때문에 양자는 종종 동의어로 사용한다.

※ 평균단가 = (전기이월액 + 총구입액) ÷ (전기이월량 + 총구입량)
※ 손익분기점이란, 매출액과 총비용이 일치하는 시점에서는 이익도 손실도 발생하지 않는데 이 시점을 말한다.

04 감가상각

1. 감가상각의 개념

기업의 자산은 고정자산(토지, 건물, 기계 등), 유동자산(현금, 예금, 원재료 등) 및 기타 자산으로 구분된다. 이 중에서 고정자산은 대부분 그 사용과 시일의 경과에 따라서 그 가치가 감가된다. 감가상각이란, 이같은 고정자산의 감가를 일정한 내용연수(耐用年數)에 일정한 비율로 할당하여 비용으로 계산하는 절차를 말하며, 이 때 감가된 비용을 감가상각비라 한다.

2. 감가상각의 계산요소

감가상각에서는 기초가격, 내용연수, 잔존가격의 3대요소를 결정해야 한다.

① 기초가격 : 취득원가(구입가격)

② 내용연수 : 취득한 고정자산이 유효하게 사용될 수 있는 추산기간

③ 잔존가격 : 보통 구입가격의 10%를 잔존가격으로 계산

3. 감가상각의 계산방법

(1) 정액법

고정자산의 감가총액을 내용연수로 균등하게 할당하는 방법이다.

$$매\ 년의\ 감가상각액 = \frac{기초가격 - 잔존가격}{내용연수}$$

(2) 정율법

기초가격에서 감가상각비 누계를 차감한 미상각액에 대하여 매년 일정률을 곱하여 산출한 금액을 상각하는 방법이다.

음식의 원가 계산방법

음식의 원가 = (1. 재료비) + (2. 노무비) + (3. 경비)

1. 재료비 = 소요재료량 × 소요 재료량의 단위당 재료비
   재료비 = 소요재료량 × (구입재료값 / 구입재료량)
2. 노무비 = 소요시간 × 1시간당 임금
3. 경비
   ① 전기료 = 소요전기량 × 소요전기량의 단위당 요금
   ② 수도료 = 소요물량 × 소요물량의 단위당 요금
   ③ 가스료 = 소요가스량 × 소요가스량의 단위당 요금

구매관리 Test

01 시장조사의 목적으로 적합하지 않은 것은?

① 구매예정가격의 결정
② 불합리한 구매계획의 수립
③ 신제품의 설계
④ 제품개량

02 시장조사의 원칙에 해당되지 않는 것은?

① 비용 경제성의 원칙
② 조사 적시성의 원칙
③ 조사 탄력성의 원칙
④ 조사 무계획성의 원칙

> **해설**
> • 조사 계획성의 원칙   • 조사 정확성의 원칙

03 재고보유 결정요인에 해당되지 않는 것은?

① 저장시설의 규모와 최대 용량
② 발주빈도 및 평균사용량
③ 재고가치 및 공급자의 최소 주문요구량
④ 냉동 저장용품 꼬리표 달기

04 재고관리의 기능으로 옳지 않은 것은?

① 재고투자를 최대화
② 재고 보충시기를 결정
③ 물품에 대한 품질유지 및 안정성을 확보
④ 실제물량과 예측물량 간의 차이를 제공

> **해설**
> • 재고투자를 최소화   • 재무보고서에 따른 재고량 파악
> • 물품용도 및 사용빈도

05 식품의 검수 후 보관방법으로 적합하지 않은 것은?

① 검수대는 세척, 소독을 실시한다.
② 냉장, 육류, 생선류, 채소류 등은 검수한 당일 사용한다.
③ 오염의 우려가 있는 외포장 등은 검수실에서 제거한다.
④ 검수대 조도(540Lux)이상, 조리장(220lux)를 유지한다.

> **해설**
> • 오염의 우려가 있는 외포장 등을 제거한 후 검수실에 반입한다.
> • 공산품, 농수산물, 육류는 구분하여 검수대에 올려놓고 검수하며 맨 바닥에 놓지 않는다.
> • 식재료명, 포장상태, 유통기한, 수량 및 원산지 표시, 품질, 온도, 이물질 혼입 등을 확인하여 기록한다.
> • 수산물은 얼음과 비닐을 제거 한 후 내용물을 바구니에 부어 어느 정도 물이 빠지면 무게를 재고 검수한다. 검수 후 세척, 소독 실시하여 바닥이 오염되지 않게 한다.

06 손이 닿지 않는 곳을 측정할 때, 전통적인 센서를 사용할 수 없는 환경에서의 온도를 측정할 때 적합한 온도계는?

① 탐침식 온도계
② 탐침시 – 펜 타입 온도계
③ 비접촉식 적외선 표면 온도계
④ 수은 온도계

> **해설** 손이 닿지 않는 곳을 측정할 때, 전통적인 센서를 사용할 수 없는 환경에서의 온도를 측정할 때 적합한 온도계는 비접촉식 적외선 표면 온도계이다.

정답 01 ②   02 ④   03 ④   04 ①   05 ③   06 ③

07 제품의 생산과 판매를 위하여 소비된 경제가치는?

① 판매비　　② 원가
③ 비용　　　④ 재료비

> **해설** 원가란 제품의 생산과 판매를 위하여 소비한 경제가치를 화폐액수로 나타낸 것이다.

08 1인당 판매가격이 50,000원인 굴비구이 정식의 식재료 원가의 목표가 35%이다. 굴비를 제외한 보조식재료비를 총 식재료비의 10%로 한다면 얼마짜리 굴비를 구입해야 하겠는가?

① 17,500원　　② 15,750원
③ 22,500원　　④ 19,250원

> **해설**
> 총재료비 : 50,000×0.35=17,500원
> 보조재료비 : 17,500×0.1=1,750원
> 굴비재료비 : 17,500−1,750=15,750원
> 굴비재료비는 15,750원이다.

09 다음 자료에 의해서 계산하면 제조원가는?

[직접재료비 ₩ 180,000, 간접재료비 ₩ 50,000, 직접노무비 ₩ 100,000,
간접노무비 ₩ 30,000, 직접경비 ₩ 10,000, 간접경비 ₩ 100,000, 판매관리비 ₩ 120,000]

① ₩ 290,000　　② ₩ 470,000
③ ₩ 410,000　　④ ₩ 590,000

> **해설** 제조원가는 직접재료비+직접노무비, 직접경비+간접비(간접재료비+간접노무비+간접경비)이다.

10 제품의 제조수량 증감에 관계 없이 매월 일정액이 발생하는 원가는?

① 체감비　　② 비례비
③ 변동비　　④ 고정비

> **해설** 고정비 = 제품의 제조, 판매수량의 증감에 관계없이 고정적으로 발생하는 비용으로 보험료, 감가상각비, 인건비가 있다.

11 다음 중에서 직접비의 합계액은?

① 제조원가　　② 총원가
③ 판매가격　　④ 직접원가

> **해설** 직접원가 = 직접재료+직접 노무비+직접경비

12 계산 경제성의 원칙을 다른 말로 무엇이라고 하는가?

① 간접성의 원칙　　② 중요성의 원칙
③ 계산성의 원칙　　④ 비교성의 원칙

> **해설** 원가계산을 할 때에는 경제성을 고려해야 하며 계산 경제성의 원칙은 중요성의 원칙이라고도 한다.

13 급식재료의 소비량을 계산하는 방법이 아닌 것은?

① 재고조사법　　② 역계산법
③ 선입선출법　　④ 계속기록법

> **해설** 재료소비 가격의 계산법에는 선입선출법, 후입선출법, 개별법 등이 있다.

정답 07 ②　08 ②　09 ②　10 ④　11 ④　12 ②　13 ③

14 원가의 3요소에 해당되지 않는 것은?

① 판매관리비 ② 노무비
③ 재료비 ④ 경비

해설 원가의 3요소 : 재료비, 노무비, 경비

15 다음 중 노무비에 속하는 것은?

① 임금 ② 여비, 교통비
③ 보험료 ④ 후생비

해설 노무비란 제품의 제조를 위하여 소비되는 노동의 가치로써 임금, 급료, 잡금, 상여금을 말한다.

16 기초가격이 50,000원, 내용연수가 5년인 고정자산이 있다. 3년을 사용하였을 경우 정액법에 의한 누적 감가 상각액은?

① 27,000원 ② 9,000원
③ 10,000원 ④ 30,000원

해설
- 매년 감가상각액 = $\dfrac{\text{기초가격} - \text{잔존가격}}{\text{내용연수}}$
- 1년 감가상각액 = $\dfrac{50,000 - 5,000}{5}$ = 9,000
- 보통 구입가격의 10%를 잔족가격으로 본다. 문제에서 3년을 사용한 누적감가상각액을 물었으므로 9,000×3=27,000원이다.

17 총원가에서 판매관리비를 제외한 원가는?

① 직접원가 ② 제조원가
③ 직접재료비 ④ 제조간접비

해설 제조원가 + 판매관리비 = 총원가

18 다음은 재료 소비액을 계산하는 식이다. 옳은 것은?

① 재료소비량 × 재료소비단가
② 재료소비량 × 간접재료비
③ 재료구입량 × 재료소비단가
④ 재료구입량 × 간접재료비

해설 재료비 = 재료소비량×재료소비단가

19 넓은 의미의 원가에 해당되는 것은?

① 제조원가에 포장재료비를 포함한다.
② 제조원가에 판매를 위한 일반관리비용까지 포함한다.
③ 제조원가에 얼마의 이윤까지 포함한다.
④ 제조원가에 여비, 교통비를 포함한다.

해설 원가란 특정한 제품의 제조, 판매, 서비스의 제공을 위하여 소비된 경제가치이다.

20 급식인원 600명을 위해서 시금치나물을 하는데 1인당 시금치의 정미중량이 40g이다. 이 때 시금치의 실제 발주량은 약 몇 kg인가? (단, 시금치의 폐기율은 14%이다)

① 43kg ② 14kg
③ 28kg ④ 171kg

해설

총발주량 = $\dfrac{\text{정미중량} \times 100}{100 - \text{폐기율}} \times \text{인원수}$

$\dfrac{40 \times 100}{100 - 14} \times 600 = 27,907g \div 1000 ≒ 27.9kg$

실제발주량은 28kg이다.

정답 14 ① 15 ① 16 ① 17 ② 18 ① 19 ② 20 ③

Chapter 04 구매관리

21 제품 1단위당 원가계산의 일반적인 과정을 잘 나타낸 것은?

① 요소별 원가계산 → 제품별 원가계산 → 부문별 원가계산
② 요소별 원가계산 → 부문별 원가계산 → 제품별 원가계산
③ 제품별 원가계산 → 부문별 원가계산 → 요소별 원가계산
④ 부문별 원가계산 → 제품별 원가계산 → 요소별 원가계산

해설 원가계산은 요소별 원가계산 → 부문별 원가계산 → 제품별 원가계산단계를 거쳐 실시한다.

22 비원가 항목이 아닌 것은?

① 도난으로 인한 것
② 화재로 인한 것
③ 지진 등으로 인한 것
④ 전력사용으로 인한 것

해설 제품을 생산하는데 소비한 경제 가치를 원가라 한다. 재료비, 임금, 감가상각비, 보험료, 수선비, 전력비, 가스비, 수도광열비 등은 원가 항목이다. 그러나 도난·화재·천재지변 등의 손실은 원가에 포함되지 않는다.

23 원가계산의 원칙에 속하지 않는 것은?

① 발생기준의 원칙   ② 상호관리의 원칙
③ 진실성의 원칙   ④ 예상성의 원칙

해설 원가계산의 원칙에는 진실성, 발생기준, 계산경제성, 확실성, 정상성, 비교성, 상호관리의 원칙이 있다.

24 다음 중 직접비는?

① 임금   ② 광열비
③ 보험료   ④ 수도료

해설 직접비 = 직접 재료비(주요 재료비)+직접 노무비(임금)+직접 경비(외주 가공비) 등이다. 광열비, 보험료, 수도료는 간접경비다.

25 월중 소비액을 파악하기 가장 쉬운 계산방법은?

① 월말재고액 + 월중매입액 + 월말소비액
② 월중매입액 - 월말재고액
③ 월초재고액 - 월중매입액 - 월말재고액
④ 월초재고액 + 월중매입액 - 월말재고액

해설 월중 소비액 = (월초 재고액 + 월중 매입액) - 월말 재고액

26 예정원가에 대하여 가장 잘 설명된 것은?

① 추정원가라 하며, 언제나 실제원가보다는 높게 책정하는 것이 유리하다.
② 견적원가라 하며, 이는 제품의 제조 이전에 예상되는 값을 산출한 것이다.
③ 견적원가라 하며, 실제원가보다 낮게 책정하는 것이 생산 의욕을 위해 좋다.
④ 예정원가는 원가관리에 도움을 주지 못한다.

해설 예정원가는 제품의 제조 이전에 예상되는 원가로 산출한 견적원가, 사전원가, 추정원가라고 함

정답 21 ②   22 ④   23 ④   24 ①   25 ④   26 ②

27 경영활동을 합리적으로 통제 관리하기 위한 목적으로 하는 원가계산은?

① 예정원가계산   ② 추가원가계산
③ 사전원가계산   ④ 표준원가계산

해설 표준원가계산이란 과학적, 통계적 방법에 의하여 산출된 표준이 되는 원가로 실제 원가를 통제하는 기능을 가짐

28 다음은 재료의 소비단가를 정하는 방법들이다. 이 중 매입한 날짜가 빠른 것부터 먼저 출고되는 것으로 간주하여 소비 단가를 결정하는 방법은?

① 선입선출법   ② 총평균법
③ 이동평균법   ④ 후입선출법

해설 선입선출법은 매입한 날짜가 빠른 것을 먼저 사용한다는 원칙으로 소비단가를 결정하는 방법임

29 조리기계류는 사용빈도, 설치 장소 등에 따라 소모도에 차이가 생기므로 이용시설에 대한 가치감소를 일정한 방법으로 원가관리에서 고려하는 것은?

① 한계이익률   ② 손익분기점
③ 감가상각비   ④ 식품수불부

해설 기계류 등 고정자산의 소모, 손상에 의한 가치 감소를 연도에 할당해서 계산한 자산가격이 감소해 가는 것을 감가상각, 감가된 금액이 감가상각비임.

정답   27 ④   28 ①   29 ③

Chapter 05

기초조리실무

01 조리의 개요

1. 조리의 개념

조리란 식품을 맛있게 먹을 수 있도록 만드는 과정으로 씻기, 자르기, 익히기, 간맞추기, 담기 등을 각 식품의 성질이나 상태에 따라 행한다.

- 조리 : 음식물이 되기까지의 과정을 의미하는 Cooking(동사적 의미)
- 요리 : 마무리된 음식물을 그릇에 담아 완성시킨 Dish(명사적 의미)

2. 조리의 목적

① 식품의 영양적 이용효율을 높이고 외관을 좋게 하여 맛있게 하기 위하여 행한다.
② 소화를 용이하게 하고 위생상 안전성을 높인다.
③ 기호성을 향상시킨다.
④ 식품에 다양성과 저장성을 높이기 위하여 행한다.

02 | 식품의 조리와 성분 변화

조리에 의해 식품의 성분은 여러 가지 변화를 가져온다. 예를 들면 소화 흡수를 돕고, 위생적으로 안전하나 영양가의 손실, 변색 등도 일어난다. 조리 과정에서 일어나는 식품 성분의 변화를 식품군별로 알아보면 다음과 같다.

01 고기의 조리

1. 고기의 가열에 의한 변화와 요령

① 단백질의 응고, 수축, 분해되어 중량의 감소, 보수성의 감소가 일어난다.
② 근육색소인 미오글로빈이 회갈색의 메트미오글로빈으로 되어 색의 변화가 일어난다.
③ 결합조직 경(硬)단백질인 콜라겐이 많은 양지육, 장정육, 사태육은 물에서 오랫동안 75~80℃ 이상으로 가열하면 수용성인 유도 단백질인 젤라틴으로 연화(煙火)하여 부드럽다.
④ 고기의 가열은 생고기의 냄새를 휘발시키고 새로운 풍미를 부여 하는데 이는 숙성 중에 증가한 아미노산과 당, 그 외에 성분 간의 상호작용과 아미노카르보닐 반응 등에 의한다.
⑤ 고기 가열 시 편육용으로 사용할 경우는 끓는 물에 고기 덩어리를 넣고 익힌다.
⑥ 국과 같이 국물을 함께 먹을 경우는 찬물에서부터 고기를 넣고 가열한다.
⑦ 구이를 할 때에는 처음에 강한 불로 표면을 빨리 응고시켜 육즙이 흘러나오지 않도록 해야 맛이 좋고 영양분의 손실도 막을 수 있다. 구이용으로 안심과 등심 부위가 알맞다.

2. 고기의 조리 방법

(1) 습열(濕熱 Moist heat method)에 의한 조리
 ① 소량 또는 다량의 물을 넣고 가열하는 방법이다.
 ② 삶기, 끓이기, 찜 등의 조리법이 해당된다.
 ③ 고깃국, 장조림, 편육, 수프, 스튜 등에 이용된다.

(2) 건열(乾熱 Dry heat method)에 의한 조리
 ① 물을 사용하지 않고 직접 또는 간접적으로 열에 의해서 조리하는 방법이다.
 ② 굽기, 석쇠구이, 볶기, 튀기기 등의 조리법이 해당된다.
 ③ 불고기, 브로일링, 로스팅에 이용된다.

(3) 전자렌지에 의한 조리 : 초단파(전자파 사용)

(4) 단백질 분해효소

   ① 배즙, 생강의 프로테아제(Protease)

   ② 무화과의 피신(Ficin)

   ③ 파인애플의 브로멜린(Bromelin)

   ④ 파파야의 파파인(Papain) 등이 있다.

   ⑤ 키위의 액티니딘(Actinidain)

3. 고기의 종류와 융점(Melting point)

유지는 구성지방산의 종류에 따라 녹는(융점)점이 달라진다.

(1) 융점이 높은 육류

포화지방산과 고급지방산이 많은 양고기나 소고기로 가열조리한 후 온도가 낮아짐에 따라 지방이 하얗게 굳어 질감과 맛이 나빠지고 요리의 모양도 없어진다. 융점이 높은 소고기와 양고기는 뜨겁게 먹어야 맛이 좋다.

(2) 융점이 낮은 육류

불포화 지방산 및 저급 지방산이 많은 돈육과 닭고기이다.

4. 소고기의 부위별 특징

   ① 장정육 : 육질이 질기고 아교질이 많아 오래 끓여야한다.(조림, 다진 고기, 편육)

   ② 양지육 : 육질이 질기고 결합조직이 많으며 지방이 적다.(편육, 조림, 탕)

   ③ 안심, 채끝살, 대접살 : 부드러운 살코기로서 맛이 좋다.(구이, 전골, 산적)

   ④ 등심, 갈비, 쇠악지 : 살이 두껍고 얼룩지방인 상강육(marbling)이 있으며 맛이 좋다.
      (구이, 전골, 찜, 조림, 탕, 산적)

   ⑤ 업진육 : 지방과 살코기가 층으로 이루어져 지방이 많으나 질기다.(편육, 탕, 조림)

   ⑥ 우둔육, 홍두깨살, 대접살 : 상부에 지방이 약간 있으며 연하다.(조림, 탕, 전골, 구이산적, 포)

5. 돼지고기의 부위별 특징

   ① 갈비 : 지방층이 두껍고 살코기가 연하며 가장 맛이 좋다.(찜, 구이)

   ② 삼겹살 : 지방층과 육질이 교대로 층이 있다.(베이컨, 편육)

   ③ 뒷다리(볼기살) : 지방부가 적다.(조림, 찜, 햄)

④ 목살 : 근육층 사이에 지방이 적당히 섞여서 맛이 좋다.(구이)
⑤ 등심, 안심 : 결이 조밀하고 적당히 지방이 섞여 부드럽다.(찌게, 돈가스)

■ 소고기 부위명

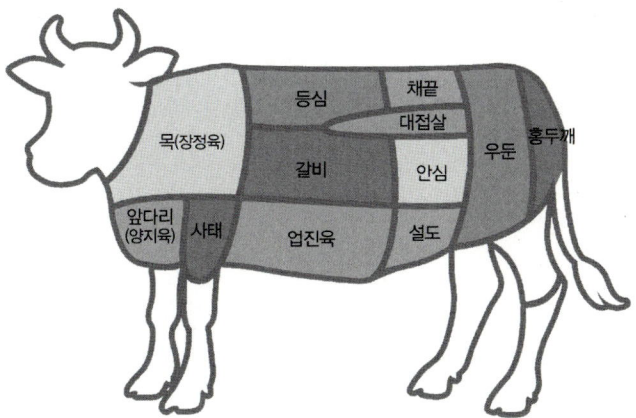

■ 돼지고기 부위명

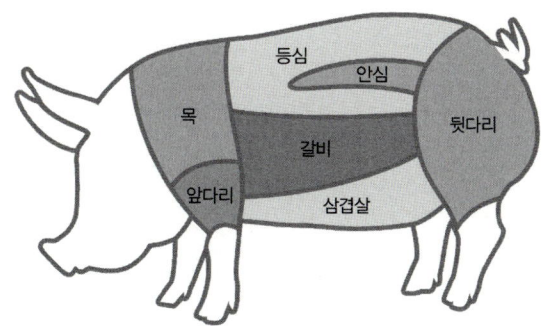

6. 육류의 감별

신선한 것은 그 육류 특유의 색깔을 갖고 있으며 투명감이 있고 습기가 있다. 오래 된 것은 암갈색으로 점차 말라가고 탄력이 없으며 암모니아의 나쁜 냄새가 난다. 병에 걸려 죽은 소와 돼지의 고기는 피를 많이 함유하여 냄새가 난다. 고기를 얇게 잘라서 투명하게 비췄을 때 반점이 있는 것은 기생충이 있는 경우가 많다.

① 소고기 : 색이 빨갛고 윤택이 나며 수분이 충분하게 함유되고 손가락으로 눌렀을 때 탄력성이 있는 것이 좋다.

② 돼지고기 : 기름지고 윤기가 있으며 살이 두껍고 살코기의 색이 엷은 것이 좋다.

02 난류(卵類)의 조리

1. 조리온도
난류(egg)는 하나의 생명체를 탄생시키는데 필요한 거의 모든 성분이 균형에 맞게 함유되어 있으므로 우유와 더불어 이상적인 식품이라고 할 수 있다. 달걀의 응고온도는 난백이 60~65℃이고 난황은 65~70℃이며, 달걀을 삶을 때 10~15분 정도 되면 완숙이 된다.

2. 난백의 기포성
(1) 난백의 오브뮤신, 오브글로브린 등의 단백질이 난백을 저을 때 들어간 공기를 둘러싸서 거품이 일어난다. 이 현상을 기포성이라 한다.
(2) 난백의 기포성에 영향을 미치는 요인
　① 달걀의 선도의 영향 : 오래된 달걀 일수록 수양난백이 많이 형성되어 거품이 잘 난다.
　② 온도의 영향 : 난백의 기포형성 적온은 30℃ 정도이다.
　③ 첨가물의 영향
　　ㄱ. 기름과 우유는 기포력을 저해한다.
　　ㄴ. 산(식초, 레몬즙)은 기포형성을 도와준다.
　　ㄷ. 설탕은 거품을 완전히 형성시킨 후 마지막에 넣어주면 거품이 안정된다.

3. 달걀 감별법
　① 표면이 꺼칠꺼칠하고 두껍고 강한 것이 좋으며 매끄럽고 광택이 있는 것은 오래된 것이다.
　② 빛을 쬐었을 때 난백부가 밝게 보이는 것은 신선하고, 흐린 것은 오래된 것이다.
　③ 흔들어 보아서 소리가 나면 기실이 커진 것이며 오래 된 것이다.
　④ 달걀의 감별법으로서 물 1컵에 식염 1큰술(6%)을 용해한 물에 달걀을 넣어 가라앉으면 신선한 것이고, 위로 뜨면 오래된 것이다.
　⑤ 알을 깨뜨렸을 때 노른자가 그대로 있고 흰자가 퍼지지 않는 것이 신선하다.
　⑥ 혀를 대보아서 둥근 부분은 따뜻하고 뾰족한 부분은 찬 것이 좋다.

03 두류의 조리

1. 두류의 성분
① 저탄수화물 고단백질 두류 : 대두(검정콩, 흰콩)로 단백질의 함량이 40%정도로 질적으로 우수하다.
② 저단백질 고탄수화물 두류 : 팥, 녹두, 완두, 강낭콩 등의 두류로 쪄서 떡고물로 사용하는 경우가 많다.

2. 두류의 가열에 의한 변화

대두와 팥에는 단백질의 소화효소인 트립신의 분비를 억제하는 안티트립신과 혈소판의 응집을 일으키는 소인과 사포닌이라는 용혈 독성분이 들어있지만 가열시 파괴된다. 익은 콩을 먹어도 장 내에서는 효소에 의한 소화가 안되고 가스생성의 요인이 되는 것은 올리고당인 라피노스(Raffinose)와 스타키오스(Stachyose) 때문이다. 라피노스와 스타키오스는 대두와 같은 두류에 많고 인체 내에서 소화, 흡수되기 어려우나 장내 세균들의 발효에 의해 가스형성, 복통을 유발하기도 한다. 최근에는 부패세균 활성을 억제하고 비피더스균 활성을 증가시키며 장 기능의 보호, 변비예방 및 혈압을 낮추고, 항암효과가 있다는 연구보고가 발표되고 있다.

04 우유의 조리

1. 우유의 가열에 의한 변화
① 우유를 60~65℃ 이상 가열하면 피막이 형성되는데 가열 시간이 길수록 두꺼워진다.
② 우유를 76~78℃로 가열하면 가열취가 생긴다. 고온 처리하면 가열 취는 점점 캐러멜취로 변하며 이는 유제품의 갈색화에 관여한다.
③ 우유를 가열·살균 했을 때 응고하는 성분은 알부민과 글로부린이며 산에 의해 응고하는 물질은 카제인이다. 신선한 우유의 pH6.6으로 약산성이다.
④ 응유효소인 레닌은 포유동물의 위에서 분비되며 위에서 프로테아제에 의해서 가수분해 되기 전에 카제인을 응고시키는 효소이다. 우유 중 미세한 지방군이나 카제인은 흡착하는 성질이 있으므로 생선을 익히기 전에 우유에 담가 놓으면 어취가 제거된다.
⑤ 우유를 데울 때 냄비에 단백질과 유당이 엉켜 붙는 현상을 방지하기 위해 이중 냄비를 사용하여 가

끔씩 잘 저어가며 끓인다.

2. 우유의 감별법
① 비중을 측정하여 1.028 이하인 것은 물을 섞은 의심이 있는 우유이다.
② 이물, 침전물, 변색, 점주성 있는 것, 신맛, 쓴맛 등이 나는 제품은 좋지 않다.
③ 물 컵에 우유 한 방울 떨어뜨리면 퍼지면서 강하하는 것이 좋다.
④ 우유를 냄비에 넣고 직화로 서서히 가열할 때 응고하는 것은 발효하여 산도가 높아진 것이므로 먹지 않는 것이 좋으며, 유아에게 먹이면 설사를 한다.
⑤ 우유를 병째로 놓아두었을 때 위쪽에 흰색 크림층이 생기는 것은 저온에서 살균한 것이거나 살균하지 않은 우유이고, 생기지 않는 것은 탈지유이거나 고온살균한 것이다.

05 채소의 조리

1. 채소의 분류
① 엽채류는 상추, 배추, 시금치, 쑥갓, 갓, 아욱, 근대, 양배추(캐비지) 등이며 수분과 섬유소의 함량이 많고 칼로리와 단백질의 함량은 적다.
② 과채류는 가지, 오이, 고추, 호박, 토마토, 수박, 참외 등이다.
③ 근채류는 감자, 고구마, 당근, 우엉, 연근, 무 등이며 감자는 채소이면서도 곡류처럼 전분을 주성분으로 한 열량 식품으로 비타민 C가 많다. 감자에 비해 황색 고구마는 비타민 C와 더불어 카로틴을 다량 함유하고 있다.
④ 종실류는 콩, 수수, 옥수수 등이며 수분과 섬유소의 함량이 적다.

2. 가열조리
① 삶을 때는 수분을 빨리 탈수시키기 위하여 소금을 약간 넣어 삶거나 녹색채소에다 중조를 넣어서 알칼리성으로 하여 삶으면 녹색이 선명해진다.
② 삶는 물의 양은 재료의 5배 정도가 좋다.
③ 시금치 등의 녹색채소를 데칠 때는 불미성분인 수산을 제거하기 위하여 뚜껑을 열고 단시간 데쳐 헹군다. 수산은 체내에서 칼슘의 흡수를 방해하여 신장결석을 일으킨다.

④ 채소를 조리하면 열에 의해 섬유소가 적어진다.

> **블랜칭(Blanching)**
> 끓는물 또는 증기에서 살짝 데치는 것을 블랜칭이라 하며 동결 저장 중 활성을 가져 식품의 품질을 저하시키는 효소를 불활성화 시키고 부피감소, 살균 효과, 효소파괴 효과가 있다. 끓는물에서 단시간 조리하여 변색과 비타민 C의 손실을 줄일 수 있다.

06 전분류의 조리

1. 전분의 호화(gelatinization)

- 쌀, 보리, 감자, 좁쌀 등 날것인 상태의 전분을 베타(β) 전분이라 한다.
- 생 전분인 베타(β) 전분에 물과 열을 가하면 분자에 금이 가서 물분자가 생 전분 속에 들어가 팽윤한 상태를 호화라 한다. 생전분이 소화가 잘되고 맛있는 전분으로 되는 것을 '전분의 α화'라하고 익은 전분을 α전분이라 한다.

  ◼ 전분의 호화를 위한 조건
  ① 전분을 가열하기 전 물에 담근 시간이 길수록
  ② 전분의 가열온도가 높을수록
  ③ 전분입자 크기가 작고 수분 함량이 많을수록
  ④ 쌀의 도정률(정백도)이 높을수록
  ⑤ pH가 높을수록 전분의 호화가 촉진된다.

> - 쌀로 밥을 지었을 때 중량 증가는 2.5배이다.
> - 밥을 지을 때의 평균 열효율 : 전력 50~60%, 가스 45~55%, 장작 25~45%, 연탄 30~40%

2. 전분의 노화(老化)

α화된 전분을 실온에 방치해 두면 점점 β형으로 되는 현상을 노화(Retrogradation)라 한다.

(1) 노화를 예방하기 위한 조건
  ① α화한 전분을 80℃ 이상에서 급속히 건조시키거나 0℃ 이하에서 급속 냉동하기
  ② 전분의 수분 함량을 15% 이하로 낮추기 (비스켓, 센베이, 미숫가루)

③ 설탕을 다량 첨가시킨다.(카스테라, 떡고물)
④ 환원제나 유화제를 첨가하기(모노글리세라이드 첨가)

(2) 노화되기 쉬운 조건

① 전분의 노화는 아밀로오스(Amylose)의 함량 비율이 높을수록 빠르다.
② 수분이 30~70%, 온도가 3℃일 때 가장 잘 일어난다.

3. 전분의 호정화

전분에 물을 가하지 않고 160℃ 이상으로 가열하면 여러 단계의 가용성 전분을 거쳐 텍스트린(호정)으로 분해되는 현상을 전분의 호정화라 한다. 호정화된 전분은 호화전분보다 물에 잘 용해되며 끈끈한 힘은 적고 소화가 잘된다. **예** 쌀튀밥, 강냉이튀밥, 쌀과자 등

■ 쌀의 종류에 따른 물의 분량

쌀의 종류	쌀의 중량에 대한 물의 분량	체적(부피)에 대한 물의 분량
백미(보통)	쌀의 중량에 1.5배	쌀의 용량에 1.2배
햅쌀	쌀의 중량에 1.4배	쌀의 용량에 1.1배
찹쌀	쌀의 중량에 1.1~1.2배	쌀의 용량에 0.9~1배
불린 쌀(침수)	쌀의 중량에 1.2배	쌀의 용량에 동량 (1배)

07 젤라틴과 한천의 조리

1. 젤라틴

- 젤라틴(Gelatin)은 동물의 뼈와 껍질을 원료로한 콜라겐(Collagen)이 주성분이다.
- 동물성 변성 단백질로 트립토판과 시스틴은 결핍되지만 인산이 많이 함유되어 있다.
- 소화되기 쉬우므로 환자의 저열량식, 유아식, 노인식에 좋다.
- 족편요리를 투명감 있고 광택을 줄 때에 이용하고 있다.
- 콜라겐에 물을 넣고 가열하면 Gelatin이 된다.
- 응고 온도는 낮아서 10℃ 전후에서 응고하기 때문에 겨울철 이외에는 얼음을 사용하든가 냉장고에 넣어서 냉각하여 사용한다.

2. 한천

- 한천은 우뭇가사리 등 홍조류(紅藻類)의 세포벽 성분이다.
- 주성분은 갈락탄(Galactan)으로 아가로오스(Agaros)와 아가로펙틴(Agaropectin)이다.
- 한천은 인체 내에서 소화되지 않으나 물을 흡수하여 팽창함으로써 장을 자극하여 변비를 막는데 효과적이다.
- 젤(Gel)화되는 성질이 있어 과일젤리(Fruit jelly)에 이용된다.
- 양갱은 한천 녹인 것에 팥과 설탕을 넣고 굳힌 것이다.
- 응고 온도는 약 30℃이기 때문에 물로 식히면 바로 응고된다.

명절음식 및 시절식 상

① 설날의 세배상 : 떡국(또는 만둣국), 나박김치, 약식, 식혜
② 정월 대보름의 절식 : 오곡밥, 복쌈, 약식, 식혜, 부럼, 각색나물
③ 한식 : 과일, 포, 쑥절편, 쑥송편
④ 단오날 : 증편, 알탕, 준치만두, 애호박, 준치국
⑤ 칠석 : 육개장, 닭개장, 밀전병, 밀국수
⑥ 삼복 : 육개장, 잉어구이, 오이소박이, 증편, 복숭아화채
⑦ 추석상 : 송편, 토란탕, 화양적, 닭찜, 나물, 김치, 화채
⑧ 동지 : 팥죽, 동치미, 경단, 생실과, 수정과, 전약
⑨ 그믐 : 골동반, 주악, 완자탕, 식혜, 수정과, 떡국, 장김치

03 조리의 기본기술 및 조리설비

01 조리방법

1. 튀김
- 기름의 대류열에 의한 튀김은 글루텐 함량이 적은 박력분을 이용한다.
- 기름의 비열(比熱)은 0.47로서 온도의 변화가 심하고 온도상승에 제한이 없다.
- 튀김옷을 만들 때 밀가루를 물로만 개어도 되나 물의 1/3 ~ 1/4을 달걀로 대치하면 튀긴 후의 맛이 좋아질 뿐 아니라 튀김옷이 연해진다.
- 밀가루를 물에 풀어 튀김옷을 만들 때 밀가루 무게의 0.2%정도의 식소다를 넣으면 가열 중 이산화탄소가 발생하면서 가볍게 튀겨진다.
- 튀김옷을 만들 때 소량의 설탕을 넣으면 튀김옷의 색이 적당하게 갈변하여 먹음직스러워지는 동시에 튀김옷이 적당히 연해지고 아삭아삭해진다.
- 물의 온도가 15℃일 때에는 글루텐이 쉽게 수화되지 않고 글루텐의 형성도 잘 안되어 자유수가 많아 튀길 때 탈수가 잘 되므로 빨리 떠오르고 연하게 튀겨진다.

2. 볶음
볶음은 구이와 튀김의 중간 요리로 조리 시 여열(餘熱)을 이용하는 것이 좋다.

■ 볶음 시 식품의 변화
① 고온 단시간 처리로서 비타민의 손실이 적다.
② 눌은 곳은 독특한 풍미 형성
③ 지용성 비타민 식품은 기름에 용해되어 체내 이용률을 증가시킨다.
④ 식물성 식품은 연화되며, 동물성 식품은 단단해진다.

3. 구이
 구이할 때는 처음에 강한 불로 표면의 단백질을 응고시켜 육즙이 나오지 않게 해야 영양분의 손실을 막을 수 있어 맛이 좋다. 재료의 표면이 타지 않고 중심부까지 익도록 방사열의 가감을 잘 해야 한다.

4. 찜
　① 찜은 조리시간이 길다.

② 찜솥 내의 찜기 위에서 찌기 때문에 식품이 탈 염려가 없다.
③ 수용성 영양소의 용출이 끓이는 조작보다 적다.
④ 달걀 요리는 응고온도가 높으면 지나치게 굳어진다.
⑤ 찜은 수증기가 갖고 있는 잠열(1g당 539cal)을 이용한 조리법이다.

5. 끓임

끓임은 물 또는 국물에 조미료를 가미하고 식품을 가열해서 부드럽게 맛을 내는 효과를 얻을 수 있다. 국 끓일 때 건더기는 국물의 1/3 정도이고 찌개는 2/3 정도이다.

▎ 끓임의 단점

① 대량의 국물과 같이 서서히 가열하기 때문에 수용성 성분이 녹아 나온다.
② 상층부의 재료에 눌려 하층부의 재료가 모양이 망가질 수 있다.

6. 조미의 순서

- 조미의 순서는 설탕 → 소금 → 간장 → 식초, 참기름의 순서로 한다.
- 간장을 먼저 넣으면 분자량이 큰 설탕보다 침투력이 빨라 단맛과의 부조화가 일어난다.

02 기본 칼 기술 습득

1. 칼 준비

조리방법에 따른 한식칼, 중식칼, 양식칼, 일식·복어칼, 과도, 조각도를 구분하여 사용한다.

2. 칼의 종류와 사용용도

아시아형	• 우리나라와 일본 같은 아시아에서 많이 사용한다. • 칼날길이를 기준으로 18cm 정도이다. • 칼등이 곡선이고 칼날이 직선이다. • 채 썰기 등 동양요리에 적당하다.
서구형	• 부엌칼이나 회칼로 사용한다. • 칼날길이를 기준으로 20cm 정도이다. • 주로 자르기에 편하여 힘이 들지 않는다.

다용도칼	• 뼈를 발라내거나 다양한 작업을 할 때 사용한다. • 칼날 길이를 기준으로 16cm 정도이다. • 칼등이 곧게 뻗어있고 칼날은 둥글게 곡선처리 되어있다.

3. 조리도 사용법

- 칼을 사용할 때는 검지손가락을 칼등에 얹고 다른 손가락은 편하게 느껴지도록 칼자루를 잡은 다음 가볍게 힘을 주어 칼을 든다. 칼을 잡을 때 힘을 주지 말아야 하는 것이 중요한 포인트인데, 힘을 주어 잡으면 유연성이 결여되어 손을 벨 염려가 있기 때문이다.
- 식품을 썰 때는 일반적으로 왼손으로 재료를 누르고 써는데, 손가락 끝을 안쪽으로 구부린 채 손가락의 첫째 마디를 칼에 대는 듯하게 하고 몸 전체에 리듬을 주는 듯한 동작으로 부드럽게 썬다. 이때 몸은 왼쪽을 약간 앞으로 오게 하고 오른쪽이 약간 뒤로 물러선 듯한 자세를 취한다. 도마는 조리대의 가장자리에 평행으로 놓고 썰되 몸은 조리대의 주먹하나 정도의 간격을 두도록 한다.

(1) 잡아당겨 썰기
칼의 안쪽은 들어 올리고 칼끝을 재료에 비스듬히 댄 채 잡아당기듯이 써는 방법이다. 오징어를 채 썰 때 이 방법을 이용한다.

(2) 밀어썰기
무, 양배추, 오이 등을 채 썰 때 사용하는 방법이다. 오른쪽 검지손가락을 칼등에 대고 칼을 끝 쪽으로 미는 듯하게 가볍게 움직이면 곱게 썰어진다. 위에서 아래로 내리 누르듯이 힘을 주면 채소의 섬유질이 파괴되어 썰어진 단면이 거칠어진다. 큼직한 호박이나 무 등을 토막낼 때도 쓰이는데 이때는 칼을 안쪽에서 끝 쪽으로 밀어 넣는 듯한 기분으로 재료에 넣고 왼손으로 칼끝 쪽을 누른 채 이쪽 저쪽으로 번갈아 힘을 주면서 쪼개듯이 썬다. 밀쌈이나 김밥 등을 썰 때 무조건 힘을 주어 눌러 썰면 속 재료가 빠져나가고 지저분해진다. 우선 칼끝을 재료에 넣은 다음 안쪽으로 잡아당기는 듯한 동작으로 썬다.

(3) 눌러썰기
다져썰기의 방법으로, 왼손으로 칼끝을 가볍게 누르고 오른손을 상하 좌우로 누르는 듯하게 써는 것이다. 흩어진 것은 다시 모아 같은 동작을 반복하면 곱게 다져 진다.

(4) 저며썰기
재료의 왼쪽 끝에 왼손을 얹고 오른손으로는 칼을 눕혀서 재료에 넣은 다음 안쪽으로 잡아당기는 듯한 동작으로 얇게 써는 방법이다.

(5) 기본썰기

기본썰기는 식품의 맛과 조리를 쉽게 하고, 먹기 좋고 소화가 잘 되게 하기 위함이다. 칼날을 적절하게 잘 이용해서 일정한 두께로 가지런히 자를 수 있어야 한다.

03 조리도구의 종류와 식재료 계량

1. 조리도구의 종류와 용도

(1) 가스레인지

조리온도는 음식의 품질을 좌우하는 중요한 요소이다. 따라서 조리법에 따라 음식의 맛을 가장 좋게 하는 불 조절이 필요하다.

① 강불(센불)

가스레인지의 레버를 전부 열어 놓은 상태로 불꽃이 냄비 바닥 전체에 닿는 정도이다. 볶음·구이·찜 등의 요리에서 처음에 재료를 익힐 때, 국물음식의 내용을 익힐 때 또는 국물 음식을 팔팔 끓일 때의 불의 세기이다.

② 중불

가스레인지의 레버가 꺼짐과 열림의 중간 위치이다. 불꽃의 끝과 냄비 바닥 사이에 약간의 틈이 있는 정도이다. 국물요리에서 한 번 끓어오른 다음 부글부글 끓는 상태를 유지할 때의 불의 세기이다.

③ 약불

가스레인지의 레버를 꺼지지 않을 정도까지 최소한으로 줄인 상태로, 중간 불보다 절반 이상으로 약한 불의 세기이다. 오랫동안 지글지글 끓이는 조림요리나 뭉근히 끓이는 국물요리에 알맞다.

■ 불의 세기에 따른 물 끓는 시간

열원 종류	불의세기 / 물량	500g	1000g	2000g	비고
채소와 달걀	센불	3분	5분	9분	• 25℃ 물 기준 • 20cm냄비 사용
	중불	6분	10분	15분	
	약불	30분	45분	60분	

출처 : (사)한국전통음식연구소(2011), 「아름다운 한국음식 300선」, 질시루, p44.

(2) 온도계

온도계는 조리온도를 측정하는 데 사용한다. 일반적으로 주방용 온도계는 비접촉식으로 표면온도를 잴 수 있는 적외선 온도계를 사용하며, 기름이나 당액 같은 액체의 온도를 잴 때는 200~300℃의 봉상 액체온도계를 사용하고, 육류는 탐침하여 육류의 내부온도를 측정할 수 있는 육류용 온도계를 사용한다.

(3) 조리용 시계

조리시간을 측정할 때는 스톱워치(Stop watch)나 타이머(Timer)를 사용한다.

(4) 숫돌의 종류 및 사용법

입도(#)란 숫돌 입자의 크기를 측정하는 단위이며 숫자가 작을수록 입자가 거칠다.

① **거친 숫돌**(400#) : 형태가 깨진 칼끝을 수정하고 칼날이 두껍고 이가 많이 빠진 칼을 갈 때나 새 칼의 날을 세울 때 사용하는 거친 숫돌

② **중간 숫돌**(1000#) : 일반적인 칼갈이에 사용하는 고운 숫돌로써 굵은 숫돌로 간 다음 칼날 부분을 부드럽게 하기 위해 사용

③ **마무리 숫돌**(4000~6000#) : 입도가 낮은 숫돌로 칼날을 세운 다음 더욱더 윤기와 광을 내고자 할 때 사용하는 마무리 숫돌

④ 숫돌의 사용방법

ㄱ. 숫돌은 사용하기 전 30~40분 정도 물에 완전히 담가 충분히 물을 먹여 사용한다.

ㄴ. 숫돌의 전면은 수평을 유지하게 해서 사용한다.

ㄷ. 숫돌 밑에 천을 깔거나 숫돌집에 고정시켜 미끄러지지 않게 사용한다.

ㄹ. 칼과 숫돌의 이물질을 제거한다.

ㅁ. 칼의 양쪽 면을 모두 갈고자 할 때는 양쪽면을 같은 횟수로 간다.

ㅂ. 칼을 갈면서 나오는 흙탕물로 갈아지는 것이므로 물을 자주 뿌리지 않도록 한다.

ㅅ. 칼을 갈고 난 후에는 흐르는 물에 세척을 깨끗이 하고 건조시켜 보관한다.

2. 기타 조리도구

① **필러**(Peeler 박피기) : 감자, 당근, 무 등의 구근류의 껍질 제거 시 사용

② **휘퍼**(Whipper) : 거품낼 때 사용

③ **믹서**(Mixer) : 식품을 혼합, 교반 시 사용

④ **슬라이서**(Slicer) : 고기, 햄 등을 얇게 자르는 기계

⑤ **그라인더**(Grinder) : 육류를 갈 때 사용

⑥ **살라만더**(Salamander) : 가스 또는 전기를 열원으로 하는 구이용 기구로 생선이나 고기를 구울 때 사용
⑦ **그리들**(Griddle) : 두꺼운 철판 밑으로 열을 가열하여 뜨겁게 달구어진 철판위에서 조리하는 기구로 햄버거, 전 등 부침요리에 적합
⑧ **스쿠퍼**(Scooper) : 아이스크림이나 채소의 모양을 뜨는데 사용
⑨ **브로일러**(Broiler) : 스테이크 등의 구이에 적합하며 석쇠로 구운 모양을 나타내는 시각적 효과가 있음

■ 조리도구 규격

조리도구	지름	높이	두께
편수냄비	16	10	0.2
양수냄비	18	11	0.2
양수냄비	20	12	0.2
양수냄비	24	16	0.2
양수냄비	28	18	0.2
양수냄비	32	23	0.5
전골냄비	28	6	0.2
찜기	26	16	0.5
프라이팬	30	5.5	0.5
둥근 팬	28	9	0.5

출처 : (사)한국전통음식연구소(2011), 「아름다운 한국음식 300선」, 질시루, p44.

3. 식재료 계량방법

재료를 경제적으로 사용하고 과학적이고 실패없는 조리를 하기 위해서는 재료의 계량이 정확하게 이루어져야 한다.

(1) 가루식품의 계량

① 가루를 체에 친다.
② 흔들거나 누르지 말고 스푼으로 수북하게 담는다.
③ 주걱(Spatula)으로 깎아 측정한다.

(2) 액체식품 계량

① 투명한 기구를 평평한 곳에 놓는다.

② 액체 식재료를 담는다.

③ 부피를 측정할 때 눈금과 액체 표면의 아랫부분을 눈과 같은 높이로 맞추어 읽는다.

(3) 고체식품 계량

계량스푼에 빈공간이 없도록 가득 채워서 표면을 평면이 되도록 깎아서 계량

(4) 알갱이상태의 식품 계량

계량스푼이나 계량컵에 가득 담아 살짝 흔들어서 빈 공간이 없이 채운 후 표면을 평면이 되도록 깎아서 계량한다.

(5) 농도가 큰 식품 계량

꼭꼭 눌러 담아 표면이 평면이 되도록 깎아서 계량

계량단위

① 1컵(Cup) = 물 200ml = 약 13.5큰술 = 물 200g
② 1큰술(Ts : Table spoon) = 물 15ml = 3작은술 = 물 15g
③ 1작은술(ts : tea spoon) = 물 5ml = 물 5g

---

04 조리장의 시설

1. 조리장의 기본

- 조리장을 신축 또는 개조할 때는 위생, 능률, 경제 순으로 고려하여 설계나 공사를 한다.
- 바닥으로부터 1.5m까지의 내벽은 타일, 콘크리트 등이 내수성자재의 구조여야 한다.
- 형태는 장방형(직사각형 구조)이 좋다.

일자형 (직선형)	• 일자형은 길이가 3m 이상이면 동선이 길어 비능률적임 • 가장 기본 형태, 좁은 면적 이용 시 사용
L자형 (ㄱ자형)	• 정방형 주방에 알맞고, 일자형보다 동선이 짧다. • 보통 가정에서 쉽게 볼 수 있음

ㄷ자형 (U자형)	• 양측벽면을 이용, 가장 효율적이고 바람직함 • 넓은 주방공간에서 용이함, 능률적임
병렬형 (복도형)	• 양면의 벽을 이용하여 작업대를 마주보게 배치 • 길고 좁은 주방에 적당, 동선이 짧아 효과적 • 작업 시 몸을 앞뒤로 바꿔야하는 불편함이 있음
아일랜드형 (섬형)	• 일자형, L자형 등의 작업대에 중앙에 섬처럼 하나 더 놓음 • 조리기구를 한 곳에 모아 놨기에 환풍기 등의 수를 최소화 할 수 있어 실용적임

04 식품의 가공 및 저장

01 농산물 가공

1. 곡류의 가공

곡류란 쌀과 보리, 밀, 호밀, 귀리 등의 맥류와 조, 기장, 피, 옥수수, 메밀 등의 잡곡으로 구분할 수 있다. 세계적으로 재배되고 있는 중요한 곡류는 밀, 쌀, 옥수수 순이고 이들을 3대 곡류라 부른다. 오곡은 쌀, 보리, 콩, 조, 기장이다.

1) 쌀

(1) 쌀의 구조

벼를 탈곡하여 현미 80%를 얻는다. 왕겨층 20%를 벗겨낸 현미는 과피, 종피, 호분층과 배유, 배아로 구성되어 있고 단백질, 지질, 비타민이 많이 분포되어 있는 부분은 호분층과 쌀의 눈이라고 하는 배아이다. 도정에 의해서 정백의 비율이 커질수록 단백질, 지방, 섬유 및 비타민 B_1이 감소된다.

① 백미 : 우리가 식용하고 있는 백미는 현미를 도정하여 배유만 남은 것으로 주로 전분으로 구성되어 있다. 백미는 소화율이 98%이고 현미는 90%이다.

② 쌀 저장에 유리한 순서 : 벼 → 현미 → 백미 순이다.

(2) 쌀의 가공품

① 강화미 : 비타민 B_1, B_2, 칼슘 따위를 첨가하여 영양가를 높인 쌀

② 건조쌀(Alpha rice) : 쌀밥을 고온·건조시킨 것

③ 팽화미(Puffed rice) : 튀밥과 같이 고압으로 가열하여 압축한 것

④ 종국류 : 감주, 된장, 술 제조에 쓰고 그 밖에 증편, 식혜, 조청 등을 만든다.

2) 보리(大麥)

보리는 대맥이라고도 하며 우리나라에서는 쌀 다음으로 중요한 곡류중의 하나이다. 보리는 과피와 종피를 제거하고 배유부만 남은 것인데 쌀과 달리 중앙에 홈이 있어 약간의 호분층을 남기고 있다. 이것은 소화가 좋지 않아 눌러서 압맥으로 하는데 물을 가하여 도정한다. 보리의 주단백질인 호르데인(Hordein)은 밀의 주단백질인 글리아딘과 달리 점탄성이 약해 반죽했을 때 끈기가 적다.

① 압맥 : 고열증기로 쬐어서 부드럽게 한 다음 기계로 눌러서 만든 것이다. 압맥은 조직이 파괴되어 소화가 잘된다.

② 할맥 : 조리하기가 간편한 할맥은 보리의 골이 들어 있는 섬유소를 제거한 것이다.

3) 소맥(밀)

(1) 소맥분의 종류

소맥분의 종류는 글루텐(Gluten)의 양에 따라 다음과 같이 분류된다.

글루텐의 함량	종류	용도
13% 이상	강력분(경질)	빵, 마카로니
10~13%	중력분(중간질)	만두, 국수류
10% 미만	박력분(연질)	비스켓, 튀김, 과자, 카스테라

① 글루텐이 적은 것을 필요로 하는 튀김이나 과자는 글루텐이 적은 박력분을 사용한다.
② 면류는 중력분을 사용한다.
③ 빵이나 마카로니와 같은 글루텐의 점성을 필요로 하는 것은 강력분을 사용한다.
④ 튀김은 점성이 없어야 한다. 반죽을 미리 하거나 치대는 것은 금물이다.
⑤ 빵의 제조 시 이스트의 발효온도는 25~30℃ 이다.
⑥ 오븐에서 굽는 온도는 200~250℃로 한다.
⑦ 반죽 후 재워 놓았을 때 부풀어 오르는 것은 반죽 안에 있는 효모가 포도당을 발효시켜 CO_2(탄산가스)가 생성되었기 때문이다.

- **마카로니의 제조법** : 강력분 밀가루를 약간 굵게 제분하여 달걀, 올리브유, 소금을 사용하여 만든다.
- **당면의 제법** : 동면이라고 하며 주로 고구마 전분을 사용하여 만든다.

2. 대두의 가공품

- 두류는 콩과 식물에 속하고 열매를 식용할 목적으로 재배하는 작물이다.
- 대두는 단백질 및 유지의 급원 식품으로 중요하다.
- 대두 단백질은 32~35%로 그 함량이 많으며 두부는 대두 가공품 중 가장 우수한 식품의 하나로 대두 단백질의 대부분은 글리시닌과 알부민이다.

(1) 두부

콩 단백질인 글리시닌(Glycinin)이 간수($MgCl_2$), 황산칼슘($CaSO_4$), 염화칼슘($CaCl_2$)에 의하여 응고되는 성질을 이용한 것으로 콩을 2.5배가 될 때까지 불려 소량의 물을 첨가하여 마쇄한 다음 마쇄한 콩에 2~3배의 물을 넣어 30~40분간 가열한 후 마대에 넣어 압착시켜 두유와 비지를 분리한다. 간수는 두유의 온도

65~70℃가 되면 두유의 2%의 간수를 2~3회로 나누어 첨가한다.

(2) 순두부 : 두유에 간수를 넣은 상태

(3) 유부 : 두부를 단단하게 만들어 수분을 뺀 뒤 조미하고 얇게 썰어 기름에 튀긴 것

(4) 유바 : 단백질, 지방, 비타민 B 등의 영양소가 많은 식품으로서 유바는 콩국(두유)을 끓여서 표면에 엉긴 단백질의 피막을 거둬 말린 콩국 껍질을 말한다.

(5) 콩나물 : 비타민 C가 풍부하지만 발아되는 동안 단백질이 감소된다.

(6) 낫또(일본형 청국장) : 삶은 대두에 낫또균을 넣어 발효시킨 콩 제품이다.

(7) 땅콩버터(peanut butter) : 낙화생(땅콩)을 볶아 마쇄시킨 것이다.

(8) 된장 : 메주를 쏠 때 사용한 재료의 종류와 양, 전분질 원료, 소금, 황곡 및 물 등에 따라 풍미와 품질이 달라진다. 된장이 구수한 맛을 가지고 있는 것은 대두 단백질이 분해하여 생성된 아미노산, 전분이 분해하여 생성된 당, 발효과정에서 생긴 젖산, 호박산, 소산, 말산, 구연산과 같은 여러 가지 유기산 등이 혼합되어 나타나는 맛 때문이다.

(9) 간장

① 장을 담근 후 된장을 분리하고 남은 액체이다.

② 맛 성분은 감칠맛, 맥아당, 포도당 등의 감미와 초산, 젖산, 호박산 등의 신맛이 혼합된 맛이다.

③ 시판되는 간장의 색이 진한 것은 캐러멜 색소 등을 첨가하여 제조한 것이다.

④ 간장은 전체적으로 붉은 기를 띠고 있으며 투명하고 광택이 있는 것이 좋다.

⑤ 적당한 점성이 있는 것이 좋으며 흑청색을 띤 것은 좋지 않다.

⑥ 특유한 향기가 있으며 한 두 방울 혀 위에 떨어뜨렸을 때 맛이 좋다.

⑦ 단맛이 조금 나며 풍미가 좋은 것이 좋다.

⑧ 이취나 자극적인 매운맛, 신맛, 쓴맛이 있는 것은 좋지 않다.

(10) 청국장

본래 청나라와 전쟁 중에 청국에서 건너왔다 하여 전국장 또는 청국장으로 불린다. 콩을 푹 삶아 60℃로 냉각하고 공기 유통이 좋은 대바구니 같은 그릇에 짚을 깔아 준 다음 40~45℃로 2~3일간 보온하면 짚에 묻어있던 납두균(Bacillus natto : 호기성균)에 의해 발효가 잘 일어나 끈끈한 점액 물질이 생기며 단백질 및 기타 성분이 분해된다. 여기에 16% 정도의 소금과 적당량의 마늘, 파, 고춧가루 등을 넣어 맛을 낸다.

3. 과채류 가공

- 포도당, 과당, 자당으로 된 당분을 많이 함유하고 무기질(Ca, P, Fe), 비타민 C를 함유하며 사과산 주석

산 탄닌산과 효소를 가지고 있어 갈색으로 변하는 원인이 된다.
- 과일속의 펙틴질은 잼이나 젤리의 응고에 관여한다.

(1) 잼
① 펙틴 응고의 비율 : 펙틴은 1.0~1.5%, pH는 3.46, 당분 60~65%, 그러므로 펙틴산이 많은 사과, 포도, 딸기 등으로 잼을 만들며 딸기잼, 사과잼, 오렌지잼, 포도잼이 있고 펙틴산이 적은 배와 감 등은 잼의 원료로 사용하지 않는다.

② 농축하는 정도 : 당도계 측정(60~65%), 온도는 103~104℃ 정도, cup test(흩어지지 않고 밑바닥까지 침전), spoon test가 있다.

(2) 젤리 : 과즙에 설탕(70%)을 넣고 가열, 농축하여 응고시킨 것
(3) 스쿼시(Squash) : 과일주스에 설탕을 섞은 농축음료
(4) 마멀레이드(Marmalade) : 오렌지나 레몬 껍질로 만든 잼
(5) 프리저브(Preserve) : 과일을 시럽에 넣고 조리하여 연하고 투명하게 된 상태
(6) 컨서브(Conserve) : 여러 가지 과일을 혼합하여 만든 잼과 같은 상태

4. 축산가공

1) 우유의 가공과 저장

(1) 크림 : 우유에서 분리된 연한 황색을 띤 유지방으로 식품위생법에서는 유지방비율 18% 이상 산도 0.2% 이하를 포함하는 것이라 정의 하였고 커피용은 유지방률 20%, 케이크나 과일용은 유지방률 30~50%인 헤비크림(Heavy cream)거품을 내어 쓰므로 휘핑 크림(Whipping cream)이라 한다.

(2) 버터 : 우유에서 지방만을 분리해서 유화시킨 것으로 지방 80%와 수분 20%로 구성되어 쇼트닝성이 있어 과자류가 연하고 잘 부스러지게 한다. 독특한 맛과 향기를 가져 음식에 풍미를 준다. 이미나 자극미가 없는 것이 신선하고 버터를 50~60℃ 정도로 가온하면 좋은 것은 위쪽에 기름층 아래쪽에 비지방성 물질층으로 분리되나, 나쁜 것은 기름층이 혼탁되어 있다.

(3) 치즈 : 우유의 카제인 단백질은 열에 의하여 잘 응고되지 않으나 산과 일종의 효소인 레닌에 의하여 응고된다. 이 원리를 이용하여 치즈를 만든다. 치즈는 특유의 풍미를 갖고 있고 곰팡이가 슬지 않는것, 건조하지 않은 것이 좋다.

(4) 가당연유 : 우유에 설탕을 가하여 농축시킨 제품이다.

(5) 요구르트 : 우유, 양젖 등을 살균하여 반쯤 농축시키고, 이에 유산균을 번식시켜 발효 응고시킨 음료로 맛이 새콤하다.

2) 육류의 가공과 저장

(1) 소 · 돼지 · 닭고기의 가공

일반적으로 육류를 가공하려면 도살과 알맞게 해체를 하여야 용도에 따라 알맞게 가공할 수 있다. 육류는 도살 후 사후강직 시간이 길고 그 이후 자가소화를 거쳐 부패되므로 어류보다 부패가 느리다.

① 사후강직 : 동물이 죽은 후 근육이 굳어지는 현상을 사후 경직이라 하며 대체적으로 닭고기 6~12시간, 소고기 12~24시간, 돼지고기 3일간이다.

② 숙성 : 최대 경직이 지나치면 자기소화가 시작되어 단백질 분해효소의 작용으로 근육이 연화하기 시작하는데 이를 경직해제, 해경이라 한다. 소고기는 3℃에서 10일, 15℃에서 2~3일이 소요되고, 온도가 낮을수록, 동물체가 클수록 길어진다.

③ 냉장상태에서는 단시일 내 보관하고 냉동 −10℃ ~ −18℃에서 저장하면 소고기는 6~8개월, 돼지고기는 3~4개월 저장이 가능하다.

④ 햄은 돼지고기의 뒷다리를 이용하고 소시지는 암퇘지 고기(saw)에 향신약초를 배합해서 만든다. 햄과 소시지는 돼지고기의 특성을 이용한 것으로 염지, 훈제하여 저장성과 풍미를 갖게 한 것이다.

⑤ 베이컨(Bacon)은 돼지의 지방이 많은 복부 고기를 원료로 하여 햄의 방법으로 염지 후 만든다.

5. 수산 가공

(1) 생선의 근육

어류에는 도미, 민어, 조기와 같은 백색어류와 꽁치, 삼치, 정어리와 같은 적색어로 분류하고 사후경직을 일으키며 사후경직 후 자기소화와 부패가 일어난다.

① 백색어류보다 적색어류는 자기소화가 빨리 오고, 해수어보다 담수어는 낮은 온도에서 자기 소화가 일어난다.

② 생선은 산란기 직전의 것이 가장 살이 찌고 지방도 많으며 맛이 좋다.

③ 생선의 근섬유를 형성하는 단백질은 미오신(Myosin), 액틴(Actin), 액토미오신(Actomyosin)으로 되어 있으며 이들은 전체 단백질의 약 70%를 차지하고 소금에 녹는 성질이 있어 어묵의 형성에 이용된다.

④ 지방은 약 80%가 불포화지방산이고 나머지 약 20%가 포화지방산이다.

⑤ 생선의 비린내는 트리메틸아민 옥사이드(Trimethylamine oxide)가 환원되어 트리메틸아민(Trimethylamine)으로 되어 나는 냄새이다.

(2) 생선의 조리시 어취 제거법

① **물로 씻기** : 트리메틸아민(Trimethylamine)은 수용성이어서 생선의 표피와 근육을 물로 씻으면 비린내가 많이 제거된다.

② **산의 첨가** : 식초, 레몬즙, 유자즙과 같은 산을 첨가하면 어육의 아민(Amine)류가 산과 결합 하여 비린내가 약화된다.

③ **고추, 후추, 향신채소의 첨가** : 고추의 매운 맛 켑사이신(Capsaicin), 후추의 자극성 있는 매운 맛 채비신(Chavicin), 생선조림을 할 때나 회를 담을 때 사용하는 무속에 함유된 메틸메르캅탄(Methylmercaptan) 과 머스타드 오일(Mustard oil)이 비린내를 약화시킨다.

④ **술, 미림(맛술)의 첨가** : 술에 함유된 호박산(Succinic acid)은 비린내 제거와 맛을 향상시킨다.

⑤ **우유의 첨가** : 생선을 조리하기 전에 우유에 담가두면 비린내가 약화된다.

⑥ **고추냉이, 겨자의 첨가** : 고추냉이나 겨자가루를 미지근한 물에 개어서 교반하면 자극성 물질이 생성된다.

⑦ **된장, 고추장, 간장의 첨가** : 된장, 고추장은 콜로이드상이므로 흡착성이 강하다.

⑧ 생선을 조릴 때에는 처음 몇 분간은 냄비의 뚜껑을 열어 비린 휘발성 물질을 휘발시키는 것이 좋으며 약 15분 정도 조리하는 것이 좋다.

⑨ 생선이나 육류 조리 시 냄새를 제거하기 위해 미리 가열하여 단백질을 변성시킨 후 생강, 마늘, 파를 넣는 것이 처음부터 넣는 것보다 효과적이다.

> **어유(fish oil)**
> 등푸른생선에서 추출한 것으로 다량의 콜레스테롤을 함유하고 불포화지방산이 많이 들어있는 트리글리세라이드(trygleceride)이며 단순지방이다.

(3) 어패류의 가공

① **연제품** : 미오신(Myosin) 이라는 흰살 생선의 단백질이 소금에 용해되어 풀과 같이 되며, 가열하면 굳는 성질을 이용하여 생선묵과 같은 젤화가 되도록 전분, 조미료, 증량제 등을 넣어 일정한 형으로 찌거나 굽고 튀긴 것이다.

② 젓갈은 장류, 김치류와 더불어 우리나라 3대 염장발효식품의 하나로 대부분 소금 20~30%를 사용하고 자기소화작용으로 분해되어 감칠맛이 있다.

(4) 해조류의 가공

갈조류로서 미역은 영양소를 고루 지닌 강한 알칼리성 식품으로 산후, 미용에 좋고 다시마는 칼슘, 회분 등의 무기질이 풍부하다. 홍조류인 김은 단백질과 무기질, 비타민이 풍부하며 푸른 채소가 적은 겨울에는 비타민 공급원이다. 김이 홍조류인 것은 청색인 피코시안(Phycocyan)이 저장 중 붉은 색인 피코에리트린(Phycoerythrin)으로 되기 때문이다. 우뭇가사리도 홍조류에 속하고 칼로리가 전혀 없어 비만인 사람에게 좋은 식품이다.

① **녹조류** : 청태, 청각, 클로렐라
② **갈조류** : 미역, 다시마, 톳
③ **홍조류** : 김, 우뭇가사리

기초조리실무 Test

01 우리나라와 일본 같은 아시아에서 많이 사용하는 아시아형 칼의 특성에 대해 잘못 설명한 것은?

① 칼날길이를 기준으로 18cm 정도이다.
② 칼등이 곡선이고 칼날이 직선이다.
③ 채 썰기 등 동양요리에 적당하다.
④ 칼등이 곧게 뻗어있고 칼날은 둥글게 곡선처리 되어있다.

해설
다용도칼
- 뼈를 발라내거나 다양한 작업을 할 때 사용한다.
- 칼날길이를 기준으로 16cm 정도이다.
- 칼등이 곧게 뻗어있고 칼날은 둥글게 곡선처리 되어있다.

02 숫돌의 종류 중 1000#에 대한 설명으로 옳지 않은 것은?

① 가장 거친 숫돌이다.
② 일반적인 칼갈이에 사용하는 고운숫돌이다.
③ 거친 숫돌로 간 다음 사용하는 숫돌이다.
④ 칼날 부분을 부드럽게 하기 위해 사용한다.

해설
- 400# : 형태가 깨진 칼끝을 수정하고 칼날이 두껍고 이가 많이 빠진 칼을 갈때나 새칼의 날을 세울 때 사용하는 거친 숫돌
- 4000~6000# : 입도가 낮은 숫돌로 칼날을 세운 다음 더욱더 윤기와 광을 내고자 할 때 사용하는 마무리 숫돌임

03 숫돌의 사용방법으로 옳지 않은 것은?

① 숫돌의 전면에 칼이 고루 닿도록 사용한다.
② 숫돌의 전면은 수평을 유지하게 해서 사용한다.
③ 숫돌은 보관했던 그대로 건조한 상태로 사용한다.
④ 숫돌 밑에 천을 깔아 고정시켜 미끄러지지 않게 사용한다.

해설
숫돌의 사용방법
- 숫돌의 전면에 칼이 고루 닿도록 사용한다.
- 숫돌의 전면은 수평을 유지하게 해서 사용한다.
- 숫돌은 물에 담가 충분히 물을 먹여 사용한다.
- 숫돌 밑에 천을 깔거나 숫돌집에 고정시켜 미끄러지지 않게 사용한다.

04 액체식품 계량하는 방법으로 옳은 것은?

① 계량기구를 기우는 곳에 놓는다.
② 불투명한 기구를 평평한 곳에 놓는다.
③ 흔들어서 계량한다.
④ 눈금과 액체 표면의 아랫부분을 눈과 같은 높이로 맞추어 읽는다.

해설
액체식품 계량
- 투명한 기구를 평평한 곳에 놓는다.
- 액체 식재료를 담는다.
- 부피를 측정할 때 눈금과 액체 표면의 아랫부분을 눈과 같은 높이로 맞추어 읽는다

정답 01 ④ 02 ① 03 ③ 04 ④

05 가루식품의 계량하는 방법으로 옳은 것은?

① 가루는 체에 치지 않는다.
② 주걱(Spatula)으로 깎으면 안된다.
③ 흔들거나 누르지 말고 스푼으로 수북하게 담는다.
④ 흔들고 눌러서 스푼으로 수북하게 담는다.

[해설]
가루식품의 계량
- 가루를 체에 친다.
- 흔들거나 누르지 말고 스푼으로 수북하게 담는다.
- 주걱(Spatula)으로 깎아 측정한다.

06 식품의 계량 방법 중 틀린 것은?

① 가루상태의 식품 : 덩어리가 없는 상태에서 누르지 말고 수북하게 담아 평평한 것으로 고르게 밀어 표면이 수북하게 올라오도록 계량
② 액체식품 : 눈금과 액체의 표면 아랫부분을 눈과 같은 높이로 맞추어 읽는다.
③ 고체식품 : 계량스푼에 빈공간이 없도록 가득 채워서 표면을 평면이 되도록 깎아서 계량
④ 알갱이상태의 식품 : 계량스푼이나 계량컵에 가득 담아 살짝 흔들어서 빈 공간이 없이 채운 후 표면을 평면이 되도록 깎아서 계량한다.

[해설]
가루상태의 식품
부피 보다는 무게로 계량하는 것이 정확하고 덩어리가 없는 상태에서 누르지 말고 수북하게 담아 평평한 것으로 고르게 밀어 표면이 평면이 되도록 깎아서 계량

07 작업대의 종류 중 양측벽면을 이용하고, 넓은 주방공간에서 용이하며, 능률적인 작업대는?

① L자형(ㄱ자형)
② ㄷ자형(U자형)
③ 일렬형(직선형)
④ 아일랜드형(섬형)

[해설]
- ㄷ자형 양측벽면을 이용, 가장 효율적이고 바람직함
- 넓은 주방공간에서 용이함, 능률적임

08 과일잼 제조 시 잼 형성의 기본요소와 거리가 먼 것은?

① 소금
② 설탕
③ 펙틴
④ 산

[해설] 잼, 젤리는 펙틴의 응고성을 이용하여 만든 제품으로 배, 감 등은 펙틴과 유기산이 부족하여 젤리화가 잘 일어나지 않는다. 펙틴 응고의 비율은 펙틴1%, 유기산0.3%, 설탕60~65%이다.

09 전통적인 식혜 제조방법에서 엿기름에 대한 설명이 잘못된 것은?

① 엿기름의 효소는 수용성이므로 물에 담그면 용출된다.
② 엿기름을 가루로 만들면 효소가 더 쉽게 용출된다.
③ 엿기름 가루를 물에 담가 두면서 주물러 주면 효소가 더 빠르게 용출된다.
④ 식혜제조에 사용되는 엿기름의 농도가 낮을수록 당화 속도가 빨라진다.

[해설] 식혜 제조 시 사용되는 엿기름의 농도가 낮은 것보다 높을수록 당화 속도가 빨라진다.

[정답] 05 ③ 06 ① 07 ② 08 ① 09 ④

10 식품과 그 저장법의 연결이 잘못된 것은?

① 보리차, 차 – 배건법
② 당면, 한천 – 냉동건조법
③ 고구마, 무, 배추 – 움저장
④ 햄, 베이컨 – CA저장법

해설 햄, 베이컨 – 훈연법

11 산과 당이 존재하면 특징적인 겔(Gel)을 형성하는 능력을 가진 것은?

① 글리코겐(Giycogen)
② 섬유소(Cellulose)
③ 펙틴(Pectin)
④ 전분(Starch)

해설 펙틴은 식물 세포막이나 세포질 간에 섬유소와 함께 존재하는 복합 다당류로서 당이나 산과 함께 가열하면 젤리(Jelly)나 잼(Jam)같이 젤(Gel)을 형성하는 특성을 가지고 있다.

12 고기의 숙성을 가져오는 주된 원인은?

① 압력에 의한 파괴
② 세포내의 자가분해
③ 광선에 의한 파괴
④ 세균에 의한 부패

해설 근육단백질이 분해되는 세포내의 자기소화 단계로 가장 부드러운 육류를 얻을 수 있다.

13 마카로니의 기본재료와 가장 거리가 먼 것은?

① 소금   ② 밀가루(강력분)
③ 물   ④ 쌀가루

해설 마카로니의 재료는 밀가루(강력분), 달걀, 올리브, 소금이다.

14 마멀레이드(Marmalade)에 대하여 바르게 설명한 것은?

① 과일즙에 설탕, 과일의 껍질, 과육의 얇은 조각이 섞여 가열·농축된 것이다.
② 과일의 과육을 전부 이용하여 점성을 띠게 농축한 것이다.
③ 과일을 설탕시럽과 같이 가열하여 과일이 연하고 투명한 상태로 된 것이다.
④ 과일즙에 설탕을 넣고 가열·농축한 후 냉각시킨 것이다.

해설 마멀레이드는 주로 오렌지, 레몬, 그레이프 후르츠로 만들며, 과일즙에 설탕, 과일의 껍질, 과육의 얇은조각이 섞여 가열·농축된 것이다.

15 치즈는 우유 단백질의 어떤 성질을 이용한 것인가?

① 산응고   ② 열응고
③ 효소에 의한 응고   ④ 알칼리 응고

해설 우유 단백질인 카제인(Casein)을 응유효소인 레닌으로 응고, 발효, 숙성시킨 식품이 치즈이다.

정답 10 ④   11 ③   12 ②   13 ④   14 ①   15 ③

16 비교적 펙틴과 산이 적어 잼 제조에 부적당한 과일은?

① 사과, 오렌지　② 복숭아, 포도
③ 딸기　　　　　④ 배, 감

해설　잼, 젤리는 펙틴의 응고성을 이용하여 만든 제품으로 배, 감 등은 펙틴과 유기산이 부족하여 젤리화가 잘 일어나지 않는다. 펙틴 응고의 비율은 펙틴1%, 유기산0.3%, 설탕60~65%이다.

17 채소류의 감별법 중 틀린 것은?

① 양배추는 가볍고 잎이 얇으며 신선하고 광택이 있는 것이 좋다.
② 우엉은 살집이 굳고 외피가 부드러운 것이 좋다.
③ 당근은 둥글고 살찐 것으로 짧고 마디가 없는 것이 좋다.
④ 오이는 굵기가 고르며 만졌을 때 가시가 있고 무거운 느낌이 나는 것이 좋다.

해설　양배추는 겉껍질이 잘 벗겨지지 않고 단단한 것이 좋고 들어보아 묵직하고 속이 꽉 찬 것이 좋다.

18 홍조류에 속하며 무기질이 골고루 함유되어 있고 단백질도 많은 해조류는?

① 미역　　　　　② 김
③ 우뭇가사리　　④ 다시마

해설　갈조류로서 미역은 영양소를 고루 지닌 강한 알칼리성 식품으로 산후·미용에 좋고 홍조류인 김은 단백질과 무기질, 비타민이 풍부하며 푸른 채소가 적은 겨울에는 비타민 공급원이다. 홍조류인 우뭇가사리는 해조류에 속하고 칼로리가 전혀 없어 비만인 사람에게 좋은 식품이다. 갈조류인 다시마는 칼슘, 회분 등의 무기질이 풍부하다.

19 일반적으로 당장법(당조림)은 식품중 당이 몇 % 이상 함유되어 있어야 저장의 효력을 가지는가?

① 0~40%　　　② 10~20% 이하
③ 20~30%　　 ④ 50~60% 이상

해설　진한 설탕용액 중에 담그는 당장법은 식품 중 당이 50% 이상이면 저장성을 갖는다.

20 어육의 자기소화는 무엇에 의해 일어나는가?

① 어육조직 내의 염류에 의해
② 질소에 의해
③ 산소에 의해
④ 어육조직 내의 효소에 의해

해설　가축이 도살된 후 일정시간이 경과되면 근육이 수축되는 사후강직이 오는데 일정시간이 지나면 근육 자체가 가지고 있는 자기분해효소에 의해서 단백질이 분해되는 자기소화 또는 숙성(Aging)현상이 나타나 고기가 연화되고 풍미가 좋아진다. 일정시간이 지나면 부패되기 시작한다.

21 식품 저장 시 미생물 번식을 장기간 방지하기 위한 저장법과 거리가 먼 것은?

① 데치기　　　　② 딸기잼
③ 무청시래기　　④ 마늘장아찌

해설　식품을 장기간 저장 시 채소 데치기는 조직의 유연과 부피의 감소, 살균효과와 미생물 번식을 장기간 방지하기 위한 저장법과는 거리가 멀다.

정답　16 ④　17 ①　18 ②　19 ④　20 ④　21 ①

22 적자색 채소를 조리할 때 식초나 레몬즙을 약간 넣었다. 가장 관계가 깊은 현상은?

① 플로보노이드계 색소가 변색되어 청색으로 된다.
② 안토시아닌계 색소가 더욱 선명하게 유지된다.
③ 카로티노이드계 색소가 변색되어 녹색으로 된다.
④ 클로로필계 색소가 더욱 선명하게 유지된다.

해설 안토시안(Anthocyan)계 색소는 과실, 야채류에 존재하는 적자색 색소로 산성에서는 적색, 중성에서는 보라색, 알카리에서는 청색을 띤다.

23 김의 보관 중 변질을 일으키는 인자와 거리가 먼 것은?

① 산소　　　　② 광선
③ 저온　　　　④ 수분

해설 김은 공기, 직사광선, 습기찬 곳을 피하여 저온에 보관한다.

24 통조림 식품의 구입 시 잘못된 것은?

① 상표가 변색되지 않은 것
② 외부가 깨끗한 것
③ 두드렸을 때 탁음이 나는 것
④ 뚜껑이 돌출되지 않은 것

해설 통조림을 두드렸을 때 탁음이 나는 것은 내용물이 변질하여 가스가 발생한 것으로 맑은 소리가 나야함

25 생선묵의 탄력과 가장 관계 깊은 것은?

① 결합 단백질 – 콜라겐
② 색소 단백질 – 미오글로빈
③ 염용성 단백질 – 미오신
④ 수용성 단백질 – 미오겐

해설 연제품은 어육 단백질인 미오신(Myosin)이 소금(염)에 녹는 성질을 이용한 것으로 어묵의 탄력 형성에 관여한다.

26 반죽에서 달걀의 중요한 역할 중 거리가 먼 것은?

① 유화성　　　　② 맛과 색을 좋게함
③ 팽창제　　　　④ 단백질의 연화작용

해설 제빵 때 달걀을 반죽에 사용하면 영양가를 높이고 빛깔·향기·맛을 좋게 한다.

27 다음 과실 중 대형씨를 가진 것은?

① 파파야(Papaya)
② 망고(Mango)
③ 파인애플(Pineapple)
④ 오렌지(Orange)

해설 망고는 과육 속에 대형 씨를 가지고 있다.

28 식품 등의 규격 및 기준에 규정되어 있는 표준온도는?

① 15℃　　　　② 20℃
③ 25℃　　　　④ 10℃

해설 식품의 규격과 기준에는 표준온도는 20℃이다.

정답 22 ② 23 ③ 24 ③ 25 ③ 26 ④ 27 ② 28 ②

29 진공 건조법에 대한 특징을 올바르게 설명한 것은?

① 원료의 풍미를 그대로 가진다.
② 갈변 현상이 나타난다.
③ 건조시 전기 소모가 많다.
④ 표면 경화 현상이 나타난다.

해설 진공건조(Vacuum Drying)법의 특징은 원료의 풍미를 가질수 있고, 영양성분의 분해 및 산화 등의 화학반응을 최소한으로 하고 2차오염이 없는 위생적인 제품을 얻는다.

30 두류에 대한 설명으로 적합하지 않은 것은?

① 콩을 익히면 단백질 소화율과 이용율이 더 높아진다.
② 콩에는 거품의 원인이 되는 사포닌이 들어 있다.
③ 1% 소금물에 담갔다가 그 용액에 삶으면 연화가 잘 된다.
④ 콩의 주요 단백질은 글루텐이다.

해설 콩의 주요 단백질은 글리시닌(Glycinin)이고 글루텐은 밀가루 단백질이다.

31 못처럼 생겨서 정향이라고도 하며 양고기, 피클, 청어절임, 마리네이드 절임 등에 이용되는 스파이스는?

① 아니스 ② 캐러웨이
③ 코리앤더 ④ 클로브

해설 정향(클로브 ; Cloves)은 못과 같이 뾰족하고 길이가 있는 관계로 붙어로 "CLOV", 즉 "못"이라는 뜻이다. 꽃봉오리를 따서 말린 것으로 향신료로 사용된다.

32 식용 미생물을 이용하여 만든 식품은?

① 두부 ② 마가린
③ 꿀 ④ 치즈

해설 치즈는 응유효소인 레닌이라는 미생물을 이용한 발효 식품임.

33 빵 제조 시 설탕을 쓰는 목적과 가장 거리가 먼 것은?

① 표면의 갈색화에 도움을 준다.
② 단맛을 주기 위해서이다.
③ 곰팡이의 발육을 억제하기 위해서이다.
④ 효모의 성장을 촉진시키기 위해서이다.

해설 빵 제조시 밀가루양의 2~4% 설탕을 첨가 하는 목적 - 단맛 부여와 빵 표면의 갈색화. 효모의 영양원이다.

34 식품 중의 수용성 비타민, 무기질 및 기타 수용성 영양 성분을 가장 크게 용출시키는 조리법은?

① 볶음 ② 구이
③ 끓이기 ④ 튀김

해설 수용성 영양물질과 및 무기질 등을 가장 많이 용출시키는 조리법은 끓이기이다.

35 식혜를 만들고자 할 때 당화시키는 데 적당한 온도는?

① 10~20℃ ② 70~80℃
③ 30~40℃ ④ 50~60℃

해설 식혜를 만들 때 전분을 당화시키는 온도는 55~60℃ 이다.

정답 29 ① 30 ④ 31 ④ 32 ④ 33 ③ 34 ③ 35 ④

36 일반적으로 겨울이 제철인 생선은?

① 뱀장어　② 조기
③ 대구　　④ 민어

해설　뱀장어와 민어는 5월~9월, 조기는 4월, 대구는 11월~2월, 대하는 9월~12월에 가장 맛이 있다.

37 두부에 대한 설명으로 올바른 것은?

① 끓일 때 전분을 넣으면 표면이 부드럽다.
② 삶은 콩에 비하여 소화율이 낮다.
③ 찌개에 넣을 때는 오래 끓여야 두부 속까지 맛이 베어 좋다.
④ 대두의 불용성 성분을 응고제로 응고시킨 것이다.

해설　두부를 끓일 때 전분을 넣으면 표면이 부드러워짐

38 펙틴(pectin)물질의 젤의 정도에 미치는 영향으로 가장 맞지 않는 것은?

① pH(수소이온농도)
② 펙틴(Pectin)의 양
③ 메톡실(Methoxyl)기의 양
④ 펙틴(Pectin)의 분해효소

해설　잼과 젤리가 만들어지는 펙틴의 응고 비율은 펙틴 1.0~1.5%, 산의 pH는 3.46, 당분 60~65%이고 조건이 맞을 때 젤리화가 일어나며 메톡실기의 함량이 펙틴분자의 7% 이상이면 고펙틴질, 7% 이하이면 저 펙틴질이라 하는데 보통의 고농도잼에서는 메톡실 펙틴이 관여하며 유기산의 존재하에서 수소결합형 젤을 형성된다.

39 어육의 동결저장과 관련된 설명이 잘못된 것은?

① 어육의 동결에 의한 변성은 분산매인 물이 동결함으로써 단백질 입자가 상호 접근하여 결합하게 된다.
② 식품에서 얼음 결정을 작게 하기 위하여 최대빙결정 생성대를 되도록 빨리 통과시키는 것이 필요하다.
③ 식품에서 단백질의 변성은 최대빙결정생성대인 −5~−1 ℃에서 최소를 보인다.
④ 일단 동결된 식품은 냉장 온도에서 완만하게 해동시키는 것이 표면부분이나 내부가 균일하게 녹고, 드립(drip)을 적게 하는 효과가 있다.

해설　대부분의 식품 빙결정 생성대는 −2 ~ −1℃임

40 다음 가공식품과 가공에 이용되는 효소와의 연결이 잘못 된 것은?

① 과일 쥬스의 쓴맛 제거 : 나린진나아제(Naringinase)
② 물엿 : 아밀라아제(Amylase)
③ 된장 : 프로테아제(Protease)
④ 버터의 향 생성 : 인버타아제(Invertase)

해설　인버타아제는 인버트슈가(Invertase), 즉 전화당 분해효소이고, 버터의 향기성분 : 다이아세틸(Diacetyl)임

정답　36 ③　37 ①　38 ④　39 ③　40 ④

41 다음의 냉동 방법 중 얼음결정이 미세하여 조직의 파괴와 단백질 변성이 적어 원상유지가 가능하며 물리적·화학적 품질변화가 적은 것은?

① 침지동결법
② 급속동결법
③ 접촉동결법
④ 공기동결법

해설 한천, 당면, 건조두부 등을 제조할 때 사용하는 급속동결법은 급속히 동결시켜 진공에 가까운 감압으로 수분을 제거하는 가장 진보된 방법이다.

42 전분의 호화에 대한 설명 중 틀린 것은?

① 부유 상태이다.
② 미셀(Micell)이 파괴된다.
③ X선 동심원율이 소실된다.
④ 점성이 생긴다.

해설 미셀은 전분이 아밀로즈와 아밀로펙탄의 분자들이 부분적으로 결정과 같이 규칙적으로 배열되어 있는 것을 말하며 가열에 의해 파괴된다.

43 습열조리와 건열조리의 혼합이며, 결합조직이 많은 고기에 이용할 수 있는 조리법은?

① 스튜(Stew)
② 스팀(Steam)
③ 브로일링(Broiling)
④ 브레이징(Braising)

해설
스튜 : 대체로 약간 질긴 고기를 이용하여 볶은 다음 갈색 소스와 향신료를 넣고 은근하게 끓이다가 고기가 익으면 야채를 넣어 함께 끓이는 일종의 찌개
스팀 : 찜, 브로일링은 석쇠구이
브레이징 : 두꺼운 팬에서 갈색으로 익히거나 로스팅한다음 물을 약간 붓고 푹 익히는 조리 방법이다.

44 김치 저장 중 김치조직의 연부현상이 나타났다. 그 이유에 대한 설명으로 가장 거리가 먼 것은?

① 조직을 구성하고 있는 펙틴질이 분해되기 때문에
② 김치가 국물에 잠겨 수분을 흡수하기 때문에
③ 미생물이 펙틴분해효소를 생성하기 때문에
④ 용기에 꼭 눌러 담지 않아 내부에 공기가 존재하여 호기성 미생물이 성장번식하기 때문에

해설 김치가 숙성적기를 지나면 시간이 경과 함에 따라 산패 및 연부현상을 나타낸다. 저장온도가 높을 수록 숙성적기의 기간이 짧아진다.

45 어패류의 조리법에 대한 설명 중 바른 것은?

① 바닷가재는 껍질이 두꺼우므로 찬물에 넣어 오래 끓여야 한다.
② 작은 생새우는 강한 불에서 연한 갈색이 될 때까지 삶은 후 배쪽에 위치한 모래정맥을 제거한다.
③ 조개류는 높은 온도에서 조리하여 단백질을 급격히 응고시킨다.
④ 생선숙회는 신선한 생선 편을 끓는 물에 살짝 데치거나 끓는 물을 생선에 끼얹어 회로 이용한다.

해설 어패류는 과다하게 삶으면 근육이 급격하게 수축되어 질겨진다.

정답 41 ② 42 ① 43 ④ 44 ② 45 ④

46 튀김 음식을 할 때 두꺼운 용기를 사용하는 가장 큰 이유는?

① 기름의 비열이 작아 온도가 쉽게 변화되므로
② 기름의 비열이 커서 온도가 쉽게 변화되므로
③ 기름의 비중이 커서 물위에 쉽게 뜨므로
④ 기름의 비중이 작아 물위에 쉽게 뜨므로

해설 기름의 비열은 0.47로 낮아서 온도변화가 심하다. 온도를 일정하게 유지하기 위해서는 두께가 두꺼워 열용량이 큰것이 좋다.

47 달걀의 신선도 검사와 관계가 가장 적은 것은?

① 외관 검사 ② 무게 측정
③ 난황계수 측정 ④ 난백계수 측정

해설 외관검사로 껍질이 거칠한 것, 난황계수 0.36 이상인 것, 난백 계수 0.14 이상인 것은 신선한 것이다.

48 상온에서 일반적으로 식물성 유지는 액체상태로, 동물성 유지는 고체상태로 존재하는 가장 중요한 이유는?

① 구성 지방산의 종류에 따른 발연점의 차이로
② 구성 지방산의 종류에 따른 융점의 차이로
③ 구성 지방산의 종류에 따른 가소성의 차이로
④ 구성 지방산의 종류에 따른 유화성의 차이로

해설 융점이란 지방의 녹는점으로 불포화 지방산을 많이 함유하고 있는 식물성 유지는 융점이 낮고 포화 지방산을 많이 함유하고 있는 동물성 유지는 융점이 높아 가열하여 뜨거워야 지방이 녹는다.

49 녹색채소를 삶을 때 녹황색으로 변하는 이유는?

① 엽록소의 Mg이 Cu로 치환되었으므로
② 엽록소가 페오피틴(Pheophytin)으로 변했으므로
③ 엽록소의 H가 Cu로 치환되었으므로
④ 엽록소가 클로로필라이드(Chlorophyllide)로 변했으므로

해설 클로로필분자의 중앙에 위치한 Mg이온은 수소이온으로 쉽게 대치가 되어 검은 녹색의 페오피틴으로 된다. 이 현상은 채소에 존재하고 있는 산이 채소 조리 시 클로로필과 작용하여 올리브색의 페오피틴으로 된다. 이런 현상을 방지하기 위하여 소다(알카리)를 조금 사용하면 녹색의 클로로필린이 되므로 올리브색으로 되는 것은 막을 수 있으나 채소의 질감이 물러지므로 바람직하지는 않다. 또한 채소를 데칠 때는 끓는 물에서 뚜껑을 열고 단시간 데친다.

50 밀가루를 계량하는 방법으로 올바른 것은?

① 체에 친 후 스푼으로 수북히 담은 뒤 주걱(Spatula)으로 싹 깎아서 측정한다.
② 계량컵에 넣고 눌러주어 쏟았을 때 컵의 형태가 나타나도록 하여 측정한다.
③ 체에 친 후 계량컵을 평평하게 되도록 흔들어 준 다음 측정한다.
④ 계량컵에 담고 살짝 흔들어 수평이 되게 한 다음 측정한다.

해설 가루류를 계량할 때는 체에 친후 누르거나 흔들지 말고 스푼으로 수북히 담은뒤 주걱으로 깎아서 측정한다.

정답 46 ① 47 ② 48 ② 49 ② 50 ①

51 다음 설명 중 신선란은?

① 수양난백이 농후난백보다 많다.
② 난황이 넓적하게 퍼진다.
③ 삶았을 때 난황표면이 쉽게 암록색으로 변한다.
④ 기실부가 거의 생성되지 않았다.

해설 신선한 달걀은
- 난각이 거칠고 매끄럽지 않은 것
- 난황의 크기가 팽창되어 크지 않은 것
- 흔들어 보아 흔들리지 않는 것
- 난황색이 선명하지 않고 운동성이 없는 것
- 신선한 달걀의 비중은 1.088~1.095, 흰자의 pH는 6.0~7.7인 것
- 불빛에서 달걀을 돌리면서 보아 기실이 형성되지 않은 것

52 빵의 노화 시 생겨나는 현상이 아닌 것은?

① 빵의 외피가 딱딱해진다.
② 풍미를 상실하고 독특한 노화냄새를 낸다.
③ 빵의 흡수력이 증가한다.
④ 내부의 경도가 증가하여 외력이 증가되므로 부스러지기 쉽다.

해설 부드럽게 노화된 전분이 실온이나 냉장고에 방치하면 단단한 β형 전분으로 돌아가는 것을 노화라 한다.

53 양갱을 만들 때 필요한 재료가 아닌 것은?

① 한천   ② 팥앙금
③ 설탕   ④ 젤라틴

해설
- 식물성인 한천을 이용한 음식 : 양갱, 과자 등
- 동물성인 젤라틴을 이용한 음식 : 족편, 젤리, 머시멜로, 아이스크림 및 기타 얼린 음식 등

54 밀가루의 종류 중 박력분의 설명이 맞는 것은?

① 다목적으로 사용된다.
② 탄력성과 점성이 약하다.
③ 경질의 밀로 만든다.
④ 글루텐의 수분 흡착력이 크다.

해설 박력분은 연질의 붉은 겨울밀이나 흰밀로 만들며 단백질인 글루텐 함유량이 적어 탄력성과 점성이 약하고 물의 흡착력도 약하다.

55 식품 내 단백질이 변성되었을 때 나타나는 성질이 아닌 것은?

① 소화 효소의 공격을 받기 어려움
② 침전 용이
③ 점도 상승
④ 용해도 저하

해설 변성은 단백질의 골격을 이루는 아미노산을 연결해주는 펩티드 결합 이외의 자연적인 규칙배열을 만드는 다른 결합을 전체 혹은 부분적으로 끊는 것이다. 원인은 열, 건조, 동결, 산화에 의한 강산, 강알카리, 알코올, 염류, 효소에 의해 침전 용이, 점도 상승, 용해도 저하 현상이 발생된다.

56 약과를 반죽할 때 필요 이상으로 기름과 설탕을 넣으면 어떤 현상이 일어나는가?

① 매끈하고 모양이 좋다.
② 튀길 때 풀어진다.
③ 켜가 좋게 생긴다.
④ 튀길 때 둥글게 부푼다.

해설 약과 반죽 시 필요 이상의 기름은 글루텐의 형성을 저해하고 설탕은 가루와 물의 결합을 방해하여 튀길 때 반죽이 풀어진다.

정답 51 ④ 52 ③ 53 ④ 54 ② 55 ① 56 ②

57 달걀 조리 시 응고성에 대한 내용 중에서 틀린 것은?

① 수란을 만들 때 끓는 물에 소금이나 식초를 넣으면 빨리 응고되나, 표면의 광택이 상실될 수 있다.
② 설탕을 달걀 혼합물에 넣으면 응고온도가 높아져 부드럽게 된다.
③ 달걀은 가열하면 응고되므로 농후제 또는 젤 형성을 위하여 사용된다.
④ 달걀은 높은 온도에서 신속히 가열하는 것이 부드러운 텍스쳐를 만들어 준다.

해설 달걀 응고 온도는 난백이 60~65℃, 난황이 65~70℃로 온도가 너무 높으면 질감이 단단해진다.

58 전분의 호화에 대한 영향을 미치는 내용 중에서 틀린 것은?

① 젓는 정도가 너무 심하거나, 너무 오랫동안 저으면 호화전분은 점도가 점점 낮아진다.
② 괴경류 식품의 전분이 곡류 식품의 전분보다 점도나 투명도가 더 낮다.
③ 빨리 가열된 호화전분이 천천히 가열한 것보다 더 걸쭉하다.
④ 설탕이나 식초 등을 호화된 후에 첨가하는 것이 점도에 영향을 덜 받게 된다.

해설
전분의 호화에 영향을 미치는 인자
- 젓는 속도와 양 : 지나치게 저으면 점성이 감소한다.
- 가열시간 : 온도가 높을수록 호화가 빠르다.
- 전분의 종류 : 전분입자가 클수록 빠른시간에 호화한다.
- 전분액의 pH : 산이 존재하면 점도가 낮아진다.
- 괴경류 : 감자, 토란.

59 난백의 기포형성에 좋지 않은 것은?

① 물　　② 레몬즙 같은 산
③ 설탕　④ 우유나 난황 속의 유지

해설 난백의 기포형성에서 소량의 산은 기포력을 도와주며 설탕과 소금은 기포력을 약화시키므로 거품이 충분히 난 후에 넣는다. 우유와 기름은 기포력을 저해한다.

60 달걀의 보존 중 품질변화에 대하여 옳지 못한 것은?

① 노후 난백의 수양화
② 산도(pH)의 감소
③ 수분의 증발
④ 난황의 크기 증가 및 난황막의 약화

해설 신선한 난백의 pH는 7.6 정도인데 달걀을 저장하는 동안 pH9.8 까지 높아진다.

61 호화와 노화에 대한 설명 중 맞는 것은?

① 쌀이나 보리같이 수분이 적은 곡류는 물이 없어도 잘 호화한다.
② 떡에 설탕을 넣으면 노화가 느리다.
③ 떡의 노화는 냉장고 보다 냉동고에서 더 잘 일어난다.
④ 호화된 전분을 80℃ 이상에서 급속히 건조하면 노화가 쉬워진다.

해설 노화억제 방법은 수분함량을 10% 이하로 조절, 0℃ 이하로 냉동, 80℃ 이상에서 급속히 건조, 설탕 또는 유화제를 첨가하면 된다. 노화가 잘되는 조건은 수분30~60%, 온도0℃ 일때, 아밀로즈의 함량이 높을 때이다.

정답 57 ④　58 ②　59 ④　60 ②　61 ②

62 다음 유화액 중 일시적 유화액은?

① 프렌치드레싱 ② 버터
③ 난황 ④ 마요네즈

해설 프렌치드레싱은 샐러드유에 식초와 양겨자, 양파즙, 설탕, 소금, 파슬리 가루 등을 혼합하여 잘 섞어 야채 샐러드에 끼얹어 먹는 야채 드레싱으로 시간이 지나면 다시 분리되므로 일시적인 유화액으로 볼 수 있으며, 사용하기 전에 잘 혼합하여 사용한다.

63 익은 콩을 먹어도 장내에서는 효소에 의한 소화가 안되고 가스 생성의 요인이 되는 것은 무엇 때문인가?

① 올리고당인 라피노오스(Raffinose)와 스타키오스(Stachyose) 때문이다.
② 적혈구 응집소인 헤마글루티닌(Hemagglutinin) 때문이다.
③ 적혈구 세포를 용해시키는 사포닌(Saponin) 때문이다.
④ 무기질 흡수를 방해하는 피트산(Phytic acid) 때문이다.

해설 대두와 같은 두류에 많이 함유된 라피노오스(Raffinose)는 인체내에서 소화 흡수되기 어려우나 장내세균들의 발효에 의해서 가스형성, 복통을 유발하기도 한다.

64 젤라틴과 관계없는 것은?

① 바바리안 크림 ② 아이스크림 안정제
③ 양갱 ④ 족편

해설 젤라틴은 동물의 결체조직인 가죽, 뼈 등을 가수분해하여 얻은 유도 단백질이다. 젤라틴은 머시멜로우, 아이스크림, 기타 얼린 후식 등에 유화제로 사용되고 젤리, 바바리안 크림, 족편 등의 응고제로 쓰인다. 한천은 젤라틴보다 응고력이 강해 양갱 등의 식물성 식품의 응고제로 이용된다.

65 불고기를 먹기에 적당하게 구울 때 나타나는 현상은?

① 단백질의 변성
② 탄수화물이 C, H, O 로 분해
③ 단백질이 C, H, O, N으로 분해
④ 탄수화물의 노화

해설 고기의 단백질은 열, 염, 산에 의해서 응고되며, 풍미의 변화, 색의 변화 등이 일어난다.

66 완숙한 달걀의 난황 주위가 변색하는 경우를 잘못 설명한 것은?

① 신선한 달걀에서는 변색이 거의 일어나지 않는다.
② 난백의 유황과 난황의 철분이 결합하여 황화철(FeS)를 형성하기 때문이다.
③ 오랫동안 가열하여 그대로 두었을 때 많이 일어난다.
④ 이 변색 현상은 pH가 산성일 때 더 신속히 일어난다.

해설 완숙한 달걀 난황주위가 변색되는 것은 난백의 황과 난황의 철이 결합하여 황화 제1철(FeS)을 생성한 것이다 가열시간이 길수록, 오래된 달걀일수록 녹변현상이 잘 일어난다. 다소 과하게 익힌 달걀일지라도 냉수에다 식히면 황화철의 주성분을 방지 할 수 있다.

67 토마토 크림소스를 만들 때 일어나는 우유의 응고현상을 바르게 설명한 것은?

① 산에 의한 응고 ② 가열에 의한 응고
③ 염에 의한 응고 ④ 효소에 의한 응고

해설 토마토 크림소스를 끓일 때 우유를 넣으면 산에 의한 응고현상을 보일 수 있다. 응고현상을 방지하기위해 토마토를 가열하여 산을 휘발시킨 후 데운 우유를 넣고 만들면 된다.

정답 62 ① 63 ① 64 ③ 65 ① 66 ④ 67 ①

68 샌드위치를 만들고 남은 식빵을 냉장고에 보관하였더니 딱딱해졌다. 냉장저장 중 일어나는 이러한 변화를 가장 잘 설명한 것은?

① 전분 – 호화
② 지방 – 산화
③ 단백질 – 젤화
④ 전분 – 노화

해설 α화된 전분을 상온에 방치해두면 β전분으로 딱딱하게 굳어 되돌아가는데 이 현상을 노화(β화)라 한다. 노화는 온도가 0~4℃(냉장온도)일 때 가장 잘 일어나기 쉽다.

69 달걀의 기포형성력에 대한 설명 중 맞는 것은?

① 달걀에 약간의 기름을 첨가하면 거품이 잘 일어난다.
② 냉장한 달걀을 이용하면 기포형성력이 좋다.
③ 난백의 기포성은 온도가 30℃ 전후가 좋다.
④ 거품형성은 설탕을 가하면 좋다.

해설
난백의 기포성에 영향을 미치는 인자
- 오래된 달걀이 신선한 달걀보다 거품이 잘 일어나고 안정성은 적다.
- 난백은 30℃에서 거품이 잘 일어나고 젓는 속도가 빠를수록 기포력이 크다.
- 산(오렌지주스, 식초, 레몬즙)은 기포형성을 도와준다. 기름, 우유는 기포력을 저해하고, 설탕은 거품을 완전히 낸 후 마지막 단계에서 넣어주면 거품이 안정된다.

70 커피를 끓이는 방법이 가장 잘 설명된 것은?

① 탄닌은 쓴맛을 주는 성분으로 커피를 끓여도 유출되지 않는다.
② 굵게 분쇄된 원두 커피는 여과법으로 준비하는 경우 맛과 향이 최대한 우러 나온다.
③ 알칼리도가 높은 물로 끓이면 커피 중의 산이 중화되어 맛이 감퇴된다.
④ 원두커피는 냉수에 넣고 오래 끓이면 모든 성분이 잘 우러 나와 맛과 향이 증진된다.

해설 커피를 알칼리성의 센물이나 철분이 많이 들어있는 물로 커피를 끓이면 커피 중의 산이 중화되어 맛이 감퇴됨.

71 마요네즈 제조 시 기름과 난황이 분리되기 쉬운 경우는?

① 기름을 조금씩 넣을 때
② 밑이 둥근 모양의 그릇에서 만들 때
③ 기름의 양이 많을 때
④ 한 방향으로만 저을 때

해설 달걀이 오래된 것, 가해주는 기름의 양과 교반해 주는 힘이 맞지 않거나, 기름의 양이 많으면 분리된다.

72 미숫가루를 만들 때 건열로 가열하면 전분이 열 분해 되어 덱스트린이 만들어진다. 이 열분해과정을 무엇이라고 하는가?

① 전분의 전화
② 전분의 호정화
③ 전분의 호화
④ 전분의 노화

해설 전분의 호정화란 전분에 물을 가하지 않고 160℃ 이상으로 가열하면 여러 단계의 가용성 전분을 거쳐 호정(Dextrin)으로 되는 현상으로 물에 쉽게 녹고 소화가 잘 되며, 노화현상이 생기지 않고 오랫동안 보존할 수 있다. 대표적인 식품으로 뻥튀기, 미숫가루, 팝콘 등이 있다.

정답 68 ④　69 ③　70 ③　71 ③　72 ②

73 달걀의 기포성을 이용한 조리는?

① 푸딩(Pudding)
② 마요네즈(Mayonnaise)
③ 알찜
④ 머랭(Meringue)

해설 달걀 흰자의 기포성을 응용한 조리로는 머랭, 스펀지 케이크 등이 있는데 머랭은 흰자에 설탕, 크림 색소, 향료 등을 첨가하여 거품을 낸 후 오븐에 낮은 온도로 구워낸 것으로 장식용으로 쓰인다.

74 서류(감자, 고구마, 토란 등)에 대한 특징이 잘못 설명한 것은?

① 수분 함량과 환경 온도의 적응성이 커서 저장성이 우수하다.
② 탄수화물 급원식품이다.
③ 열량 공급원이다.
④ 무기질 중 칼륨(K) 함량이 비교적 높다.

해설 수분 함량이 많아 저장하기는 어려운 감자류는 수분이 70~80%, 전분이 15~16% 비타민류의 함량이 비교적 많고, 기타 칼슘 등의 무기질이 들어 있는 알카리성 식품이다.

75 전분에 대한 설명 중 맞는 것은?

① 호화는 시간의 경과에 따라 전분 일부가 결정화 되는 현상이다.
② 밥은 쌀 전분이 β화된 것이다.
③ 알칼리성에서는 호화가 억제된다.
④ 전분은 수분 첨가 후 가열하면 α-화된다.

해설 생전분에 물을 붓고 가열하면 60~65℃ 부근에서 전분 입자가 급격히 팽윤하고 더 고온이 되면 전분액은 점성과 투명도가 증가되어 클로이드상의 풀과 같이되는데 이 현상을 호화(α화)라한다.

76 소고기 부위 중 경단백질인 아교질이 많아 오래 끓이는 요리에 적당한 것은?

① 등심, 안심
② 장정육, 사태육
③ 갈비, 홍두깨살
④ 채끝, 대접살

해설 사태살, 장정육, 양지육은 결합조직이 많아 국, 찜에 적당함. 사태육, 장정육, 양지육은 소가 운동을 많이 한 부분의 고기로 힘줄과 아교질이 많아 오래 끓이는 탕이나 찜요리에 적당하다. 고기를 장시간 물에 넣고 가열하면 결합조직인 콜라겐이 유도단백질인 젤라틴으로 되어 연해진다.

77 빈대떡을 부칠 때 바삭바삭하게 조리할 수 있는 기름은?

① 마가린
② 옥수수 기름
③ 콩기름
④ 라드

해설 라드는 돼지고기 기름으로 독특한 향과 부드러운 맛이 있어 빈대떡을 부칠 때 사용하면 구수한 맛을 가진다.

78 달걀의 이용이 바르게 연결된 것은?

① 유화제 - 푸딩
② 농후제 - 크로켓
③ 결합제 - 만두속
④ 팽창제 - 커스터드

해설 크로켓, 만두 속, 전, 알찜, 커스터트, 푸딩 등은 달걀의 응고성을 이용한 것이고 달걀의 난황이 유화제로 쓰이는 것은 마요네즈이며, 난백의 기포성을 이용한 것은 머랭, 스펀지 케이크 등이 있다.

79 전분의 호정화를 이용한 식품은?

① 맥주
② 식혜
③ 옥수수 뻥튀기
④ 치즈

해설 전분의 호정화란 생전분에 물을 가하지 않고 160℃ 이상으로 가열하면 가용성 전분을 거쳐새로운 호정(덱스트린)을 형성하는변화 현상임. 호정은 호화전분보다 물에 잘 녹고 소화가 잘 된다. 예) 뻥튀기, 튀밥이 있다.

정답 73 ④ 74 ① 75 ④ 76 ② 77 ④ 78 ③ 79 ③

80 시금치를 뜨거운 물로 살짝 데치면 선명한 녹색을 나타내는 현상을 바르게 설명한 것은?

① 시금치 삶는 물에 무기산이 용출되어 엽록소에 작용했기 때문에
② 시금치 삶는 물에 수산이 용출되어 엽록소에 작용했기 때문에
③ 시금치 조직 내에 존재하던 엽록소의 마그네슘 이온이 수소 이온으로 치환되었기 때문에
④ 시금치 조직 내에서 효소가 유리 되어 엽록소에 작용했기 때문

해설 시금치의 녹색채소의 엽록소로 가열에 의해 녹색채소 조직 내에서 효소가 유리 되어 엽록소에 작용하여 선명한 녹색을 나타낸다.

81 갈비구이를 하기 위한 양념장을 만드는데 사용되는 양념들 중 육질의 연화작용을 돕는 양념들로 묶인 것은 어느 것인가?

① 참기름 – 후춧가루
② 배 – 설탕
③ 간장 – 마늘
④ 양파 – 청주

해설 육류단백질의 연화작용에 관여하는 효소에는 파인애플(브로멜린), 파파야(파파인), 배즙(프로테아제), 무화과(피신), 키위(액티니딘)이 있고 양념에는 연화작용을 촉진하는 설탕 등이 있다.

82 달걀의 신선도 측정은 몇 % 정도의 식염수가 적당한가?

① 3%
② 6%
③ 24%
④ 12%

해설 달걀은 6%의 식염수에 담가 떠오르면 오래된 것이다.

83 마요네즈를 만들 때 유화제 역할을 하는 것은?

① 난황
② 샐러드유
③ 식초
④ 설탕

해설 달걀 노른자 속에는 유화제인 레시틴이 들어있어 마요네즈를 만들수 있다.

84 열원의 사용방법에 따라 직접 구이와 간접 구이로 분류할 때 직접 구이에 속하는 것은?

① 오븐을 사용하는 방법
② 철판을 이용하여 굽는 방법
③ 프라이팬에 기름을 두르고 굽는 방법
④ 숯불 위에서 굽는 방법

해설 직접구이(broiling)는 석쇠위에 고기류를 얹어 직접구워내는 방법, 간접구이(griller)는 조리기구를 이용하여 육류나 생선 등을 가열된 금속의 면에 구워내는 방법.

85 찜은 무엇을 이용한 조리법인가?

① 수증기의 삼투압
② 수증기의 비중
③ 수증기의 표면장력
④ 수증기의 잠열

해설 찜은 수증기가 갖고 있는 잠열(539kcal/g)을 이용하는 조리법으로 시간이 다소 걸리지만 영양손실이 끓이기에 비해 적고 온도의 분포도 골고루 되므로 식품이 흩어질 염려가 없다.

정답 80 ④ 81 ② 82 ② 83 ① 84 ④ 85 ④

86 생선조림에 대해서 잘못 설명한 것은?

① 생선을 빨리 익히기 위해서 냄비뚜껑은 처음부터 닫아야 한다.
② 조리 시간은 재료에 따라 다르나 약 15분 정도가 가장 좋다.
③ 가열시간이 너무 길면 어육에서 탈수작용이 일어나 맛이 없다.
④ 가시가 많은 생선을 조릴 때 식초를 약간 넣어 약한 불에서 졸이면 뼈 째 먹을 수 있다.

해설 생선 조림 시 처음에는 뚜껑을 열고 끓여 어취를 휘발시킨 후 뚜껑을 덮고 끓여야 생선 모양이 흐트러지지 않고 어취도 덜 하다.

87 단시간에 조리되므로 영양소의 손실이 가장 적은 조리방법은?

① 볶음   ② 구이
③ 튀김   ④ 조림

해설 튀김은 고온에서 단시간 조리되므로 영양소의 손실이 가장 적다.

88 조리방법 중 습열 조리법에 속하지 않는 것은?

① 편육   ② 장조림
③ 불고기   ④ 꼬리곰탕

해설
- 습열조리법 : 끓이기(편육, 장조림, 꼬리곰탕), 삶기, 찌기
- 건열조리법 : 굽기, 볶기, 튀기기, 부치기 등 (예 : 불고기)
- 전자렌지에 의한 조리법 : 초단파(전자파) 이용

89 천연 동물성 지방이 튀김기름으로 부적당한 이유의 설명으로 맞는 것은?

① 융점이 높아 식으면 기름이 굳어 질감이 저하된다.
② 요오드값이 커서 산화안정성이 향상된다.
③ 쇼트닝성이 작아 튀김을 질기게 한다.
④ 발연점이 높아 연기를 많이 형성한다.

해설 유지는 구성지방산의 종류에 따라 녹는(융점)점이 달라진다. 포화지방산과 고급지방산이 많은 양고기나 소고기는 융점이 높다. 반면에 불포화 지방산 및 저급지방산이 많은 돈육과 계육은 융점이 낮다. 융점이 높은 지방을 가지고 있는 양고기나 소고기는 가열조리한 후 온도가 낮아짐에 따라 지방이 하얗게 굳어 질감과 맛이 나빠지고 요리의 모양도 없어진다. 융점이 높은 소고기와 양고기는 뜨겁게 하여 먹어야 맛이 좋다.

90 토란을 조리하기 위하여 삶을 때 미리 식초나 명반을 약간 넣는 가장 중요한 이유는?

① 맛을 특히 좋게 하기 위해서
② 색을 희게 하고 겉의 조직감을 단단하게 유지시키기 위해서
③ 국물이 뽀얗게 우러나오게 하기 위해서
④ 국물이 걸쭉하게 우러나오게 하기 위해서

해설 플라보노이드(미백색) 계통의 색소는 산에 안정하고 알칼리에 불안정하여 황색으로 되므로 약간의 식초를 넣고 삶는 것이 백색을 유지하는데 도움이 되며, 삶은 물에 명반을 넣으면 고구마나 밤, 토란 등이 부서지지 않는다.

정답 86 ① 87 ③ 88 ③ 89 ① 90 ②

Chapter 05 **기초조리실무**

91 찜의 장점에 대한 설명 중 틀린 것은?

① 수용성 성분의 손실이 끓이기에 비하여 적다.
② 수증기의 잠재열을 이용하므로 시간이 절약된다.
③ 풍미유지에 좋다.
④ 모양이 흐트러지지 않는다.

해설 찜은 수증기가 갖고 있는 잠열(1g당 539kcal)를 이용하여 식품을 가열하는 조리법으로 삼발이를 이용하기 때문에 시간은 다소 걸리지만 영양소의 손실이 적고 온도의 분포도 골고루 되므로 모양이 흩어질 염려가 없다.

92 조리장의 위생조건이 아닌 것은?

① 주거, 세탁장과 격리되어 있어야 한다.
② 내부는 조리실과 처리실이 구분되어 있지 않아도 무방하다.
③ 채광, 환기가 잘 되어야 한다.
④ 건조한 장소이어야 한다.

해설 조리장은 위생상 내부는 조리실과 처리실이 구분되어 있어야 한다.

93 조리 시 발생하는 많은 열과 연기 등을 빨아들이는 후드장치는 어느 정도로 크기를 결정하는 것이 가장 효력이 클 것인가?

① 가열기구의 설치 범위보다 작게 하여 집중적으로 빨아들이도록 한다.
② 가열기구의 설치범위보다 넓어야 흡입하는 효율성이 높다.
③ 가열기구의 설치범위와 똑같은 크기로 하는 것이 잘 빨아들인다.
④ 가열기구 설치범위와 상관없다.

해설 후드(Hood) 장치는 사방형 또는 원형이 가장 효율이 좋으며, 가열기구의 설치 범위보다 넓어야 흡입률이 좋다.

94 조리대를 배치할 때 동선을 줄일 수 있는 효율적인 방법 중 잘못된 것은?

① 조리대의 배치는 오른손잡이를 기준으로 생각할 때 일의 순서에 따라 우에서 좌로 배치한다.
② 조리대에는 조리에 필요한 용구나 기기 등의 설비를 가까이 배치한다.
③ 식기와 조리용구의 세정장소와 보관 장소를 가까이 두어 동선을 절약시킨다.
④ 각 작업공간이 다른 작업의 통로로 이용되지 않도록 한다.

해설 조리대의 배치는 오른손잡이를 기준으로 생각할 때 일의 순서에 따라 좌에서 우로 배치하여야 동선을 줄일 수 있고 효율적임.

정답 91 ② 92 ② 93 ② 94 ①

215

95 작업장에서 발생하는 작업의 흐름에 따라 시설과 기기가 배치되는데, 작업의 흐름이 순서대로 연결된 것은?

[㉠ 전처리 ㉡ 장식, 배식 ㉢ 식기세척, 수납
 ㉣ 조리 ㉤ 식재료의 구매, 검수]

① ㉠㉡㉢㉣㉤
② ㉢㉠㉣㉤㉡
③ ㉤㉠㉣㉡㉢
④ ㉤㉣㉡㉠㉢

해설 작업순서는 식재료의 구매, 검수 → 전처리 → 조리 → 장식, 배식 → 식기세척 → 수납 순이다.

96 용량을 측정하는 단위에서 1쿼터(Quart)는 약 몇 컵이 되는가?

① 약 1컵
② 약 2컵
③ 약 4컵
④ 약 3컵

해설
외국의 경우 1컵=240cc, 우리나라의 경우 1컵=200cc
1쿼터(quart)=32온스(oz), 1온스(oz)=30cc
1쿼터 32온스는 32×30=960cc
외국의 경우인 1컵은 240cc이므로 4컵인 240×4=960cc와 같다.

97 조리장의 설비에 대한 설명 중 가장 부적당한 것은?

① 조리장에는 음식물 또는 원재료를 보관할 수 있는 시설과 냉장시설이 갖추어져 있어야 한다.
② 조리장에는 위생상 필요한 환기시설을 갖추어야 한다.
③ 그리스(Grease) 트랩은 하수관으로 지방 유입을 방지한다.
④ 대형 냉동시설의 바닥재는 내구성이 강하고 청소가 용이한 타일로 하고, 주방바닥보다 높게 한다.

98 육류의 냉동에 대한 설명 중 옳지 않은 것은?

① 0℃이하가 되면 미생물번식이나 효소의 작용이 억제된다.
② 급속동결시키면 즙액의 유출량이 적어진다.
③ 급속 동결은 고기 덩어리가 작고 낮은 온도일수록 효과적이다.
④ 서서히 동결되면 결체조직이 약해져서 고기가 연해진다.

해설 식품의 부패에 관계하는 저온성 세균 중에는 −10℃ 정도에서도 발육이 가능한것이 있기 때문이다. 품질을 좋은 상태로 유지하기 위해서는 −20℃ 이하에서 냉동저장한다.

99 조리장 신축이나 개조 시 고려해야 할 기본 조건에 속하지 않는 것은?

① 능률면
② 경제면
③ 위생면
④ 복지면

해설 조리장을 신축, 개조할 경우 위생적인 것을 제일 먼저 고려하고, 능률, 경제성 순으로 설계나 공사를 하여야 한다.

100 다음의 조리용 소도구의 용도가 옳게 된 것은?

① 그라인더(Grinder) – 소고기를 갈 때 사용
② 휘퍼(Whipper) – 감자 껍질을 벗길 때 사용
③ 믹서(Mixer) – 재료를 다질 때 사용
④ 필러(Peeler) – 골고루 섞거나 반죽할 때 사용

해설 휘퍼(Whipper)는 거품을 낼 때 사용, 믹서(Mixer)는 식품의 뒤섞기, 거품내기 등에 사용되고 필러(Peeler)는 감자, 무, 당근, 토란 등의 껍질을 벗기는데 사용

정답 95 ③ 96 ③ 97 ④ 98 ① 99 ④ 100 ①

101 급식소의 위치선정 중 틀린 것은?

① 급수와 배수가 잘 되고 소음, 연기, 냄새처리가 쉬운 곳이어야 한다.
② 통풍이 잘 되고 밝고 청결한 환경이어야 한다.
③ 재료의 반입, 오물의 반출이 편리한 곳이어야 한다.
④ 지상 1층 보다는 지하층이 좋다.

해설 지하층에 위치한 급식소는 통풍, 채광 및 배수 등의 문제점이 생기므로 좋지 못하다.

102 냉동식품의 해동에 관한 내용으로 잘못된 것은?

① 냉동식품 중 해동하지 않고 직접 가열하면 효소나 미생물에 의한 변질의 염려가 적다.
② 생선의 냉동품은 반 정도 해동하여 조리하는 것이 안전하다.
③ 비닐봉지에 넣어 50℃ 이상의 물 속에서 빨리 해동시키는 것이 이상적인 방법이다.
④ 일단 해동된 식품은 더 쉽게 변질되므로 필요한 양만큼만 해동하여 사용한다.

해설 냉동식품의 경우 가장 바람직한 해동방법은 0~5℃의 냉장고 속에서 해동하는 것

103 대규모의 주방에서 조리설비의 배치로 가장 이상적인 것은?

① 일렬형
② 병렬형
③ ㄷ자형
④ 아일랜드형

해설
• 일렬형 – 작업동선이 길어 비능률적이지만 조리장이 굽은 경우 사용된다.
• 병렬형 – 180°의 회전을 요하므로 피로가 빨리 온다.
• ㄷ 자형 – 면적이 같을 경우 가장 동선이 짧으며 넓은 조리장에 사용된다.

104 조리장 내에서 사용되는 기기의 주요 재질별 관리방법이 부적당한 것은?

① 스테인리스 스틸제의 작업대는 스펀지를 사용하여 중성 세제로 닦는다.
② 알루미늄제 냄비는 거친 솔을 사용하여 알칼리성 세제로 닦는다.
③ 주철로 만든 국솥 등은 수세 후 습기를 건조시킨다.
④ 철강제의 구이 기계류는 오물을 세제로 씻고 습기를 건조시킨다.

해설 알루미늄제 냄비는 알카리성 세제로 세척하면 쉽게 망가지니 거친 솔을 피하고 중성세제로 닦는다.

정답 101 ④ 102 ③ 103 ③ 104 ②

PART 02 종목 편

Chapter 01 한식

Chapter 02 양식

Chapter 03 중식

Chapter 04 일식 · 복어

미림원 조리기능사 필기 총정리

Chapter
01

한식

6 | 한식 기초조리실무
6-1 | 한식 조리

6 한식 기초조리실무

한식 조리에 시작인 기본 칼 다루기, 조미료, 고명 등 한식에 대한 기본지식과 기초 조리법을 이해하고 습득하여 조리업무를 수행하는 실무능력을 갖추도록 한다.

01 기본조리조작

1. 기본썰기

(1) 썰기의 목적

먹기 쉽고 조미료의 침투를 좋게 하기 위해서 먹지 못하는 부분을 없애고 모양과 크기를 정리하여 씹기 편하고 소화하기 쉽게 한다.

(2) 식재료 썰기

- **채 썰기** : 일정한 두께로 가늘게 채 썬다. 보통 생채, 구절판이나 생선회에 곁들이는 채소를 썰 때 사용
- **편썰기(얄팍썰기)** : 생밤이나 얇은 고기를 모양대로 얇게 썰 때 이용
- **다지기** : 파, 마늘, 생강 및 양파 등 양념을 다질 때 사용
- **골패썰기와 나박썰기** : 골패썰기는 직사각형으로 전골요리 등에 사용
  나박썰기는 정사각형 모양으로 나박김치 담글 때 등에 사용
- **막대썰기** : 무장과나 오이장과 등을 만들 때 사용, 알맞은 굵기의 막대모양으로 썬다.
- **반달썰기** : 통으로 썰기에 큰 재료들을 길이로 반을 갈라 이용하는 것으로 원하는 두께로 반달모양으로 썰기
- **깍뚝썰기** : 같은 크기로 주사위처럼 썰기, 깍두기 등에 사용
- **둥글려썰기** : 각이 지게 썰어진 재료의 모서리를 얇게 도려내서 썰기
- **은행잎썰기** : 감자, 무, 당근 등 재료의 길이를 십자로 4등분하여 원하는 두께의 은행잎 모양으로 썰기
- **통썰기** : 당근, 연근, 오이 등을 통째로 둥글게 썰기
- **어슷썰기** : 고추, 대파, 오이 등 길쭉한 재료를 적당한 두께로 어슷썰기

- **저며썰기** : 고기, 표고 생선 등을 몸을 뉘어서 재료를 안쪽으로 당기듯이 한 번에 썰기
- **깎아썰기** : 우엉 등 칼날의 끝부분으로 연필 깎듯이 돌려가면서 얇게 썰기
- **돌려깎기** : 호박, 오이처럼 껍질에 칼집을 넣어 위 아래로 움직이며 얇게 돌려깎은 후 가늘게 채 썰기
- **방울썰기** : 갑오징어나 오징어를 볶거나 데칠때 써는 방법으로 오징어 안쪽에 사선으로 칼집을 넣어 썰기
- **마구썰기** : 당근, 오이처럼 가늘고 긴 채소를 왼손으로 잡고 빙빙 돌려가며 한입크기로 작고 각이 있 게 썰기

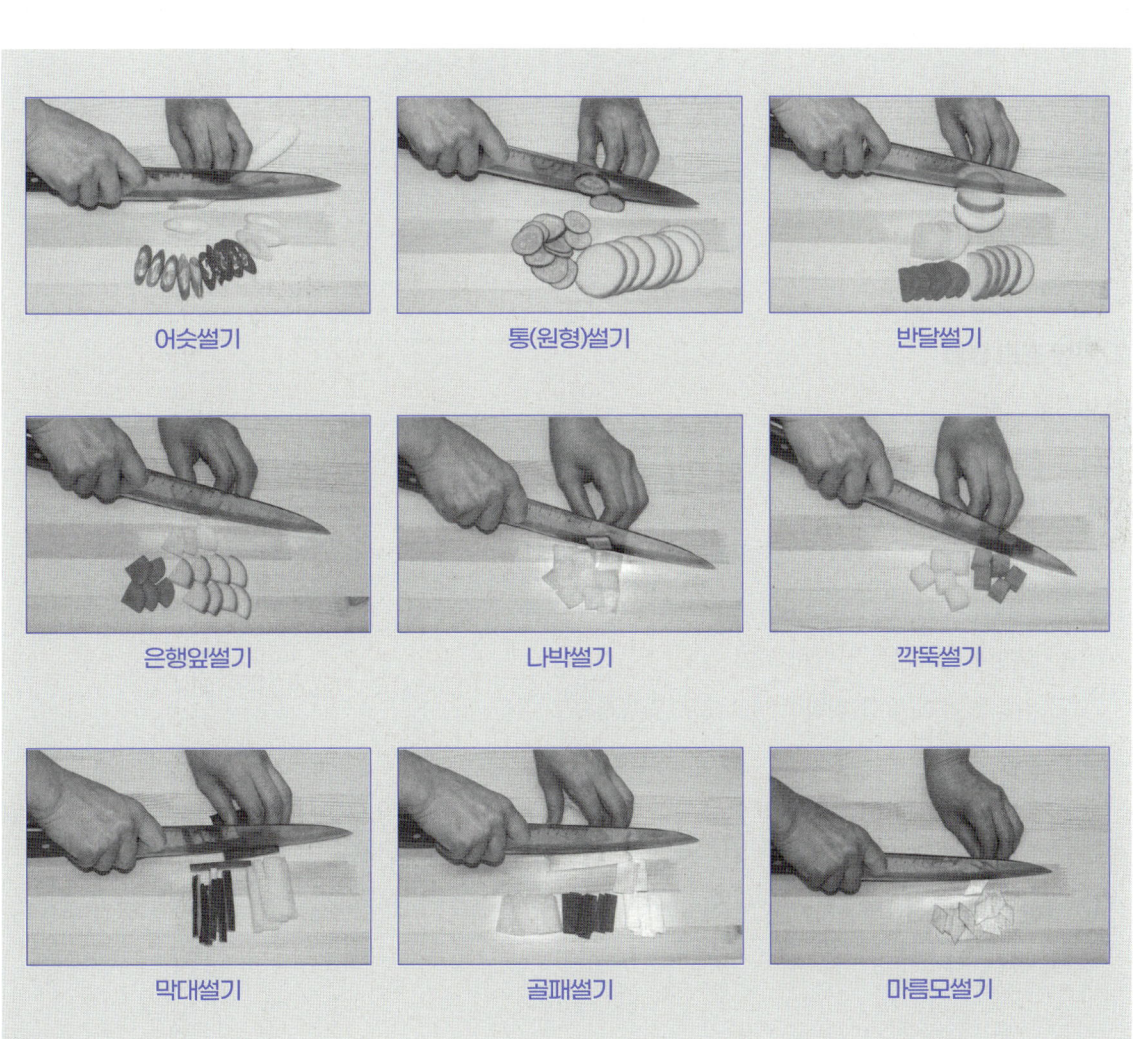

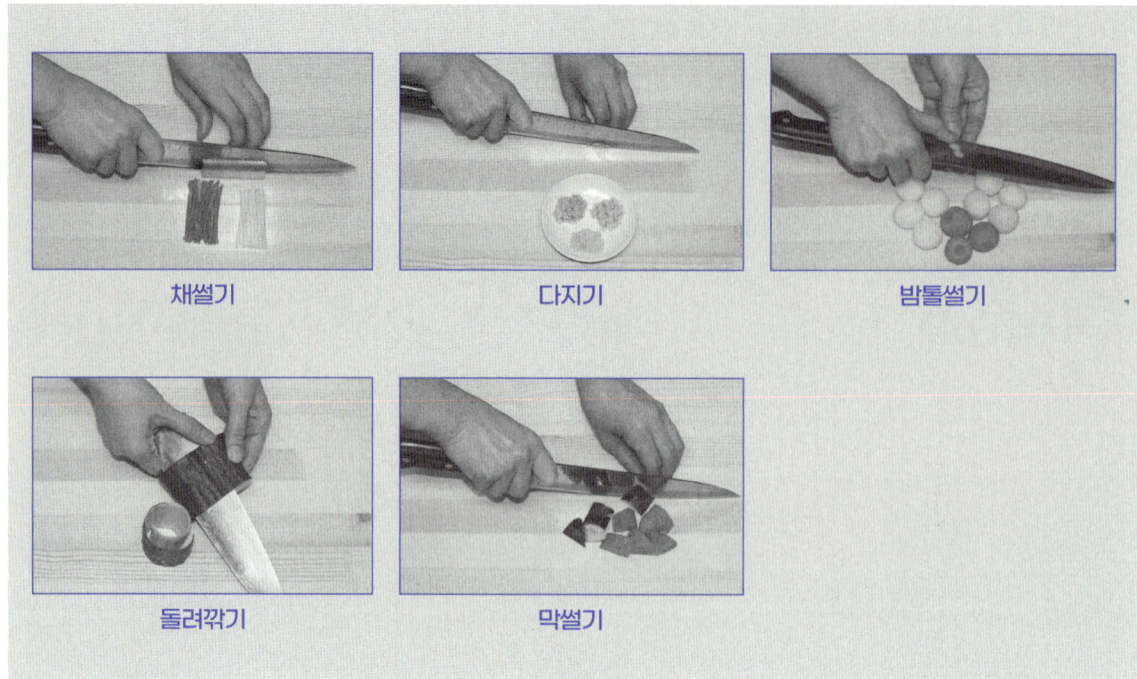

채썰기 / 다지기 / 밤톨썰기
돌려깎기 / 막썰기

2. 기본 조리 방법

(1) 비가열 조리

겉절이, 생채, 화채 등 식품을 생것으로 먹기 위한 조리방법으로 '생조리'라고도 한다.

- ■ 비가열 조리의 특성

    ① 수용성, 비타민, 무기질 등의 성분의 손실이 적다.

    ② 식품 자체의 향미를 살린다.

    ③ 시간이 절약되는 간단한 조리

    ④ 위생충 등의 감염 위험이 있으므로 위생적으로 취급

(2) 가열 조리

① **습열 조리** : 소량 또는 다량의 물을 넣고 가열하는 방법으로 삶기, 끓이기, 찜, 조림, 데치기 등이 있다.

② **건열 조리** : 물을 사용하지 않고 직접 또는 간접적으로 열에 의해서 조리하는 방법으로 굽기, 석쇠구이, 볶기, 튀기기 등이 있다.

02 한식의 기본 양념

한국 요리에 쓰이는 조미료는 간장, 된장, 고추장, 참기름, 깨소금, 벌꿀, 설탕, 식초, 후추, 겨자, 파, 마늘, 생강 등이 있다. 이러한 조미료 외에도 고명으로 버섯, 실백, 은행, 호도와 달걀로 만드는 여러 모양의 알고명 등은 요리의 시각적 효과를 높이기 위한 장식용으로 많이 쓰이므로 중요시 된다.

1. 소금

(1) 소금의 작용

① 방부 작용을 한다.
② 생선살을 단단하게 한다.
③ 녹황색 채소의 색을 선명하게 한다.
④ 재료가 부드러워지게 한다.

2. 설탕

(1) 설탕의 종류

① **백설탕** : 조리에 가장 많이 쓰이는 것으로 단맛이 강하고 색이 희며 잘 녹는다.
② **황설탕** : 연한 황갈색을 띠며 입자는 흰설탕보다 굵다. 당도는 흰설탕보다 낮으며 수정과나 약식 등 색깔을 내야 할 음식에 사용된다.
③ **흑설탕** : 황설탕보다 색이 진하고 입자가 거칠다. 수정과, 약식이나 제과용으로 쓰인다.

(3) 설탕의 일반적 작용

- 수분을 유지시켜 건조되는 것을 막는다.
- 수분을 흡수한다.
- 음식에 단맛을 낸다.
- 신맛, 쓴맛을 약하게 한다.
- 끈기와 광택이 나게 한다.

3. 식초

(1) 식초의 종류

① **양조식초** : 초산균을 사용하여 알코올이나 당분을 발효시켜 만든 식초를 말한다. 청주를 발효시킨 식초, 알코올식초, 맥아식초, 사과식초, 포도식초, 레몬식초 등이 있다.

② **합성식초** : 목재나 석회를 원료로 사용하여 합성한 빙초산에 물을 타서 묽게 하고 소금과 조미료, 색소 등을 첨가한 것이다. 몹시 자극적인 산미가 그 특징이다.

③ **가공식초** : 양조된 초에 조미료, 향신료 따위를 첨가하여 곧바로 요리에 사용할 수 있도록 한 식초이다.

(2) 식초의 작용

- 방부 · 살균 작용을 한다.
- 생선의 살을 단단하게 하며 비린내를 없앤다.
- 식품의 떫은맛을 없앤다.
- 기름이 많은 음식은 식초를 사용하여 음식 맛을 부드럽게 한다.
- 재료를 부드럽게 해준다.
- 자극적인 냄새를 없앤다.
- 음식에 향미를 준다.
- 맛을 조절하며 신맛이 나게 한다.

4. 기름

① **대두유** : 가장 수요가 많은 기름이다. 대두를 원료로 하여 만든 식용유로서 가열에 의한 산화가 비교적 빠르고 보존하는 동안 독특한 악취가 생기는 결점이 있다.

② **유채유** : 불그스름한 색깔을 띠고 있다. 비교적 소화율이 낮은 지방산을 함유하고 있다.

③ **면실유** : 면화씨를 원료로 쓴 기름인데 원유(原油)는 적갈색이거나 흑색이고 정제하면 황색으로 바뀐다. 대두유보다 안정되어 있어 산화되기 어려운 좋은 질의 기름으로 발연점이 가장 높다.

④ **참기름, 들기름** : 비타민 E를 많이 함유하고 있고 특유한 고소한 맛이 있어 무침요리나 양념요리에 넣는데, 여러 가지 양념을 섞을때는 맨 나중에 가열하는 요리에 불에서 내리기 직전 넣어야 맛을 살릴 수 있다.

5. 술

① 쌀로 빚은 술에 여러가지 조미료를 첨가한 것을 맛술이라고 하며 음식의 잡내를 잡아주고 윤기와 향미를 준다.

② 청주와 물을 같은 비율로 섞은 술물에 말린 생선을 불리면 소금기가 빨리 빠지고 비린내도 없어진다. 또, 찐 생선의 소금기를 뺄 때에도 이런 방법으로 하면 좋다. 냉동 새우의 냄새가 좋지 않을 때도 술물에 설탕을 약간 넣고 새우를 껍질째 담그면 냄새도 제거되고 맛도 좋아진다.

③ 고기, 내장류의 손질에 쓴다. 최근의 육류, 특히 닭고기는 토실토실하게 살이 쪄있는 데도 맛이 없다. 이런 경우 포도주에 향초, 향미채소 등을 넣어 하룻밤 재워두면 감칠맛이 더해지며 냄새도 없어진다. 포도주는 고기 종류나 조리법에 따라 다르나 대개 소고기는 적포도주를, 닭고기나 돼지고기에는 백포도주를 사용한다.

④ 맥주는 고기를 연하게 한다. 질긴 고기라도 맥주를 넣고 끓이면 연해지거나 약간 쓴맛과 짙은맛이 가해진다. 이때 쓴맛은 설탕을 약간 넣어 없앤다.

⑤ 육류나 생선을 재료로 한 전골요리에 술을 물과 같은 양으로 배합해서 사용하면 술 냄새가 나지 않고 맛이 부드럽게 잘 어우러지는데 이것은 끓이면 알코올 성분이 증발되기 때문이다.

03 한식의 고명, 향신료

1. 한식의 고명

(1) 잣(실백)
실백은 통째로 사용하거나 반으로 갈라서 또는 다져서도 쓰는데 이때는 종이를 깔고 잘 드는 칼로 다진다. 칼이 잘 들지 않으면 기름기가 베어나와 덩어리가 생기며 보슬보슬한 잣소금(잣가루)을 얻기 어렵다.

(2) 은행
은행알이 부서지지 않도록 조심하여 겉껍질을 깨어서 깐 다음 팬에 맑은 기름을 두르고 은행알을 넣어 중불에서 잠깐 볶아 투명하고 파랗게 된 다음 속껍질을 벗겨 이용한다.

(3) 호도
겉껍질은 깨어서 벗기고 따뜻한 물에 10~15분간 담갔다가 속껍질이 약간 불으면 속껍질을 벗긴다.

(4) 표고버섯

건표고버섯은 불려서 꼭지를 따고 용도에 따라 적당히 썬다. 살이 두꺼운 것을 가늘게 채썰때는 우선 얇게 저민 다음 채썬다.

(5) 느타리버섯

건느타리버섯은 깨끗이 씻은 후 끓는 물에 불린 후 주물러 씻어서 씁쓸한 노란물을 말끔히 헹군 다음 꼭 짜서 사용한다. 보통은 칼로 썰지 않고 손으로 찢어서 적당한 크기로 사용한다.

(6) 석이버섯

따뜻한 물에 담가서 보들보들하게 불려 지면 손바닥이나 굴곡이 있는 면에 놓고 뒷면의 검은 이끼가 벗겨지도록 비벼서 깨끗하게 하고 (소금으로 비벼도 좋다), 다시 깨끗한 물에 헹구어 꼭지를 따고 채를 썰거나 다져서 사용한다.

(7) 알고명 부치기(알지단)

① 달걀을 흰자, 노른자로 나누어 노른자 1개에 약간의 물을 넣어 섞고, 흰자는 그대로 소금간을 약간 한 다음 각각 잘 저어준다.

② 깨끗한 프라이팬을 약한 불에 올려서 프라이팬이 따끈해지면 기름을 두르고 얇게 펴지도록 바른 후 위에 준비된 달걀을 얇게 펴지도록 부어서 지단을 부친다.

③ 지단을 부쳐 식힌 것을 채로도 썰고 또는 마름모꼴 등으로 썰어 찜, 신선로, 국의 고명으로 사용한다.

(8) 알쌈

소고기를 곱게 다져 양념하여 콩알만큼씩 떼어 둥글게 빚은 후 번철에 지져 소를 만들어 놓는다. 달걀을 풀어 한 숟가락씩 떠서 타원형으로 부친 후 소를 가운데 놓고 반달모양으로 접어 만든다. 신선로, 찜의 고명으로 쓰인다.

(9) 미나리초대

미나리줄기만을 꼬치에 가지런히 꿰어서 밀가루, 달걀물의 순서로 묻혀 번철에 부쳐서 식힌 후 꼬치를 빼고 마름모꼴이나 골패형으로 썰어 탕, 전골, 신선로 등에 넣는다.

(10) 고기완자

소고기의 살을 곱게 다져서 양념하여 둥글게 빚는다. 때로는 물기를 짠 두부를 으깨어 섞기도 하며 둥글게 빚은 완자는 밀가루, 달걀물의 순서로 옷을 입혀서 번철에 기름을 두르고 굴리면서 고르게 지진다. 면, 전골, 신선로의 웃기로 쓰이며 완자탕의 건더기로도 쓰인다.

(11) 고기고명

소고기는 곱게 다져서 양념을 한 후 볶아서 식힌다. 국수장국이나 비빔국수의 고명으로 쓰기도 하고, 가늘게 채 썬 소고기를 양념하여 볶은 것은 떡국이나 장국수의 고명으로도 쓰인다.

2. 한식의 향신료 (참조 : NCS 학습모듈)

강한 향기나 자극성의 맛을 지니고 있어서 음식의 맛을 향상시키거나 음식의 향미에 변화를 준다. 향신료에는 고추, 기름, 깨, 파, 마늘, 생강, 겨자, 후추 및 산초 등이 있다.

(1) 고추
한국음식의 매운맛을 내는 데는 주로 고추가 쓰인다. 고추는 자극적이며 음식에 넣으면 감칠맛이 있다. 고추는 말려서 실고추로 만들거나 빻아서 고춧가루를 만들어 사용하기도 한다. 고춧가루는 용도에 따라 입자의 크기가 달라진다. 굵은 고춧가루는 김치에 적당하고 중간 고춧가루는 김치와 깍두기용으로, 고운 고춧가루는 고추장이나 일반조미용으로 적당하다.

(2) 기름
참기름, 들기름, 식용유 및 고추기름 등이 있다.

(3) 마늘
마늘의 매운맛과 냄새는 황을 함유한 성분에 기인된다. 주로 고기 누린내나 생선 비린내를 없애는데 사용된다. 한국음식의 필수 향신료이다.

(4) 생강
특유의 향과 매운맛이 나는 뿌리를 이용한다. 생강의 매운맛은 가열해도 분해되지 않는다.

(5) 후추
후추의 매운맛 성분인 채비신은 껍질에 많기 때문에 일반적으로 색이 짙은 검은 후추가 흰 후추에 비해 매운맛이 강하다.

(6) 겨자
황색인 백겨자와 적갈색인 흑겨자 두 종류의 종자가 있다. 겨자가루 상태로 사용되기도 하며, 겨자소스나 페이스트 등의 상태로 이용한다.

(7) 산초
산초는 상쾌한 향과 매운맛을 낸다. 생선의 비린내를 없애 주고, 음식의 맛을 깔끔하게 해 준다.

04 한식의 기본 육수

1. 육수의 기본 조리법
- 고기를 끓여서 만든 것으로 찌개, 전골 등의 맛을 결정한다.
- 고기는 찬물부터 향신채소(파, 마늘, 양파)를 넣고 처음에는 센 불로 끓이기 시작해서 끓고 나면 중불로 끓인다.
- 육수를 맑게 끓이려면 거품 등 불순물을 제거하고 면보에 걸러 사용한다.

2. 육수의 종류
(1) 소고기 육수
소고기는 찬물에 담가 핏물을 제거하고 향신채소와 함께 센 불에서 시작해서 중불로 끓인다.

(2) 멸치육수
멸치는 머리, 내장을 제거하고 볶아서 사용하고 물, 다시마 멸치를 넣고 끓으면 다시마는 먼저 건져내고 중불에 10분 정도 더 끓인 후 불 끄고 면보에 거른다.

(3) 조개육수
조개를 해감하여 물, 다시마, 조개를 넣고 끓이다가 끓으면 다시마 건져내고 조개가 입을 벌리면 불을 끄고 면보에 거른다.

(4) 다시마육수
다시마는 면보로 닦아서 찬물에서 끓이다가 물이 끓으면 다시마를 건져낸다.

(5) 닭고기육수
닭의 노란기름을 제거하고 끓는 물에 데쳐서 차가운 물에 헹군 후 향신채소와 함께 찬물에 넣고 중불에 끓이면서 거품을 제거하고 면보에 거른다.

(6) 사골육수
찬물에 뼈를 충분히 담가서 핏물을 제거 후 처음에는 강한 불로 끓이다가 중불로 가열하여 우려낸다.

05 한국음식의 종류 및 상차림

1. 한국음식의 종류

(1) **주식** : 밥, 죽, 국수, 만둣국, 떡국,

(2) **부식류** : 국(탕), 찌개(조치), 전골, 볶음, 찜, 선, 조림(초), 구이, 적, 전, 지짐, 회, 숙회, 편육, 족편, 묵, 나물, 장아찌(장과), 튀각, 부각, 포, 젓갈, 식해, 김치

(3) **떡** : 찌는 떡, 빚는 떡, 치는 떡, 지지는 떡, 부풀리는 떡

(4) **한과** : 유밀과, 다식, 정과, 과편, 숙실과, 엿강정

(5) **음청류** : 식혜, 화채, 배숙, 수정과, 수단, 원소병, 미숫가루, 과일화채, 제호탕

2. 상차림

(1) 초조반상

새벽자리에서 일어나 처음 먹는 음식으로 부담없는 가벼운 음식이어야 한다. 응이, 미음, 죽 등의 유동식을 중심으로 하고 여기에 맵지 않은 국물김치(동치미, 나박김치), 젓국찌개와 마른 찬(암치보푸라기, 북어보푸라기, 육포, 어포) 등을 갖추어 낸다. 죽은 큰 그릇에 담아 중앙에 놓고 오른편에는 공기를 놓아 조금씩 덜어먹게 한다. 죽상에는 짜고, 매운 찬은 어울리지 않는다.

(2) 반상, 수라상

반상은 밥상, 진지상, 수라상으로 구분하여 쓰는데 받는 사람의 신분에 따라 이름이 달라진다. 아랫사람에게는 밥상, 어른에게는 진지상, 임금에게는 수라상이라 부른다. 이 상들은 밥과 찬품을 차리는 형식이고 규모는 정해져 있으나 형편에 따라 찬품 수는 최하 3품으로부터 12품으로 하여 3첩, 5첩, 7첩, 9첩 반상 등 홀수로 나간다. 5첩은 평일식사이고, 7첩은 여염집에서 신랑·색시상을 차릴 때이고 9첩은 반가집에서, 12첩은 궁에서 차리는 격식이다.

(3) 낮것상(점심상)

평일에는 아침 늦게 밥상을 받으며 점심은 요기만하는 정도로 가볍게 먹는다고 하여 마음에 점을 찍는다는 뜻으로 점심이라 했다고 한다. 손님이 오시면 온면, 냉면 등으로 간단한 국수상을 차린다. 국수상 차림은 국수장국과 묽은장, 겨울에는 배추김치, 봄·가을에는 나박김치, 전유화, 편육, 잡채, 누름적, 초장, 과일, 약과, 화채, 식혜 등을 차린다. 사랑방에 술 손님이 오시면 주안상이 먼저 들어가고 나중에 장국상이 나간다.

(4) 주안상

약주에 안주를 곁들이는 것이 주안상이다. 술에 따라 안주도 달라지나 기본적인 것은 전유어, 편육, 탕 등의 안주와 몇 가지 마른안주를 낸다. 찌개, 전골 등 따뜻한 음식이 나갈 때는 매우 잘 차린 주안상이 되고 생률, 생과일, 정과 등 후식까지 차리면 더욱 잘 차린 주안상이다.

(5) 잔치상

잔치는 경축의 뜻을 가진 상으로 대개 면(국수)상을 차리기도 하나 보통 교자상을 차린다. 손님들의 회식을 위해 큰 상에 음식을 차려놓고 동시에 여러 사람이 음식을 먹게 하는 것이 교자상 차림이다. 의례로 받는 상은 평접시에 종이로 봉을 하여 높이고, 여담고 위에 가화로 장식을 하여 나란히 차려놓는 상을 고배상, 또는 망상이라 한다. 고배상은 보기좋게 높이 고여 인사로 받는 것이며 따로 작은 상에 장국상을 차리는것을 임매상이라 한다. 임매상에는 망상에 고배한 음식을 조금씩 덜어 놓는다.

(6) 어상

나라의 경사에 임금이 받는 상이다.

한식 기초조리실무 Test

01 다음 중 건열조리방법이 아닌 것은?

① 찜 ② 볶기
③ 튀기기 ④ 구이

해설 습열조리: 소량 또는 다량의 물을 넣고 가열하는 방법으로 삶기, 끓이기, 찜, 조림, 데치기 등이 있다

02 식초에 대한 설명이 잘못된 것은?

① 식초산 발효에 가장 강력하여 널리 이용되는 미생물은 곰팡이이다.
② 식초는 우리나라의 전통식품이면서 세계적으로 공통된 일종의 발효식품이다.
③ 일반적으로 동양에서는 식초 원료로 주로 곡류가 이용되고, 서양에서는 주로 과실이 이용되었다.
④ 식초의 원료는 술이며, 화학적으로 알코올이 산화되어 식초산이 되는 것이다.

해설 식초(Vinegar)는 4~5%의 아세트산을 주성분으로한 조미료이다. 알코올에 아세트산트균인 Acetobacter 등을 접종하고 대패밥 등을 발효조에 넣어 표면적을 크게 하여 배양액을 서서히 통과시키면 산화를 받아 식초가 된다.

03 우리나라의 전통적인 향신료가 아닌 것은?

① 생강 ② 고추
③ 팔각 ④ 겨자

해설 팔각은 중국요리에 많이 사용되는 대회향의 열매로 별 모양이다. 오향족발 등의 조림요리에 사용된다.

04 생선이나 돼지고기의 조리 시 탈취효과를 얻기 위해서 사용되는 양념은?

① 고추 ② 간장
③ 생강 ④ 설탕

해설 조리 시 냄새를 제거하기 위해 사용하는 생강은 처음부터 넣고 조리하는 것보다 가열하여 단백질을 변성시킨 후에 생강을 넣는 것이 생선이나 육류의 탈취효과를 높일 수 있다.

05 화학조미료가 가진 맛 성분을 다량 함유하고 있어서 천연조미료로 사용될 수 있는 식품에 해당되지 않는 것은?

① 다시마 ② 마늘
③ 건표고 버섯 ④ 멸치

해설 천연조미료는 다시마가루, 건표고 버섯가루, 멸치가루 등이 있다.

06 푸른 채소를 데칠 때 색을 선명하게 유지하며 비타민 C의 산화도 억제해 주는 것은?

① 기름 ② 소금
③ 설탕 ④ 식초

해설 녹색 채소를 데칠 때 1~2%의 소금을 넣어주면 엽록소의 용출을 줄여 클로로필의 안정화에 좋은 역할을 하기 때문에 채소의 색이 선명해진다.

정답 01 ① 02 ① 03 ③ 04 ③ 05 ② 06 ②

6-1 한식 조리

[한국요리의 특징]
우리 일상식의 기본 양식은 밥과 반찬으로 구성된 소위 주식과 부식의 구성체라고 할 수 있다. 우리 음식 특징 중의 하나는 발효식품인 장류를 비롯해 양념이 다양하게 발달하였다는 것이다. 갖은 양념이라 불리는 한국 양념의 복합체는 한국음식 맛의 기본이며 주재료에서 부족한 영양을 보충해 주고 고명을 통하여 시각적인 아름다움까지 선사한다.

01 한식 밥 조리

- 밥은 우리 음식의 대표적인 주식이다. 밥 짓기는 우리나라에서 생산되는 쌀의 특성에 맞추어 발달된 조리방법이다. 주로 흰밥을 많이 먹지만 보리, 조, 수수, 콩, 팥, 녹두, 밤 등을 섞어 잡곡밥을 만들기도 한다.
- 밥의 종류는 별식으로 지을 때에는 채소류, 어패류, 육류 등을 넣은 보리밥, 콩밥, 팥밥, 밤밥, 오곡밥, 찰밥, 차조밥, 콩나물밥, 무밥, 채소밥 등이 있으며, 밥 위에 나물과 고기 등을 넣어 비벼서 먹는 비빔밥(골동반) 등이 있다.

1. 밥 재료준비

① 쌀을 씻으면 소량의 수분이 쌀로 스며들어가고 또 쌀 표면에 흡착하여 쌀의 부피가 약간 증가하며 소량의 티아민이 손실되므로 쌀은 재빨리 씻어야 한다.
② 쌀을 물에 담가 불리면 물의 온도에 따라 물이 쌀에 흡수되는 속도와 양이 다르나 2시간이 경과되면 쌀 무게의 30%가 되는 물이 흡수된다.
③ 쌀을 불리면 쌀 전분이 호화가 신속하고 완전히 일어나게 되어 맛있는 밥이 된다.
④ 쌀은 세포 내에 여러 가지 화학물질을 함유하고 있는 조직이므로 쌀밥의 맛은 쌀알을 형성하고 있는 물질들로 인하여 생기는 물리적 성질과, 맛이나 향기를 내는 물질들로 인한 화학적 성질에 따른다.
⑤ 흰밥, 보리밥, 콩밥, 조밥, 수수밥, 기장밥, 팥밥, 찰밥, 오곡밥

2. 밥 조리

① 첫 번째 단계는 온도상승 기간으로 밥을 끓이기 위하여 불을 강하게 하는 단계

② 두 번째 단계는 비등기간으로 밥이 끓는 기간이다.
③ 뜸들이기 기간은 불을 약하게 하고 뚜껑을 열지 않는다.
④ 재치기 기간은 밥이 뜸 들면 불을 끄고 일정기간 보온하여 쌀알 중심부에 있는 전분까지 완전히 호화되도록 한다.
⑤ 맛있는 밥을 짓기 위해서는 쌀알 내에 있는 모든 전분입자를 완전히 호화시키는데 필요한 양의 물이 있어야 하고 동시에 그 물이 거의 다 쌀 내부로 들어가 호화되는데 이용되어 쉽게 증발하지 못하는 상태로 있어야 한다.

3. 밥 담기
① 식사의 형태, 장소, 용도에 따라 식기를 선택해서 담는다.
② 식기는 식판, 1인식기 등 다양하게 이용
③ 식사시간을 고려하여 보온식기를 이용하기도 한다.
④ 파티 등 행사용으로는 기존의 틀을 깨는 화려한 식기를 이용할 수 있다.

02 한식 죽 조리

죽은 우리 음식 가운데서 일찍부터 발달한 주식의 하나이다. 우리의 주식은 찌거나 끓이는 방법보다도 곡식의 낱알이나 가루를 오랫동안 끓여서 완전히 호화시키는 유동식의 쑤는 방법이 더 일찍 발달되었다.

1. 죽 재료준비
① 쌀은 깨끗이 씻어서 불린다.
② 죽의 종류에 따라 물이나 육수 대신 쌀뜨물을 이용하여 끓여도 좋으므로 쌀뜨물을 준비하기도 한다.
③ 조리도구를 준비한다(나무주걱, 계량컵, 밀대 등).
④ 죽은 물의 양에 따라서 죽보다는 미음이, 미음보다는 응이가 더 묽다.
⑤ 죽은 환자식, 보양식, 별미식, 구황식으로 먹었으며 궁중에서는 초조반으로 차려졌다.
⑥ 죽은 부드러운 유동식으로 쌀에 섞는 부재료에 따라 이름을 붙인다.

2. 죽 조리

① 죽에 들어가는 재료에 따라 조리시간과 방법을 달리한다.
② 보통 죽을 끓일 때는 재료의 6~7배 정도가 적당하다.
③ 멸치육수, 조개육수, 채수, 육류 스톡을 이용하면 더욱 더 깊은 맛을 느낄 수 있다.
④ 죽에 들어가는 재료에 따라서 물의 양, 조리시간을 조절한다.
⑤ 죽을 끓일 때에는 반드시 나무주걱을 이용하여야 죽이 삭는 것을 방지할 수 있다.
⑥ **곡물을 이용한 죽** : 흰죽, 콩죽, 팥죽, 흑임자죽, 녹두죽 등
⑦ **견과류를 이용한 죽** : 잣죽, 땅콩죽, 호두죽 등
⑧ **채소를 이용한 죽** : 아욱죽, 버섯죽, 채소죽, 김치죽, 호박죽 등
⑨ **어패류를 이용한 죽** : 소라죽, 전복죽, 바지락죽, 낙지죽, 생굴죽 등
⑩ **육류를 이용한 죽** : 소고기죽, 닭죽 등

3. 죽 담기

① 죽의 종류에 따라 담아내는 그릇도 다양하게 준비한다.
② 죽의 종류에 따라 꿀을 곁들이기도 하고 고명을 올리기도 한다.
③ 따뜻하게 담아낼 때는 보온을 고려하여 용기를 선택한다.
④ 죽에는 국물김치나 순하고 부드러운 밑반찬을 곁들인다.

03 한식 국·탕 조리

- 국은 반상에 따르는 필수적인 것으로서 '탕' 이라고도 부르며 밥에 따르는 기본적인 부식의 일종이다.
- 국은 맑은 장국, 토장국, 곰국, 찬국 등으로 크게 나눌 수 있는데, 육류, 채소류, 어패류, 해조류 등 국에 사용되는 재료가 다양하여 종류도 많다. 국을 선택할 때는 계절, 밥의 종류와 반찬의 내용 등에 따라 맛과 색채감, 영양소가 균형을 이루고 반찬의 재료와 겹치지 않도록 한다.

1. 국·탕 재료준비

① 재료를 계량하여 깨끗이 손질

② 재료 선택에 따라 육수를 준비하고 전처리를 한다.
③ 양념과 향신채소 등을 준비한다.
④ **맑은 장국** : 애탕, 대합탕, 조깃국, 준칫국, 송이탕, 미역국, 북엇국, 버섯국, 토란탕
⑤ **토장국** : 시금치국, 아욱국, 배추속대국
⑥ **곰국** : 곰국, 영계백숙, 육개장, 설렁탕
⑦ **찬국** : 오이냉국, 미역냉국, 깻국탕
⑧ **기타** : 해삼탕, 도미면

2. 국·탕 조리

① 국이나 탕 조리시 육수의 재료는 다양하게 이용한다. – 육류, 어패류, 채수 등
② 육수는 처음에는 모두 찬물부터 끓여준다. – 처음에는 센불로 끓이다가 한번 끓고 나면 중불에서 끓여 주어야 한다.
③ 멸치다시육수는 내장을 제거하고 15분 정도 끓인다.
④ 소고기나 사골 등의 육수는 다 끓인 후 소금이나 간장으로 간을 해주어야 한다. – 나트륨 성분이 들어가면 단백질이 응고되어 육류에서 육즙이 빠져 나오지를 않아 육수가 진하지 않다.
⑤ 육수를 끓일 때에는 특유의 잡냄새를 제거하기 위해서 무, 양파, 마늘, 대파, 건고추, 생강 등 여러 가지 채소를 첨가하여 끓이기도 한다.
⑥ 고기를 가열하면 지방이 부드러워지면서 녹게 되고 단백질은 변성된다. 전체적인 풍미는 가열조건에 따라 다르지만 일반적으로 고기는 가열되면 수분이 손실되어 보수력이 감소하면서 결합수가 자유수로 전환되어 조리초기에 손실된 물을 채우면서 육즙이 유지된다.
⑦ 육류나 사골, 잡뼈 등을 이용한 육수를 끓일 때는 찬물에 담가 핏물을 제거하고 끓이거나, 끓는 물에 데치거나 애벌로 처음 끓인 국물을 버리고 사용하기도 한다.

3. 국·탕 담기

① 국, 탕은 재료에 따라 담아내는 용기를 선택한다.
② 곰탕이나 설렁탕 등은 보온을 위해서 잘 식지 않는 뚝배기에 담아낸다.
③ 도미면 등은 전골냄비째 바로 테이블에 올려서 덜어 먹기도 한다.
④ 보통의 국이나 탕은 탕기나 대접에 담는다.(도자기, 유기 그릇 등)
⑤ 냉국을 제외하고는 따뜻한 국은 온도 유지에 특히 신경을 써야 한다.

04 한식 찌개 조리

찌개는 예부터 궁중에서 조치라는 용어로 발달해 왔다. 찌개는 국물위주의 탕보다 국물이 적고 건더기가 반 이상인 요리를 말한다. 간은 국보다 센 편인데, 간을 맞추는 주재료에 따라 된장조치, 고추장조치, 그리고 젓국조치 등이 있다. 특히 조치는 뚝배기를 사용하기 때문에 구수한 향토의 맛을 볼 수 있고 우리가 예부터 즐겨 먹는 대표적 부식의 한 가지이다.

1. 찌개 재료준비

① 재료손질과 세척을 깨끗하게 준비한다.
② 쌀뜨물이나 육수재료 등을 준비한다.
③ 장류, 양념 등을 준비한다.
④ **된장찌개** : 여러 가지 재료를 넣어 된장으로 끓인 것이다. 묽은된장찌개, 강된장찌개, 청국장찌개 등이 있다.
⑤ **고추장찌개** : 고추장으로 조미하여 끓인 찌개로 감정이라고도 한다. 두부찌개, 대구찌개, 호박감정, 오이감정, 게감정, 민어감정, 조기감정 등이 있다.
⑥ **젓국찌개** : 새우젓국을 넣고 끓인 것으로 음식에 감칠맛과 시원한 맛을 더 해 준다. 굴젓국찌개, 두부젓국찌개, 애호박젓국찌개, 명란젓국찌개 등

2. 찌개 조리

① 찌개에 들어가는 채소는 데쳐서 사용하거나 그대로 사용하기도 한다.
② 찌개의 감칠맛을 돋우기 위해서 멸치가루, 새우가루, 표고버섯가루, 다시마가루 등을 넣어서 끓이면 더욱 더 깊은 맛이 있다.
③ 조개류는 바구니에 담아서 조개가 다시 토해낸 흙을 먹지 않도록 소금물에 담가 어두운 곳에 놓아 두거나 뚜껑을 덮어서 해감을 하도록 한다.
④ 육수를 끓일 때는 여러 가지 향신채소를 넣고 함께 끓여주면 재료 특유의 잡냄새를 제거하고 음식의 맛을 돋우어 주기도 한다.

3. 찌개 담기

① 찌개를 담는 그릇은 예부터 '조치보'라고 하였다.
② 보통 찌개는 국그릇이나 뚝배기, 냄비에 담아낸다.
③ 찌개는 국과 달리 건더기가 국물의 2/3정도쯤 되도록 건더기를 충분히 담는다.
④ 뜨겁게 서빙되는 음식으로 식탁에서 끓이도록 제공을 하기도 한다.
⑤ 개인그릇과 공용으로 사용하는 국자 등 각자 덜어 먹을 수 있도록 준비해 주어야 한다.
⑥ 찌개가 상 위에서 끓여지므로 간은 싱겁게 준비해 주고 육수를 따로 준비해 두어서 보충할 수 있도록 한다.

05 한식 전·적 조리

- 전은 저냐, 전유어, 전유화라고도 불려 왔다. 육류, 어패류, 채소류 등의 재료를 얇게 저미거나 다져서 반대기를 지어, 밀가루를 바르고 달걀을 씌워 부친 음식을 말한다. 재료의 종류에 따라 육류전, 채소류전, 어패류전 등으로 나누어진다.
- 적은 어육류나 채소 등을 양념하여 대꼬챙이에 꿰어 불에 굽거나 번철에 지진 음식을 말하며 적에는 산적과 누르미가 있는데 산적은 재료를 양념하여 꿰어서 옷을 입히지 않고 굽는 요리를 말한다.
- 누르미는 다시 누르미와 누름적으로 나누어 꼬챙이에 꿰어 굽거나 찐 것에다 즙을 쳐서 먹는 누르미와 밀가루와 달걀옷 등을 입혀 부치는 누름적으로 나눈다.

1. 전·적 재료준비

① 재료손질과 세척을 깨끗하게 준비한다.
② 필요한 조리도구들을 준비한다.
③ 재료에 따라 밑 손질을 해 놓는다.
④ **육류전** : 육전, 완자전, 간전, 처녑전, 양동구리전, 부아전 등
⑤ **채소류전** : 표고전, 버섯전, 풋고추전, 배추전, 무전 등
⑥ **어패류전** : 민어전, 해삼전, 동태전, 대구전, 새우전, 굴전, 조개전 등
⑦ **기타** : 밀 부꾸미, 빈대떡
⑧ **산적** : 움파산적, 두릅산적, 어산적, 닭산적, 송이산적, 장산적, 섭산적 등

⑨ **누름적(누르미)** : 화양누르미, 잡누르미, 두릅적, 김치적 등

2. 전·적 조리
① 육류는 용도에 맞게 썰어 핏물을 제거하고 소금, 후추, 청주 등으로 전처리를 한다.
② 생선은 포를 떠서 청주, 생강즙 등으로 잡냄새를 제거해 준비한다.
③ 채소는 데치거나 썰어서 손질하여 밑 양념을 해 놓는다.
④ 밀가루, 달걀을 준비하여 전을 부치는데 색을 곱게 부치려면 치자를 부수어서 물에 담가 치자물을 이용하면 고운색상으로 부칠 수 있다.
⑤ 뜨거운 팬에 기름을 두르고 중약불에서 노릇노릇하게 부쳐낸다.
⑥ 기름은 발연점이 높은 기름을 사용한다.
⑦ 팬에서 꺼낸 전이나 적은 채반에 겹쳐지지 않도록 가지런하게 놓는다.

3. 전·적 담기
① 기름기를 모두 제거해서 준비해 놓은 전이나 적을 담아 낼 식기를 용도에 맞게 준비한다.
② 접시나 장식용 채반을 이용하여 담아낸다.
③ 다양한 종류의 전·적은 보기 좋게 구분하여 담는다.
④ 초간장에 향신채소인 고추나 양파를 곁들이면 좋다.
⑤ 여유공간을 두면서 담아야 보기에도 좋다.
⑥ 앞 접시를 준비해 놓아주면 좋다.
⑦ 전은 기름에 지진 음식이므로 특히 따뜻하게 하여야 한다.

06 한식 생채·회 조리

- 나물은 반상차림에 필수적인 찬으로서 그 재료에 따라 조리법과 양념이 조금씩 다르다.
- 생채는 각 계절마다 새로 나오는 채소의 싱싱한 맛을 그대로 살려서 초간장, 초고추장, 된장, 겨자즙, 소금 등에 무친 것이다.
- 회는 어패류나 육류, 채소 등을 데치거나 날것으로 소스를 곁들여 먹는 음식으로 조리법에 따라 생회와 숙회가 있다.

1. 생채·회 재료준비

① 생채는 날것으로 먹기 때문에 재료손질과 세척에 특히 신경을 써야 한다.
② 재료가 신선해야 하고 깨끗하게 다루어야 한다.
③ 생채는 재료 본래의 맛과 영양분을 섭취할 수 있도록 조리한다.
④ 회는 날것으로 먹는 방법이지만 약간 데쳐서 먹기도 하며 첫째도 위생, 둘째도 위생이다.
⑤ 조리도구를 청결하게 세척하고 외부에 오염되지 않게 준비하여야 한다.
⑥ **생채** : 도라지생채, 더덕생채, 오이생채, 무생채, 겨자채 등
⑦ **생회** : 육회, 생선회, 굴회, 조개관자회 등
⑧ **숙회** : 대합숙회, 미나리강회, 파강회, 두릅회, 어채

2. 생채·회 조리

① 생채는 일정한 크기로 곱게 썰어야 한다.
② 보통 생채에는 식초, 설탕으로 새콤달콤하게 무친다.
③ 보통 식초가 들어가는 음식에는 기름(참기름, 들기름)은 넣지 않는다.
④ 무생채나 더덕생채 같은 경우 고춧가루로 먼저 물을 들이고 양념은 나중에 넣는다.
⑤ 겨자냉채 같은 경우 겨자가루를 따뜻한 물에 개어서 따뜻한 곳에 20분 정도 두었다가 발효가 되어 매운맛이 나면 나머지 양념을 넣고 소스를 만든다.
⑥ 소금과 잣을 갈아서 잣즙을 이용하여 잣즙냉채를 만들기도 한다.
⑦ 회는 도마를 구분하여 사용하고 식도도 구분하여 사용한다.
⑧ 재료가 신선해야 하고 주변에서 오염되지 않도록 신선도를 유지해야 한다.
⑨ 회의 재료에 따라 알맞은 소스를 곁들인다.
⑩ 회는 준비하여 보관온도에 유의하고 빠른 시간 내에 먹도록 한다.

3. 생채·회 담기

① 생채는 물이 생길 수 있으므로 먹을 만큼 씩 만 작은 접시에 담아낸다.
② 생채는 상황에 따라 2~3번에 나누어서 서빙한다.
③ 회는 식기를 냉장고나 냉동고에 보관했다가 시원하게 담아낸다.
④ 육회 같은 경우에는 고기 핏물이 생기지 않도록 주의한다.

07 한식 조림·초 조리

- 조림은 주로 반상에 오르는 찬품으로 궁중에서는 조림을 '조리개'라고 하였다. 대체적으로 담백한 맛의 흰살 생선은 간장으로 조리고, 붉은살 생선이나 비린내가 많이 나는 생선류는 고추장(고춧가루)과 생강을 넣어 조린다. 고기나 생선을 큼직하게 썰어 간은 강하게 하고 불은 약하게 하여 오래도록 익힌다. 조림은 찜 보다도 더 국물이 거의 없을 정도로 조리는 방법이다.
- 초는 조림과 같은 방법으로 조리하면서 조림의 국물에 녹말을 풀어 넣어 익혀 국물이 걸쭉하게 재료에 엉기도록 하는 조리법으로 조림 보다는 국물이 더 적다.

1. 조림·초 재료준비

① 고기나 생선 등을 집간장이나 고추장에 조려서 만든 조리법이다. **예** 장조림
② 재료는 종류에 따라 손질과 세척을 깨끗이 한다.
 - 육류, 어패류, 채소류에 따라 구별된 전처리를 한다.
 - 초의 재료도 용도에 맞게 전처리를 한다.
③ **조림** : 조기조림, 장조림 달걀장조림, 연근조림, 닭조림, 장산적, 콩조림, 두부조림, 감자조림 등
④ **초** : 전복초, 홍합초, 삼합초, 소라초 등

2. 조림·초 조리

① 조림과 초에 필요한 양념을 준비한다.
② 장조림 같은 경우 처음부터 육류와 간장을 넣고 졸이면 고기가 질겨지기 때문에 물과 향신채소를 넣고 끓이다가 간장은 나중에 넣어야 한다.
③ 생선조림 같은 경우에는 조림장과 물을 넣고 먼저 끓이다가 생선을 넣고 뚜껑을 열고 끓여 비린내를 휘발시킨 후 향신채소를 넣고 뚜껑을 덮고 조림을 한다.
④ 채소는 데치거나 삶아서 양념장과 물을 넣고 조림을 한다.
⑤ 육류와 생선은 잡냄새 제거를 위해 청주나 조미술(맛술)을 넣는다.
⑥ 초 조리 시에는 녹말물을 (전분1 : 물2) 만들어 거의 완성 시에 넣어 엉기지 않도록 저어 준다.
⑦ 조림이나 초의 종류에 따라 채소, 마늘, 생강을 편으로 썰어서 넣기도 한다.
⑧ 잣가루나 견과류를 곁들인다.

3. 조림 · 초 담기

① 조림 · 초의 종류에 따라 식기의 재질과 크기를 선택한다.
② 조림은 국물을 곁들여서 담아야 함으로 움푹한 식기가 필요하다.
③ 음식에 따라 잣이나 견과류 등 고명을 올린다.
④ 먹음직스럽게 담아내기 위해 촉촉함을 유지해 준다.

08 한식 구이 조리

- 구이는 가열조리 방법으로 직접구이와 간접구이가 있다. 굽기는 식품을 100℃ 이상의 고온에서 가열하는 것으로 요리 중에 가열온도가 제일 높아 200℃를 넘는 경우도 있다. 열의 소비량도 크고 다른 가열방법 보다도 온도 관리가 어렵다.
- 단백질은 열변성을 일으켜 표면에 적당하게 구워지면 식품 특유의 향미를 내며 고온 가열하면 식품의 수분 · 중량은 감소하고 맛은 농축되어 보존성이 높아진다.
- 육류, 어패류, 채소류 등의 재료로 구이를 하며 모든 사람들이 좋아하는 조리방법 중의 하나이다.

1. 구이 재료준비

① 재료는 손질하고 깨끗이 세척한다.
② 조리도구를 준비하여 코팅한다.(석쇠, 꼬치, 그릴, 철판, 브로일, 오븐 등)
③ 육류, 어패류, 채소류 등 재료를 전처리한다.
④ 구이 재료에 따른 향신 채소들을 준비한다.
⑤ **육류** : 너비아니구이, 닭구이, 돼지고기구이, 염통구이, 소갈비구이, 양지머리편육구이 등
⑥ **어패류** : 삼치구이, 도미구이, 민어구이, 대합구이, 가리비구이, 북어구이, 병어구이, 조기구이, 소라구이, 새우구이, 전복구이 등
⑦ **기타** : 더덕구이, 김구이, 떡산적구이 등

2. 구이 조리

① 고기 등을 조리할 때는 고기에 단백질 분해효소인 과즙이나 설탕 등을 버무려서 재워두면 효소작용이 활발해져서 고기가 연해진다.
② 참기름은 마지막에 넣는다.
③ 불고기 등은 간장에 장시간 버무려 두면 근육섬유 속의 육즙이 나가게 되며 고기는 부드럽지 못하고 맛이 나빠지므로 30분 이상 경과되지 않는 것이 좋다.
④ 표면이 적당히 구워진 색이 되고 내부는 수분이 어느 정도 남아 있는 잘 가열된 상태가 바람직하며 구울 때는 표면부터 가열한다.
⑤ 비교적 약불에서 굽는 것은 김 같이 수분이 적은 식품이다.
⑥ 어패류 수조육류의 단백질 식품은 표면의 단백질을 응고시켜 맛 성분을 갖게 하기 위해서 센불에서 가열한다.
⑦ 생선 고추장양념구이 시 양념장을 직접 발라 구우면 내부는 익지 않고 탈 수 있으므로 1차적으로 유장을 발라 애벌구이하고 양념구이를 한다.

3. 구이 담기

① 재료의 종류와 인원수에 따라 식기를 선택하여 담아낸다.
② 부서지거나 타지 않게 구워서 접시에 보기 좋게 담아내고 보온에 신경써야 한다.
③ 소라, 새우, 전복 등은 보온이나 미관상 접시에 소금을 깔아서 담아낸다.
④ 구이 등은 워머를 이용해서 세팅하면 시각적, 미각적 효과를 얻을 수 있다.
⑤ 음식을 담아낼 때는 가니쉬나 고명을 곁들인다.

09 한식 숙채 조리

숙채는 나물을 익혀서 만드는 조리법으로 조리에는 기본적으로 두가지 유의할 사항이 있는데 각 나물의 특성을 잘 살리도록 적당히 삶는 방법과 나물 고유의 향기와 맛이 가장 잘 살도록 조미하는 방법이다. 양념이 지나치면 오히려 나물 본래의 맛이 나기 어렵고, 양념이 잘 배어들지 않으면 나물맛을 내지 못하므로 주의해야 한다. 그리고 채소와 함께 소고기나 버섯 등의 여러 가지 채소를 볶아서 버무리는 나물을 잡채라고 부른다.

1. 숙채 재료준비
① 재료손질과 세척을 깨끗이 하고 데치거나 삶을 준비를 한다.
② 데치기는 열탕 속에서 식품을 가열하는 것이다.
③ 데치는 물은 일반적으로 수돗물, 소금물(0.5~2.0%), 촛물(3~5%), 중조를 탄 물(0.2~0.3%), 쌀뜨물(10~15%) 등을 사용한다.
④ 녹색채소와 같이 색을 곱게 내야 하는 경우에는 센 불에서 단시간 가열하여 용액의 산성화를 방지하기 위해서 뚜껑은 덮지 않도록 한다.
⑤ 녹색채소는 데친 후 재빨리 찬 물에서 헹군다.
⑥ 식품을 데치는 것은 식품조직의 연화, 불미성분의 제거, 효소의 불활성화 등이 일어나고 다량의 물을 사용할 경우 수용성 성분, 특히 비타민의 손실이 크므로 소량의 물을 사용하여 데쳐낸다.
⑦ **숙채** : 도라지나물, 고사리나물, 무나물, 가지나물, 숙주나물, 시래기나물, 산나물, 두릅나물, 호박오가리나물, 오이나물, 표고버섯나물, 버섯나물
⑧ **잡채** : 잡채, 탕평채, 죽순채, 월과채

2. 숙채 조리
① 재료의 특성에 따라 데치거나 삶아서 무치거나 볶도록 한다.
② 숙채 조리 시에는 집간장, 들기름, 참기름을 이용한다.
③ 재료의 상태에 따라 양념장과 함께 다시육수나 채수를 넣어 부드럽게 조리한다.
④ 너무 많은 양의 양념을 넣어서 조리하면 재료 본래의 향이나 맛을 손상시킬 수 있다.
⑤ 재료에 따른 알맞은 양념을 넣어서 조리한다.

3. 숙채 담기
① 숙채의 종류에 따라 식기를 선택하여 담는다.
② 숙채를 접시에 담을 때는 반대 색상의 채소를 이용하여 고명을 올려 포인트를 준다.
③ 실고추 등을 고명으로 올린다.
④ 재료의 색상에 따라 접시를 선택한다.

10 한식 볶음 조리

- 볶음은 냄비, 팬, 철판의 열과 기름에 의해서 식품을 가열하는 것으로 고온에서 단시간 가열해야 식품의 색, 향을 보유하고 기름진 풍부한 맛을 더 해주며 카로티노이드는 체내에서의 흡수를 높인다.
- 식품이 유지의 얇은 막에 둘러 쌓여있어서 조미료의 침투는 끓이기보다 낫다.

1. 볶음 재료준비
① 재료 손질을 하고 세척을 깨끗이 한다.
② 용도에 맞는 조리도구를 준비한다.
③ 고추장, 간장 등 양념소스를 준비한다.
④ **육류볶음** : 소고기버섯볶음, 제육볶음, 닭볶음 등
⑤ **어패류 볶음** : 낙지볶음, 오징어볶음, 주꾸미볶음, 조개볶음, 해물볶음 등
⑥ **채소류 볶음** : 버섯볶음, 죽순볶음, 미역줄기 볶음, 우엉볶음 등
⑦ **건어물류 볶음** : 진미채볶음, 쥐어채볶음, 명엽채볶음, 건새우볶음, 멸치볶음 등

2. 볶음 조리
① 볶을 때는 우선적으로 센불에 단시간 볶아내야 한다.
② 열이 골고루 전달되도록 재료의 모양이나 크기를 알맞게 손질하고 딱딱한 재료는 데쳐서 볶는다.
③ 생강, 마늘, 건고추 등 향신채소를 기름에 볶아 향신기름을 이용하여 볶는다.
④ 재료에 따라 고추기름을 만들어 볶아서 조리하기도 한다.
⑤ 양념소스에 고추장을 사용할 때는 타거나 눌러 붙지 않도록 주의한다.
⑥ 볶음에 윤기를 더하고 단맛을 내기 위해 조청이나 물엿을 사용하는데 거의 조리 마지막 단계에 넣는다.
⑦ 채소 등 수분이 많은 것은 전분으로 엉기게 하여 조리한다.
⑧ 어류, 육류를 볶을 때는 육즙의 유출을 막고 보온의 효과도 있는 전분을 넣어서 조리한다.

3. 볶음 담기
① 재료의 종류에 따라 식기를 선택한다.
② 국물이 있는 볶음류의 식기는 조금 움푹한 식기를 이용하여 담아낸다.
③ 전분이 들어간 음식은 전분이 덩어리지지 않게 잘 데우거나 저어서 담아낸다.
④ 먹음직스럽게 음식을 담아내는 것이 음식담기의 중요 포인트다.

한식 조리 Test

01 아밀로펙틴(Amylopectin)의 함량이 가장 많은 것은?

① 멥쌀　　② 보리
③ 찹쌀　　④ 좁쌀

> **해설** 찹쌀은 100%의 아밀로펙틴(Amylopectin)으로 구성되었다.

02 아밀로펙틴만으로 구성된 것은?

① 멥쌀 전분　　② 보리 전분
③ 고구마 전분　　④ 찹쌀 전분

> **해설** 찹쌀은 아밀로펙틴 100%로 구성되어 있다.

03 우리나라 주식은 주로 어떤 영양소로 되어 있는가?

① 당질　　② 단백질
③ 지방　　④ 무기질

> **해설** 우리나라의 주식은 쌀로 당질이 주영양소이다.

04 국이나 전골 등에 국물 맛을 독특하게 내는 조개류의 성분은?

① 호박산　　② 요오드
③ 이노신산　　④ 구연산

> **해설** 조개류의 시원한 맛 성분은 호박산이다.

05 채소류에 관한 설명 중 틀린 것은?

① 채소류의 색소에는 클로로필(Chlorophyll), 카로티노이드(Carotenoid), 플라보노이드(Flavonoid), 안토시아닌(Anthocyanin)계가 있다.
② 안토시아닌(Anthocyanin)색소는 붉은색이나 보라색을 띠는데 산성용액에서는 청색으로 변한다.
③ 비타민과 무기질을 많이 함유하고 있다.
④ 무에는 아밀라아제(Amylase)가 당근에는 아스코비나아제(Ascorbinase)가 함유되어 있다.

> **해설** 안토시아닌 색소는 과일 등의 적자색 색소로서 산성에서는 선명한 적색, 중성에서는 자색, 알칼리에서는 청색을 띤다.

06 조개류가 국에서 독특한 맛을 내는 성분은?

① 글루타민산　　② 크리아틴
③ 호박산　　④ 이노신산

> **해설** 조개류의 독특하고 시원한 감칠맛은 호박산이다.

정답　01 ③　02 ④　03 ①　04 ①　05 ②　06 ③

07 숙주나물을 올바르게 설명한 것은?

① 완두를 싹 틔운 것
② 납두를 싹 틔운 것
③ 대두를 싹 틔운 것
④ 녹두를 싹 틔운 것

해설 녹두의 싹을 틔워 키운 것이 숙주나물이다.

08 일반적으로 채소의 조리 시 가장 손실되기 쉬운 성분은?

① 비타민 E   ② 비타민 A
③ 비타민 B_6 ④ 비타민 C

해설 채소는 조리과정 중 손실이 많다. 특히 비타민 C는 수용성으로 50% 정도가 손실된다.

09 쌀에서 식용으로 하는 부분은?

① 미강층   ② 배아
③ 배유   ④ 외피

해설 우리가 주로 식용으로 하는 부분은 배유로 다량의 전분과 단백질이 함유되어 있다. 배아는 쌀의 눈이다.

10 다음의 식품을 구입할 때 식품감별이 잘못된 것은?

① 육류는 고유의 선명한 색을 가지며, 탄력성이 있는 것이 좋다.
② 토란은 겉이 마르지 않고, 잘랐을 때 점액질이 없는 것이 좋다.
③ 과일이나 채소는 색깔이 고운 것이 좋다.
④ 어육연제품은 표면에 점액질의 액즙이 없는 것이 좋다.

해설 토란은 겉이 마르지 않고, 잘랐을 때 점액질이 있는 것이 좋으며, 토란 껍질을 벗겨 쌀뜨물이나 소금물에 조금 삶은 다음 요리를 하면 독성도 가시고 끈끈이도 줄어든다.

11 튀김을 할 때 식용 유지를 교체하지 않고 장시간 계속 사용하였다. 이 때 유지에서 발생하는 현상과 가장 거리가 먼 것은?

① 과산화물 형성으로 과산화물가 감소
② 중합반응으로 점도 증가
③ 유리지방산 형성으로 산도 증가
④ 기름표면에 지속성 거품 형성

해설 기름은 장시간 가열하면 중합반응으로 과산화물가 증가, 기름의 점도가 증가, 유리지방산의 함량이 증가, 저급지방산의 양이 증가, 발연점이 낮아짐, 기름 표면에 거품 형성됨

정답 07 ④ 08 ④ 09 ③ 10 ② 11 ①

12 벼의 왕겨층을 제거한 것이 현미이고, 이를 다시 도정하여 배유부분만 남긴 것이 백미이다. 현미와 백미의 소화율은 각각 얼마인가?

① 92%, 96% ② 95%, 96%
③ 90%, 98% ④ 93%, 98%

해설 벼는 왕겨층(20%)과 현미층(80%)으로 구성되어 있으며, 왕겨층을 제거한 것이 현미(소화율90%)이다. 현미를 다시 도정하여 배아층을 제거하고 배유(주로 전분)만 남긴 것이 백미(소화율98%)로서 우리가 식용하는 부분이다.

13 주로 생선이나 육류요리에 쓰이는 향신료가 아닌 것은?

① 월계수 잎 ② 포피씨드
③ 파프리카 ④ 로즈마리

해설
- 월계수잎 – 육류, 수프, 피클
- 포피시드 – 재배가 금지됨
- 파프리카 – 고추의 종류로 소스와 드레싱
- 로즈마리 – 돼지, 양, 오리 요리에 잎을 사용한다.

14 프라이팬에 기름을 넣고 계속 가열하였더니 자극적인 냄새가 발생하였다. 어떤 물질이 생성되었기 때문인가?

① 에테르 ② 알콜
③ 글리세롤 ④ 아크롤레인

해설 기름을 지나치게 가열하면 열분해를 일으켜 지방산과 글리세롤로 분리되어 청백색의 연기와 함께 자극성 취기가 발생하는데 이는 기름 분해에 의해 아크롤레인(Acrolein)이 생성되기 때문이다. 이 때의 온도를 발연점이라 한다.

15 보통 백미로 밥을 지으려할 때 쌀과 물의 분량이 바른것은?

① 쌀 부피의 2배, 중량의 1.5배
② 쌀 중량의 3배, 부피의 1.5배
③ 쌀 중량의 1.5배, 부피의 1.2배
④ 쌀 부피의 3배, 중량의 1.2배

해설 보통 백미로 밥을 지을때 물의 분량은 쌀 중량의 1.5배, 부피의 1.2배를 붓는다.

16 다음과 같이 조리가 바람직하지 않게 된 이유로 부적당한 것은?

① 튀긴 도넛에 기름 흡수가 많음 : 낮은 온도에서 튀겼기 때문
② 생선을 굽는데 석쇠에 붙어 잘 떨어지지 않음 : 석쇠를 달구지 않았기 때문
③ 오이무침의 색이 누렇게 변함 : 식초를 미리 넣었기 때문
④ 장조림 고기가 단단하고 잘 찢어지지 않음 : 물에서 먼저 삶은 후 진간장을 부어 약한 불로 서서히 졸였기 때문

해설 장조림 고기를 연하고 잘 찢어지게 하기 위해서는 물에 넣고 먼저 삶은 후 진간장을 부어 약한 불로 서서히 조려준다.

17 음식의 색을 고려하여 녹색채소를 무칠 때 가장 나중에 넣어야 하는 조미료는?

① 소금 ② 고추장
③ 설탕 ④ 식초

해설 엽록소(클로로필색소)는 산에 불안정하여 올리브색의 페오피틴으로 된다.

정답 12 ③ 13 ② 14 ④ 15 ③ 16 ④ 17 ④

18 양파를 가열 조리 시 단맛이 나는 이유는?

① 황화아릴류가 증가하기 때문
② 가열하면 양파의 매운맛이 제거되기 때문
③ 알리신이 티아민과 결합하여 알리티아민으로 변하기 때문
④ 황화합물이 프로필 메르캅탄(Propylmer captan)으로 변하기 때문

해설 양파의 매운맛은 가열하면 단맛이 나는 프로필메르캅탄이라는 성분으로 변하며 위장을 튼튼하게 하고 비타민의 흡수를 돕는다.

19 채소를 냉동하기 전 블렌칭(Blanching)하는 이유로 틀린 것은?

① 미생물 번식의 억제
② 수분감소 방지
③ 산화반응 억제
④ 효소의 불활성화

해설 블랜칭(Blanching) : 끓는 물 또는 증기에서 살짝 데치는 것을 블랜칭 이라 하며 동결 저장 중 활성을 가져 식품의 품질을 저하시키는 효소를 불활성화 시키는 목적과 부피감소, 살균 효과, 효소 파괴 효과가 있다.

20 오이지를 담글 때나 김장배추를 절일 때 주로 사용하는 소금은?

① 꽃소금 ② 정제염
③ 재제염 ④ 호렴

해설 굵은 소금인 호렴은 야채의 조직을 단단하고 아삭하게 한다.

21 밥 짓기에서 평균 열효율이 가장 좋은 연료는?

① 석탄 ② 연탄
③ 전기(전기솥) ④ 가스

해설 밥 짓기의 평균 열효율은 전력 50~65%, 가스 45~55%, 장작 25~45%, 연탄 30~40%의 순이다.

22 육류를 가열할 때 일어나는 변화 중 틀린 것은?

① 단백질의 응고 ② 풍미의 생성
③ 중량 증가 ④ 비타민의 손실

해설
육류를 가열할 때 일어나는 변화
1. 고기의 단백질 응고, 고기의 수축, 분해
2. 중량 보수성 감소와 지방의 융해
3. 결합조직의 연화 : 콜라겐 → 젤라틴
4. 색의 변화, 풍미의 생성, 비타민의 손실

23 생선의 조리방법에 대한 설명이 잘못된 것은?

① 생선의 선도에 따라 조리법을 달리한다.
② 물이 끓을 때 생선을 넣으면 모양이 유지된다.
③ 생선의 비린내를 제거하기 위해 생강, 술을 넣는다.
④ 식초나 레몬을 생선 조림에 넣으면 생선살과 생선가시를 더욱 단단하게 한다.

해설 식초나 레몬을 생선살에 넣으면 단백질이 응고되어 살은 단단해지고 가시는 연해진다.

정답 18 ④ 19 ② 20 ④ 21 ③ 22 ③ 23 ④

24 어패류의 조리법 중 구이에 대한 설명 중 잘못된 것은?

① 식품자체의 성분이 용출되지 않고 표피 가까이 보존된다.
② 수용성 영양소의 손실이 가장 크다.
③ 구이에 적당한 열원으로 방사열이 풍부한 것이 좋다.
④ 익히는 맛과 향이 잘 조화된다.

해설 수용성 영양소의 손실이 가장 큰 조리법은 끓이기다.

25 닭튀김을 하였을 때 살코기 색이 연한 핑크색을 나타내는 것은?

① 병에 걸린 닭이므로 먹어서는 안된다.
② 닭의 크기가 클수록 핑크 반응이 심하다.
③ 근육 성분의 화학적 반응이므로 먹어도 된다.
④ 변질된 닭이므로 먹지 못한다.

해설 닭을 익혔을 때 살코기 색이 핑크색을 나타내는 것은 근육성분의 화학반응이므로 먹어도 됨. 어린 닭일수록 핑크반응이 심하다.

26 밥을 하기 전 쌀을 물에 담가 전분입자를 적당히 팽윤시키고자 한다. 다음 설명 중 부적당한 것은?

① 온도가 높으면 수분흡수시간이 단축된다.
② 온도가 낮으면 수분흡수시간이 지연된다.
③ 적어도 3시간 이상 담가 두어야 한다.
④ 일반적으로 30~90분이면 흡수 포화상태에 도달한다.

해설 쌀의 침수시간은 30~50분이면 충분하다.

27 묵에 대한 설명으로 옳지 않은 것은?

① 전분의 농도는 묵의 질에 영향을 준다.
② 전분의 젤(gel)화를 이용한 우리나라 전통음식이다.
③ 메밀, 녹두, 도토리 등의 가루를 이용하여 만든다.
④ 가루의 10배 정도의 물을 가하여 쑨다.

해설 묵을 만들 때는 가루의 5~6배의 물을 가하여 쑨다.

정답 24 ② 25 ③ 26 ③ 27 ④

미림원 조리기능사 필기 총정리

Chapter 02

양식

7 | 양식 기초조리실무
7-1 | 양식 조리

7 양식 기초조리실무

01 기본 조리조작

1. 기본 식재료 썰기

(1) 막대 모양으로 썰기(Cutting stick)

① 쥴리엔느(Julienne) : 0.1×0.1×5㎝로 가늘게 써는 법

② 알루메트(Allumette) : 0.3×0.3×5㎝ 성냥개비 모양으로 써는 법

③ 바토네트(Batonnet) : 0.6×0.6×6cm로 알루메트 보다 조금 굵게 써는 법

④ 쉬포나드(Chiffonade) : 허브나 채소 잎을 둥글게 말아 써는 법

(2) 주사위 모양 썰기(Dice)

① 브뤼누아즈(Brunoise) : 가로와 세로 0.3㎝ 작은 주사위모양으로 써는 법

② 큐브(Cube) : 가로와 세로 2㎝ 주사위 모양으로 써는 법

③ 다이스 스몰(Dice Small) : 0.6 × 0.6 × 0.6㎝ 주사위 모양으로 써는 법

④ 다이스 미디엄(Dice Medium) : 0.1 × 0.1 × 0.1㎝ 주사위 모양으로 써는 법

⑤ 콩카세(Concassere) : 0.5㎝의 주사위 모양으로 써는 법

(3) 얇게 썰기(Slice)

① 론델(Rodelles) : 둥글고 얇게 써는 법

② 다이애고날(Diagonals) : 사선으로 어슷하게 써는 법

(4) 기타 모양으로 썰기

① 샤토(Chateau) : 달걀 모양으로 5㎝ 길이, 가운데 두툼, 모서리 가늘게 써는 법

② 에멩세(Emincer) : 얇게 저며 써는 방법(양파, 버섯 등)

③ 아세(Hacher) : 잘게 다지는 법(양파, 당근, 고기)

④ 민스(Mince) : 고기를 잘게 다지는 법

⑤ 올리베트(Olivette) : 올리브처럼 써는 법

⑥ 파리지엔(Parisienne) : 둥근 구슬 모양으로 뜬 것

02 기본 조리법, 조리 방법

1. 열이 조리에 미치는 영향
① 단백질의 응고(Proteins coagulate)
② 녹말의 젤라틴화(Starches gelatinize)
③ 설탕의 캐러멜화(Sugars caramelize)
④ 물의 증발(Water evaporates)
⑤ 지방의 융점(Fats melt)

2. 다양한 소스

(1) 베샤멜 소스(Bechamel sauce)
기본이 되는 화이트 소스로 버터에 양파, 파, 너트맥(Nutmeg)를 넣고 볶다가 밀가루를 넣어 화이트 루(Roux)를 만들고, 우유를 넣어 유동성 있게 만듦

(2) 에스파뇰 소스(Espagnole sauce)
기본이 되는 브라운 소스로 브라운 스톡과 브라운 루를 이용하여 만듦

(3) 토마토 소스(Tomato sauce)
적색 소스로 토마토를 이용하여 만든 소스

(4) 홀랜다이즈 소스(Hollandaise sauce)
황색 소스로 정제 버터와 달걀노른자, 레몬주스 등을 이용하여 만든 소스

(5) 벨루테 소스(Velote sauce)
블론드색 소스로 화이트 루에 화이트 스톡을 넣어 만든 소스

3. 건식열 조리 방법

방법(Method)	매개체(Media)	조리 기구(Equipment)
철판구이(Broiling)	공기(Air)	철판(Ovenhead broiler, Salamader, Rotisserie)
석쇠구이(Griling)	공기(Air)	석쇠 그릴
로스팅(Roasting)	공기(Air)	오븐
굽기(Baking)	공기(Air)	오븐
그레티네이팅(Gratinating)	공기(Air)	샐러맨더, 브로일러

방법(Method)	매개체(Media)	조리 기구(Equipment)
볶음(Sauteing)	기름(Fat)	조리용열기구(Stove), 철판(Ovenhead broiler)
팬프라잉(Pan-frying)	기름(Fat)	조리용 열기구
튀김(Deep-frying)	기름(Fat)	딥 프라이어(Deep-fryer)
시어링(Searing)	기름(Fat)	조리용 열기구, 철판

출처 : NCS 학습모듈(2020), 『양식기초조리실무』, p84.

4. 습식열 조리 방법

방법(Method)	온도(Temperature)	매개체(Media)	조리 기구(Equipment)
삶기(Poaching)	70 ~ 85℃	물 또는 다른 액체(Water or lliquid)	조리용 열기구(Stove, Steam kettle)
은근히 끓이기(Simmering)	85 ~ 93℃	물 또는 다른 액체(Water or lliquid)	조리용 열기구(Stove, Steam kettle)
끓이기(Boiling)	100℃	물 또는 다른 액체(Water or lliquid)	조리용 열기구(Stove, Steam kettle)
데침(Blanching)	100℃ 이상	물 또는 다른 액체(Water or lliquid)	조리용 열기구(Stove, Steam kettle)
찌기(Steaming)	100℃ 이상	증기(Steam)	조리용 열기구(Stove, Steam kettle)
글레이징(Glazing)	100℃ 이상	물 또는 다른 액체(Water or lliquid)	조리용 열기구(Stove, Steam kettle)

출처 : NCS 학습모듈(2020), 『양식기초조리실무』, p110.

5. 복합 조리 방법

방법(Method)	매개체(Media)	조리 기구(Equipment)
브레이징(Braising)	기름과 액체	조리용 열기구, 스킬렛, 오븐(Stove, Skillet, Oven)
스튜잉(Stewing)	기름과 액체	조리용 열기구, 스킬렛, 오븐(Stove, Skillet, Oven)
프왈레(Poeler)	기름과 액체	조리용 열기구, 스킬렛, 오븐(Stove, Skillet, Oven)
수비드(Sous vide)	기름과 액체	조리용 열기구, 스킬렛, 오븐(Stove, Skillet, Oven)
도자기 구이(Pot roasting)	기름과 액체	조리용 열기구, 스킬렛, 오븐(Pot, Skillet, Oven)
압력 조리(Pressure cooking)	기름과 액체	조리용 열기구(Stove, Steam kettle)
파치먼트(Parchment) 종이에 싸서굽기(en papillote)	기름과 액체	조리용 열기구, 스킬렛, 오븐(Stove, Skillet, Oven)

출처 : NCS 학습모듈(2020), 『양식기초조리실무』, p85.

03 조리기구의 종류와 용도

1. 조리 시 자르거나 가는 등의 용도로 쓰이는 조리 기물

(1) 에그 커터(Egg cutter) : 삶은 달걀을 자르는 도구

(2) 제스터(Zester) : 레몬이나 오렌지의 색깔 있는 껍질만 길게 실처럼 벗기는 도구

(3) 베지터블 필러(Vegetable peeler) : 오이 당근 등의 채소 껍질을 벗기는 도구

(4) 스쿱(Scoop) : 멜론이나 수박, 당근 등의 모양을 원형이나 반원형의 형태로 떠내는 도구로 볼 커터(Ball Cutter)라고도 함

(5) 롤 커터(Roll cutter) : 피자나 얇은 반죽을 자를 때 사용

(6) 자몽 나이프(Grafefruit knife) : 반으로 자른 자몽을 통째로 돌려가며 과육만 발라내는 도구로 조식에서 사용

(7) 그레이터(Grater) : 채소나 치즈 등을 원하는 형태로 가는 도구

(8) 여러 종류의 커터(Assorted cutter) : 식재료를 원하는 커터의 모양대로 자르거나 안에 식재료를 채워 형태를 유지하기 위한 도구

(9) 만돌린(Mandoline) : 채칼이라고도 하며, 와플 형태로도 감자 등을 썰 수 있는 도구

(10) 푸드 밀(Food mill) : 익힌 감자나 고구마 등을 잘게 분쇄하기 위한 도구

2. 조리 시 물기 제거나 담고 섞는 등의 용도로 쓰이는 조리 기물

(1) 시노와(Chinois) : 소스, 스톡, 수프를 고운 형태로 거를 때 사용되는 도구

(2) 차이나 캡(China cap) : 토마토소스나 삶은 식재료를 거를 때 사용

(3) 콜랜더(Colander) : 많은 양의 식재료 거를 때나 물기를 제거할 때 사용되는 도구

(4) 스키머(Skimmer) : 끓는 스톡이나 소스 안의 식재료를 건져 낼 때 사용되는 도구

(5) 믹싱 볼(Mixing bowl) : 식재료를 섞거나 담는 등의 조리 시 사용되는 도구

(6) 시트 팬(Sheet pan) : 식재료를 담아 두거나 옮길 때 사용되는 도구

(7) 호텔 팬(Hotel pan) : 음식물을 보관할 때 사용하는 도구로 넓이와 높이가 다양함

(8) 래들(Ladle) : 국자 모양으로 육수나 소스 드레싱 등을 뜰 때 사용하는 도구

(9) 스패튤러(Spatula) : 금속과 플라스틱 재질이며, 부드러운 재료를 섞을 때, 재료를 깨끗이 긁어 모을 때 사용함

(10) 키친 포크(Kitchen fork) : 뜨거운 큰 육류 등을 고객 앞에서 썰거나 음식물을 옮길 때 사용하는 도구

(11) 계량컵과 계량스푼(Measuring cup, Measuring spoon) : 식재료의 부피를 계량하는 도구

(12) 소스 팬(Sauce pan) : 소스를 데우거나 끓일 때 사용

(13) 프라이팬(Fry pan) : 소량의 음식을 볶거나 튀기는 등 다용도로 사용

(14) 버터 스크레이퍼(Butter scraper) : 버터를 모양내서 긁는(얼음물에 담가 놓으면 형태 유지) 도구

(15) 미트 텐더라이저(Meat tenderizer) : 스테이크 등을 두드려 모양을 잡거나 육질을 부드럽게 할 때 사용

(16) 솔드 스푼(Soled spoon) : 롱 스푼이라고도 하며, 음식물을 볶을 때 섞거나 뜨는 용도로 사용

(17) 위스크(Whisk) : 크림을 휘핑하거나 달걀 등 유동성 액체를 섞을 때 사용

3. 기계류 조리 기물

(1) 블렌더(Blender) : 소스나 드레싱 등 음식물을 곱게 갈 때 사용하는 기물

(2) 초퍼(Chopper) : 고기나 채소 등을 갈 때 사용하는 기물

(3) 슬라이서(Slicer) : 채소나 육류 등을 다양한 두께로 썰 때 사용하는 기물

(4) 민서(Mincer) : 고기나 채소를 으깰 때 사용

(5) 그리들(Griddle) : 식재료를 볶거나 오븐에 넣기 전의 초벌구이용 기물로 윗면이 두꺼운 철판으로 되어 가스나 전기로 작동되고 온도 조절이 용이

(6) 그릴(Grill) : 식재료 겉 표면의 형태와 향을 위해 가스나 숯으로 달구어진 무쇠를 이용함

(7) 샐러맨더(Salamander) : 익히거나 색깔을 내거나 싱겁게 보관할 때에도 사용하는 기물로 위에서 내리쬐는 열로 조리 함

(8) 딥 프라이어(Deep fryer) : 재료를 튀길 때 사용하는 기물

(9) 컨벡션 오븐(Convection oven) : 컨벡션 오븐은 굽고, 찌고, 삶는 등의 다용도로 사용 가능한 기물

(10) 스팀 케틀(Steam kettle) : 많은량의 음식물을 끓이거나 삶는 데 사용하는 기물

(11) 토스터(Toaster) : 빵을 구워 주는 것으로 회전식으로 굽는 것도 있음

(12) 샌드위치 메이커(Sandwich maker) : 완성된 샌드위치 빵을 데워주거나 그릴 형태의 색을 내는 도구

양식 기초조리실무 Test

01 기본 식재료 썰기 중 스튜나 샐러드 조리에 사용하며 사방 2㎝ 정육면체로 써는 방법의 용어는?

① 큐브(Cube)
② 다이스(Dice)
③ 브뤼누아즈(Brunoise)
④ 올리베트(Olivette)

해설
큐브(Cube) : 사방 2㎝의 크기이며 정육면체로 써는 방법 중 가장 큰 썰기임. 예 스튜나 샐러드 조리에 사용

02 조리 시 자르거나 가는 용도 등으로 쓰이는 조리 기물이 아닌 것은?

① 제스터(Zester)
② 콜랜더(Colander)
③ 그레이터(Grater)
④ 베지터블 필러(Vegetable peeler)

해설
콜랜더(Colander) : 많은 양의 식재료 거를 때나 물기를 제거할 때 사용되는 도구

03 조리 시 물기 제거나 담고 섞는 등의 용도로 쓰이는 조리 기물이 아닌 것은?

① 스키머(Skimmer)
② 차이나 캡(China cap)
③ 슬라이서(Slicer)
④ 믹싱 볼(Mixing bowl)

해설
슬라이서(Slicer)는 채소나 육류 등을 다양한 두께로 썰 때 사용하는 기물

04 황색 소스로 정제 버터와 달걀노른자, 레몬주스 등을 이용하여 만든 소스는?

① 토마토 소스(Tomato sauce)
② 에스파뇰 소스(Espagnole sauce)
③ 베샤멜 소스(Bechamel sauce)
④ 홀랜다이즈 소스(Hollandaise sauce)

해설
홀랜다이즈 소스(Hollandaise sauce) : 황색 소스로 정제 버터와 달걀노른자, 레몬주스 등을 이용하여 만든 소스 임

05 열이 조리에 미치는 영향에 대한 설명으로 옳지 않은 것은?

① 지방의 융점
② 녹말의 젤라틴화
③ 설탕의 캐러멜화
④ 단백질의 호정화

해설
열이 조리에 미치는 영향
• 단백질의 응고(Proteins coagulate)
• 녹말의 젤라틴화(Starches gelatinize)
• 설탕의 캐러멜화(Sugars caramelize)
• 물의 증발(Water evaporates)
• 지방의 융점(Fats melt)

06 서양요리의 기본 조리법에 대한 설명 중 틀린 것은?

① 끓는 물에 짧게 데치는 이유는 야채와 감자의 조리중 기공을 닫아 색과 영양을 보존하기 위해서 이다.
② 로스팅(Roasting)은 육류나 조육류의 큰 덩어리 고기를 통째로 오븐에 구워내는 조리방법을 말한다.
③ 감자, 뼈 등은 찬물에 뚜껑을 열고 끓여야 한다.
④ 튀김을 할 때는 온도를 160~180℃가 적당하다.

해설 감자, 뼈 등은 뚜껑을 열고 끓이게 되면 조리하는 시간이 길어진다.

정답 01 ① 02 ② 03 ③ 04 ④ 05 ④ 06 ③

7-1 양식 조리

[서양요리의 특징]
- 향신료의 활용이 우수하여 '향(좀)의 요리'라고도 한다.
- 육류나 유지류를 주재료로 하여 향이 강한 향신료와 포도주 등 술을 많이 사용한다.
- 우리나라 조리법에 비하여 매우 과학적이며 합리적인 레시피로 구성되어 있다.

01 양식 스톡조리

1. 스톡의 정의
- 향기가 있는 액체를 육수(Stock)라함
- 재료 준비, 조리 과정, 냉각, 저장, 숙련된 경험이 높은 풍미를 함유한 양질의 스톡을 얻을 수 있음

2. 양식 조리의 기본 스톡(Stock) 재료

(1) 채소, 향신료와 뼈

① 미르포와(Mirepoix)
- 기본 미르포와, 화이트 미르포와가 사용됨
- 닭·생선·채소 육수는 1.2cm, 소고기 육수는 2.5~5cm 잘라 사용
  - ㄱ. 기본 미르포와 : 양파 50%, 샐러리 25%, 당근 25%의 비율로 큐브(Cube) 형태로 사용
  - ㄴ. 화이트 미르포와 : 기본 미르포와에서 당근 대신 파의 흰 부분이나 흰색의 채소를 넣어 큐브 형태로 사용

② 부케가르니(Bouquet garni) : 월계수 잎, 샐러리 줄기, 통후추, 정향, 파슬리 줄기, 마늘, 타임(Thyme) 등을 조리용 실로 묶어서 넣기도 하고 소창에 넣어 미르포와 뼈, 물과 함께 끓임

③ 샤세 데피스(Sachet d'epices) : 향신료 주머니라고도 부르며 재료가 부케가르니(Bouquet garni)와 비슷하지만 부케가르니보다 작은 조각의 향신료들을 소창에 싸서 이용함

④ 뼈(Bone) : 뼈는 스톡에서 가장 중요한 재료로 8~10cm 크기여야 추출이 용이함

소뼈와 송아지 뼈	비프 스톡(Beef stock)과 빌 스톡(Veal stock)이라 하며 7~11시간 조리
닭 뼈	닭 뼈 중 목과 등뼈가 좋으며 가성비가 좋고 사용빈도 높으며 5~6시간 조리
생선 뼈	• 넙치, 가자미와 같은 기름기가 적은 뼈가 육수를 위한 최고임 • 자른 뼈는 찬물에 담가서 피나 불순물을 제거하고 30~1시간 조리
기타 잡뼈 (Other bones)	양(Lamb), 칠면조(Turkey), 햄 뼈(Ham bone) 등을 사용하며 특징이 뚜렷하여 혼합하여 사용하는 것을 피함

3. 스톡의 종류

스톡의 종류	세분화된 스톡의 종류	조리 기구(Equipment)
화이트 스톡 (White Stock)	화이트 비프 스톡(White beef stock)	찬물에 각종 뼈와 야채 향신료를 넣어 끓여서 만든다.
	화이트 피시 스톡(White fish stock)	
	화이트 치킨 스톡(White chicken stock)	
	화이트 베지터블 스톡(White vegetable stock)	
브라운 스톡 (Brown stock)	브라운 비프 스톡(Brown beef stock)	각종 뼈와 야채를 오븐이나 스토브에서 갈색으로 내어 향신료를 넣고 장시간 끓여낸다.
	브라운 빌 스톡(Brown veal stock)	
	브라운 게임 스톡(Brown game stock)	
	브라운 치킨 스톡(Brown chicken stock)	
부용(Bouillon)	미트 부용(Meat bouillon)	미트 부용은 맑게 끓이고 야채와 식초, 소금, 와인 등을 넣어 끓인다.
	베지터블 부용(Vegetable bouillon)	

출처 : 염진철(2002), 『The professional cuisine』, 백산출판사.

① 쿠르 부용 : 해산물을 포칭(Poaching)하기 위하여 끓이는 향신물
② 나지(Nage) : 쿠르 부용에 생선 뼈, 갑각류의 껍데기를 넣어 끓이는 것
③ 비프 스톡(Beef stock) : 브라운(Brown)과 화이트(White) 스톡이 있고 비프 스톡은 뼈와 채소의 색을 오븐이나 그리들 등으로 갈색으로 구워 향신료와 함께 은근히 조리
④ 치킨 스톡(Chicken stock) : 화이트 치킨 스톡은 여러 요리에 사용되며 끓일 때 당근과 같은 색이 있는 채소는 사용 안함
⑤ 생선 스톡(Fish stock) : 끓일 때 당근 등 색이 있는 것은 넣지 않으며 생선이 주요리일 때 사용

3. 스톡 조리 시 주의 사항

(1) 스톡 조리는 찬물에서 시작하기
- 재료가 충분히 잠길 정도의 찬물을 붓고 조리 시작

(2) 스톡은 서서히 조리하기
- 스톡이 끓기 시작하면 90℃ 정도 유지하며 은근히 끓이기

(3) 불순물 및 거품 걷어내기
- 스키머(skimmer)로 제거해야 하는 불순물과 거품은 스톡이 처음 끓어 오르기 시작할 때 가장 많이 생김
- 스톡 포트(stock pot) 주위에 붙은 불순물 띠는 젖은 키친타월로 제거

(4) 스톡에 간을 하지 않기
- 스톡은 소량이 될 때까지 졸여 사용하므로 짠맛이 날 수 있음

■ 완성된 스톡 평가하기

문제점	이유	해결
맑지 않음	조리시 불 조절 실패 이물질	찬물에서 스톡 조리 시작(시머링)소창으로 걸러낸다.
향이 적다	충분히 조리되지 않음 뼈와 물과의 불균형	조리 시간을 늘인다. 뼈를 추가로 더 넣는다.
색상이 옅음	뼈와 미르포아가 충분히 태워지지 않음	뼈와 미르포아를 짙은 갈색이 나도록 태운다.
무게감이 없다	뼈와 물과의 불균형	뼈를 추가로 더 넣는다.
짜다	조리하는 동안 소금을 넣음	스톡을 다시 조리한다. (스톡에 소금 사용 금지)

출처 : NCS 학습모듈(2020), 『양식 스톡조리』, p39.

02 양식 전채조리

1. 전채 요리의 종류

(1) 오르되브르(Hors d'oeuvre)
- 서양메뉴에서 일반적으로 코스의 처음에 가벼운 술과 함께 냄
- 식욕을 돋우기 위한 것으로 적은 양을 냄
- 시각적으로 보기 좋아야 함

  예) 스터프트 에그, 새우 카나페, 참치 타르타르, 새우 칵테일, 채소 렐리시, 게살로 속을 채운 훈제연어롤, 소고기 카파치오

(2) 칵테일(Cocktail)
- 보통 해산물이 주재료이고 크기를 작게 만들어야 함
- 산뜻한 과일도 많이 사용
- 모양이 예쁘고 맛도 좋아야 하며 주로 차갑게 제공됨

(3) 카나페(Canape)
- 빵을 얇게 썬 후 다양한 모양을 내어 구워 사용
- 빵 위에 버터 바르고 위에 치즈, 달걀, 햄 등을 올려 만든 것
- 빵 대신 크래커(Cracker)를 사용하기도 함
- 애피타이저나 간단한 다과에 이용함

(4) 렐리시(Relishes)
- 과일, 채소에 양념을 해서 걸쭉하게 끓인 뒤 식혀 마요네즈 등과 같은 소스를 곁들어 주는 것
- 셀러리, 무, 올리브, 피클, 채소 스틱 등을 예쁘게 다듬어 사용

2. 전채 요리 양념의 종류
- 콩디망(Condiments)은 양념을 말하며 종류는 소금, 식초, 올리브유, 겨자, 마요네즈와 같은 소스류 등에 사용
- 신맛과, 매운맛, 쓴맛, 감칠맛, 짠맛 등이 식욕을 촉진시킴
- 허브(Herb)와 스파이스(Spice)를 사용하여 맛을 향상시킴

콩디망의 종류

오일 앤 비네그레트 (Oil vinaigrette)	해산물과 채소 요리에 어울리는 양념으로 오일과 식초를 3 : 1의 비율로 섞고 소금과 후추로 간하여 만듦
베지터블 비네그레트 (Vegetable vinaigrette)	주로 해산물 요리에 사용되며, 오일과 식초를 3 : 1의 비율로 섞고, 작은 주사위 모양으로 썬 양파, 홍피망, 청피망, 노란 파프리카 등을 넣고 소금과 후추로 간해서 사용
토마토 살사 (Tomato salsa)	토마토, 양파, 올리브유, 적포도주 식초, 파슬리 다진 것을 섞고 소금과 후추로 간하여 만듦
마요네즈 (Mayonnaise)	식물성 유지와 난황을 휘핑하며 유화시켜 식초, 소금, 설탕 등을 섞어 만든 소스
발사믹 소스 (Balsamic sauce)	발사믹 식초를 반으로 졸여 올리브유와 소금, 후추로 간 해서 사용

3. 전채 요리의 분류

전채요리는 프랑스어로 오르되브르(Hors d'oeuvre), 영어로 애피타이저(Appetizer)임

명칭	특징	종류
플레인 (Plain)	형태와 맛이 유지된 것	햄 카나페(Ham canape), 생굴(Oyster), 캐비아(Caviar), 올리브(Olive), 토마토(Tomato), 렐리시(Rellish), 살라미(Salami), 소시지(Sausage), 새우 카나페(Shrimp canape), 안초비(Anchovies), 치즈(Cheese), 과일(Fruits), 거위 간(Foie gras), 연어(Salmon) 등
드레스트 (Dressed)	요리사의 아이디어와 기술로 가공되어 맛이 유지된 것	과일 주스(Fruits juice), 칵테일(Cocktail), 육류 카나페(Meat canape), 게살카나페(Crab meat canape), 소시지 말이(Sausage roll), 구운 굴(Grilled oyster), 스터프트 에그(Stuffed egg) 등

출처 : NCS 학습모듈(2020), 『양식 전채요리』, p3.

4. 전채조리 및 완성

(1) 접시(Plate)의 종류 및 핑거볼
(2) 핑거볼(Finger bowl)

원형	• 기본적인 접시로 부드럽고 안정감, 친밀감을 줌 • 테두리, 무늬, 색상에 따라 다양한 연출 가능
삼각형	예리함과 속도감을 느낄 수 있음

사각형	• 안정, 남성미, 모던한 세련미를 주며 개성이 강함 • 완성도가 높은 독특한 이미지를 쉽게 연출 가능
타원형	여성적인 기품과 우아함, 신비스러운 느낌을 줌
마름모형	정돈감, 안정감, 움직임, 속도감을 줌

- 식후에 입과 손가락을 씻고 핑거 푸드(Finger food)나 과일 등을 먹을 수 있도록 작은 그릇에 물을 담아 식탁 왼쪽에 놓음
- 음료수로 착각해서 먹는 경우가 있어 꽃잎이나 레몬조각을 띄워 놓음

(3) 전채 요리의 조리 특징
① 신맛과 짠맛이 적당히 있어야 함
② 주요리보다 소량으로 제공해야 함
③ 예술적이고 아름다워야 함
④ 재료 사용이 다양해야 함
⑤ 재료와 조리법이 주요리와 반복되지 않아야 함

(4) 전채 요리 담기의 필요 요소와 고려할 점
필요한 요소는 모양, 색상, 향, 크기, 질감, 균형이 맞아야함
① 고객의 편리성이 고려되어야 함
② 재료별 특성에 맞게 적당한 공간을 두고 담아야함
③ 접시의 특성을 살려 내원 안으로 담아야함
④ 일정한 간격과 질서, 색깔, 맛, 풍미, 온도에 유의하여 담아야함
⑤ 소스(Sauce)는 적당량 뿌리고, 가니쉬(Garnish)는 중복을 피해 담아야함
⑥ 주요리보다 크기가 크거나 양이 많지 않게 담아야함

03 양식 샌드위치 조리

1. 샌드위치 분류

(1) 온도에 따른 분류

핫 샌드위치	고기 패티, 그릴 채소 등을 주재료로 뜨겁게 만든 샌드위치
콜드 샌드위치	마요네즈에 버무린 채소, 파스트라미, 프로슈트, 하몽 등을 주재료로 차갑게 만든 샌드위치

(2) 형태에 따른 분류

오픈 샌드위치 (Open sandwich)	위에 덮는 빵을 올리지 않고 오픈해 놓는 종류 예 브루스케타(Brustchetta), 카나페(Canape) 등
클로즈드 샌드위치 (Closed sandwich)	썬 빵에 속재료를 넣고 위에 빵을 덮는 형태의 샌드위치
핑거 샌드위치 (Finger sandwich)	클로즈드 샌드위치를 손가락 모양으로 길게 3~6등분으로 썰어 제공하는 형태
롤 샌드위치 (Roll sandwich)	크림 치즈, 게살, 훈제연어 등을 넣고 말아 썰어 제공 예 또르티야, 딸기 롤 샌드위치, 단호박 롤 샌드위치 등

2. 샌드위치의 구성

5가지 구성요소는 빵, 스프레드, 주재료(속재료), 부재료(가니쉬), 양념이다.

(1) 빵(Bread)

샌드위치로 사용하는 식빵은 1.2~1.3㎝, 오픈 샌드위치일 경우 바게트 빵은 1.5㎝ 정도가 적당

(2) 스프레드(Spread)

- 촉촉한 감촉과 코팅제 역할, 접착제 역할을 함
- 스프레드의 종류에 따라 개성 있는 맛을 냄
- 맛을 잘 어우러지게 하여 풍미를 향상시킴

(3) 주재료(Main Ingredients)로서의 속재료(Filling)

핫 샌드위치 속재료, 콜드 샌드위치 속재료로 구분할 수 있음

(4) 부재료(Vegetables & herb)로서의 가니쉬(Garnish)

채소류, 싹류, 과일 등을 사용하며 상품성 있게 만드는 필수 구성요소임

(5) 양념(Condiment)

- 콩디망(Condiments)은 샌드위치에 사용하는 조미료, 소스, 드레싱을 뜻함
- 짠맛, 신맛, 단맛, 쓴맛, 매운맛을 제공해서 개성 있는 재료의 맛이 표현 될 수 있게 함

(6) 샌드위치 빵의 종류

식빵(White pan bread)	표면이 황금 갈색이 나며 껍질이 부드러움
포카치아(Focaccia)	이탈리아 빵으로 반죽에 블랙올리브, 건포도 등을 첨가하기도 함
바게트(Barguette)	프랑스 빵으로 설탕과 기름을 사용하지 않아 다이어트 빵이라고도 하며 광택이 나며 껍질은 바삭함
햄버거 번(Hamburger buns)	햄버거 샌드위치 등에 이용됨
피타(Pita)	넓적한 포켓형의 빵으로 벌어진 빵 사이에 다양한 재료를 넣어 샌드위치를 만듦
치아바타(Ciabatta)	이탈리아 빵으로 통밀가루, 맥아 물, 소금 등의 천연재료만을 사용하여 만들며 겉은 바삭함
피자도우(Pizza dough)	이탈리아의 빵으로 토마토소스와 치즈를 얹음
난(Nan bread)	인도 전통빵으로 반죽을 화덕에 구움
크루아상(Croissant)	프랑스어로 초승달의 뜻으로 가볍고 속이 층상을 이룸
베이글(Bagel)	밀가루 반죽을 링모양으로 만들어 발효하여 구워낸 빵

(7) 스프레드의 종류

단순 스프레드		마요네즈, 잼, 버터, 리코타 치즈, 머스터드, 발사믹 크림, 크림치즈, 땅콩버터
복합 스프레드	버터 또는 마요네즈	• 머스터드 스프레드(머스터드 + 버터 또는 마요네즈) • 안초비 스프레드(안초비 + 버터 또는 마요네즈) • 견과류 버터 스프레드(견과류 촙 + 버터 또는 마요네즈) • 사우어크림 스프레드 : 딜 촙 + 사워크림 + 마요네즈 • 그린 페퍼 스프레드 : 그린페퍼 촙 + 파슬리 촙 + 마요네즈 • 레몬 버터 스프레드 : 레몬즙 + 버터
	유제품	• 허브 크림치즈 스프레드 : 허브 촙 + 크림치즈 • 사워크림 스프레드 : 딜 촙 + 사워크림
	올리브 오일	• 바질 페이스트 스프레드 : 바질 퓨레 + 올리브오일 • 타페나드 : 올리브, 안초비, 케이퍼, 올리브오일로 만든 페이스트
	기타	• 참치 • 오렌지 망고 퓨레 스프레드 • 아보카도 퓨레 스프레드 등

3. 샌드위치 완성

(1) 샌드위치 썰기

샌드위치 썰기에는 다음과 같이 10가지 방법이 있다.

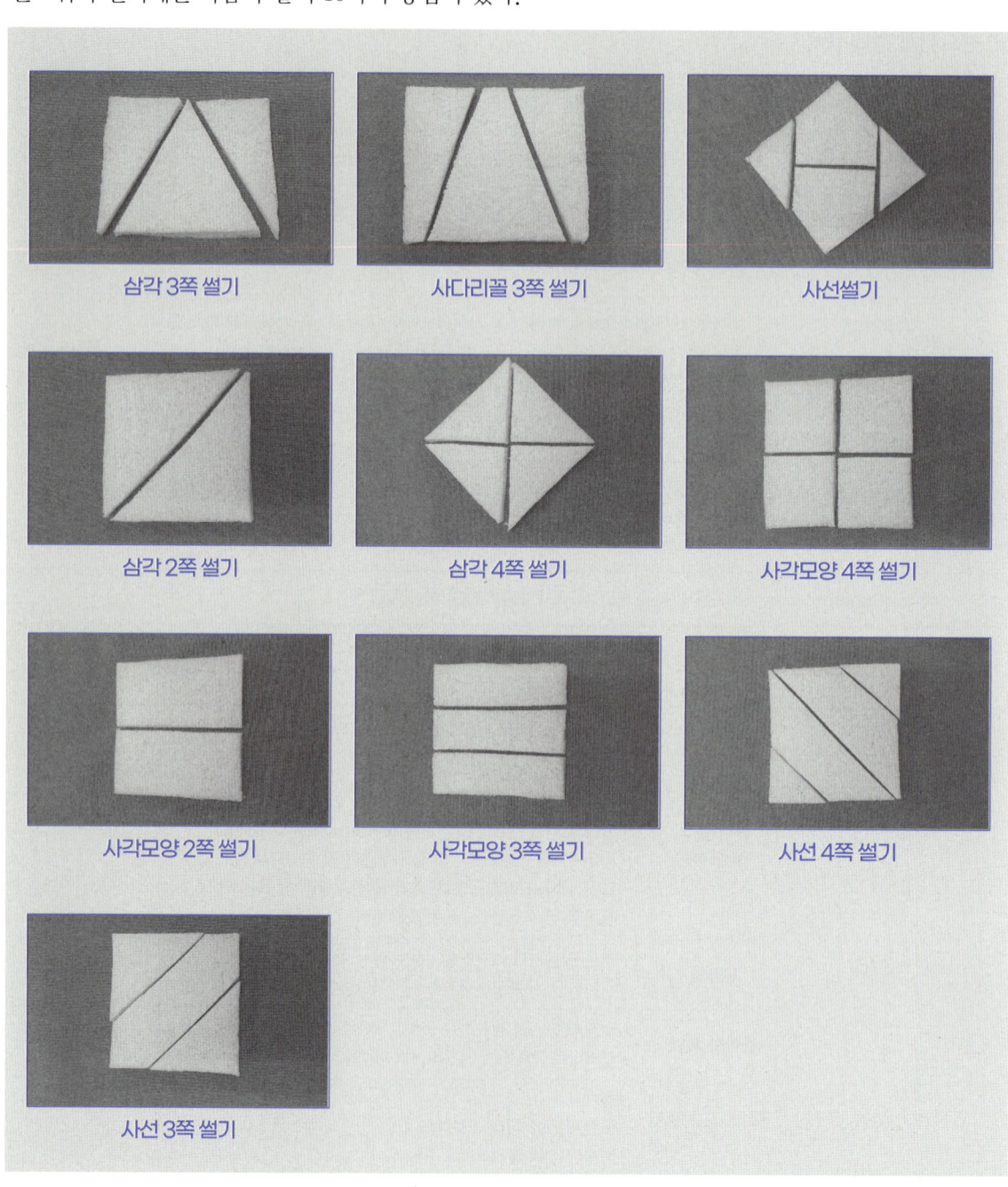

(2) 샌드위치 요리 플레이팅

　① 재료 자체의 색감과 질감을 잘 표현하기

　② 심플하고 청결하며 깔끔하게 담기

　③ 요리의 양을 균형감을 살려 알맞게 담기

　④ 고객이 먹기 편하도록 담기

　⑤ 샌드위치 종류에 따른 온도와 접시 온도 유지하기

　⑥ 다양한 맛과 향이 조화를 이루도록 플레이팅하기

04 양식 샐러드조리

01 샐러드 재료 준비

1. 샐러드의 정의

신선한 채소, 과일 등을 찬 소스를 곁들여 주요리가 서빙되기 전에 드레싱과 함께 섞어 제공하는 요리이다.

2. 샐러드의 기본 구성

(1) 바탕(Base)

- 그릇을 채워주는 역할
- 사용된 본체와의 색 대비를 이루게 함
- 잎상추, 로메인 레터스와 같은 샐러드 채소로 구성

(2) 본체(Body)

- 샐러드의 중요한 부분으로 사용된 재료의 종류에 따라 종류가 결정 됨

(3) 드레싱(Dressing)

- 모든 종류의 샐러드에 드레싱을 함께 냄
- 샐러드의 성공 여부에 드레싱이 중요한 역할을 함
- 샐러드의 가치를 돋보이게 하며 소화를 도움

- 맛을 증가시키고 곁들임의 역할도 함

(4) 가니쉬(Garnish)
- 가니쉬의 목적은 완성된 샐러드를 아름답게 돋보이게 함
- 맛을 증가시키고 형태를 개선하는 역할

3. 샐러드의 분류

(1) 순수 샐러드(Simple Salad)
- 영양, 맛, 색상 등이 서로 조화를 이루도록 만들어진 샐러드
- 다양한 채소를 적당히 배합하고, 드레싱을 가미하거나 곁들여짐
- 잎채소를 주로 생으로 사용하고 재료를 단순하게 구성
- 곁들임 요리 또는 세트 메뉴에 코스용으로 사용

(2) 혼합 샐러드(Compound Salad)
- 각종 식재료, 향신료, 소금, 후추 등이 혼합 됨
- 조미료, 양념 등을 첨가하지 않고 그대로 제공할 수 있는 상태임
- 2가지 이상 재료를 사용하여 만듦
- 전채요리나 뷔페에 사용하고, 생 또는 익혀서 만듦

(3) 더운 샐러드(Warm Salad)
- 샐러드 재료를 중불이나 약불에서 데운 드레싱에 버무려 만듦
- 프랑스어로 살라드 티에드(salades tiedes)라고 함

(4) 그린 샐러드(Green Salad)
- 드레싱을 곁들이는 형태로 양상추, 치커리 등의 녹색 채소를 버무려 먹음
- 'Garden Salad'가 여기에 속함

4. 샐러드용 채소 손질

(1) 채소 세척(Clean)
- 깨끗하게 세척한 채소는 3~5℃ 정도의 차가운 물에 30분 정도 담그기
- 어린잎같이 여린 채소는 상온의 물에 오랫동안 담그기

(2) 채소 정선(Cutting)
- 용도에 따라 손으로 뜯거나 스테인리스 칼로 썰기

- 한입 사이즈로 썰고, 속잎 사용

(3) 채소의 수분 제거(Dry)
- 전처리한 채소를 스피너를 이용해서 수분을 제거
- 수분이 제거된 채소에 드레싱이 잘 입혀짐
- 전처리한 채소를 오래 저장하고자 할 때는 물기를 제거해야 함

(4) 채소를 용기에 보관하기(Store)
- 넓은 통에 젖은 행주를 깔고 채소를 통의 2/3만 차도록 넣음
- 젖은 행주를 덮어서 보관해야 채소가 싱싱하게 살아날 수 있음

02 드레싱의 개요

- 여자의 드레스가 우아하고 부드럽게 입혀지듯 채소에 옷을 입힌다는 뜻
- 보통 냉소스로 분류

1. 드레싱의 종류

(1) 차가운 유화 소스류

① **비네그레트(Vinaigrettes)**
- 일시적으로 유화되는 드레싱으로 보통 오일과 식초를 3 : 1로 만듦
- 레드와인 비네그레트, 발사믹 비네그레트, 셰리와인 비네그레트 등의 식초의 종류가 있음
- 채소 샐러드에 잘 어울림
- 불에 구울 음식을 마리네이드 하는 용도로 사용

② **마요네즈(Mayonnaise)**
- 레시틴이라는 유화제가 함유된 난황에 오일, 머스터드, 소금, 식초, 설탕을 넣고 빠르게 섞어 만듦
- 차가운 드레싱 사우전 아일랜드 드레싱 등에도 사용

(2) 유제품 기초 소스류
- 샐러드드레싱 혹은 디핑 소스(Dipping sauce)로 사용됨
- 주재료는 우유나 생크림, 사워크림, 치즈 등의 유제품으로 만듦
- 크림이나 치즈의 맛을 많이 느낄 수 있음

- 허브류를 다져 크림치즈와 우유를 섞어 만든 허브 크림 드레싱 있음
- 보통 아이보리색 또는 흰색임
- 허브, 과일 혹은 채소의 쿨리나 퓨레의 색을 그대로 입힐 수 있음
- 크림치즈에 약간의 레몬즙과 마요네즈를 섞으면 크림치즈 디핑소스가 됨

(3) 살사 & 쿨리 & 퓨레 소스류(Salsa & Coulie & Puree)

① **살사류(Salsa)**
- 살사류는 주로 생과일과 채소로 만듦
- 살사는 신선한 재료로 만든 멕시칸 토마토 살사, 익힌 재료로 만든 처트니, 렐리시, 콤포트 등으로 나눔
- 식초 혹은 포도주, 감귤류의 같은 산을 넣어 예민한 향미 돋우기도 함

② **쿨리와 퓨레(Coulie & Puree)**
- 쿨리는 소스와 같은 농도로 토마토 퓨레, 양파 허브, 향신료로 맛을 낸 달콤한 형태의 맛과 모양으로 스파게티 소스로도 사용됨 예 브이토니 토마토쿨리
- 걸죽한 점도를 갖는 퓨레(Puree) 과일이나 채소가 블렌더나 프로세서에 의해 갈아 농축시켜 만듦 예 토마토 퓨레

2. 드레싱의 기본 재료

오일(Oil), 식초(Vinegar), 달걀노른자(Egg Yolk), 소금(Salt), 후추(Pepper), 설탕(Sugar), 레몬(Lemon)

3. 드레싱의 사용 목적

① 신맛과 상큼한 맛으로 식욕을 돋우고, 소화를 촉진시킴
② 강한 샐러드는 부드럽게, 순한 샐러드는 향과 풍미 제공
③ 음식의 씹을 때 즐기는 질감을 높임
④ 찬 드레싱은 샐러드의 맛을 한층 더 증가시켜 줌

4. 유화 드레싱 분리 현상과 복원 방법

(1) 분리 현상 원인

① 난황에 오일을 너무 빠르게 첨가할 때
② 소스의 농도가 너무 될 때

③ 조리과정에서 너무 따뜻하거나 온도가 차가울 때

(2) 분리 복원 방법
  ① 난황을 거품이 일어날 정도로 휘핑해야 함
  ② 실패하여 분리된 것을 조금씩 넣어가며 드레싱을 만듦

03 샐러드 완성

1. 플레이팅 구성 요소
  ① **통일성**(Unity) : 중심 부분에 균형 있게 담아내야 함
  ② **초점**(Focal point) : 접시에 담긴 샐러드는 정확한 초점이 있어야 함
  ③ **흐름**(Flow) : 균형과 통일성, 초점들이 표현되어 흐름이 연상되어야 함
  ④ **균형**(Balance) : 재료 혹은 음식 선택, 색, 조리 방법, 질감, 향미의 균형이 있어야 함
  ⑤ **색**(Color) : 자연스러운 색, 신선함, 품질, 조리된 상태 반영
  ⑥ **가니쉬**(Garnish) : 시각적 효과 맛, 향과 조화를 이뤄야 함

2. 샐러드 담을 때 주의사항
  ① 채소의 수분을 제거하여 담고, 채소가 마르지 않게 덮개를 씌우기
  ② 주재료를 부재료가 가리지 않게 담기
  ③ 주·부재료의 모양과 색상, 식감은 다르게 준비하기
  ④ 샐러드의 양보다 드레싱 양이 많지 않게 담기
  ⑤ 적절한 농도의 드레싱은 제공 직전에 뿌리거나 곁들이기
  ⑥ 가니쉬는 중복해서 사용하지 않기

05 양식 조식조리

01 달걀요리 조리

1. 조식의 종류

(1) 유럽식 아침 식사(Continental breakfast)
- 각종 주스류, 조식용 빵, 커피, 홍차로 구성 됨
- 대륙식 아침 식사라고도 함

(2) 미국식 아침 식사(American breakfast)
유럽식 아침 식사에 달걀요리, 감자 요리, 햄 등이 제공됨

(3) 영국식 아침 식사(English breakfast)
무겁게 느껴지는 아침 식사로 빵과 주스 등 미국식 조찬에 달걀과 감자 요리, 육류 요리나 생선 요리가 제공됨

2. 달걀요리의 종류

(1) 습식열 달걀요리의 종류
  ① **포치드 에그**(Poached egg) : 90℃ 끓는 물에 식초를 넣고 깬 달걀을 익히는 방법
  ② **보일드 에그**(Boiled egg) : 100℃ 끓는 물에 달걀을 넣고 고객이 원하는 만큼 익히는 것
    ㄱ. **코들드 에그**(Coddled egg) : 100℃ 끓는 물에 30초 정도 살짝 삶아진 달걀
    ㄴ. **반숙 달걀**(Soft boiled egg) : 100℃ 끓는 물에 3~4분간 삶아 난황이 1/3 정도 익은 것
    ㄷ. **중반숙 달걀**(Medium boiled egg) : 100℃ 끓는 물에 5~7분간 삶아 난황이 반 정도 익은 것
    ㄹ. **완숙 달걀**(Hard boiled egg) : 100℃ 끓는 물에 10~14분간 삶아 난황이 완전히 익은것

(2) 건식열 달걀요리의 종류
  ① **달걀 프라이**(Fried egg) : 난황의 익은 정도와 뒤집기에 따라 분류
    ㄱ. **서니 사이드 업**(Sunny side up) : 난황의 위가 마치 떠오르는 태양과 같은 느낌이며, 달걀의 한쪽 면만 익힌 것
    ㄴ. **오버 이지**(Over easy egg)

- 난백은 익고 난황은 익지 않아야 하며, 달걀의 양쪽 면을 살짝 프라이 한 것
- 난황이 터지지 않아야 함

ㄷ. 오버 미디엄(Over medium egg) : 난황이 반 정도 익어야 하며, 오버 이지와 같은 방법으로 프라이 함

ㄹ. 오버 하드(Over hard egg) : 달걀프라이의 양쪽면을 완전히 익히는 것

② 스크램블 에그(Scrambled egg) : 달군 팬에 기름을 두르고 깬 달걀을 빠르게 휘저어 만든 요리

③ 오믈렛(Omelet): 달군 팬에 기름을 두르고 깬 달걀을 빠르게 휘졌다가 럭비공 모양으로 만듦
  예 치즈 오믈렛, 스페니시 오믈렛

④ 에그 베네딕틴(Egg benedictine) : 미국의 조식으로 구운 잉글리시 머핀에 햄, 포치드에그, 홀랜다이즈 소스를 올림

02 조찬용 빵조리

1. 아침 식사용 빵의 종류

(1) 토스트 브레드(Toast bread)

0.7~1㎝ 두께로 얇게 썬 식빵을 구운 것으로, 버터나 각종 잼을 발라 먹음

(2) 데니시 페이스트리(Danish pastry)

덴마크의 대표적인 빵으로 많은 양의 유지를 중간에 층층이 끼워 만든 페이스트리 반죽에 잼, 과일 등 속재료를 채워 구운 것

(3) 크루아상(Croissant)

프랑스의 대표적인 빵으로 버터를 켜켜이 넣어 만든 페이스트리 반죽을 초승달 모양으로 만들어 구운것

(4) 베이글(Bagel)

강력분, 이스트, 물, 소금으로 반죽해서 링 모양으로 만들어 발효시켜 끓는 물에 익힌 후 오븐에 구워 낸 빵

(5) 잉글리시 머핀(English muffin)

달지 않은 납작한 빵으로 아침식사에 먹으며, 크럼펫(Crumpet)과 함께 영국 대표 빵으로 샌드위치용으로도 사용함

(6) 프렌치 브레드(French bread : bagutte)

길쭉한 몽둥이 모양으로 바삭바삭한 식감이 특징이며, 프랑스의 주식 빵임

(7) 호밀 빵(Rye bread)
독일의 전통 빵으로 주원료는 호밀이고, 섬유소가 많고, 향이 강하며, 속이 꽉 찬 건강 빵

(8) 브리오슈(Brioche)
아침 식사용으로 밀가루, 버터, 이스트, 설탕 등으로 달콤하게 만든 프랑스의 전통 빵임

(9) 스위트 롤(Sweet roll)
- 롤 사이에 계피분과 설탕을 충전물로 사용
- 건포도, 향신료, 시럽 등의 재료를 겉에 입히지 않음
- 모든 롤빵을 의미하고 영국에서 처음 만들었음

(10) 하드 롤(Hard roll)
- 강력분으로 반죽하여 만들며, 겉은 바삭 속은 부드러운 빵
- 속을 파내고 채소나 파스타를 넣어 조리도 함

(11) 소프트 롤(Soft roll, 모닝롤)
하드 롤보다 설탕, 많은 유지, 달걀을 사용하여 속이 매우 부드럽다.

2. 아침 식사 조리용 빵의 종류

(1) 프렌치토스트(French toast)
- 마른 빵을 활용하기 위해 만들어진 조리법
- 프랑스에서는 팽 페르뒤(Pain perdu)라 부르며, 못쓰게 된 빵이란 뜻임
- 달걀, 계피분, 설탕, 우유 푼 것에 빵을 담가 버터를 두른 팬에 구워 잼과 시럽을 곁들여 먹으며, 아침 식사로 많이 사용함

(2) 팬케이크(Pancake, 핫케이크)
- 뜨거울 때 먹으면 맛있음
- 밀가루 반죽을 팬에 구워 버터와 메이플 시럽 등을 뿌려 먹음

(3) 와플(Waffle)
- 표면이 벌집 모양이며, 맛은 바삭하고, 아침 식사, 브런치, 디저트로 활용
- 종류는 벨기에식·미국식 와플이 있고, 과일이나 휘핑크림을 얹어 먹음

3. 조찬용 빵의 곁들임
딸기 잼, 블루베리 잼, 오렌지 마멀레이드, 버터, 메이플 시럽, 꿀 등을 제공

03 시리얼류 조리

1. 차가운 시리얼의 종류 및 특징

(1) 콘플레이크(Cornflakes)

옥수수를 구워 얇게 으깨어 만든 것

(2) 올 브랜(All bran)

밀기울을 으깨어 가공한 것으로 소화를 돕는 역할도 함

(3) 라이스 크리스피(Rice crispy)

쌀을 바삭바삭하게 튀긴 것

(4) 레이진 브렌(Raisin bran)

구운 밀기울에 달콤한 건포도를 넣은 것

(5) 쉬레디드 휘트(Shredded wheat)

비스킷 형태로 밀을 조각내고 으깨어 사각 모양으로 만듦

(6) 버처 뮤즐리(Bircher muesli)

- 오트밀, 견과류, 과일 말린것 등을 혼합한 스위스 시리얼
- 과일, 냉동 블루베리 등을 우유나 플레인 요구르트에 섞어 냉장고에 하루밤 보관한 후 섭취

2. 더운 시리얼(Hot cereals)

(1) 오트밀(Oatmeal)

- 식이 섬유소가 풍부하여 아침 식사로 인기가 높음
- 오래 전부터 스코틀랜드에서 이용함

3. 시리얼의 부재료

생과일, 바나나, 사과, 딸기, 건조 과일, 견과류 등이 있다.

06 양식 수프조리

01 수프 재료 준비

1. 수프의 구성 요소

(1) 육수(Stock)
- 수프의 맛을 좌우하는 가장 기본 요소

(2) 루(Roux) 등의 농후제
- 리에종(Liaison)이라고도 함
- 달걀노른자, 크림, 쌀 등도 농후제의 일종임
- 버터와 밀가루를 동량 넣어 만든 루(Roux)를 주로 사용함

(3) 곁들임(Garnish)
- 토마토 콩카세, 크루통, 파슬리, 달걀 요리, 덤블링, 휘핑크림 등이 사용되며 수프의 맛을 돋우는 역할을 함

(4) 허브와 향신료
- 향기가 있는 식물을 총칭하며 식품의 풍미를 더해 줌
- 식욕 촉진 및 소화기능 촉진
- 산화 방지, 방부작용 등의 역할로 식품 보존성을 증가시킴

2. 수프의 종류(Kind of soup)

(1) 맑은 수프(Clear soups)
- 색깔이 깔끔하고 투명한 색임
- 이물질이나 다른 향이 들어가지 않게 유의

(2) 크림과 퓌레 수프(Cream and pureed soups)
- 맛이 부드럽고 감촉이 좋은 죽같은 느낌의 수프임

(3) 비스크 수프(Bisque soups)
- 바닷가재(Lobster) 등의 갑각류 껍질을 으깨어 채소와 함께 완전히 우러나올 수 있도록 끓이는 것
- 마무리로 크림을 사용

(4) 차가운 수프(Cold Soups)
- 스페인의 채소 수프인 가스파초(Gazpacho)가 있음
- 오이, 토마토, 양파, 물에 적신 식빵 등을 발사믹 식초를 곱게 갈아 얼음과 함께 제공하는 것으로 지역에 따라 사용 재료가 다름

(5) 스페셜 수프(Special soup)
- 각국별로 특색 있게 전통적으로 전해 내려오는 수프
    - 예 이탈리아의 미네스트롱(Minestrone), 인도의 카레 등이 있음

02 수프조리

1. 농도(Concentration)에 의한 수프 조리

(1) 맑은 수프(Clear soup)의 종류
① 콘소메(Consomme) : 비프 콘소메 수프
② 맑은 채소 수프(Clear vegetable soup) : 미네스트로니 수프

(2) 진한 수프(Thick soup)
① 크림(Cream)
ㄱ. 베샤멜(Bechamel) : 화이트 루에 우유를 넣고 만든 묽은 수프
ㄴ. 벨루테(Veloute) : 벨루테소스를 기본으로 하여 육수를 넣고 만듦

② 포타주(Potage)
육수에 채소, 콩류, 곡류 등을 넣어 삶아서 갈아 만든 걸쭉한 수프

③ 퓌레(Puree)
- 채소 등을 갈아 농축시켜 고형분 12%, 걸쭉한 점도를 가진 것을 퓌레(Puree)라 함
- 부용(Bouillon)과 결합하여 수프를 만들며, 크림을 사용하지 않음

④ 차우더(Chowder)
크림수프로 게살, 감자, 우유를 이용 함

⑤ 비스크(Bisque)
갑각류를 우려낸 육수를 이용한 부드러운 수프로 진하고 크리미하다.

2. 온도(Temperature)에 의한 수프 조리

(1) 가스파초(Gazpacho)
다양한 채소로 만든 차가운 수프임

(2) 비시스와즈(Vichyssoise)
감자를 삶아 체에 내린 후, 리크(leek) 흰 부분과 함께 볶아 육수(Stock)를 넣고 끓여 크림, 소금, 후추로 맛을 낸 후 식혀 먹는 차가운 수프임

3. 재료(Ingredient)에 의한 수프 조리

- 고기를 주로 사용하는 고기 수프(Beef soup)
- 채소를 이용한 채소 수프(Vegetable soup)
- 생선 수프(Fish soup)

4. 지역(Region)에 따른 수프 조리

(1) 부야베스(Bouillabaisse)
지중해식 수프로 생선 스톡에 생선과, 채소, 갑각류, 올리브유를 넣고 끓인 생선 수프

(2) 헝가리안 굴라시 수프(Hungarian goulash soup)
파프리카 고추로 진하게 양념한 헝가리식 소고기와 채소 수프로 매콤한 맛이 특징인 육개장 느낌이 있음

(3) 미네스트로네(italian minestrone)
이탈리아의 채소수프로 다양한 채소와 베이컨, 파스타를 넣고 끓인 수프

(4) 옥스테일 수프(Ox-tail soup)
소꼬리(Ox-tail), 베이컨(Bacon), 토마토 퓌레(Tomato Puree) 등을 넣고 끓인 영국의 수프

(5) 보르시치 수프(Borscht soup)
- 수프로 신선한 비트를 이용하여 만든 수프
- 차게 하거나 뜨겁게 먹을 수 있으며 생크림으로 장식

03 수프 완성

1. 수프 요리 담기

(1) 수프의 조리 시 주의 사항
- 질 좋은 최상의 향과 맛을 위해 맑은 수프는 서서히 끓인다.
- 수프에 루(Roux) 사용 시 바닥에 눋지 않도록 저어가며 끓인다.
- 좋은 맛, 질감, 모양을 위해 찌꺼기나 거품을 제거하며 끓인다.
- 냉동 또는 냉장고에 보관하고 제공할 만큼만 데워서 사용한다.

(2) 수프 요리 담기의 고려 사항
- 재료 고유의 색상과 질감을 잘 표현해야 함
- 청결하게 담으며 전체적인 조화를 이루어야 함
- 적정한 양을 균형감 있게 담아야 함
- 먹기 편하게 플레이팅을 해야 함
- 음식과 접시의 온도가 적절해야 함
- 다양한 맛과 향을 살릴 수 있도록 담아야 함

(3) 수프의 가니쉬의 종류
① 수프에 첨가되는 형태(Garnish)
  ㄱ. 진한 수프 : 수프 자체 내용물이 가니쉬로 보여지는 형태임
  ㄴ. 콘소메 수프 : 채소, 국수, 달걀지단, 버섯 등 다양하게 사용
② 수프에 어울리는 형태(Toopping) : 크림수프에 올려지는 장식은 거품을 올린 크림, 크루통, 잘게 썬 차이브 등으로 수프의 형태에 따라 다르게 올려준다.
③ 수프에 따로 제공되는 형태(Accompanish) : 빵이나 달걀, 토마토 콩카세 등을 분리해서 제공하기도 함

07 양식 육류조리

01 육류 재료 준비

1. 육류의 종류

소고기	• 근섬유는 결이 잘고 탄력이 크며 마블링이 있으면 좋음 • 선홍색이고 광택이 있는게 좋음
송아지고기	• 담적색, 지방이 적고 근섬유는 가늘고 수분이 많음 • 육즙이 적어 풍미가 적고 연하여 숙성할 필요가 없으나 보존성이 짧음
돼지고기	• 7개월에서 1년의 어린 돼지를 식육으로 사용 • 색깔은 부위별로 다르며 일반적으로 담홍색, 회적색, 암적색을 띰
양고기	• 램(Lamb) : 생후 12개월 이하의 어린 양으로 육질이 부드러우며 냄새가 없음 • 그 이상을 머튼(Mutton) : 지방과 부티르산이 많아 특유의 누린내 있음
닭고기	• 닭고기는 육색소(미오글로빈)의 함량이 적어 색이 연함 • 지방 함량이 낮고 단백질 함량은 높아 맛이 담백함
오리고기	• 혈액순환을 돕고 해독 능력, 고혈압, 뇌졸중 등 성인병 예방에 효과 • 불포화지방산, 단백질, 칼슘, 철, 칼륨, 티아민, 리보플라빈을 다량 함유
거위고기	• 강알칼리성으로 특유의 누린내가 있고 선홍색을 띰 • 거위 간에는 스태미나 증강에 좋은 성분이 풍부 • 세계 3대 진미(캐비아, 송로버섯, 거위 간)임
칠면조고기	• 독특한 향이 있고 육질이 부드러움 • 통째로 굽는 요리로 이용하며 소화율이 높음 • 미국, 멕시코에서 주로 많이 사육 함

2. 육류의 마리네이드(Marinade, 밑간)

- 조리하기 전 고기에 간을 배이게 하고, 누린내 제거하여 맛을 증진시킴
- 향미를 낸 액체, 마른 향신료 등을 이용하여 절이는 것
- 마리네이드를 하면 향미와 수분을 주어 맛이 향상 됨
- 질긴 고기를 부드럽게 하도록 식초나 레몬주스를 주로 사용
- 식용유, 올리브유, 레몬주스, 식초, 와인, 과일, 향신료 등을 섞어 사용

3. 향신료의 분류

(1) 사용 용도에 따른 분류

향초계(Herb)	• 생잎을 사용하여 육류의 잡내 제거 • 장식적인 요소로 음식의 외관상 신선함의 효과 　예 로즈메리, 바질, 세이지, 파슬리, 타임
종자계(Seed)	• 과실이나 씨앗을 건조시켜 사용 • 브레이징이나 스튜 등 육류에 많이 사용 • 제과류에도 사용 　예 캐러웨이 시드, 셀러리 시드, 큐민 시드 등
향신계(Spice)	• 특유의 강한 맛과 매운맛을 이용 　예 후추, 너트메그(육두구), 마늘, 겨자, 양겨자, 산초 등
착색계(Coloring)	• 색을 내주는 향신료 • 맛과 향은 강하지 않고 특유의 향은 있음 　예 파프리카, 샤프란, 터메릭 등

(2) 사용 부위에 따른 분류

잎(Leaves)	• 잎을 향신료로 사용 　예 바질, 세이지, 처빌, 타임, 고수, 오레가노, 마조람, 파슬리, 스테비아, 타라곤, 세몬 밤, 라벤더, 딜 등
씨앗(Seed)	• 씨앗을 건조시켜 향신료로 사용 　예 너트메그, 캐러웨이 씨, 큐민, 고수씨, 딜 씨, 양귀비 씨, 메이스 등
열매(Fruit)	• 과실을 건조시켜 향신료로 사용 　예 검은 후추, 파프리카, 카다몬, 카옌 페퍼, 팔각 등
꽃(Flower)	• 꽃을 사용 　예 샤프론, 정향(Clove), 케이퍼 등
줄기와 껍질 (Stalk and skin)	• 껍질과 줄기를 신선한 상태 또는 건조하여 사용 　예 레몬그라스, 차이브, 계피 등
뿌리(Root)	• 뿌리를 사용 　예 터메릭, 겨자(고추냉이), 마늘, 홀스래디시 등

02 육류조리 및 완성

1. 육류 익힘 정도에 따른 스테이크의 특징

레어(Rare)	표면은 살짝 구워 갈색, 내부는 생고기처럼 붉은 육즙이 흐름
미디엄 레어(Medium rare)	내부는 핑크빛과 붉은 부분이 공존하며, 반쯤 덜 구워짐
미디엄(Medium)	내부는 붉은색이 남아있고, 육즙이 약간 나오며 겉은 갈색
미디엄 웰던 (Medium well-done)	내부는 연한 붉은색이 남아 있고 한국인이 가장 선호함
웰던(well-done)	속과 겉이 모두 갈색으로 완전히 익은 상태

2. 육류요리 플레이팅의 5가지의 구성 요소

- **단백질 파트** : 육류, 가금류 등
- **탄수화물 파트** : 감자, 쌀, 파스타 등
- **비타민 파트** : 브로콜리, 콜리플라워, 아스파라거스와 같은 채소 등
- **소스 파트** : 육류와 조화를 이루는 소스
- **가니쉬 파트**

08 양식 파스타조리

01 파스타 재료 준비

1. 파스타의 개요

- 파스타란 밀가루와 물로 반죽하여 모양을 만든 이태리식 면류임
- '반죽'을 뜻하며 여러 가지 식재료를 이용한 다양한 요리법이 있음

2. 파스타와 밀

(1) 밀의 특성에 따른 구분

① **일반 밀**(연질 소맥)

빵과 케이크, 과자류 등에 사용하는 강력분, 중력분, 박력분의 밀가루임

② **듀럼 밀**(경질 소맥)
- '딱딱한 밀'이라는 뜻으로 파스타의 제조에 주로 사용
- 듀럼밀의 배아를 굵게 갈아 만든 가루(세몰리나)에 따뜻한 물을 붓고 반죽
- 글루텐의 함량이 높아 점성과 탄성을 높이는 역할
- 듀럼밀에는 카로티노이드 색소를 많이 포함
- 듀럼밀로 만든 파스타는 밝은 호박색을 띰

(2) 파스타의 종류

건조 파스타	• 듀럼 밀(경질밀)을 제분한 세몰리나를 주로 이용 • 면의 형태를 만든 후 건조시켜 사용 • 밀가루를 섞어서 사용하기도 함
생면 파스타	• 일반적으로 세몰리나, 강력분, 달걀을 섞어 만듦 • 신선하고 부드러운 식감 • 난황은 반죽의 질감, 색상을 좋게 하고 맛을 풍부하게 함 • 난백은 반죽을 단단게 뭉치게 함

(3) 다양한 생면 파스타

오레키에테 (Orecchiette)	• '작은 귀'라는 의미, 소스가 잘 입혀지게 안쪽에 주름이 있음 • 오목하게 파인 타원형, 휴대하기 쉬워 뱃사람들이 많이 이용
탈리아텔레 (Tagliatelle)	• 칼국수처럼 길고 넓적한 형태로 쉽게 부서지는 단점이 있음 • 소스가 잘 묻는 장점, 둥글게 말아 말려서 사용
탈리올리니 (Tagliolini)	• '자르다'의 의미, 스파게티보다 두껍고, 탈리아텔레보다 좁고 가늠 • 조리에 크림, 치즈 등을 주로 사용
파르팔레 (Farfalle)	• 나비넥타이 모양, 닭고기와 시금치를 부재료로 사용 • 토마토소스, 크림소스와 잘 어울림

토르텔리니 (tortellini)	소를 채운 파스타, 내용물 넣은 반지 모양
라비올리 (ravioli)	• 반죽면 사이에 고기, 다양한 채소 등의 속을 채워 만듦 • 세모, 네모 또는 반달모양

02 파스타 조리 및 완성

1. 파스타 삶기

① 파스타 양의 10배 정도 물을 붓고 삶기 예 파스타 100g에 물 1L
② 소금은 파스타의 풍미와 밀 단백질에 영향을 줘 면에 탄력을 줌
③ 삶은 면수는 소스의 농도, 올리브유가 분리되지 않게 잡아줌
④ 삶는 시간은 소스와 함께 조리하는 시간까지 계산해야 함
⑤ 입안에서 느껴지는 알맞은 상태를 알덴테(al dente)라 함
⑥ 삶은 파스타는 바로 사용해야 겉면에 남아 있는 전분 성분이 소스와 어우러져 품질을 좋게 함

2. 파스타의 형태와 소스와의 조화

소를 채운 파스타	• 보통 치즈와 채소로 소를 채우고 소스는 소와 어울려야 함 • 수프의 고명으로 만두 형태의 라비올리가 쓰이기도 함 예 라비올리, 라자냐
길고 가는 파스타	적당한 수분에 유화되어 독특한 풍미를 주는 올리브유나 가벼운 토마토소스가 잘 어울림
길고 넓적한 파스타	• 경성 치즈인 파르미지아노 레지아노, 프로슈토 등과 잘 어울림 • 표면적이 넓어 잘 달라붙는 진한 소스가 어울림
짧은 파스타	짧은 파스타는 진하고 가벼운 소스 모두 어울림
짧고 작은 파스타	수프의 고명과 샐러드의 재료로도 많이 이용

3. 파스타에 필요한 기본 부재료

	소를 채운 파스타	• 열전도가 느리기 때문에 저온 요리에 적합 • 엑스트라 버진 올리브 오일은 담백한 향미와 농도감을 줌
	후추	• 고기요리나 생선의 냄새 제거에 효과 • 변질을 막는 항균작용 • 피페린 성분이 대사작용 촉진 • 적절하게 이용하면 소금 줄일 수 있음
	소금	• 삼투압, 갈변방지, 단백질 응고 촉진, 발효조정 등의 효과 음식을 만드는데 중요한 역할
	토마토	• 바질을 넣은 토마토소스로 많이 이용 • 자연건조나 오븐에 말려 파스타, 샐러드, 피자 등에 사용
치즈	파르미지아노 레지아노 치즈	• 경질 치즈로 팔마산 치즈라고도 하며 조각을 내어 식후에 먹기도 하며 치즈의 왕으로 불림 • 여러 종류의 파스타와 소를 채운 파스타에 넣어 풍미를 살리는데 이용
	그라나 파다노 치즈	• 압축가공 치즈로 팔마산 치즈의 사촌격 • 고품질의 맛, 얇게 썰어 디저트로도 이용
	허브, 스파이스	• 허브 중 가장 중요한 바질 • 파스타의 상쾌한 맛을 살리는 오레가노 • 지방 많은 음식에 어울리는 세이지 • 부드러운 맛과 장식용의 처빌 • 산미와 짜릿한 특유의 향이있는 타임(백리향) • 실파와 비슷한 차이브 • 마리네이드 등에 사용되며 상큼하고 강렬한 향을 지닌 로즈마리 • 생선과 피클 등에 쓰이는 딜 • 부드러운 매운맛, 톡쏘는 향을 가진 루꼴라 • 스파이스로 달콤하고 독특한 향의 넛맥 • 파스타의 색 살리고 풍미를 주는 사프랑 • 매운맛의 페페론치노

4. 파스타 완성하기

① 특유의 풍미와 질감을 위해 소스와 버무려 바로 제공하기

② 대규모 행사 시 미리 삶아 식혀 놓은 뒤 데워 제공하기

③ 파스타에 오일만 사용하는 경우 육수가 맛을 결정하므로 신경쓰기

④ 조개나 해산물을 이용한 육수는 센불에 오랫동안 끓이지 않기

⑤ 토마토는 씨 부분을 믹서에 갈면 신맛이 나므로 으깨서 사용하기

⑥ 변색 방지를 위해 바질 페스토 소스는 뜨거운 환경에 오래 방치하지 않기
⑦ 홈이나 구멍 속에 소스가 들어가 촉촉함을 느끼게 하기
⑧ 형태가 굵고 단단한 파스타는 양념이 잘 어우러지게 하기

> **수행 tip**
> 라비올리를 모양낸 후 세몰리나 가루를 뿌려 살짝 건조시켜 삶으면 모양이 흐트러지지 않음

09 양식 소스조리

01 소스 재료 준비

1. 농후제(Liaisons)의 종류와 특성

루	화이트 루 (White Roux)	• 버터와 밀가루를 동량 넣고 색이 나지 않게 볶은 것 • 5분 정도 볶아 하얀색 소스 만들 때 사용
	브론드 루 (Brond Roux)	• 10분 정도 볶아 약간 갈색임 • 수프를 끓이기 위한 벨루테를 만들 때 사용
	브라운 루 (Brown Roux)	• 15분 정도 약불에 볶아 갈색을 띰 • 색이 진한 스테이크 소스에 사용
뵈르 마니에 (Beurre Manie)		• 리에종의 하나로 버터와 밀가루를 동량으로 섞어 만듦 • '치댄 버터'라는 뜻으로 향이 강한 소스의 농도를 맞출 때 사용
전분 (Cornstarch)		• 감자전분, 옥수수 전분 등이 있음 • 차가운 육수나 찬물에 풀어 육수가 끓기 시작하면 넣어 자연스럽게 섞어줘야 함
달걀 (Eggs)		• 난황을 이용하여 농도를 낼 수 있음 • 예 앙글레이즈(디저트 소스), 홀란다이소스, 마요네즈
버터 (Butter)		• 버터는 60℃ 정도로 가열해야 물과 기름이 분리되지 않아 농후제 역할을 할 수 있음 • 예 생선요리에 쓰이는 블루블랑(Buerre blanc)

02 소스조리 및 완성

1. 육수 소스

송아지, 닭, 생선 육수	• 갈색 육수 소스 : 브라운 스톡임 • 흰색 육수 소스(Velute sauce) : 송아지 · 닭 · 생선 육수에 브론드 루를 넣어 끓여서 만듦
토마토 소스	• 토마토 퓌레 : 토마토를 파쇄하여 조미하지 않고 농축시킨 것 • 토마토 쿨리 : 토마토 퓌레에 어느 정도 향신료를 가미한 것 • 토마토 페이스트 : 토마토 퓌레를 농축하여 수분을 날린 것 • 토마토 홀 : 토마토 껍질만 벗겨 통조림으로 만든 것. • 볼로네이즈, 푸타네스카, 이탈리안 미트 소스, 멕시칸 살사
우유 소스	• 베샤멜 소스 : 우유와 루에 향신료를 가미한 소스로 그라탱소스로도 유용 • 크림소스 : 우유, 크림 등을 넣어 만든 화이트 소스임
유지 소스	• 식용유 소스 : 비네그레트, 마요네즈 • 버터소스 : 홀란데이즈 소스, 베르 블랑(Beurre blanc)

2. 디저트 제공 방법에 따른 분류

① 냉제 : 푸딩, 바바로아, 무스, 과일, 젤리, 초콜릿류

② 온제 : 수플레, 그라탱, 크레페, 베이네

③ 빙과제 : 아이스크림, 셔벗

3. 디저트 소스

크림소스	• 앙글레이즈(Anglaise)이가 대표적임 • 미국에서는 커스터드 소스라고 함
리큐르 소스	• 과일즙 소스에 약간의 리큐르나 럼을 넣어 만드는 것 • 산딸기 소스, 살구 소스, 망고 소스
초콜릿(Chocolate) 소스	• 녹인 버터, 코코아 가루에 설탕 시럽을 조금씩 넣어 섞어 만든것으로 바닐라 향 등을 첨가 함 • 화이트 소스, 다크브라운 소스

4. 소스 완성(소스 제공 시 유의할 점)

① 소스는 색이 변질되면 안 됨

② 소스는 원재료의 맛을 저하시키면 안 됨
③ 많은 양을 제공하는 연회장에서는 약간 되직한게 좋음
④ 튀김용 소스는 제공 직전에 뿌려 바삭함을 유지하여야 함
⑤ 스테이크 소스는 고기의 맛을 느낄 수 있게 적당량을 제공해야 함

양식 조리 Test

01 샤세 데피스(Sachet d'epices)에 대한 설명으로 틀린 것은?

① 향신료 주머니라고도 부른다.
② 부케가르니(Bouquet garni)와 비슷하다.
③ 작은 조각의 향신료들을 집어 넣어서 이용한다.
④ 일반적으로 통후추, 월계수 잎, 파슬리 줄기 등을 사용한다.

해설 향신료 주머니라고도 부르며 재료가 부케가르니(Bouquet garni)와 비슷하지만 부케가르니보다 작은 조각의 향신료들을 소창에 싸서 이용함. 하지만 재료가 부케가르니보다 작은 조각의 향신료들을 소창에 싸서 이용하는 특징이 있음.

02 미르포와(Mirepoix)에 대한 설명으로 옳지 않은 것은?

① 기본 미르포와, 화이트 미르포와의 두 가지
② 닭·채소 육수는 2.5~5cm, 소고기 육수는 1.2cm 정도로 잘라 사용
③ 기본 미르포와는 양파 50%, 샐러리 25%, 당근 25%의 비율로 사용
④ 화이트 미르포와는 기본 미르포와에서 당근 대신 흰색 채소 사용

해설 닭·생선·채소 육수는 1.2cm, 소고기 육수는 2.5~5cm 잘라 사용

03 스톡 조리 시 주의 사항으로 옳지 않은 것은?

① 스톡에 소금간을 한다.
② 불순물 및 거품을 걷어낸다.
③ 스톡 조리는 찬물에서 시작한다.
④ 스톡이 끓기 시작하면 90℃ 정도 유지하며 은근히 끓인다.

해설 스톡은 소량이 될 때까지 졸여 사용하므로 짠맛이 날 수 있으니 간을 하지 않는다.

04 스톡의 종류별로 끓이는 시간으로 옳지 않은 것은?

① 비프 스톡(Beef stock)과 빌 스톡(Veal stock) 7~11시간 조리
② 치킨 스톡(chicken stock) 5~6시간 조리
③ 피시스톡(fish stok) 30분~1시간 조리
④ 피시스톡(fish stok) 3~4시간 조리하며 은근히 끓인다.

해설 생선뼈를 이용하여 끓이는 피시스톡(fish stok)은 30분~1시간 조리한다.

05 스톡이 무게감이 없는 경우로 옳은 것은?

① 뼈와 물과의 불균형
② 조리 시 불 조절 실패
③ 충분히 조리되지 않음
④ 조리하는 동안 소금을 넣음

해설 뼈와 물과의 불균형으로 해결방법은 뼈를 추가로 더 넣는다.

정답 01 ③ 02 ② 03 ① 04 ④ 05 ①

06 카나페(Canape)에 대한 설명으로 옳지 않은 것은?

① 빵을 얇게 썬 후 다양한 모양을 내어 구워 사용한다.
② 빵 대신 크래커(Cracker)를 사용하기도 한다.
③ 애피타이저나 간단한 다과에 이용하지 않는다.
④ 빵 위에 버터 바르고 위에 치즈, 달걀, 햄 등을 올려 만든다.

해설 애피타이저나 간단한 다과에 이용한다.

07 접시 종류에 대한 설명으로 옳지 않은 것은?

① 원형 접시는 친밀감은 있으나 안정감이 없다.
② 삼각형 접시는 예리함과 속도감을 느낄 수 있다.
③ 타원형 접시는 여성적인 기품과 우아함, 신비스러운 느낌을 준다.
④ 사각형 접시는 안정, 남성미, 모던한 세련미를 주며 개성이 강하다.

해설 원형 접시는 기본적인 접시로 부드럽고 안정감, 친밀감을 줌

08 전채요리의 맛을 내는 데 사용하는 콩디망(Condiments)의 종류가 아닌 것은?

① 베지터블 비네그레트(Vegetable vinaigrette)
② 토마토 살사(Tomato salsa)
③ 발사믹 소스(Balsamic sauce)
④ 샤세 데피스(Sachet d'epices)

해설 향신료 주머니이다.

09 전채 요리의 조리 특징이라고 볼 수 없는 것은?

① 예술적이고 아름다워야 한다.
② 누린맛과 아린맛이 적당히 있어야 한다.
③ 재료 사용이 다양해야 한다.
④ 재료와 조리법이 주요리와 반복되지 않아야 한다.

해설 신맛과 짠맛이 적당히 있어야 함

10 전채요리를 담을 때 고려할 점이 아닌 것은?

① 소스(Sauce)는 적당량 뿌린다.
② 고객의 편리성이 고려되어야 한다.
③ 주요리보다 양이 많지 않게 담아야한다.
④ 가니쉬(Garnish)는 중복되어도 된다.

해설 가니쉬(Garnish)는 중복을 피해 담아야함

정답 06 ③ 07 ① 08 ④ 09 ② 10 ④

11 샌드위치를 형태에 따른 분류에 해당되지 않는 것은?

① 오픈 샌드위치(Open sandwich)
② 클로즈드 샌드위치(Closed sandwich)
③ 롤 샌드위치(Roll sandwich)
④ 핫 샌드위치

해설 핫 샌드위치는 온도에 따른 분류에 해당된다.

12 샌드위치 만들 때 사용하는 스프레드(Spread)의 역할로 옳지 않은 것은?

① 접착제 역할은 하지 않는다.
② 촉촉한 감촉을 주고 코팅제 역할을 한다.
③ 스프레드의 종류에 따라 맛이 일률적이다.
④ 맛이 잘 어우러지게 하여 맛을 향상시킨다.

해설 촉촉한 감촉과 코팅제와 접착제 역할을 한다.

13 샌드위치의 구성요소에 해당되지 않는 것은?

① 빵
② 스프레드
③ 주재료(속재료)
④ 부재료(겉재료)

해설 5가지 구성요소는 빵, 스프레드, 주재료(속재료), 부재료(가니쉬), 양념

14 프랑스어로 초승달의 뜻으로 가볍고 속이 층상을 이루는 빵으로 옳은 것은?

① 크루아상(Croissant)
② 베이글(Bagel)
③ 치아바타(Ciabatta)
④ 포카치아(Focaccia)

해설 프랑스어로 초승달의 뜻으로 가볍고 속이 층상을 이루는 빵은 크루아상임

15 샌드위치 요리 플레이팅하는 방법으로 옳지 않은 것은?

① 고객이 먹기 편하도록 담는다.
② 요리의 양을 푸짐하게 많이 담는다.
③ 심플하고 청결하며 깔끔하게 담는다.
④ 다양한 맛과 향이 조화를 이루도록 플레이팅한다.

해설 요리의 양을 균형감을 살려 알맞게 담기

16 샐러드의 기본 구성이 아닌 것은?

① 통일성(Unity)
② 본체(Body)
③ 드레싱(Dressing)
④ 가니쉬(Garnish)

해설 바탕(Base), 본체(Body), 드레싱(Dressing), 가니쉬(Garnish)이다.

정답 11 ④ 12 ① 13 ④ 14 ① 15 ② 16 ①

17 드레싱 중 유제품 기초 소스류에 대한 설명으로 옳지 않은 것은?

① 보통 아이보리색 또는 흰색이다.
② 크림이나 치즈의 맛을 많이 느낄 수 있다.
③ 샐러드드레싱 혹은 디핑 소스(Dipping sauce)로 사용되지 않는다.
④ 주재료는 우유나 생크림, 사워크림, 치즈 등의 유제품으로 만든다.

18 유화 드레싱의 분리 현상의 원인으로 옳지 않은 것은?

① 소스의 농도가 너무 될 때
② 소스의 농도가 적당할 때
③ 난황에 오일을 너무 빠르게 첨가할 때
④ 조리과정에서 너무 따뜻하거나 온도가 차가울 때

해설 난황에 오일을 너무 빠르게 첨가하고, 소스의 농도가 너무 되고, 조리과정에서 너무 따뜻하거나 온도가 차가울 때 분리 현상이 나타남

19 플레이팅 구성 요소가 아닌 것은?

① 통일성(Unity)
② 초점(Focal point)
③ 비대칭(Asymmetry)
④ 흐름(Flow)

해설 플레이팅 구성요소는 통일성, 초점, 흐름, 균형, 색, 가니쉬 임

20 샐러드 담을 때 주의사항으로 옳지 않은 것은?

① 주재료를 부재료가 가리지 않게 담는다.
② 샐러드의 양보다 드레싱 양이 많지 않게 담는다.
③ 주·부재료의 모양과 색상, 식감은 다르게 준비한다.
④ 가니쉬는 중복해서 사용해도 무방하다.

해설 가니쉬는 중복해서 사용하지 않는다.

21 양식 조식의 종류에 해당되지 않는 것은?

① 유럽식 아침 식사
② 미국식 아침 식사
③ 영국식 아침 식사
④ 동양식 아침 식사

22 보일드 에그(Boiled egg)에 대한 설명으로 옳은 것은?

① 100℃ 이상의 물에 달걀을 넣고 고객이 원하는 만큼 익히는 것
② 90℃ 정도의 물에 식초를 넣고 깬 달걀을 익히는 방법
③ 100℃ 이상의 물에 10~14분간 삶아 난황이 익은 것
④ 100℃ 이상의 물에 3~4분간 삶아 난황이 1/3 정도 익은 것

해설 보일드 에그는 100℃ 이상의 물에 달걀을 넣고 고객이 원하는 만큼 익히는 것이다.

정답 17 ④ 18 ② 19 ③ 20 ④ 21 ④ 22 ①

23 서니 사이드 업(Sunny side up)의 설명으로 옳은 것은?

① 난황을 반 정도 익혀 프라이 함
② 달걀프라이의 양쪽 면을 완전히 익히는 것
③ 달군 팬에 기름을 두르고 깬 달걀을 빠르게 휘저어 만든 요리
④ 난황이 마치 떠오르는 태양과 같은 느낌

[해설] 난황의 위가 마치 떠오르는 태양과 같은 느낌이며, 달걀의 한쪽 면만 익힌 것

24 아침 식사 조리용 빵의 종류가 아닌 것은?

① 프렌치토스트(French toast)
② 버처 뮤즐리(Bircher muesli)
③ 팬케이크(Pancake)
④ 와플(Waffle)

[해설] 버처 뮤즐리는 스위스 시리얼 임

25 차가운 시리얼의 종류가 아닌 것은?

① 오트밀(Oatmeal)
② 콘플레이크(Cornflakes)
③ 라이스 크리스피(Rice crispy)
④ 버처 뮤즐리(Bircher muesli)

[해설] 오트밀(Oatmeal)은 더운 시리얼(Hot cereals)임

26 수프의 구성 요소가 아닌 것은?

① 육수(Stock)
② 루(Roux) 등의 농후제
③ 부야베스
④ 허브와 향신료

[해설] 부야베스 : 지중해식 수프로 생선 스톡에 생선과, 채소, 갑각류, 올리브유를 넣고 끓인 생선 수프

27 수프의 사용되는 채소 썰기 방법 중 0.5㎝의 주사위 모양으로 써는 법은?

① 콩카세(Concassere)
② 민스(Mince)
③ 올리베트(Olivette)
④ 파리지엔(Parisienne)

[해설]
• 민스(Mince) : 고기를 잘게 다지는 법
• 올리베트(Olivette) : 올리브처럼 써는 법
• 파리지엔(Parisienne) : 둥근 구슬 모양으로 뜬 것

28 갑각류를 우려낸 육수를 이용한 부드러운 수프로 진하고 크리미한 맛을 내는 수프는?

① 포타주(Potage)
② 비스크(Bisque)
③ 차우더(Chowder)
④ 퓌레(Puree)

[해설] 갑각류를 우려낸 육수를 이용한 부드러운 수프로 진하고 크리미한 맛을 내는 수프는 비스크(Bisque)이다.

정답 23 ④ 24 ② 25 ① 26 ③ 27 ① 28 ②

29 수프의 구성요소인 허브와 향신료의 역할로 옳지 않은 것은?

① 수프의 풍미를 더해 준다.
② 산화방지, 방부작용 등의 역할을 한다.
③ 식욕을 촉진 및 소화기능 촉진시킨다.
④ 수프의 보존성을 저하시킨다.

해설 수프의 보존성을 증가시킨다.

30 수프 요리 담기의 고려 사항으로 옳지 않은 것은?

① 음식과 접시의 온도는 차가워도 된다.
② 먹기 편하게 플레이팅을 해야 한다.
③ 재료 고유의 색상과 질감을 잘 표현해야 한다.
④ 다양한 맛과 향을 살릴 수 있도록 담아야 한다.

해설 음식과 접시의 온도가 적절해야 함

31 육류의 마리네이드(Marinade, 밑간)를 하는 이유가 아닌 것은?

① 조리하기 전 고기에 간을 배이게 한다.
② 누린내는 제거하나 맛은 보장 할 수 없다.
③ 마리네이드를 하면 향미와 수분을 주어 맛이 향상 된다.
④ 질긴 고기를 부드럽게 하도록 식초나 레몬주스를 주로 사용한다.

해설 조리하기 전 고기에 간을 배이게 하고, 누린내 제거하여 맛을 증진시킴

32 향신료 중 사용 용도에 따른 분류에서 특유의 강한 맛과 매운맛을 이용하는 향신계(Spice)로 묶은 것은?

① 파프리카, 샤프란, 터메릭
② 로즈메리, 바질, 세이지, 파슬리, 타임
③ 너트메그, 캐러웨이 씨, 큐민, 고수씨, 딜 씨
④ 후추, 너트메그(육두구), 마늘, 겨자, 양겨자, 산초

해설 향신계(Spice)로 속하는 것은 후추, 너트메그(육두구), 마늘, 겨자 등임

33 꽃이 피기 전의 꽃봉오리를 수집하여 말린 것으로 살균효과와 방부력이 강하여 오향장육, 피클, 양고기 요리 등에 분말 또는 그대로 사용하는 향신료는?

① 바질
② 캐러웨이 씨
③ 정향(Clove)
④ 카옌 페퍼

해설 클로브(정향)은 꽃이 피기 전의 꽃봉오리를 수집하여 말린 것으로 살균효과와 방부력이 강하여 오향장육, 피클, 양고기요리 등 치과에서 응급진통제로도 사용

34 속과 겉이 모두 갈색으로 완전히 익은 상태를 뜻하는 것은?

① 웰던(Well-done)
② 미디엄(Medium)
③ 레어(Rare)
④ 미디엄 레어(Medium rare)

해설 속과 겉이 모두 갈색으로 완전히 익은 상태 웰던(Well-done)

정답 29 ④ 30 ① 31 ② 32 ④ 33 ③ 34 ①

35 육류요리 플레이팅의 5가지의 구성 요소에 해당되지 않은 것은?

① 단백질 파트　　② 탄수화물 파트
③ 비타민 파트　　④ 향신료 파트

> 해설　육류요리 플레이팅의 5가지 구성 요소는 단백질 파트, 탄수화물 파트, 비타민 파트, 소스 파트, 가니쉬 파트이다.

36 듀럼 밀(경질 소맥)에 대한 설명으로 옳지 않은 것은?

① 글루텐의 함량이 많아 점성과 탄성이 좋다.
② 듀럼밀에는 카로티노이드 색소가 많이 포함되었다.
③ 듀럼밀로 만든 파스타는 밝은 녹색을 띤다.
④ 듀럼밀은 딱딱한 밀이라는 뜻도 포함하고 있다.

> 해설　듀럼밀로 만든 파스타는 밝은 호박색을 띤다.

37 파스타 100g을 삶을 때 적절한 물의 양은?

① 3,000ml　　② 2,000ml
③ 1,000ml　　④ 500ml

> 해설　파스타 양의 10배 정도 물을 붓고 삶는다. 예 파스타 100g에 물 1L

38 경질 치즈로 파마산 치즈라고도 하며 조각을 내어 식후에 먹기도 하고, 치즈의 왕으로 불리는 치즈는?

① 파르미지아노 레지아노 치즈
② 그라나 파다노 치즈
③ 슬라이스 치즈
④ 모짜렐라 치즈

> 해설　경질 치즈로 파마산 치즈라고도 하며 조각을 내어 식후에 먹기도 하고 치즈의 왕으로 불리는 치즈는 파르미지아노 레지아노 치즈임

39 마리네이드 등에 사용되며 상큼하고 강렬한 향을 지닌 허브는 무엇인가?

① 바질　　② 사프랑
③ 로즈마리　　④ 파슬리

> 해설　로즈마리는 마리네이드 등에 사용되며 상큼하고 자극적인 향을 지님

40 파스타를 만들 때 사용하는 스파이스 종류가 아닌 것은?

① 넛맥　　② 사프랑
③ 페페론치노　　④ 오레가노

> 해설　오레가노는 허브의 종류로 파스타의 상쾌한 맛을 살려줌

정답　35 ④　36 ③　37 ③　38 ①　39 ③　40 ④

41 농후제 역할을 하는 버터의 가열 온도로 적당한 것은?

① 60℃　　② 80℃
③ 90℃　　④ 100℃

해설   농후제인 버터는 60℃ 정도에 가열해야 물과 기름이 분리되지 않는다.

42 농후제의 종류가 아닌 것은?

① 전분　　② 달걀
③ 버터　　④ 마요네즈

해설   농후제의 종류는 루, 전분, 달걀, 버터, 뵈르 마니에가 있다.

43 육수 소스의 종류가 아닌 것은?

① 리큐어 소스　　② 토마토 소스
③ 우유 소스　　④ 유지 소스

해설   유지 소스에는 토마토 소스, 우유 소스, 유지 소스 등이 있다.

44 소스를 요리와 어울리게 담는 푸드 스타일 방법이 아닌 것은?

① 버무리는 소스
② 곁들이는 소스
③ 타르타르 소스
④ 접시 바닥에 사용하는 소스

해설   1. 버무리는 소스 2. 곁들이는 소스 3. 접시 바닥에 사용하는 소스 4. 디자인용 소스가 있다.

45 소스 제공 시 유의할 점으로 옳지 않은 것은?

① 소스는 색이 변질되면 안 된다.
② 소스는 원재료의 맛을 저하시키면 안 된다.
③ 많은 양을 제공하는 연회장에서는 약간 묽은게 좋다.
④ 튀김용 소스는 제공 직전에 뿌려 바삭함을 유지하여야 한다.

해설   많은 양을 제공하는 연회장에서는 약간 되직한게 좋다.

정답   41 ①　42 ④　43 ①　44 ③　45 ③

Chapter 03

중식

8 | 중식 기초조리실무
8-1 | 중식 조리

8 중식 기초조리실무

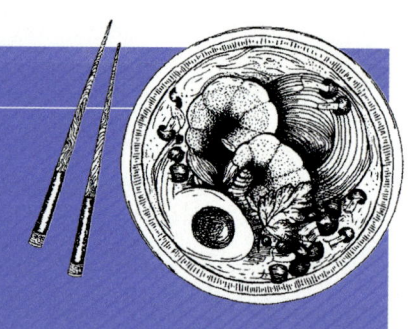

01 기본 조리조작과 중국 요리의 특징

1. 재료 써는 법

(1) 쓰(絲), 사

한식의 채 써는 것처럼 썬다. 일반적으로 길이 5~6cm, 두께는 0.3cm 정도로 가늘게 채로 써는데 한식과 다른 점은 섬유질을 끊지 않고 살려서 썰기 때문에 아무리 가는 채로 썰어도 부서지는 일이 없다.

(2) 피엔(片), 편

한식의 어슷썰기 하듯 얇게 써는 것으로 재료를 포를 뜨듯이 한쪽으로 어슷하게 얇게 뜬다. 중국요리에서 가장 많이 사용하는 것으로 길이 5cm, 너비 2~3cm이며 일반적으로 도마에 칼을 눕혀서 얇게 뜬다. 배추, 표고버섯, 죽순 써는데 적합하다.

(3) 콰이(滾刀塊), 괴

한입 크기로 써는 것으로 기본 크기는 토막으로 써는데 두께에 관계없이 2.5cm 정도로 썬다. 조리시간이 짧은 것은 작게 썰고, 조리시간이 긴 것은 크게 썰어 사용하기도 하는데 한식으로 보면 마구썰기에 해당한다.

(4) 티아오(條), 조

막대모양으로 써는 것으로 일반적으로 길이 6cm, 너비 0.5~1cm 길쭉한 형태로 썬다.

(5) 니(泥)

잘게 다지는 것을 말하며 먼저 가늘게 사(絲)로 썰고 정(丁)모양으로 썬 후 잘게 썬다.

(6) 리(粒), 입 또는 웨이(未), 미

사방 0.5cm 정도의 크기로 채 썬 것을 송송 써는 방법이다. 일반적으로 작은 쌀알크기이다.

(7) 띵(丁), 정

정은 모양과 크기에 따라 주사위 모양(깍둑썰기), 올리브 모양 등으로 구분됨

2. 향신료

요리에 따라 다르지만 중국요리에는 마늘, 생강, 파를 특히 향신료로 많이 사용한다. 주로 볶음 요리에 많이 쓰이며 요리의 풍미를 돋우며 육류와 어패류의 냄새를 제거하고 향미를 준다. 대표적인 향신료인 팔각과 산초가루, 계피는 간장으로 간을 해 오래 조리하는 요리에 많이 쓰인다.

(1) 파

중국 요리에서 파는 빠져서는 안 되는 중요한 재료로 대파는 흰 부분만 채를 썰어 볶을 때 주로 사용하며 실파는 요리가 완성된 후에 얹는 고명으로 쓰인다. 파의 매운 향은 비린내를 없애주고 식욕을 자극하고 소화를 돕는다. 남방에서는 실파를 쓰고, 북방에서는 주로 대파를 쓴다.

(2) 마늘

마늘의 매운맛인 알리신은 살균작용과 정장작용을 촉진시킨다. 독특한 향은 알리신을 비롯한 황화합물 때문이며 마늘에 포함된 셀레늄은 심장병 발병 가능성을 낮춰준다.

인체에 작용하여 체력 증강, 인체의 기관과 세포의 활력 증진, 갱년기 장애, 중년기 스태미너 보강에 효과가 있으며 생선과 고기의 비린내 및 누린내를 제거하는데 효과적이다.

(3) 계피(桂皮)

육계라고도 불리며 계수나무의 껍질을 벗겨서 건조시킨 것으로 분말 형태도 있다.

(4) 생강(薑)

은근한 맛을 내며 냄새를 없애는데 빼놓을 수 없는 재료다. 칼로 잘게 으깨서 사용하면 풍미가 난다. 비장을 보호하고 땀을 나게 한다.

(5) 마른 고추(紅辣椒)

고추기름을 만들거나 볶아서 기름에 매운 맛과 풍미가 배어들도록 한다.

(6) 산초(山椒)

매운맛과 향이 짙게 나는 향신료로 산초의 열매를 껍질째 건조시킨 것을 사용한다. 고기 냄새를 없애 주며 절임 요리나 간식 등의 향기를 내는데 사용된다.

(7) 오향가루(五香粉)

고기, 생선, 내장 등의 조림 요리에 넣어 비린내를 제거하는 오향은 화조(홍산초), 팔각, 회향, 계피, 정향을 가루로 만들어서 합친 중국 요리 특유의 향신료이다.

(8) 팔각(八角)

색깔이 적갈색이며 8각형의 모양으로 맛은 약간 맵고 단맛도 가진다. 끓이는 요리에 많이 사용하며 나쁜 맛을 제거한다. 오향가루의 주재료이며 위에 좋고 몸을 따뜻하게 해준다.

3. 전분 사용의 효과

- 요리의 수분, 질감, 온도를 일정한 수준으로 유지 및 보호한다.
- 부드럽고 매끄럽게 한다.
- 바삭거리게 한다.

4. 중국요리의 특징

분류	기후	특징	대표음식
산동 요리 (북경 요리)	봄에는 건조하고 황사가 발생하며, 여름은 고온 다습한 한랭 기후	궁중 요리, 고급 요리 문화가 발달	오리구이, 면류, 전병, 만두 등
강소 요리 (상해 요리)	온대성 기후	해산물을 많이 이용하며, 특산품인 간장과 설탕을 사용하여 진하고 달콤하며, 기름지게 요리함.	게요리, 동파육, 볶음밥 등
사천 요리	한대에서 열대까지 지역별로 나타나고 겨울은 춥고 건조함.	사계절 산물이 풍성해 다양한 재료를 이용하며, 향신료를 많이 이용하고, 깨끗하고 신선함. 순수함과 진함이 함께 느껴짐.	마파두부, 궁보계정 등 소금에 절인 생선류나 말린 저장식품
광동 요리	열대성 기후	외국과의 교류가 많은 지역으로 전통 요리와 국제적인 요리의 특성이 조화를 이뤄 독특하게 발달함.	탕수육, 팔보채, 딤섬

출처 : NCS 학습모듈(2020), 「중식 기초조리실무」, p41.

02 조리기구의 종류와 용도

1. 중식 조리도(切刀, 절도, qie dāo, 치에 다오) 용어의 이해

- 채도(菜刀, cài dāo, 차이 다오) : 채소를 썰 때 사용하는 칼
- 딤섬도(點心刀, dian sin dāo, 디엔 신 다오) : 딤섬 종류의 소를 넣을 때 사용하는 칼
- 조각도(雕刻刀, diāo kè dāo, 띠아오 커 다오) : 조각 칼

2. 계량 및 환산

조리부나 베이커리 업장에서의 계량은 소량의 차이로도 맛의 차이가 현저하게 달라지기 때문에 정확한 계량이 필요하다.

(1) 온도 계산법

① 섭씨를 화씨로 고치는 공식 °F = (1.8 × ℃) + 32

② 화씨를 섭씨로 고치는 공식 ℃ = (°F − 32) ÷ 1.8

구분	섭씨(℃ : Centigrade)	화씨(°F : Fahrenheit)
냉동고	−18	0
냉장고	4	40
물의 어는점	0	32
시머링(Simmering)	82	180
끓이기	100	212
튀기기	180	356

출처 : NCS 학습모듈(2020), 『중식기초조리실무』, p16.

(2) 섭씨를 화씨로 고치는 공식

현재 조리실 온도가 23℃일 때 °F로 나타낼 수 있다.

°F = (1.8 × ℃) + 32

°F = (1.8 × 23℃) + 32

  = 41.4 + 32

  = 73.4

즉, 73.4°F로 표현한다.

(3) 화씨를 섭씨로 고치는 공식

현재 조리실 온도가 73.4°F일 때 ℃로 나타낼 수 있다.

℃ = (°F − 32) ÷ 1.8

℃ = (73.4°F − 32) ÷ 1.8

  = 41.4 ÷ 1.8

  = 23

즉, 23℃로 표현한다.

03 물을 사용하는 조리법

1. 바(ba, 바)
- 조리 시간이 다소 긴 조림을 기본으로 하는 조리법
- 물전분을 넣어 조리하여 맛이 부드럽고 이질감이 없다.
- 북경 요리에 많이 사용하는 조리법
- 음식의 형태가 흐트러지지 않아야 함

2. 소(shao, 샤오)
- 조림을 소(샤오)라고 함
- 재료를 볶거나 기름에 튀기거나 쪄서 사용
- 육수를 붓고 센 불에 끓여 서서히 조림
- 진한 맛과 향을 위해 불의 조절이 중요
- 탕즙의 형태와 맛이 녹말의 사용 농도에 따라 다름

3. 돈(dun, 뚠)
육수를 요리 재료에 넉넉히 넣어 오래 달이는 방법

(1) 과돈
- 재료에 밀가루 또는 전분가루를 입힘
- 풀어 놓은 달걀을 묻힘
- 입힌 재료를 모양을 만들어 육수를 붓고 끓이는 방식
- 부드러운 재료인 버섯 등의 음식을 만들 때 사용

(2) 청돈
육수나 끓는 물에 재료를 살짝 데친 뒤 다시 가열하는 방식

(3) 격수돈
- 육수나 끓는 물에 데친 후 그릇에 옮겨 담음
- 육수를 붓고 뚜껑을 닫음
- 직접 끓이거나 수증기로 익히는 방식

4. 민(men, 먼)
- 육수를 붓고 은근히 익히는 방식
- 오래 건조된 식재료나 질긴 식재료 조리에 이용
- 끓는 물 또는 기름에 데쳐 육수와 조미료를 넣음
- 센 불과 중불, 약불로 조절하여 조리함
- 물전분은 재료가 육수와 어우러져 걸쭉해지면 넣어 마무리하기도 함

5. 외(wei, 웨이)
- 질긴 힘줄과 같은 식재료 조리 시 주로 사용
- 크게 썬 재료를 끓는 물에 데침
- 육수를 넣고 강·약불 조절을 하면서 은근하게 익힘
- 재료가 육수와 어우러지게 조림
- 완성된 음식에는 넉넉한 육수가 담겨 있음

6. 쇄(shuan, 쑤안)
- '훠궈'라고도 하며 일식의 샤브샤브와 비슷한 음식
- 끓는 육수에 채소나 양고기를 담가 살짝 익힘
- 기호에 맞는 소스를 찍어 먹음
- 사천 지역은 마라탕, 북경은 쇄양육으로 유명

7. 쟈(zhu, 쮸)
- 작게 썬 고기류에 육수를 붓고 강·중·약불로 화력조절 하며 삶아 조리
- 익은 상태로 바로 먹거나 재료를 건져 조미를 하기도 함

8. 회(hui, 후에이)
(1) 홍회
요리로 농도가 진하며, 황설탕과 간장, 전분을 사용하여 조리
(2) 청회
조리 시 전분을 사용 안함

(3) 백회
소량의 전분을 넣어 조리하는 방법

(4) 소회
재료를 기름과 각종 향신료, 양념을 넣고 졸이는 방법

9. 탄(tun, 툰)
부드러운 재료로 완자를 만들어 끓는 물 또는 육수에 단시간 데쳐 사용하는 조리법

04 기름을 사용하는 조리법

1. 초(炒, chao, 챠오)
- 센 불과 중불에 빠르게 볶아 만드는 조리법으로 재료의 영양 손실이 적음
- 복합 방식으로 다양한 맛과 향을 지닌 조리법으로 부추볶음, 당면잡채에 이용하며 중국 요리에서 많이 사용되는 조리법

2. 팽(peng, 펑)
밑간한 주재료에 된녹말 옷을 입혀 바삭바삭하게 튀긴 후, 센 불에 빠르게 볶아 양념 또는 육수가 스며들 수 있도록 하는 조리법 예) 깐풍기, 칠리새우

3. 폭(爆, bao, 빠오)
- 궁보계정이 대표적인 요리로 깍둑 모양으로 썰거나 재료에 칼집을 넣어 뜨거운 물 또는 기름에 데친 후, 달군 팬에 센 불에서 빠르게 볶아 내는 조리법
- 재료의 질감이 부드럽고 바삭한 느낌과 맛이 풍부하게 살아 있는 조리법

4. 작(炸, zha, 짜)
- 기름을 넉넉히 넣고 튀기는 조리법으로 짜춘권이 대표적인 음식

- 속은 부드럽고, 겉은 바삭하게 만드는 조리법

5. 류(溜, liu, 리우)
- 조미한 재료에 녹말이나 밀가루를 입혀 튀겨 내는 방식과 재료를 데치거나 쪄 낸 후 준비한 소스에 빠르게 버무리는 조리법, 류산슬과 라조기가 대표적이다.

6. 첩(貼, tie, 티에)
- 특수한 조리법으로 세 가지의 재료를 사용하여 만들어짐
- 첫 번째, 곱게 다지고
  두 번째, 넓게 편을 내어 그 위에 재료를 얹고
  세 번째, 재료로 덮는다.
- 만든 음식을 기름에 지져 낸 후 다시 그릇에 물을 붓고 끓여서 증기로 익히는 조리법

7. 전(煎, jian, 지엔)
- 재료를 기름 두른 팬에 넣어 양면 또는 요리에 따라 한쪽 면만을 익힘
- 재료에 따라 전분이나 밀가루를 발라 지지기도 함
- 속은 부드럽고 겉은 노릇노릇하게 지져 낼 때 사용하는 조리법, 난젠완쯔가 대표적인 음식

05 증기를 사용하는 조리법

1. 고(kao, 카오)
- 제일 오래된 원시적인 중식조리법
- 장작이나 숯, 석탄, 적외선, 가스 등을 연료 사용
- 튀겨놓은 듯 겉표면은 바삭바삭 속은 부드럽게 완성됨
- 미리 재료에 간하여 직화, 오븐, 복사열을 이용하여 음식을 익히는 조리법
  예) 북경 오리구이

2. 증(zheng, 쩽)

수증기로 쪄서 만드는 방식의 조리법

(1) 분증

재료에 조미료를 넣어 골고루 버무려 그릇에 담고 증기로 익힌 음식

(2) 청증

재료를 미리 손질하여 양념에 재워 놓고, 재료에 양념이 잘 배었을 때 그릇에 담아 증기로 익혀 냄

(3) 백회

소량의 전분을 넣어 조리하는 방법

(4) 포증

재료에 양념하여 연잎 또는 대나무의 잎에 재료를 싼 후 증기로 익히는 조리법

중식 기초조리실무 Test

01 중식 조리에 사용하는 전분 사용의 효과에 대한 설명으로 옳지 않은 것은?

① 음식의 식감을 거칠게 한다.
② 바삭거리게 한다.
③ 부드럽고 매끄럽게 한다.
④ 요리의 수분, 온도를 일정한 수준으로 유지·보존한다.

> **해설**
> **전분 사용의 효과**
> • 요리의 수분, 질감, 온도를 일정한 수준으로 유지·보존
> • 부드럽고 매끄럽게 함
> • 바삭거리게 함

02 물을 사용하는 조리법 용어가 아닌 것은?

① 배(ba, 바)
② 폭(bao, 빠오)
③ 소(shao, 샤오)
④ 돈(dun, 뚠)

> **해설**
> 폭(bao, 빠오) – 깍둑 모양으로 썰거나 재료에 칼집을 넣어 뜨거운 물 또는 기름에 데친 후 달군 팬에 센 불에서 빠르게 볶아 내는 조리법

03 지역별 중국 요리 중 궁중 요리, 고급 요리 문화가 발달한 요리는?

① 사천 요리
② 광동 요리
③ 산동 요리(북경 요리)
④ 강소 요리

> **해설**
> 산동 요리(북경 요리)는 궁중 요리, 고급 요리 문화가 발달함

04 외국과의 교류가 많은 지역으로 팔보채, 탕수육, 딤섬요리가 대표음식인 지역요리는?

① 북경 요리
② 강소 요리
③ 사천 요리
④ 광동 요리

> **해설**
> 외국과의 교류가 많은 지역으로 팔보채, 탕수육, 딤섬 요리가 발달한 지역은 광동 요리임

05 기름을 사용하는 조리법 중 초(chao, 챠오)에 대한 설명으로 옳지 않은 것은?

① 센 불과 중불에 빠르게 볶아 만드는 조리법
② 중국 요리에서 많이 사용되는 조리법
③ 복합 방식으로 다양한 맛과 향을 지닌 조리법
④ 재료의 영양 손실이 크다.

> **해설**
> **기름을 사용하는 조리법** – 초(chao, 챠오)
> • 센 불과 중불에 빠르게 볶아 만드는 조리법
> • 재료의 영양 손실이 적음
> • 복합 방식으로 다양한 맛과 향을 지닌 조리법
> • 중국 요리에서 많이 사용되는 조리법

정답 01 ① 02 ② 03 ③ 04 ④ 05 ④

8-1 중식 조리

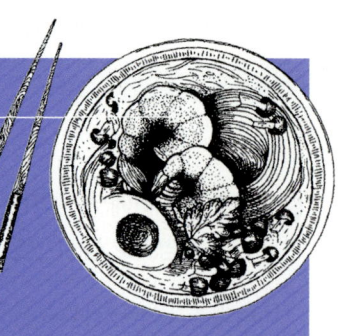

[중국 요리의 특징]
- 고온에서 단시간 조리하므로 영양소의 손실이 적으나 기름지고 느끼하다.
- 중국 음식은 동양의 음양오행 사상을 근본으로 한다.
- 도교의 불로장생 사상, 한의학 등과 연관되어 발전되어 왔다.
- 한의사 및 궁중요리사를 중심으로 요리법이 발전했다.

01 중식 절임·무침 조리

01 절임·무침조리

1. 절임의 정의
- 채소류, 과일류, 향신료, 야생식물류, 수산물 등이 주원료
- 식염, 식초, 장류 등에 절인 후 다른 식품을 가하여 가공한 염절임 류, 초절임 류 등을 말함
- 세균 방지 · 방부 효과

2. 절임·무침에 사용되는 채소의 종류

(1) 자차이(榨菜)
- 촨차이라고도 불리는 장아찌로 무처럼 생긴 울퉁불퉁한 뿌리
- 소금과 양념에 절여서 만든 중국의 절임 김치
- 중국 쓰촨성[四川省]의 대표적인 음식
- 채 썰어 물에 헹궈 짠맛을 뺀 다음 채 썬 양파나 대파를 넣고 설탕, 식초, 고추기름과 참기름을 더해 버무려 맛을 냄
- 약간 짭짤한 맛과 씹히는 식감이 좋아 입맛을 돋움

(2) 향차이(芫荽)
- 파슬리과에 속하는 일년초, 줄기와 어린잎에서 특유하고 독특한 냄새
- 중국, 인도, 태국 등 동남아시아에서 스파이스로 중요하게 사용
- 종자는 과자, 쿠키, 빵 등의 향신료로 사용
- 오이 피클이나 육류제품, 수프의 향신료로 이용

(3) 청경채
- 녹색일 경우 청경채, 잎줄기가 백색일 경우 백경채라 부름
- 1년 내내 식탁 위에 오르며 특히 중국 남방에서 즐겨 먹는 채소
- 100g당 수분 95.8g, 단백질 1.3~2.9g, 탄수화합물 1.4~4.2g를 함유
- 칼슘, 나트륨 등 각종 미네랄과 비타민 C나 A를 많이 함유

(4) 무(Radish)
- 전분 분해효소인 아밀라제의 일종인 디아스타제 함유
- 체내에서 발생하는 과산화수소를 분해하는 카탈라아제 등의 효소 풍부
- 소화를 촉진하는 식품으로 각광받음

(5) 당근(Carrot)
- 붉은색이 진하고 껍질이 매끄러우며, 단단하고 무거운 것이 좋음
- 비타민 A의 전구체인 카로틴(Carotene, 황색 색소)이 껍질에 다량 함유됨
- 베타카로틴은 7,000mg(익힌 것 8,300) 이상으로 가장 풍부하게 함유
- 카로틴은 생으로 섭취 시 흡수율이 10% 이하이고, 기름에 조리하여 섭취하면 흡수율이 60% 이상 높아짐

(6) 양파(洋葱)
- 고추, 마늘 등과 더불어 다양한 요리에 향신료와 조미료로 많이 이용됨
- 항균효과를 비롯하여 중금속의 해독작용, 콜레스테롤의 감소 등에 효과적임
- 껍질에는 플라보노이드 중 항산화성분인 퀘르세틴(Quercetin)을 다량 함유
- 양념 형태, 샐러드 등의 생식, 가공하여 분말, 피클 등에 이용

(7) 마늘(大蒜)
- 항균, 항암, 면역증강, 성인병 예방 등의 생리활성이 알려짐
- 마늘 속에 함유된 알리신은 강력한 항균작용을 함
- 다지거나 편, 채썰어 사용

(8) 고추(名词)
- 고초(苦草·苦椒)·남만초(南蠻草)·당초(唐草)·왜초(倭草) 등으로 부름
- 매운맛인 캡사이신은 젖산균의 발육을 돕고, 유지의 산패를 막아 주는 기능을 하며 고추씨에 가장 많이 함유됨
- 엔돌핀 생성, 혈액순환과 위산분비를 촉진하고 단백질 소화를 돕는 기능

- 다량 섭취 시 간, 신장 등에 부담이 되고, 위장 장애나 치질환자는 주의
- 장아찌, 생식, 잡채, 튀김, 고춧가루, 고명 등으로 사용

(9) 배추(白菜)
- 무, 고추, 마늘과 함께 우리나라 4채소에 속하는 배추는 중국이 원산지이며 숭채(菘菜) 또는 백채(白菜)라고도 함
- 고려시의『향약구급방(鄕藥救急方)』에 처음 등장
- 우수한 비타민과 무기질 공급원
- 중식에서는 절여서 백김치를 만들어 사용함

(10) 양배추(圓白菜)
- 김치, 생식, 쌈, 샐러드, 즙 등으로 이용되는 양배추는 유럽이 원산지임
- 비타민 C와 칼슘을 다량 함유하고, 특히 칼슘은 흡수율이 높음
- 중국에서는 소금에 절여서 피클에 사용함

(11) 땅콩
- 지방질과 단백질을 많이 함유하고 있는 고열량 식품
- 땅콩은 자양강장 작용을 하여, 기관지와 폐 계통의 소화기를 강화하며 인후를 시원하게 도와주는 효능
- 1일 섭취권장량은 약 15~20알 정도임
- 콜레스테롤 수치를 낮춰주는 불포화지방산인 리놀산과 올레인산을 함유
- 중국 요리에서는 소금을 넣고 볶거나 삶아 반찬으로 사용함

3. 절임·무침류에 사용되는 향신료와 조미료
- 향신료의 종류에는 장(생강 : 姜), 충(파 : 蔥), 쏸(마늘 : 蒜), 화자오(산초씨), 띵샹(정향 : 丁香), 팔각(八角), 따후이(회향 : 大茴), 계피(桂皮), 샤오후이(회향 : 小香), 천피(귤껍질) 등이 있음
- 조미료의 종류에는 간장, 굴소스, 흑초, 고추기름, 막장, 해선장, 새우간장, 겨자장 등이 있으며 해선장은 북경오리요리 소스에 많이 사용되는 된장임

02 절임 만들기

1. 김치 절임
- 이규보(李奎報)의 ≪동국이상국집 東國李相國集≫에서는 김치 담그기를 '염지(鹽漬)'라 함
- 고려 말기에는 '저(菹)', 조선 초기에는 '딤채', 1525년의 '훈몽자회(訓蒙字會)'에서는 '딤채조, 침채, 팀채, 딤채, 김채, 김치'가 됨
- 북쪽 지방에서는 백김치, 보쌈김치, 동치미 등 고춧가루를 적게 쓰며, 남쪽 지방은 매운 김치, 짠 김치가 특색
- 남쪽 지방에서는 멸치젓, 갈치젓, 중부·북부 지방에서는 새우젓, 조기젓을 사용

2. 피클
- 오이, 토마토, 피망, 양배추, 비트, 버찌, 올리브 등을 다양한 재료를 소금에 절인 뒤 식초, 설탕, 향신료를 섞은 액에 담가 절임
- 절임에 사용하는 용기는 유리나 항아리가 적당

3. 장아찌
- 장지(醬漬) 또는 장과(醬瓜)라 부르며 오이, 고추, 굴비, 전복, 김, 파래 등을 이용함
- 간장, 된장, 고추장, 젓갈, 식초 등의 삼투와 효소의 작용으로 독특한 풍미를 내며 발효식품임
- 중식당에서 제공되는 작채(자차이 : 榨菜)는 대표적인 절임 장아찌임

03 절임·무침 저장원리: 식품 변질을 방지하는 원리

① 수분 활성(water activity; Aw) 조절 : 탈수 건조, 농축, 염장, 당장
② 온도 조절 : 냉장·냉동 보존
③ pH 조절 : 산 저장
④ 가열 살균 : 통조림, 병조림, 레토르트 식품
⑤ 광선 조사 : 자외선 조사, 방사선 조사
⑥ 산소 제거 : 가스 치환(CA 저장), 진공포장, 탈산소제 사용

02 중식 육수·소스조리

01 육수·소스의 개요

1. 육수
- 물에 소뼈, 닭뼈, 생선뼈, 채소, 향신료 등을 함께 끓여 우려낸 국물
- 부재료와 주재료를 혼합할 때나 소스를 만들 때 사용

2. 소스
- 육수에 다양한 재료를 넣고 맛을 낸 후 농후제(전분 가루)로 농도 조절을 하여 음식의 맛을 돋우기 위해 사용
- 어원은 고대 라틴어 Salus에서 유래되고, 소금을 첨가한다는 Salted의 옛말에서 유래된 것으로 추측
- 소스의 기본 구성 요소는 육수, 농후제(옥수수, 감자, 고구마전분 등)이다.

02 육수·소스 조리

1. 육수 재료

(1) 닭 육수
중식 조리에 보편적으로 사용되며 닭 뼈, 닭발, 대파, 생강 등을 넣어 끓여 게살 수프, 팔보채, 팔진탕면 등에 사용

(2) 돈 육수
중식 조리에 보편적으로 사용되며 돈 등뼈, 돈 잡뼈, 돈 사골을 배합하여 대파, 생강 등을 넣어 끓여 훠궈(중국식 샤브샤브), 탄탄면(사천식 매운탕면) 등에 사용

(3) 해물 육수
중식 조리에 주로 사용되며 갑각류, 조개류, 생선, 다시마 등과 무, 대파, 마늘 등을 넣어 끓인 육수 생선 완자탕, 삼선탕, 짬뽕 등에 주로 사용

(4) 상탕

노계 돼지 방심, 중국 햄, 돼지 정강이뼈, 대파, 생강 등을 넣어 끓인 육수로 삭스핀 수프, 불도장, 제비집 요리 등에 주로 사용

2. 소스 조리

(1) 마늘 소스
마늘, 식초, 설탕, 간장, 레몬, 물(육수) 등을 배합하여 만든 소스로 해파리냉채, 오향장육, 닭고기 냉채 등에 사용

(2) 겨자 소스
발효 겨자, 식초, 설탕, 소금, 물(육수), 참기름 등을 배합하여 만든 소스로 오징어 냉채, 양장피 잡채, 삼선 냉채 등에 사용

(3) 탕수 소스
식초, 설탕, 간장, 소금, 물, 레몬, 파, 생강, 전분을 이용하여 만든 소스로 탕수육, 생선 탕수육, 탕수돼지 갈비 요리에 사용

(4) 깐풍 소스
건 홍고추, 간장, 설탕, 식초, 후추, 닭육수 등을 넣어 끓인 소스로 깐풍기, 깐풍꽃게, 깐풍새우 요리에 사용

(5) 칠리 소스
고추기름, 토마토케첩, 마늘, 파, 두반장, 식초, 설탕, 생강, 청주, 물 등을 배합하여 끓인 소스로 칠리 새우, 칠리소스 돼지갈비, 칠리 랍스터 요리에 사용

(6) 짜장 소스
볶은 춘장과 돼지고기, 양파, 호박, 생강, 간장, 청주, 설탕, 전분 등을 사용한 소스로 자장면, 자장밥요리에 사용

(7) XO 소스
중국식 햄, 마늘, 대파, 양파, 칠리 피클, 패주, 마른 새우, 베트남 고추, 고춧가루, 굴 소스, 고추기름 등으로 만드는 소스로 XO 볶음밥, XO 해삼, 소안심 XO 소스 요리에 사용

(8) 유린기 소스
대파, 다진 마늘, 간장, 식초, 레몬즙, 설탕, 후춧가루, 참기름 등을 혼합하여 만든 소스로 유린기에 사용

(9) 전복 소스
돼지 족, 노계, 닭발, 돼지 껍질, 실파, 통마늘, 홍고추, 상탕, 닭육수, 통후추, 소홍주, 설탕(캐러멜화), 전복을 끓여서 만든 소스로 일품 전복에 사용

(10) 어향 소스

고추기름, 생강, 마늘, 대파, 간장, 굴 소스, 두반장, 설탕, 식초, 후추 등을 넣어 만든 소스로 어향장어, 어향가지요리에 사용

3. 육수·소스 보관하기

(1) 온도
- 세균의 증식 가능 온도는 4~60℃로 시간에 비례하여 증식함
- 16℃~49℃에서 가장 빠르게 증식하므로 밀봉 냉장, 냉동 등 적절하게 보관
- 보관할 때는 60℃ 이상으로 가열하여 4℃ 이하로 냉각시켜 보관
- 조리한 육수·소스는 빠른 시간에 사용

(2) pH 관리
- 보통 세균은 중성 혹은 알칼리성, 곰팡이는 산성에서 증식함
- pH 4.6 이하로 떨어지면 증식이 정지되고, pH 6.6 ~ 7.5 사이에서는 증식이 왕성함
- 산성 재료인 식초는 레몬주스 등은 세균이 증식할 수 없는 환경

03 중식 튀김조리

01 튀김 준비

1. 재료에 따른 조리 방법

(1) 돼지고기(猪肉)
- 돼지고기는 표고버섯과 궁합이 좋음
- 돼지고기의 찬 성질을 마늘, 대파, 생강 등이 중화시킴
- 돼지고기는 두반장을 함께 사용하면 좋음

(2) 소고기(牛肉)
- 소고기의 핏물은 육수를 흐리게 하고, 단백질의 변성을 일으켜 거품을 만듦
- 요리에 이용할 때는 결 반대로 썰면 고기의 질감을 높일 수 있음

- 소고기에 청주, 간장이나 소금으로 밑간하고 달걀, 전분을 약간 넣어 화(기름에 데치는 방법)하여 조리에 많이 활용함

(3) 닭고기(鸡肉)
- 닭고기는 청주, 대파, 후추, 생강, 마늘 등으로 밑간하여 닭 냄새를 제거하여 사용하며 대표적인 중식 메뉴로 라조기, 깐풍기 요리 등이 있음

(4) 어류(鱼类)
- 사후강직 후 자가소화에 의해 부패가 빨리 진행되므로 관리에 주의
- 중식에서 어류는 보편적으로 남방채(南方菜)는 찜이나 삶기 또는 조림 형태로, 북방채(北方菜)는 튀김과 볶음으로 요리함

(5) 패류(贝类)
- 패류는 지미 성분인 핵산, 글루탐산 등이 많아 구수하고 시원한 맛을 냄
- 건조나 염장 방법으로 저장, 최근에는 급속 냉동이나 통조림 등으로 보관

(6) 갑각류(甲壳纲)
- 가식부는 체중의 50% 정도이며 글루코겐이 많아 감칠맛이 우수함
- 중식 조리 시 생강이나 소홍주를 사용하여 어취를 제거하고 맛을 더욱 풍부하게 함

(7) 채소류(茱蔬类)
- 피토케미컬(채소의 화학 성분)에 대한 긍정적인 효능으로 활용도가 높아짐
- 채소류는 과채류(오이, 가지, 고추, 호박, 토마토, 아보카도), 경채류(아스파라거스, 셀러리), 엽채류(배추, 시금치, 근대, 아욱), 근채류(무, 우엉), 비늘줄기류(양파, 차이브, 마늘, 샬롯) 등으로 분류함
- 채소의 식감 유지를 위해 센 불에서 재빨리 볶아야 함

2. 재료에 따른 튀김 온도 조정 : 튀김 온도, 시간, 재료와의 관계
- 튀김 유지는 발연점이 높은 식물성 유지나 유화제가 들어 있지 않아야 함
- 압착유 및 물과 유화제가 들어 있는 버터 등은 발연점이 낮아 튀김에는 적당하지 못함
- 어패류는 섭씨 170℃, 채소는 160~170℃, 육류는 1차 튀김 시 165℃에서, 2차 튀김은 190~200℃ 정도, 두부는 160℃에서 3분 정도가 적당함

02 튀김 조리

1. 유지의 정의 및 유형

(1) 유지의 정의
유지를 함유한 식물(파쇄분 포함) 또는 동물로부터 얻은 원유를 원료로 제조·가공한 기름을 말함

(2) 식품공전 상에 유지의 유형
① **콩기름(대두유)** : 콩으로부터 채취한 원유를 식용에 적합하도록 처리한 것
② **옥수수기름(옥배유)** : 옥수수의 배아로부터 채취한 원유를 식용에 적합하도록 처리한 것
③ **채종유(유채유 또는 카놀라유)** : 유채로부터 채취한 원유를 식용에 적합하도록 처리한 것
④ **미강유(현미유)** : 미강으로부터 채취한 원유를 식용에 적합하도록 처리한 것
⑤ **참기름** : 참깨를 압착하여 얻은 압착 참기름 또는 이산화탄소(초임계 추출)로 추출한 초임계 추출 참기름과 참깨로부터 추출한 원유를 정제한 추출 참깨유를 말함
⑥ **들기름** : 들깨를 압착하여 얻은 압착 들기름 또는 이산화탄소(초임계 추출)로 추출한 초임계 추출 들기름과 들깨로부터 추출한 원유를 정제한 추출 들깨유를 말함
⑦ **홍화유(사플라워유 또는 잇꽃유)** : 홍화씨로부터 채취한 원유를 식용에 적합하도록 처리한 것
⑧ **해바라기유** : 해바라기의 씨로부터 채취한 원유를 식용에 적합하도록 처리한 것
⑨ **목화씨 기름(면실유)** : 목화씨로부터 채취한 원유를 식용에 적합하도록 처리한 것
⑩ **땅콩기름(낙화생유)** : 땅콩으로부터 채취한 원유를 식용에 적합하도록 처리한 것
⑪ **올리브유**
  - 올리브 과육을 물리적 또는 기계적인 방법에 의하여 압착·여과한 압착올리브유
  - 올리브 원유를 정제한 정제 올리브유
  - 압착 올리브유와 정제 올리브유를 혼합한 혼합 올리브유
⑫ **팜유류** : 팜의 과육으로부터 채취한 팜유, 팜유를 분별한 팜올레인유 또는 팜스테아린유, 팜의 핵으로부터 채취한 팜핵유를 말함
⑬ **야자유** : 야자 과육으로부터 채취한 원유를 식용에 적합하도록 처리한 것
⑭ **혼합 식용유** : 제품 유형이 정하여진 2종 이상의 식용유지(다만, 압착한 참기름, 압착한 들기름, 향미유 제외)를 단순히 혼합한 것을 말함
⑮ **가공 유지** : 식용 유지류에 수소 첨가, 분별 또는 에스테르 교환의 방법에 의하여 유지의 물리·화학적 성질을 변화시킨 것으로 식용에 적합하도록 정제한 것

⑯ **쇼트닝** : 식용 유지를 그대로 또는 이에 식품첨가물을 가하여 가소성, 유화성 등의 가공성을 부여한 고체상 또는 유동상의 것

⑰ **고추씨 기름** : 고추씨로부터 채취한 원유를 식용에 적합하도록 처리한 것

⑱ **향미유** : 식용 유지(다만, 압착 참기름, 초임계 추출 참기름, 압착 들기름, 초임계 추출 들기름은 제외)에 향신료, 향료, 천연추출물, 조미료 등을 혼합한 것(식용 유지 50% 이상)으로서, 조리 또는 가공 시 식품에 풍미를 부여하기 위하여 사용하는 것을 말한다.

〈식품공전(고시일 : 2015.02.03.) 제5. 식품별 기준 및 규격 ▶ 14.식용 유지류 p.-5-14-1~2.〉

2. 중식 튀김옷 재료

(1) 전분
- 전분의 종류는 감자 전분, 옥수수 전분, 고구마 전분을 사용
- 보편적으로 튀김에는 한 종류의 전분을 사용
- 두 종류의 전분(옥수수 전분 + 감자 전분 , 옥수수 전분 + 고구마 전분)을 혼합하여 사용하기도 함
- 감자 전분을 소스의 농도를 맞출 때 많이 활용

(2) 밀가루
글루텐이 적고 탈수가 잘 되는 박력분을 튀김에 많이 활용

(3) 물
찬물은 단백질의 수화를 늦추고 글루텐 형성을 저해시키기 위해 이용

(4) 달걀
- 튀김옷의 경도를 도와주고 맛도 좋게 함
- 단점은 튀김이 오래되면 눅눅해지고 질감이 떨어짐

(5) 식소다
- 튀김옷 반죽에 소량의 식소다를 넣으면 가열 중 탄산가스를 방출하고 수분을 증발시켜 튀김이 가볍게 튀겨짐.
- 단점은 쓴맛이 발생할 수 있음

(6) 설탕
튀김옷 반죽에 소량의 설탕을 넣으면 튀김옷이 적당히 갈변되고 글루텐의 형성이 저해되어 튀김옷이 부드럽다.

03 튀김 완성하기

1. 중국 그릇(식기)의 분류

(1) 챵야오판(椭圆形盘子, 타원형 접시)
- 오리, 생선, 동물의 머리와 꼬리 부분을 담을 경우에 사용
- 장축이 17~66cm 정도이며 장방형 음식을 담는 데 적합

(2) 위엔판(圓形盘子, 둥근 접시)
- 중식에서 가장 많이 사용하는 그릇으로 지름이 13~66cm 정도
- 전분으로 농도를 잡은 음식이나 수분이 없는 음식 담는데 사용

(3) 완(碗, 사발)
- 탕(湯)이나 갱(羹), 또는 크기에 따라 식사류나 소스를 담을 때 사용
- 지름이 3.3~53cm 정도로 다양

2. 튀김 요리에 어울리는 기초 장식

(1) 식품 조각
- 음식과 조화가 잘 이루어져야 한다.
- 용(龍)은 중화민족의 상징으로 위엄과 고귀함, 봉황(鳳凰)은 모든 새들의 왕으로 아름다움과 평화를 상징, 잉어(鯉魚)는 성공, 발전, 출세, 닭(鷄)은 관직에 오르는 것을 의미

(2) 식품 조각의 도법
① **착도법(戳刀法)**: 재료를 찔러서 활용하는 도법으로 주로 새 날개, 생선 비늘, 옷 주름, 꽃 조각에 활용
② **절도법(切刀法)**: 위에서 아래로 썰기를 할 때 또는 돌려 깎을 때 사용하는 도법으로 사물의 큰 형태를 만들 때 사용하는 도법
③ **각도법(刻刀法)**: 주도를 사용하여 재료를 깎을 때 사용하는 도법으로 가장 많이 사용하는 도법
④ **선도법(旋刀法)**: 칼로 타원을 그리며 재료를 깎을 때 사용하는 도법
⑤ **필도법(筆刀法)**: 칼로 그림을 그리듯 재료 표면에 외형을 그릴 때 사용하는 도법(최은선, 2012).

04 중식 조림조리

01 조림 준비

1. 조림의 정의
- 육류, 어류, 채소, 두부를 손질하여 양념을 하면서 끓여 국물이 없을 정도로 자박하게 졸여내는 것을 조림이라 함
- 홍소(紅燒)-홍샤오(hong shao) : 생선류, 육류 등을 뜨거운 기름이나 끓는 물에 데친 후 부재료와 함께 볶아 간장소스에 조림 함(중한사전, 1993).
- 민(燜)-먼(men) : "뜸을 들이다, 띄우다"라는 의미와 뚜껑을 닫고 약한 불에 조리거나 익히는 것이라고 정의(중한사전, 1993).

2. 조림의 특성

조림은 손질한 재료를 양념하여 강·중·약불로 조절하며 물전분을 넣고 자박하게 끓여내는 것이 특징

3. 조림의 종류

(1) 육류를 이용한 조림을 준비

난자완스와 오향장육이 대표적이며 다양한 고기를 사용할 수 있다.

(2) 어류를 이용한 조림을 준비

홍소도미가 있으며 생선의 종류와 크기에 따라 손질하는 방법이 다르다.

(3) 두부를 이용한 조림을 준비

홍소두부가 있으며 두부는 그대로 사용도 가능하지만 다양한 방법으로 조림에 사용할 수도 있다.

(4) 채소를 이용한 조림을 준비

오향땅콩조림이 있으며 채소의 종류와 크기에 따라 시간과 양념을 달리 하여 조림을 할 수 있다.

02 조림조리 및 완성

1. 습열·건열로 인한 변화

(1) 조림
- 조림은 재료 내부에 맛을 잘 배이도록 하고 재료 자체의 맛 성분이 외부로 빠져나가지 않도록 하는 것이 핵심
- 생선의 경우 92~94% 정도 익힌 후 나머지는 여열로 익힌다.

(2) 조림 조리 과정 숙지
① 재료를 조림의 특성에 맞게 손질한다.
② 재료를 기름에 익히거나 물에 데친다.
③ 화력을 강약으로 조절한다.
④ 조림에 따라 양념과 향신료를 사용한다.

3. 조림 완성
- 장식은 너무 크거나 작지 않게 주의한다.
- 뜨거운 음식은 플라스틱 그릇에 담지 않도록 한다.
- 접시를 따뜻하게 하여 음식이 부서지지 않도록 도구를 사용하여 담는다.

05 중식 밥조리

01 밥 준비 및 밥 짓기

쌀은 75%가 전분으로 이루어 졌으며, 단백질은 주로 오리제닌(Oryzenin)이라고 하고, 아미노산 조성은 아르지닌이다.

① 중식 밥 종류별로 원재료와 부식재료를 준비
② 용도에 맞게 쌀과 물을 넣고 밥을 짓기

02 요리별 조리하여 완성

(1) 류산슬덮밥

① 달군 팬에 식용유를 두른 후 파, 마늘, 생강을 볶아 향내기

② 청주, 간장, 굴 소스를 넣고 준비된 재료를 넣고 볶다가 육수를 넣고 간을 한 후 물전분으로 농도 맞추기

③ 팽이와 데친 고기를 넣고 파기름, 참기름을 약간 넣은 후 접시에 담긴 밥 옆에 담아 주기

(2) 잡탕밥

① 달군 팬에 식용유를 두른 후 파, 마늘, 생강을 볶아 향내기

② 청주, 간장, 굴 소스를 넣고 데쳐 놓은 재료를 넣고 볶다 육수를 넣고 간을 한 후 물전분으로 농도 맞추기

③ 파기름, 참기름을 약간 넣은 후 접시에 담긴 밥 옆에 담아 주기

(3) 송이덮밥

① 달군 팬에 식용유를 두른 후 파, 마늘, 생강을 볶아 향내기

② 청주, 간장, 굴 소스를 넣고 데쳐 놓은 재료를 넣고 볶다 육수를 넣고 간을 한 후 물전분으로 농도 맞추기

③ 파기름, 참기름을 약간 넣은 후 접시에 담긴 밥 옆에 담아 주기

(4) 마파두부덮밥

① 달군 팬에 고추기름을 두른 후, 고기를 볶다 파, 마늘, 생강을 볶아 향내기

② 청주, 간장, 굴 소스, 두반장을 넣고 살짝 볶다 육수를 넣고 간을 맞추기

③ 육수가 끓으면 데친 두부를 넣고, 중불로 졸여준 후 물전분으로 농도 맞추기

④ 고추기름, 참기름을 약간 넣은 후 접시에 담긴 밥 옆에 담아 주기

(5) 잡채밥

① 달군 팬에 식용유를 두른 후 파, 마늘, 생강을 볶아 향내기

② 청주, 간장, 굴 소스를 넣고 재료를 넣어 볶아 준 후, 육수를 넣고 간을 맞추기

③ 데쳐놓은 당면을 넣고 졸여 준 뒤, 기름에 데친 고기 넣기

④ 파기름, 참기름을 약간 넣은 후 접시에 담긴 밥 옆에 담아 주기

(6) 새우볶음밥

① 달군 팬에 식용유를 두른 후 달걀 먼저 살짝 볶다 밥 넣고 볶기

② 달걀과 밥을 균일하게 볶아 준 후 소금으로 간하기

③ 나머지 재료를 넣고 센 불에 빠르게 볶다 준비된 파를 넣고 볶은 후 담기

(7) XO 볶음밥
① 달군 팬에 식용유를 두른 후 달걀 먼저 살짝 볶다 밥 넣고 볶기

② 달걀과 밥을 균일하게 볶아 준 후 소금으로 간하기

③ XO 소스를 넣고 센 불에 빠르게 볶다 준비된 파를 넣고 볶은 후 담기

(8) 게살볶음밥
① 달군 팬에 식용유를 두른 후 달걀 먼저 살짝 볶다 밥 넣고 볶기

② 달걀과 밥을 균일하게 볶아 준 후 소금으로 간하기

③ 준비한 재료를 넣고 센 불에 빠르게 볶다 준비된 파를 넣고 볶은 후 담기

(9) 카레볶음밥
① 달군 팬에 식용유를 두른 후 달걀 먼저 살짝 볶다 밥 넣고 볶기

② 달걀과 밥을 균일하게 볶아 준 후 카레 가루를 넣고 볶기

③ 준비한 채소를 넣고 센 불에 빠르게 볶다 파를 넣어 볶은 후 담기

(10) 삼선볶음밥
① 달군 팬에 식용유를 두른 후 달걀 먼저 살짝 볶다 밥 넣고 볶기

② 달걀과 밥을 균일하게 볶아 준 후 소금으로 간하기

③ 준비한 재료를 넣고 센 불에 빠르게 볶다 파를 넣어 볶은 후 담기

06 중식 면조리

01 면 재료 준비

1. 면의 정의
① "면류란 곡분 또는 전분류를 주원료로 하여 성형하거나 이를 열처리, 건조 등을 한 것으로 국수, 냉면, 당면, 유탕면류, 파스타류를 말한다."(식품의약품안전처, 2014)

② 소금, 물, 수산화나트륨 등은 면 제조에 들어가는 부재료임
③ 면류의 『식품공전』상 규격
- 검출되어서는 안 되는 성분 : 타르색소, 보존료
- 세균 수
    ㄱ. 1g당 1,000,000 이하(주정 처리 제품에 한함).
    ㄴ. 1g당 100,000 이하(살균 제품에 한함).
- 대장균 : 음성이어야 한다(주정 처리 제품에 한함).
- 대장균군 : 음성이어야 한다(살균 제품에 한함).

2. 면의 종류

면은 주로 사용되는 원료, 제조 방법에 따라 분류할 수 있으며 국수, 냉면, 당면, 유탕면류, 파스타류 및 기타 면류로 분류할 수 있다.

항목 / 구분	압출면			중국식 국수	한국식 국수 일본식 국수
	파스타	냉면	파스타		
원료	세몰리나	밀가루	전분(옥수수 또는 옥수수·고구마 혼합)	밀가루	밀가루
	물	메밀가루	알루미늄 명반	알칼리용액	소금
	–	알칼리제	–	–	물
색상	호박색	알칼리제	–	노란색	흰색
공정	압출·익힘	압출·익힘	압출·익힘	면대 형성	면대 형성
	(또는 끓는 물에 익힘)			자름	자름

* 유탕면류는 국수류의 면발을 익힌 후 유탕처리하므로 따로 분류하지 않음.
출처 : 한국제분협회(2014), 『제분과 밀가루의 이용』, p274.

(1) 밀가루 국수
- 중국식 국수에서 생국수는 12% 이상, 익힌 국수는 단백질 함량이 10.5% 정도가 좋은 것으로 알려짐
- 혼합, 면대 형성 및 자르기가 기본 제조 공정이며, 처리 방법에 따라 명칭이 달라짐
- 밀가루에 소금(2% 정도) 또는 알칼리제(탄산나트륨과 탄산칼륨의 혼합물)를 1~2%, 물(30~35%)로 반죽 함

(2) 전분 국수
- 당면이 대표적인 전분 국수임

- 전분(80% 이상)을 주원료로 제조한 것
- 한국 : 고구마 전분과 옥수수 전분 주로 이용
- 일본 : 감자 · 고구마 · 녹두 전분이 이용
- 중국 : 녹두 전분이 이용

(3) 파스타(pasta)
- 마카로니나 스파게티와 같은 제품들을 총칭
- 『식품공전』상 정의, 듀럼 세몰리나(Semolina), 듀럼(Durum) 가루, 파리나(Farina) 또는 밀가루를 주원료로 하여 파스타 성형기로 압출하여 제조한 것

(4) 냉면
냉면은 밀가루에 메밀가루가 5% 이상 첨가하여 압출, 압연 등의 방법으로 성형한 것

(5) 유탕면류
면발을 익힌 후 유탕 처리를 한 것

(6) 기타 면류
수제비, 만두피 등

02 면 뽑아내기

1. 생면류 면발 형성

(1) 면대와 면발의 차이
반죽을 얇게 편 것을 '면대'라 말하고, 면대를 썰어서 만든 면 가닥을 '면발'이라 함

(2) 면발의 특성
- 면수분 함량 : 다가수 면발, 일반 면발, 반건조 면발, 건조 면발 등으로 구분
- 면발의 굵기 : 중화면, 칼국수면, 우동면, 세면, 소면, 중면 등으로 구분

(3) 면발의 굵기에 따른 요리
① 중화면
- 자장면, 짬뽕 등의 요리에 사용, 소면보다 조금 굵은 면발
- 수타면은 수타의 특성상 굵기가 일정하지 않음

② 칼국수면

- 칼국수 등의 요리에 사용, 중화면보다 조금 굵은 면발
- 면발이 넓고 얇은 면발은 닭 또는 고기 육수를 사용한 칼국수에 사용
- 폭은 좁고 두꺼운 면발은 해물칼국수나 팥칼국수 등에 사용

③ 우동면

칼국수면보다 조금 굵은 면발임

④ 세면

면발의 굵기가 가장 가는 면으로 중국, 일본 등에서 많이 사용

⑤ 소면

세면보다 조금 굵은 면발로 잔치국수, 비빔면 등에 많이 사용

2. 면발 폭의 규격

면발의 규격은 면발의 폭과 두께로 정하고, 면발의 폭은 번호로 정함

(1) 면발 번호의 의미

30mm의 길이를 해당 번호로 나눈 값이 그 번호의 면발의 폭이라는 의미

예 10번 면이라 함은 30mm ÷ 10 = 3mm가 10번 면의 폭임

예 20번 면이라 함은 30mm ÷ 20 = 1.5mm가 20번 면의 폭임

(2) 번호 표현 방식

#10, #15, #20 등의 형태로 면발의 폭을 정함

예 #10이란 의미는 10번 면이고, 면발의 폭이 3mm라는 의미

(2) 면발 두께의 규격

- 면발의 폭의 길이를 기준으로 함
- 면발의 두께는 각종 면의 특성과 소비자의 기호도에 따라 결정
- 우동면은 면발의 폭과 두께의 비율이 4 : 3 정도가 선호도가 높다고 함

3. 타분을 이용한 면발 형성 작업

타분이란 면 가닥이 달라붙는 것을 방지하기 위해 저수분의 전분 가루 등을 뿌려 주는 것

03 면 삶기

(1) 소금
- 제조사나 국수의 종류에 따라 사용되는 소금의 종류는 다름
- 글루텐에 대한 점탄성 증가, 맛과 풍미 향상, 삶는 시간 단축, 보존성 향상의 목적으로 소금의 사용

(2) 물
- 물은 면류의 품질에 영향을 미치며, 반죽할 때의 배합수 30임
- 가루 100에 대해 물 35 이상을 혼합 반죽에 사용

(3) 기타 부원료
- 타피오카 전분, 감자 전분, 고구마 전분, 옥수수 전분 등이 생전분 그대로 혹은 변성 전분의 형태로 중요한 부원료로 사용됨
- 탄산수소나트륨($NaHCO_3$), 베이킹 소다, 중탄산나트륨, 중탄산 소다, 중조(重曹)도 화합물의 한 종류로서 약간 쓰고 짠맛이 나며, 과량 사용 시 피부를 부식시키고, 위산 과다에 대한 제산제로 쓰이기도 함

07 중식 냉채조리

01 냉채 준비

1. 냉채에 대한 이해
- 중식 코스 메뉴에서 처음 나가는 요리로 냉채(冷菜), 량반(凉盤), 냉반(冷盤), 냉훈(冷燻)이라고 부르기도 함
- 4℃ 정도로 차가운 온도가 바람직 함
- 냉채는 대부분 조리를 먼저 하여 썰어서 접시에 담아내지만, 뜨거운 요리는 재료를 먼저 썰어 조리해서 담아 냄
- 향, 부드러움, 국물이 없고, 신선하고, 맛이 들어있고 느끼하지 않아야 함

2. 냉채 요리 선정 시 유의 사항

① 메뉴는 주요리의 가격대, 메뉴, 조리방법을 보고 선정해야 함

② 제철 식재료를 이용하여 변화를 주어야 함

③ 주·부재료의 균형을 맞추어야 함

3. 메뉴의 특성과 성격을 고려한 재료의 선정 : 냉채에 사용 가능한 재료

① 냉채 요리에 모든 육류 고기와 각 부위, 내장도 가능

② 해산물은 바다에서 나는 모든 재료 가능

③ 채소류도 모두 사용 가능

④ 소금, 간장, 설탕, 식초 등의 양념에 담그기, 장국 물에 끓이기, 삶아서 익힌 후 무치는 방법, 돼지껍질의 젤라틴 성분을 이용하여 수정처럼 만들기, 훈제하기 등의 조리 방법이 있음

02 기초장식 만들기

(1) 요리에 따른 기초 장식 정의

- 잎채소를 밑에 깔거나, 뿌리채소, 오이, 수박, 호박 등을 사용하여 연회의 의미에 맞는 조각을 하여 냉채 음식을 아름답게 돋보이게 함
- 모임의 성격에 맞게 장식하고, 식욕을 증진시킴

(2) 기초 장식의 순서

① 주제 정하기

② 디자인하기

③ 재료 선택하기

④ 초벌 조각하기

⑤ 조각하기

(3) 기초 장식의 보관과 관리

- 장식에 사용한 잎채소는 1회 사용하고 폐기
- 당근, 무, 감자 등은 물과 함께 밀폐 용기에 담아 냉장고에 2일 정도 보관 가능
- 오이, 가지, 양파는 1회 사용 가능하고, 홍고추는 밀폐 용기에 물과 함께 담아 냉장고에 보관 가능

03 냉채 조리하여 완성

1. 냉채 조리법의 종류와 소스
(1) 냉채 조리법의 종류
- ① 무치는 냉채
- ② 장국물에 끓이는 냉채
- ③ 양념에 담그는 냉채 : 소금물에 담그기, 간장에 담그기, 술에 담그기, 설탕과 식초에 담그는 방법으로 장시간 보관 가능
- ④ 수정처럼 만드는 냉채
- ⑤ 훈제하는 냉채

(2) 냉채 종류에 적합한 소스
- ① 겨자소스
- ② 케첩소스
- ③ 춘장소스
- ④ 레몬소스
- ⑤ 콩장소스

2. 숙성 및 발효가 필요한 소스와 장
(1) 숙성이 필요한 소스조리
- ① 탕수소스는 배합하여 20~30분간 숙성시킴
- ② 깐소소스는 배합하여 1시간 정도 숙성킴

(2) 발효가 필요한 장
발효된 대표적인 장은 간장, 두반장, 춘장 임

3. 완성
(1) 제공하는 냉채의 양
냉채는 입맛을 돋우는 요리로 한·두 젓가락 정도 먹을 양이면 됨

(2) 냉채 담는 방법
- ① 봉긋하게 쌓기
- ② 평편하게 펴놓기

③ 쌓기

④ 두르기

⑤ 형상화하기

(3) 냉채에 어울리는 기초 장식

① 해물에 어울리는 기초 장식
- 색이 희거나 미색인 경우 무, 오이, 당근, 고추 등을 사용 가능
- 술 취한 새우, 훈제 숭어 냉채는 흰색이나 적색 계통을 사용하면 좋음

② 육류에 어울리는 기초 장식
- 마늘소스 삼겹살 냉채는 돈육이 익어 흰색이므로 무, 오이, 양파 등 장식
- 오향장육은 색이 짙으므로 흰색을 사용

08 중식 볶음조리

01 볶음 준비

1. 중국 볶음 음식의 특징

① 철저한 사전준비

② 불 맛을 내기 위한 불 조절이 중요, 화력을 나누어 사용

③ 향신채, 향신료, 조미료의 향을 잘 활용

④ 다양한 식재료와 조리법으로 다양한 맛을 냄

⑤ 재료 자체의 맛, 색, 향을 살려 풍요롭고 화려함

⑥ 오방색 사용
- 천지 만물이 음(陰), 양(陽)의 2개의 기로 이루어졌다는 이론과 천문학적 철학으로 발전한 음양오행설이 우주 인식과 사상 체계의 중심
- 목(木), 화(火), 토(土), 금(金), 수(水)의 오행이 청(靑), 적(赤), 황(黃), 백(白), 흑(黑) 오색으로 나뉨

- 동서남북과 중앙의 다섯 방위가 오방
- 붉은색-적(赤) : 경사와 기쁨의 색으로 홍고추, 팥, 석류, 토마토 등이 있음
- 노란색-황(黃) : 부와 재산의 상징으로 고구마, 생강, 바나나, 콩 등이 있음
- 흰색-백(白) : 양배추, 양파, 새송이, 무, 마늘 등이 있음
- 청색(靑) : 청경채, 오이, 파, 완두콩, 피망, 셀러리, 얼갈이 등이 있음
- 검은색(黑) : 검정콩, 다시마, 우엉, 가지 등이 있음

2. 전분을 사용하지 않는 볶음류(초채, 炒菜, chao cai, 차오 차이)

부추잡채, 고추잡채, 토마토 달걀 볶음, 깐풍기가 있음

3. 전분을 사용하는 볶음류(류채, 熘菜, liu cai, 리우 차이)

마파두부, 채소 볶음, 라조기, 새우케첩소스 볶음, 경장육사, 유니자장, 궁보계정, 마라우육, 죽순 표고버섯 볶음, 전가복이 있음

4. 식용유의 역할

① 열 매개체
② 영양 공급원
③ 향미 부가

02 볶음 조리 완성 담기 : 완성된 음식 담기

① 각 볶음 요리에 맞는 그릇 준비
② 국자를 이용하여 담기
③ 완성된 음식 뒤처리 및 장식하기
④ 볶음 요리 서빙하기

09 중식 후식조리

1. 후식의 정의
- 음식을 먹고 난 뒤 입가심으로 먹는 것으로 후식(後食) 또는 디저트(dessert)라 함
- '식사를 끝마치다', '식탁 위를 치우다'라는 프랑스어 의미
- 더운 후식과 찬 후식 모두 낼 때는 더운 것을 먼저 내는 것이 순서

2. 더운 후식류
- 고구마빠스, 바나나빠스, 은행빠스, 아이스크림 빠스가 대표적임
- 설탕을 식용유와 열에 녹여 시럽을 만든 후 식재료에 입히는 후식용 음식

3. 찬 후식류

(1) 시미로
- 열대 뿌리채소인 카사바에서 타피오카를 추출해 만든 후 차게 보관하여 사용하는 후식류로 멜론시미로, 망고시미로가 있음
- 음식의 느끼함을 정리해 주는 후식으로 모든 과일 사용 가능

(2) 무스류
- 무스(Mousse)는 프랑스어로 '거품' 이라는 뜻
- 거품처럼 부드럽고 차가운 크림 상태의 과자

(3) 파이류
호도파이, 사과파이 등이 있고 주로 디저트로 많이 이용됨

(4) 행인두부(杏仁豆腐)
행인은 살구씨이며, 살구씨 갈은 것 또는 아몬드 파우더, 코코넛 파우더 등에 설탕, 타피오카, 물을 섞어 끓인 후 우유를 섞어 사각 틀에 부어 식힌 것을 행인두부라 함

(5) 리치두부
행인두부, 리치를 적당한 크기와 모양으로 썬 후 끓여 식힌 설탕물에 넣고 바질 잎을 장식한 찬 후식임

(6) 선과두부
행인두부, 수박, 멜론을 적당한 크기로 썬 후, 끓여 식힌 설탕물에 넣고 바질 잎을 장식한 찬 후식임

(7) 지마구(芝麻球), 찹쌀떡탕이 있음

중식 조리 Test

01 절임·무침에 사용되는 채소의 종류인 자차이(榨菜)에 대한 설명으로 옳지 않은 것은?

① 촨차이라고도 불리는 장아찌로 무처럼 생긴 울퉁불퉁한 뿌리
② 중국 쓰촨성[四川省]의 대표적인 음식
③ 약간 짭짤한 맛과 씹히는 식감이 좋아 입맛을 돋움
④ 춘장과 양념에 절여서 만든 중국의 절임 김치

해설 소금과 양념에 절여서 만든 중국의 절임 김치임

02 절임·무침에 사용되는 채소의 종류인 마늘(大蒜)에 대한 설명으로 옳지 않은 것은?

① 면역증강에 도움을 주지 못한다.
② 항균작용을 한다.
③ 항암작용을 한다.
④ 성인병 예방을 한다.

해설
- 마늘은 항암, 면역증강, 성인병 예방 등의 생리활성이 알려짐
- 마늘 속에 함유된 알리신은 강력한 항균작용을 함

03 절임의 정의로 옳지 않은 것은?

① 채소류, 과일류, 향신료 등이 주원료이다.
② 식염, 식초, 장류 등에 절인다.
③ 염절임류, 초절임류 등을 말한다.
④ 세균 방지 효과는 있으나 방부 효과는 없다.

해설 세균 방지와 방부 효과가 있다.

04 식품 변질을 방지하는 방법 중 원리가 다른 것은?

① 건조   ② 통조림
③ 염장   ④ 당장

해설 통조림은 가열 살균 원리를 이용한다.

05 식품 변질을 방지하는 원리가 아닌 것은?

① 시간 조절
② pH 조절
③ 온도 조절
④ 수분 활성(water activity; Aw) 조절

해설 식품 변질을 방지하는 원리에는 pH 조절, 온도 조절, 수분 활성(water activity; Aw) 조절, 가열 살균, 광선 조사, 산소 제거가 있다.

06 소스의 기본 구성 요소가 아닌 것은?

① 육수
② 농후제
③ 옥수수, 감자, 고구마전분
④ 빠스

해설 중식소스의 기존 구성 요소는 육수, 농후제인 옥수수, 감자, 고구마 전분이다.

정답 01 ④ 02 ① 03 ① 04 ② 05 ① 06 ④

07 중식 요리인 훠궈와 탄탄면에 사용하는 육수는?

① 돈 육수 ② 해물 육수
③ 닭 육수 ④ 상탕

해설 훠궈(중국식 샤브샤브), 탄탄면(사천식 매운탕면)에 돈 육수 사용 함

08 삭스핀 수프, 불도장, 제비집 요리 등에 주로 사용하는 상탕에 들어가는 재료가 아닌것으?

① 노계 ② 돼지 방심
③ 중국 햄 ④ 해산물

해설 상탕은 노계, 돼지 방심, 중국 햄, 돼지 정강이뼈, 대파, 생강 등을 넣어 끓인 육수로 삭스핀 수프, 불도장, 제비집 요리 등에 주로 사용

09 고추기름, 토마토케첩, 마늘, 파, 두반장, 식초, 설탕, 생강, 청주, 물 등을 배합하여 끓인 소스의 명칭은

① 자장 소스 ② 칠리 소스
③ 깐풍 소스 ④ 어향 소스

해설 칠리 소스는 칠리 새우, 칠리소스 돼지갈비, 칠리 랍스터 요리에 사용함

10 육수 · 소스 관리하기의 설명으로 옳지 않은 것은?

① 보통 곰팡이는 중성 혹은 알칼리성, 세균은 산성에서 증식한다.
② 보통 세균은 pH 4.6 이하로 떨어지면 증식이 정지된다.
③ 조리한 육수 · 소스는 빠른 시간에 사용한다.
④ 16~49℃에서 빠르게 증식하므로 밀봉 냉장, 냉동 등에 보관한다.

해설 보통 세균은 중성 혹은 알칼리성, 곰팡이는 산성에서 증식함

11 재료에 따른 튀김 온도가 적절하지 않은 것은?

① 어패류는 170℃
② 채소는 160~170℃
③ 육류는 1차 튀김 온도 165℃
④ 육류는 2차 튀김 온도 165~170℃

해설 육류는 2차 튀김 온도는 190℃~200℃ 이다.

12 튀김옷 반죽에 소량 사용하는 식소다의 설명으로 옳은 것은?

① 단맛이 발생할 수 있음
② 튀김 반죽에 다량 사용한다.
③ 반죽을 오래 두었다가 튀겨도 된다.
④ 탄산가스를 방출하고 수분을 증발시켜 튀김이 가볍게 튀겨짐

해설 튀김옷 반죽에 소량의 식소다를 넣으면 가열 중 탄산가스를 방출하고 수분을 증발시켜 튀김이 가볍게 튀겨짐. 단점은 쓴맛이 발생할 수 있음

정답 07 ① 08 ④ 09 ② 10 ① 11 ④ 12 ④

13 기름을 이용한 중식 조리법 중 넉넉한 기름에 밑손질한 재료를 넣어 튀기는 조리법은?

① 류(溜)   ② 팽(烹)
③ 전(煎)   ④ 작(炸)

해설 작(炸)은 넉넉한 기름에 밑손질한 재료를 넣어 튀기는 조리법이다.

14 위엔판(圓形盘子, 둥근 접시)에 대한 설명으로 옳은 것은?

① 장축이 17~66cm 정도이며 장방형 음식을 담는데 적합
② 오리, 생선, 동물의 머리와 꼬리 부분을 담을 경우에 사용
③ 탕(湯)이나 갱(羹)으로 식사류나 소스를 담을 때 사용
④ 중식에서 가장 많이 사용하는 그릇으로 지름이 13~66cm 정도된다.

해설
위엔판(圓形盘子, 둥근 접시)
• 중식에서 가장 많이 사용하는 그릇으로 지름이 13~66cm 정도
• 전분으로 농도를 잡은 음식이나 수분이 없는 음식 담는데 사용

15 튀김 요리에 어울리는 기초 장식의 의미가 바르게 연결 된 것은?

① 용(龍) – 위엄과 고귀함
② 잉어(鯉魚) – 아름다움과 평화를 상징
③ 봉황(鳳凰) – 성공, 발전, 출세
④ 닭(鷄) – 혼인하는 것

해설 용(龍)은 중화민족의 상징으로 위엄과 고귀함, 봉황(鳳凰)은 아름다움과 평화를 상징, 잉어(鯉魚)는 성공, 발전, 출세, 닭(鷄)은 관직에 오르는 것을 의미

16 밥짓는 과정의 화력 조절 3단계로 옳지 않은 것은?

① 온도 상승기-강한 화력
② 비등 유지기-중간 화력
③ 뜸 들이기-약한 화력
④ 뜸 들이기-강한 화력

해설
• 온도 상승기 – 강한 화력,
• 비등 유지기 – 중간 화력,
• 뜸 들이기 – 약한 화력 임

17 류산슬 덮밥에 대한 설명으로 옳지 않은 것은?

① 달군 팬에 기름을 넣고 파, 마늘, 생강을 볶아 향낸다.
② 류(溜)는 물이 흐르는 모양이란 의미를 갖는다.
③ 물 전분으로 농도를 맞추지 않아도 된다.
④ 육수를 넣고 간을 한 후 물 전분으로 농도 맞춘다.

해설
• 달군 팬에 식용유를 두른 후 파, 마늘, 생강을 볶아 향내기
• 청주, 간장, 굴 소스를 넣고 준비된 재료를 넣고 볶다, 육수를 넣고 간을 한후 물 전분으로 농도 맞추기
• 팽이와 데친 고기를 넣고 파기름, 참기름을 약간 넣은 후 접시에 담긴 밥 옆에 담아 주기

정답 13 ④ 14 ④ 15 ① 16 ④ 17 ③

18 마파두부덮밥에 대한 설명으로 옳지 않은 것은?

① 두반장은 사천지방(쓰촨성)이 주산지이다.
② 매운 맛의 두반장을 넣어 조리한다.
③ 물 전분으로 농도를 맞춘다.
④ 고추기름과 참기름을 사용하지 않는다.

해설 마파두부덮밥은 물 전분으로 농도 맞추고 고추기름, 참기름을 약간 넣은 후 접시에 담긴 밥 옆에 담아 준다.

19 「식품공전」상 규격에서 검출되어서는 안 되는 성분에 해당되는 것은?

① 세균
② 대장균
③ 대장균군
④ 타르색소, 보존료

20 밀가루에 메밀가루를 5% 이상 첨가하여 압출, 압연 등의 방법으로 성형한 면은?

① 냉면
② 국수
③ 당면
④ 칼국수면

21 전분 국수에 대한 설명으로 옳지 않은 것은?

① 당면이 대표적인 전분 국수이다.
② 중국은 녹두 전분도 이용한다.
③ 한국은 고구마 전분과 옥수수 전분을 주로 이용한다.
④ 전분(30% 이상)을 주원료로 제조한 것이다.

해설
• 당면이 대표적인 전분 국수임
• 전분(80% 이상)을 주원료로 제조한 것
• 한국 : 고구마 전분과 옥수수 전분 주로 이용
• 일본 : 감자, 고구마, 녹두 전분이 이용
• 중국 : 녹두 전분이 이용

22 30mm의 길이를 해당 번호로 나눈 값이 그 번호의 면발의 폭이라는 의미라고 한다. 10번 면의 폭은 얼마인가?

① 1mm
② 3mm
③ 5mm
④ 7mm

해설
30mm의 길이를 해당 번호로 나눈 값이 그 번호의 면발의 폭이라는 의미
예 10번 면이라 함은 30mm ÷ 10 = 3mm가 10번 면의 폭임
예 20번 면이라 함은 30mm ÷ 20 = 1.5mm가 20번 면의 폭임

정답 18 ④ 19 ④ 20 ① 21 ③ 22 ②

23 면 삶기에서 소금 사용의 목적이 아닌 것은?

① 글루텐에 대한 점탄성 저하
② 맛과 풍미 향상
③ 삶는 시간 단축
④ 보존성 향상

해설 소금은 글루텐에 대한 점탄성 증가, 맛과 풍미 향상, 삶는 시간 단축, 보존성 향상의 목적으로 사용함

24 냉채 요리 메뉴 선정 시 유의 사항으로 잘못된 것은?

① 주요리의 가격대를 보고 선정해야 한다.
② 주요리의 조리방법을 보고 선정해야 한다.
③ 주·부재료의 균형을 맞추어야 한다.
④ 주·부재료의 균형을 맞추지 않아도 된다.

해설 해설 냉채 요리 선정 시 유의 사항
• 메뉴는 주요리의 가격대, 메뉴, 조리방법을 보고 선정해야함
• 제철 식재료를 이용하여 변화를 주어야 함
• 주·부재료의 균형을 맞추어야 함

25 냉채 요리에 사용되는 기초 장식 만들기의 순서로 맞는 것은?

① 주제 정하기-디자인하기-재료 선택하기-초벌 조각하기-조각하기
② 재료 선택하기-주제 정하기-디자인하기-초벌 조각하기-조각하기
② 재료 선택하기-주제 정하기-디자인하기-조각하기-초벌 조각하기
④ 디자인하기-재료 선택하기-주제 정하기-조각하기-초벌 조각하기

26 제공하는 냉채의 양으로 적당한 것은?

① 네 젓가락 정도
② 다섯 젓가락 정도
③ 여섯 젓가락 정도
④ 한·두 젓가락 정도

해설 냉채는 입맛을 돋우는 요리로 한·두 젓가락 정도 먹을 양이면 됨

27 냉채요리를 담는 방법에 해당되지 않는 것은?

① 봉긋하게 쌓기   ② 뿌리기
③ 두르기   ④ 평편하게 펴놓기

해설
냉채 담는 방법
① 봉긋하게 쌓기 ② 평편하게 펴놓기 ③ 쌓기
④ 두르기   ⑤ 형상화하기

28 냉채에 어울리는 기초 장식에 대한 설명으로 옳은 것은?

① 오향장육은 색이 짙으므로 적색 계통을 사용한다.
② 오향장육은 색이 짙으므로 흰색을 사용한다.
③ 술 취한 새우, 훈제 숭어 냉채는 흰색이나 적색 계통을 사용한다.
④ 마늘소스삼겹살 냉채는 무, 오이, 양파 등으로 장식한다.

정답 23 ①   24 ④   25 ①   26 ④   27 ②   28 ①

> **해설**
>
> **냉채에 어울리는 기초 장식**
> 1. 해물에 어울리는 기초 장식
> - 색이 희거나 미색인 경우 무, 오이, 당근, 고추 등을 사용 가능
> - 술 취한 새우, 훈제 숭어 냉채는 흰색이나 적색 계통을 사용하면 좋음
> 2. 육류에 어울리는 기초 장식
> - 마늘소스삼겹살 냉채는 돈육이 익어 흰색이므로 무, 오이, 양파 등 장식
> - 오향장육은 색이 짙으므로 흰색을 사용

29 중국 볶음 음식의 특징을 설명한 것으로 옳지 않은 것은?

① 오방색을 사용한다.
② 향신채, 향신료, 조미료의 향을 잘 활용한다.
③ 불맛을 내기위한 불조절이 중요하다.
④ 재료 자체의 맛, 색, 향을 살리지 않아도 풍요롭고 화려하다.

> **해설**
>
> **중국 볶음 음식의 특징**
> 1. 철저한 사전준비
> 2. 불맛을 내기위한 불조절이 중요, 화력을 나누어 사용
> 3. 향신채, 향신료, 조미료의 향을 잘 활용
> 4. 다양한 식재료와 조리법으로 다양한 맛을 냄
> 5. 재료 자체의 맛, 색, 향을 살려 풍요롭고 화려함
> 6. 오방색을 사용한다.

30 중국조리 용어 중 '볶는다'는 뜻을 갖는 조리방법은?

① 초(炒; 차오)
② 폭(爆; 빠오)
③ 류(溜; 려우)
④ 작(炸; zha 짜)

> **해설**
>
> **초(炒; 차오)**
> - 초는 '볶는다'는 가장 많이 사용되는 방법으로 부추 볶음, 당면잡채에 이용
> - 달군 팬에 식용유를 약간 넣고 재료를 강·중불에서 재빨리 볶으며 조미하여 익히는 조리법
> - 주·부재료와 조미료의 복합적인 맛 가능

31 볶음 요리에 주로 사용하는 식용유의 역할이 아닌 것은?

① 열 매개체
② 영양 공급원
③ 향미 부가
④ 풍미 저하

> **해설**
>
> **해설 식용유의 역할**
> - 열 매개체   · 영양 공급원   · 향미 부가

32 전분을 사용하는 볶음류(류채, 熘菜, liu cai, 리우 차이)가 아닌 것은?

① 마파두부
② 부추잡채
③ 라조기
④ 유니자장

> **해설**
>
> **전분을 사용하는 볶음류(류채, 熘菜, liu cai, 리우 차이)**
> 마파두부, 채소 볶음, 라조기, 새우케첩 소스 볶음, 경장육사, 유니자장, 궁보계정, 마라우육, 죽순 표고버섯 볶음, 전가복이 있음

정답 29 ④   30 ①   31 ④   32 ②

33 전분을 사용하지 않는 볶음류(초채, 炒菜, chao cai, 차오 차이)가 아닌 것은?

① 경장육사　　② 고추잡채
③ 깐풍기　　　④ 토마토 달걀 볶음

> **해설**
> • 전분을 사용하지 않는 볶음류(초채, 炒菜, chao cai, 차오 차이)
> • 부추잡채, 고추잡채, 토마토 달걀 볶음, 깐풍기가 있음

34 후식조리에 대한 설명으로 옳지 않은 것은?

① 음식을 먹고 난 뒤 입가심으로 먹는 것
② '식사를 끝마치다', '식탁 위를 치우다'라는 프랑스어 의미
③ 더운 후식과 찬 후식 모두 낼 때는 더운 것을 먼저 내는 것이 순서
④ 더운 후식과 찬 후식 모두 낼 때는 찬 것을 먼저 내는 것이 순서

> **해설**
> • 음식을 먹고 난 뒤 입가심으로 먹는 것으로 후식(後食) 또는 디저트(dessert)라 함
> • '식사를 끝마치다','식탁 위를 치우다'라는 프랑스어 의미
> • 더운 후식과 찬 후식 모두 낼 때는 더운 것을 먼저 내는 것이 순서

35 중식의 더운 후식류에 해당하는 것은?

① 아이스크림 빠스　② 선과두부
③ 망고 시미로　　　④ 리치두부

> **해설**
> **더운 후식류**
> • 고구마빠스, 바나나빠스, 은행빠스, 아이스크림 빠스가 대표적임
> • 설탕을 식용유와 열에 녹여 시럽을 만든 후 식재료에 입히는 후식용 음식

36 후식류인 행인두부(杏仁豆腐)에 대한 설명으로 옳지 않은 것은?

① 찬 후식류이다.
② 우유를 사용한다.
③ 행인은 살구씨를 뜻한다.
④ 행인은 자두씨를 뜻한다.

> **해설**
> **해설 행인두부(杏仁豆腐)**
> 행인은 살구씨이며, 살구씨 간 것 또는 아몬드 파우더, 코코넛 파우더 등에 설탕, 타피오카, 물을 섞어 끓인 후 우유를 섞어 사각 틀에 부어 식힌 것을 행인두부라 함

37 더운 후식류에 대한 설명으로 옳지 않은 것은?

① 식후에 먹는 음식이므로 양을 많지 않게 제공한다.
② 중국어로 빠스(拔絲)는 '섞는다'라는 의미가 있다.
③ 중국어로 빠스(拔絲)는 '실을 뽑다'라는 의미가 있다.
④ 설탕을 식용유와 열에 녹여 시럽을 만든 후 식재료에 입히는 후식이다.

> **해설**
> **더운 후식류**
> • 고구마빠스, 바나나빠스, 은행빠스, 아이스크림 빠스가 대표적임
> • 설탕을 식용유와 열에 녹여 시럽을 만든 후 식재료에 입히는 후식용 음식
> • 중국어로 빠스(拔絲)는 '실을 뽑다'라는 의미임

정답 33 ①　34 ④　35 ①　36 ④　37 ②

Chapter 09

일식 · 복어

9 | 일식, 복어 기초조리실무
9-1 | 일식 조리
9-2 | 복어 조리

9 일식 기초조리실무

일식 기초 조리실무는 일식조리작업에 필요한 조리용어, 일식도의 기술습득, 조리용어, 채소썰기, 다시물 만들기, 식재료관리 등과 조리시설 및 설비관련과 특히 중요한 위생에 대해 기본적인 지식과 기능을 습득하여 조리작업에 활용하는 것이다.

01 기본 칼 기술습득하기

1. 칼의 종류와 용도 분류

(1) 회칼 – 사시미보쵸(刺身包丁 : さしみぼうちょう)
- 보통 생선회를 자를 때 사용하며, 다른 칼들에 비해 가늘고 긴 것이 특징이다.
- 길이는 보통 27~30㎝ 정도가 사용하기에 편리하다.
- 칼을 선택할 때는 내 손에 잘 맞고 수평이 잘 맞는지 살펴야 사용하기에 편하다.

(2) 절단칼 – 데바보쵸(出刃包丁 : でばぼうちょう)
- 토막용 칼이라고도 하는데 생선을 손질하거나 포를 뜨거나 굵은 뼈를 자를 때 사용한다.
- 칼 등이 두껍고 무거우며 크기가 다양해서 식재료에 따라 적당한 것을 사용한다.

(3) 채소칼 – 우스바보쵸(薄刃包丁 : うすばぼうちょう)
- 보통 무, 또는 다른 채소들을 자르거나 돌려깎기할 때 사용한다.
- 다른 식도에 비해 칼날이 얇기 때문에 단단한 재료에는 사용하지 않는다.
- 사용할 때는 자기 몸 바깥쪽으로 밀면서 자른다.

(4) 장어칼 – 우나기보쵸(鰻包丁 : うなぎぼうちょう)
- 민물장어나 바다장어 등을 손질할 때 사용한다.
- 보통 칼끝이 45도 정도로 기울어져 있고 뾰족하여 손질 시에 특별히 주의하여야 함

2. 기본썰기

일식에서 기본 썰기는 재료와 용도에 따라 써는 방법을 달리하여 재료의 특징을 잘 살려주어야 하고 시각적, 미각적 효과를 주어 식욕을 돋구어 주고 보기 좋게 먹음직스럽게 담아내는 것이 중요하다.

(1) 가즈라무끼(かつらむき)

껍질 벗긴 무를 6cm 정도 토막을 내어 아주 얇게 끊어지지 않게 돌려깎아 결 반대로 가늘게 채를 썬다. 찬

물에 담가 두었다가 물기 제거 후 모둠회에 사용

(2) 무 – 은행모양 만들기

무를 반 정도 익게 삶은 후 도톰하게 4등분하여 둥근부분 정중앙에 칼집을 넣어 둥글려 준다. 찜 이나 냄비요리에 사용

(3) 무 – 국화꽃 만들기

무는 사방 3cm 정도 육면체로 자른 다음, 밑 부분을 5mm 남겨두고 칼집을 낸 다음 소금물에 담갔다가 단촛물에 절여 국화꽃 모양으로 만들어 구이의 곁들임 용으로 사용

(4) 센기리(せんぎり)

무, 당근 등은 5~6cm 길이로 얇게 썰어서 가늘고 길게 채썰기

(5) 사이노메기리(しいのめぎり)

무 또는 두부를 자르는 방법으로 가로, 세로 사방 1cm 크기의 주사위 모양으로 썬 것

(6) 와기리(わぎり)

무, 당근, 오이 등의 채소를 둥근모양의 단면 그대로 써는 것

(7) 사사가키기리(ささがきぎり)

우엉, 당근을 연필깎듯이 가늘고 길게 써는 것

(8) 란기리(らんぎり)

연근, 우엉, 당근 등의 채소를 비스듬히 깍뚝썰기 하는 것

(9) 단자꾸기리(だんざくぎり)

골패형 모양으로 얇게 자른 모양

(10) 한게츠기리(はんげつぎり)

무, 당근 등의 채소를 둥글게 껍질을 벗겨 반달 모양으로 자른 것

(11) 아라레기리(あられぎり)

0.5cm 정도로 다지는 것

(12) 나나메기리(ななめぎり)

대파, 오이 등의 채소를 어슷썰기한 것

3. 모양 썰기

① 모서리 썰기(각 제거하기) – 멘토리기리(面取り切り：めんとりぎり)

② 국화 잎 모양 썰기 – 긱카기리(菊花切り：きっかぎり)

③ 부채살 모양 썰기 – 스에히로기리(螺子ひろ切り : すえひろぎり)

④ 꽃 모양 썰기 – 하나카타기리(花形切り : はなかたぎり)

⑤ 매화꽃 모양 썰기 – 네지우메기리(捻梅切り : ねじうめぎり)

⑥ 자바라 모양 썰기 – 자바라큐리기리(蛇腹胡瓜切り : じゃばらきゅうりぎり)

⑦ 꽃 연근 썰기 – 하나랭콩기리(花蓮根切り : はなれんこんぎり)

⑧ 원통형 우엉 썰기 – 구다고보기리(管牛蒡 : 切り : くだごぼうぎり)

⑨ 매듭 어묵 모양 썰기 – 무스비가마보코기리(結び蒲鉾切り : むすびかまぼこぎり)

4. 칼의 올바른 사용법과 관리

① 일식 조리에 사용되는 식도는 생선을 손질하기에 적합하게 폭이 좁고 긴 것이 많고 종류도 다양하지만 날카롭고 예리하여 특히 안전에 주의해야 한다.

② 식도가 예리하고 날카롭게 사용해야 하기 때문에 칼날을 세우고자 할 때는 반드시 숫돌을 사용해야 한다.

③ 식도는 보통 하루에 한번 오전에 작업이 시작하기 전에 가는 것이 기본이다.

④ 칼을 갈고 난 후 수세미를 이용해서 세제 등으로 흐르는 물에 깨끗이 씻어 마른 행주 등을 이용하여 물기를 완전히 제거한다.

⑤ 물기를 완전히 제거한 식도는 통풍이 잘 되는 곳이나 칼 전용 소독고에 보관한다.

⑥ 자신의 조리도는 자신이 늘 관리하며 갈고 닦고 하여 본인만 사용하도록 한다.

5. 숫돌 사용방법 및 종류

(1) 숫돌의 사용법

① 숫돌은 사용하기 전에 30~40분 가량 물에 완전히 잠기도록 담가 놓아 물이 충분히 흡수되게 한다.

② 항상 평평한 상태를 유지하고 사용해야 한다.

③ 칼을 갈면서 나오는 흙탕물로 갈아지는 것이므로 물을 자주 뿌리지 않도록 한다.

(2) 숫돌의 종류

① **거친 숫돌**[아라토이시(荒砥石 : あらといし)] : 손상된 칼날을 원상태로 만들기 위해 주로 사용하며 무뎌진 칼날을 빨리 갈기 위해서 사용하기도 한다.

② **중간 숫돌**[나카토이시(中荒石 : なかといし)] : 일반적으로 칼을 갈 때 많이 사용하는 숫돌이다.

③ **마무리 숫돌**[시아게도이시(仕上げ荒石 : しあげといし)] : 아주 고운 숫돌로 칼 전면을 고루 갈아서

표면을 고르게 하고 광택이 나게 하여 칼이 녹슬지 않게 한다.

6. 칼을 가는 방법
① 숫돌은 미리 물에 담가 놓는다.
② 숫돌은 움직이지 않게 평평하게 고정시킨다.
③ 칼과 숫돌의 이물질을 제거한다.
④ 일식 조리도는 보통 한쪽 날의 칼이기 때문에 나의 앞쪽으로 갈 때는 앞으로 밀 때 힘을 주고 칼날을 몸 바깥쪽 방향으로 갈 때는 잡아당길 때 힘을 주면 된다.
⑤ 칼의 양쪽 면을 모두 갈고자 할 대는 양쪽 면을 같은 횟수로 간다.
⑥ 칼을 갈고 난 후에는 흐르는 물에 세척을 깨끗이하고 건조시켜 보관한다.

02 일식 조리 도구의 종류 및 계량

1. 일식 조리 도구
(1) 집게 냄비 – 얏토코나베(やっとこ鍋)
깊이가 낮고 평평한 모양으로 손잡이가 없어서 반드시 집게를 사용하여야 한다.

(2) 편수 냄비 – 가타테나베(たてなべ)
가장 일반적으로 널리 사용하는 냄비로 손잡이가 있어 행주 등이 필요없어 편하다.

(3) 양수 냄비 – 료우테테나베(りょうてなべ)
냄비 양쪽에 손잡이가 달려 있는 비교적 큰 냄비로 많은 양의 조리를 할 때 사용한다.

(4) 아게나베 – 아게나베(揚鍋 : あげなべ)
튀김전문용이라서 보통 두껍고 깊이와 바닥이 평평한 것이 좋다.

(5) 달걀말이 팬 – 타마고야키나베(卵燒鍋 : たまごやきなべ)
달걀말이는 일본 요리의 특징있는 음식으로 사각팬이 대부분이고 사용 후에는 물로 씻지 않고 기름을 발라서 보관한다.

(6) 쇠 냄비 – 데쓰나베(鉄鍋 : てつなべ) – 전골 냄비(鋤燒鍋 : すきやきなべ)
특징은 열전도율이 좋고 보온력이 뛰어나지만 보관할 때 녹슬지않게 주의하여야 한다.

(7) 덮밥 냄비 – 돈부리나베(丼鍋 : どんぶりなべ)
보통 달걀을 풀어서 끼얹는 소고기덮밥이나 닭고기덮밥을 만들 때 사용한다.

(8) 찜통 – 무시키(蒸し器 : むしき)
증기를 이용해서 열을 전달하는 방법으로 목재제품이 열효율도 좋고 나무가 여분의 수분을 적정하게 흡수하는 장점을 가지고 있다.

(9) 강판 – 오로시가네(卸金 : おろしがね)
무, 고추냉이, 생강 등을 갈 때 사용하며 재질은 도기부터 플라스틱까지 다양하며 사용 후에는 물로 깨끗이 씻어 눈 사이에 이물질이 남아있지 않도록 한다.

(10) 쇠꼬챙이 – 가네쿠시(鉄串 : かねくし)
일본 요리에서는 생선구이에 대부분 쇠꼬챙이를 많이 사용하고 굵기와 길이가 용도에 따라 다양하므로 적정한 것을 골라서 사용한다.

03 일식 조리의 특징

1. 일본 요리의 식재료
일본 요리는 재료의 신선함이 특히 중요하다. 쌀을 기본으로 하여 곡물, 채소, 콩류, 과일, 어패류, 해조류 등과 특히 해산물과 대두가공식품을 많이 사용하며 저지방 음식이 많다. 한국이나 동남아시아의 요리에 비해 고기나 유제품의 사용이 발달하지 않았고 향신료의 사용이 적다. 또한 신선한 식재료가 많으며 조미료는 소금을 기본으로 하고 간장, 된장 등의 콩 발효 조미료가 이용된다. 일본 술이나 쌀식초 등의 쌀 발효 조미료도 사용된다. 단맛으로는 물엿이나 맛술이 사용되지만 현재는 설탕을 많이 사용하며 식물성유를 소량사용한다. 재료를 씻거나 익히는 것이 많기 때문에 물 그 자체의 맛도 중요하게 생각한다.

2. 일식 조리법의 특징
일본 요리는 그 자체의 풍미와 장점을 살리고자 하는 소박한 조리법을 추구한다. 프랑스나 중국 등 강한 조미료를 사용해 조리하는 방법과는 차이가 있는 것이다. 또한 일본 요리는 눈으로 먹는 요리로 색감을 중시하고 재료의 특색을 최대한 살리도록 노력한다. 또한 먹기 쉽게 잘게 자르는 방법 또한 다양하게 발달하였다. 그리고 재료의 신선도에 따라 조리법이 결정되기 때문에 신선도가 떨어짐에 따라 회, 구이, 조림,

튀김 등의 조리법을 사용한다. 조림이나 찜의 경우 국물을 간장이나 된장을 기본으로 하며 향신료는 많이 사용하지 않으나 향이 강한채소를 잘게 썰어 넣고 향을 내기도 한다.

3. 다시물 만드는 법

(1) 이치반다시(1번 국물)
찬물에 다시마를 넣고 살짝 끓으면 다시마를 건져내고 가쓰오부시를 넣은 후 불을 끄고 가쓰오부시가 가라앉으면 면보에 걸러 처음 우려낸 국물이다. 좋은 향과 맛을 지니고 있어 국물요리에 가장 많이 사용

(2) 니반다시(2번 국물)
이치반다시를 만들고 난 가쓰오부시에 절반 정도 되는 물을 넣고 다시 우려낸 국물로 맛이나 향이 떨어져 된장국 등에 이용

(3) 가쓰오부시다시(가다랑어 국물)
가쓰오부시를 물이 끓은 후에 넣고 다시 끓어오르면 불을 끄고 가라앉은 후에 면보에 걸러낸 국물이다.

(4) 곤부다시(다시마 국물)
① 찬물에 하룻밤 담갔다가 건져내 사용한다.
② 찬물에 다시마를 넣고 불에 올려 끓기 직전에 건져내어 사용한다.
③ 60℃ 정도의 따뜻한 물에 다시마를 넣고 끓이다가 불을 약하게 하여 1분 정도 더 끓인 후 불을 끄고 2분 정도 두었다가 건져낸다.

(5) 니보시다시(멸치 국물)
멸치의 머리, 내장을 제거하고 기름을 두르지 않은 팬에 살짝 볶은 후 물에 넣어 거품을 걷어내며 끓여서 사용한다.

9 복어 기초조리실무

복어 기초 조리실무는 복어조리작업에 필요한 기본적인 지식을
이해하고 기능을 익혀 복어조리 업무에 활용하고 응용하는 것이다.

01 기본 썰기 및 양념

1. 도마 종류별 특징과 관리법
① 도마는 식재료에 따라 구분하여 사용한다.(육류는 빨간색, 채소는 초록색, 생선류는 파란색)
② 하루에 한 번씩 살균, 소독하며 사용하여야 한다.
③ 도마 전용소독고 또는 건조시켜서 보관한다.

2. 채소 기본썰기
기본썰기는 재료와 용도에 따리 써는 방법을 달리하여 재료의 특징을 잘 살려주어야 하고 시각적, 미각적 효과를 주어 식욕을 돋우어 주며 보기좋고 먹음직스럽게 담아내는 것이 중요하다.

(1) 밀어 썰기 – 1
오른쪽 집게손가락을 칼등에 대고 칼을 끝쪽으로 미는듯하게 가볍게 움직이면 곱게 썰어지는데 양배추, 무, 오이 등을 채썰기할 때 사용하는 방법이다.

(2) 밀어 썰기 – 2
무나 큼직한 호박(단단한 것) 등을 토막 낼 때 사용하는 방법이다.

(3) 밀어 썰기 – 3
샌드위치, 김밥, 순대 등 부드럽고 속에 소가 들어 있는 재료를 썰기할 때 사용하는 방법이다.

(4) 잡아당겨 썰기
오징어를 채 썰기할 때 사용하는 방법으로 칼의 안쪽은 들어 올리고 칼끝을 재료에 비스듬히 댄 채 잡아당기듯 하며 써는 방법이다.

(5) 눌러 썰기
다져 써는 방법의 하나로, 오른손을 상하우로 움직여 누르듯 하면서 왼손으로 칼끝을 가볍게 누르고 써는 방법이다.

(6) 저며 썰기
칼을 재료의 앞쪽에서 자르는 방법으로 얇게 썰기할 때 이용한다.

(7) 은행잎 썰기 - 이쵸기리(銀杏切り:いちょうぎり)
은행잎 모양으로 써는 방법으로 무, 감자, 당근 등의 재료를 십자모양으로 4등분하여 모양을 내는 방법이다.

(8) 매화꽃 모양 썰기 - 네지우메기리(捻梅切り:ねじうめぎり)
정오각형으로 만들어 꽃잎모양으로 깎는 방법으로 당근, 무 등의 재료를 깎기할 때 사용한다.

(9) 표고버섯 별 모양내기
표고버섯의 홈을 파서 별 모양을 만드는 방법이다.

(10) 어슷썰기 - 나나메기리(斜めに切ること)
오이, 당근, 파 등 가늘고 길쭉한 재료를 옆으로 비껴 어슷하게 써는 방법이다.

(11) 반달썰기 - 항게쓰기리(半月切り:はんげつぎり)
감자, 고구마, 무 등을 반으로 갈라서 반달모양으로 써는 방법이다.

(12) 강판 사용하기(갈기)
강판에 치즈, 무, 감자, 와사비 등을 용도에 맞게 가는 방법이다.

3. 복어 기본 양념의 이해

(1) 가다랑어포 - 가쓰오부시 鰹節:かつおぶし
- 가다랑어포는 높은 열로 쪄서 수분이 없어질 때까지 건조시켜 대패 밥처럼 얇게 썬 것을 말한다.
- 등 속부분의 지아이 부위가 기름기가 적어 제일 좋은 부분이고 이 부분에서 뺀 국물을 일번다시라고 한다.

(2) 간장 - 쇼유(しょうゆ)
- 간장은 만드는 방법에 따라 크게 양조간장과 화학간장으로 구분된다.
- 재래식 메주나 개량 메주를 사용하여 양조간장을 만들고 화학 간장은 메주를 전혀 사용하지 않는다.
- 시판되는 양조간장은 거의 대부분이 콩과 전분질을 섞어 만든 개량간장이고 화학간장은 산분해 간장이라고도 하는데 콩 단백질을 염산으로 분해시켜 아미노산을 만들고 소금으로 간을 맞추고 색과 맛, 향을 돋우기 위해 감미료와 캐러멜색소를 넣어서 만든다.

(3) 식초 - 스(しょくず)
식초[스(しょくず)]는 초산을 주성분으로 한 조미료로 쌀 등의 곡물을 발효시켜 만들고 신맛을 내거나 살균과 방부를 위해서도 사용한다.

(4) 무 – 다이콘(だいこん)
무는 모양이 좋고 색깔이 희며 싱싱한 무청이 달린것이 좋고 디아스타제가 함유되어 있어 소화를 돕는다.

(5) 실파 – 와케기(わけぎ)
파는 잎사귀가 싱싱한 것을 고르고 굵고 뻣뻣한 것은 피한다.

(6) 고춧가루 – 도카라시(とうがらし)
음식에 붉은색을 입히고 매운맛을 내는 향신료이다.

4. 복어 기본 양념만들기

(1) 초간장(폰즈 : ポンず) 만들기
재료를 비율에 맞게 혼합하여 용도에 맞게 초간장을 만든다.
  ① 초간장은 폰즈라고 하며 폰즈는 감귤류의 과즙(레몬, 라임, 오렌지, 유자, 카보스, 영귤 등)에 식초와 간장을 섞은 것이다.
  ② 재료 : 다시마, 가다랑어, 식초, 간장, 감귤류(레몬, 라임, 유자, 영귤 등), 설탕
  ③ 만드는 법
    ㄱ. 초간장(폰즈)를 만들 재료를 계량한다.
    ㄴ. 냄비에 물과 다시마를 넣고 불에 올려 끓기 직전의 물 온도가 90℃가 되었을 때 다시마를 건져내고 불을 끄고 가쓰오부시를 넣는다.
    ㄷ. 15분 정도 지난 후에 면보에 거른다.
    ㄹ. 다시물과 간장, 식초, 레몬을 넣고 혼합한다.
    ㅁ. 만들어진 초간장에 가쓰오부시를 넣고 하루 정도 숙성한다.
    ㅂ. 하루 정도 숙성한 뒤 면보에 거르고 그릇에 담아낸다.
    ㅅ. 약한 불에서 끓이되 오래 끓이지 말고 면보에 거를 때는 꼭 짜지 말고 맑은 다시만 거른다.

(2) 양념장(야쿠미 : やくみ) 만들기
양념에 필요한 재료를 용도에 맞게 손질하여 양념을 만든다.
  ① 무(大根 : 다이콘), 실파(ワケギ : 와케기), 고춧가루(唐辛子粉 : 도카라시) 등을 이용해 양념(야꾸미)을 만든다.
  ② 만드는 방법
    ㄱ. 계량하기 : 원재료, 부재료를 계량한다.

ㄴ. 강판에 갈기 : 무를 강판에 갈아준다.

ㄷ. 매운맛 제거하기 : 강판에 갈은 무의 매운맛과 향을 제거한다.

ㄹ. 버무리기 : 무 오로시(물기가 약간 있게)와 고운 고춧가루를 버무린다.

ㅁ. 실파 준비하기 : 썰어서 물에 헹구어 파의 점액질을 제거한다.

ㅅ. 완성하기 : 그릇에 담아내고 양념을 곁들인다.

02 복어 기본재료 및 조리도구

1. 복어종류와 독성

(1) 복어는 난해성으로 30~38여종이 우리나라 근해에 서식하고 있다. 주로 맹독을 가지고 있지만 전혀 독이 없는 것도 있으므로 복어를 조리해 먹을 때는 그 어종과 독성을 잘 살펴보아야 한다.

(2) 복어의 식용유·무 종류

① 식용가능한 복어 : 겨울이 제철인 검복·자주복·참복과 까치복(9~11월 줄무늬복), 범복, 밀복, 황복, 복섬, 까칠복 등

② 식용불가능 복어 : 독고등어복, 가시복, 쥐복, 벌복, 상자복 등

③ 자주 식용으로 사용하는 복어의 종류 : 밀복, 까치복, 황복, 참복 등

(4) 복어독

① 독성물질 : 테트로도톡신(tetrodotoxin) – 치사량 2mg

② 독성부위 : 난소＞간＞내장＞피부 등의 순으로 다량함유

③ 잠복시간 : 식후 30분 ~ 5시간

④ 증상 : 구토, 근육마비, 촉각, 미각둔화, 호흡곤란, 의식불명 – 사망률은 50~60%

2. 복어의 관능적 품질판정법

외관상의 변화를 시각, 후각, 촉각 등으로 선도를 판정한다.

① 탄력성 : 사후 10분 ~ 수 시간 이내의 어류는 근육이 강직되어 손가락으로 눌러도 자국이 생기지 않는다.

② 표피 : 선명한 색을 띠고 밝고 광택이 난다.

③ 눈(안구) : 안구는 맑고 투명하며 밖으로 약간 돌출되어 있다.
④ 비늘의 밀착도 : 비늘이 표피에 단단히 붙어 밀착되어 있는 것이 신선하다.
⑤ 복부 : 탄력이 있고 내장이 나오지 않아야 신선한 것이다.
⑥ 아가미의 색은 밝은 선홍색을 띠며, 점액물질이 생기고 갈색, 흑색이 되거나 악취가 생기면 부패한 것이다.
⑦ 근육 : 탄력이 있고 뼈에서 살이 쉽게 떨어지거나 분리되지 않는다.
⑧ 어취 : TMA, Amine, 암모니아 등의 발생으로 어취가 많이 난다.

3. 조리도구

새로운 조리법의 개발과 조리법의 다양화로 새로운 조리도구나 기물이 개발되고 있다.

(1) 칼 – 보쵸(包丁 ぼうちょう)

용도에 따라 칼을 선택하여 사용한다.

(2) 냄비 – 나베(なべ)

냄비는 냄비요리를 하는 데 없어서는 안 되는 기본적인 기구이다.

(3) 도마 – 마나이타(まないた)

복어조리에서는 목재도마를 많이 사용하고 있으며 위생과 청결에 특히 주의해서 사용해야 하고 도마의 위생적인 보관에도 주의해야 한다.

(4) 꼬치 – 구시(串)

꼬치는 보통 생선구이에 많이 사용하는데 최근에는 대나무로 만든 꼬치가 많이 사용된다.

(5) 김발 – 마키스(巻きす)

김발은 김초밥이나 삶은 채소를 말 때 사용하며 대나무의 표면이 보이는 곳이 바깥면이다.

(6) 석쇠 – 야끼아미(やきあみ)

석쇠는 직화로 구울 때 사용한다.

(7) 체 – 우라고시(うらごし)

체는 재료의 건더기를 거를때 사용하며 용도에 따라 망의 눈이 고운 것부터 굵은 것까지 여러 단계의 체가 있다.

(8) 강판 – 오로시가네(おろしがね)

강판은 생강, 무, 와사비 등을 갈 때 사용된다.

03 식재료에 따른 조리원리

1. 복어 조리 기본 조리법

(1) 어패류의 손질
생선 손질시 1차는 물로 세척해 불순물과 비린내 성분을 없애고 소금물로 깨끗이 씻는다. 수용성 성분의 용출을 막기 위해 물에 오래 담가 놓지 않는다.

(2) 채소의 조리에 의한 영양소 손실
채소의 영양소는 비타민과 무기질 등 수용성인 것이 많아 세척, 데치기, 끓이기 등의 가열조리 시 손실되는 것이 많으므로 주의한다.

(3) 해조류의 조리
해조류는 수용성 성분의 손실을 막기 위해 끓는 물에 단시간 데친다.

(4) 어취 제거하기
생선 비린내의 주성분은 생선이 살아 있을 때에는 트리메틸아민 옥사이드의 형태로 존재하다가 생선이 죽고 시간이 경과하면 세균의 작용을 받아 트리메틸아민이 된다.

① 물로 씻기 : 생선 비린내의 주성분인 트리메틸아민은 수용성으로서 물로 씻으면 비린내를 많이 제거할 수 있으므로 생선을 썰어서 단면을 여러 번 물로 씻으면 지미성분까지 용출된다.

② 산 첨가 : 생선 조리 시 산(레몬즙, 식초, 유자즙)을 첨가하면 트리메틸아민과 결합하여 냄새가 없는 물질을 생성한다.

③ 간장과 된장 첨가 : 날생선을 간장에 담가 두면 단백질 중의 글로불린을 용출시키고 동시에 비린내도 용출시킨다. 또한 된장의 콜로이드상의 물질은 흡착성이 강하여 비린내 성분을 흡착시켜 비린 맛을 못 느끼게 한다.

2. 복어손질의 기초방법

① 복어 세척하기 : 흐르는 수돗물로 외부를 깨끗이 씻는다.

② 지느러미 제거하기 : 복어의 머리쪽을 왼쪽으로 놓고 지느러미를 잘라낸다.

③ 주둥이 손질하기 : 위쪽 이빨사이에 칼을 넣어 자르고 혀는 자르지 않도록 조심하고 소금으로 손질하여 끓는 물에 살짝 데쳐낸다.

④ 껍질 손질하기 : 배껍질과 살 사이에 칼을 넣어 껍질의 위·아래를 분리하여 껍질을 자른다.

⑤ 껍질 벗기기 : 몸체와 껍질을 완전히 분리한다.

⑥ 내장 분리하기 : 살과 내장을 분리한다.

⑦ 눈 제거하기 : 세장뜨기를 하고 눈을 제거한다. 정소 부분은 식용이므로 잘 손질해서 냄비요리에 사용한다.

⑧ 핏물 제거하기 : 복어는 손질하여 흐르는 수돗물에 담가 핏물을 제거한다.

⑨ 껍질가시 제거하기 : 겉껍질은 가시를 제거하여 끓는물에 데치고 횟감은 면보에 싸서 물기를 제거한다.

⑩ 데쳐 식히기 : 겉껍질은 데쳐서 얼음물에 식혀 수분을 제거하여 회, 무침요리에 사용한다.

일식·복어 기초조리실무 Test

01 보통 생선회를 자를 때 사용하며, 다른 칼들에 비해 가늘고 긴 것이 특징이고 길이가 보통 27~30cm 정도의 칼은?

① 사시미보쵸(刺身包丁: さしみぼうちょう)
② 데바보쵸(出刃包丁: でばぼうちょう)
③ 우스바보쵸(薄刃包丁: うすばぼうちょう)
④ 우나기보쵸(鰻包丁: うなぎぼうちょう)

해설

회칼 – 사시미보쵸(刺身包丁：さしみぼうちょう)
- 보통 생선회를 자를 때 사용하며, 다른 칼들에 비해 가늘고 긴 것이 특징이다.
- 길이는 보통 27~30㎝ 정도 가 사용하기에 편리하다.
- 칼을 선택할 때는 내 손에 잘 맞고 수평이 잘 맞는지 살펴야 사용하기에 편하다.

02 무를 강판에 갈아서 매운맛을 제거하고 고운 고춧가루를 버무려서, 실파를 곱게 썰어 레몬과 함께 상에 내는 곁들이는 양념장은 무엇인가?

① 시라가네기   ② 하리쇼가
③ 야쿠미   ④ 하리노리

해설
- 대파 가는채(시라가네기-しらがねぎ) – 대파를 흰부분만 5cm 정도 칼집을 넣어 심을 빼고 가늘게 채 썰어 진액을 빼고 물기를 제거한다.
- 김 가는채(하리노리(はりのり) – 김을 5cm 정도 길이로 가늘게 채 썬다.
- 생강 고운채(하리쇼가-はりしょうが) – 생강을 곱게 채 썰어서 전분기를 제거하고 물기를 뺀다.
- 양념장(야쿠미) 만들기 – 무를 강판에 갈아서 매운맛을 제거하고 고운고춧가루를 버무려서 실파를 곱게 썰어 완성한다.

03 일본 요리에서 기본양념 조미료의 순서가 올바른 것은?

① 청주 → 설탕 → 소금 → 식초 → 간장 → 조미료
② 청주 → 설탕 → 식초 → 소금 → 간장 → 조미료
③ 설탕 → 청주 → 소금 → 식초 → 간장 → 조미료
④ 간장 → 설탕 → 소금 → 식초 → 청주 → 조미료

04 다시마의 보관방법으로 맞는 것은?

① 냉장고에 시원하게 보관한다.
② 통풍이 잘되고 습기가 적은 곳에 보관한다.
③ 식탁위에 보관한다.
④ 쌀통에 넣어 둔다.

해설 통풍이 잘 되고 습기가 적은 곳에 보관한다.

정답 01 ① 02 ③ 03 ① 04 ②

05 칼을 가는 방법 중 잘못된 것은?

① 숫돌은 미리 물에 담가 놓을 필요가 없고 칼을 갈기 좋게 숫돌을 가파르게 놓고 시작한다.
② 일식 조리도는 보통 한쪽 날의 칼이기 때문에 나의 앞쪽으로 갈 때는 앞으로 밀 때 힘을 주고 칼날을 몸 바깥쪽 방향으로 갈 때는 잡아당길 때 힘을 주면 된다.
③ 칼의 양쪽 면을 모두 갈고자 할 때는 양쪽 면을 같은 횟수로 갈아준다.
④ 칼을 갈고 난 후에는 흐르는 물에 세척을 깨끗이 하고 건조시켜 보관한다.

> **해설**
> • 숫돌은 미리 물에 담가 놓고 움직이지 않게 평평하게 고정시킨다.
> • 칼과 숫돌의 이물질을 제거한다.

06 다음 중 복어 조리 시 사용되는 사시미보쵸(刺身包丁: さしみぼうちょう)에 대하여 설명한 것 중 틀린 것은?

① 보통 생선회를 자를 때 사용한다.
② 다른 칼들에 비해 가늘고 긴 것이 특징이다.
③ 길이는 보통 27~30cm 정도가 사용하기에 편리하다
④ 다른 식도에 비해 칼날이 얇기 때문에 단단한 재료에는 사용하지 않는다.

> **해설** 채소칼 – 우스바보쵸(薄刃包丁: うすばぼうちょう)는 다른 식도에 비해 칼날이 얇기 때문에 단단한 재료에는 사용하지 않는다.

07 복어 기본 썰기 중 다져 써는 방법의 하나로, 오른손을 상하우로 움직여 누르듯 하면서 왼손으로 칼끝을 가볍게 누르고 써는 방법은 무슨 썰기인가?

① 잡아당겨 썰기   ② 눌러썰기
③ 저며썰기   ④ 어슷썰기

> **해설**
> **잡아당겨 썰기**
> 오징어를 채 썰기할 때 사용하는 방법으로 칼의 안쪽은 들어 올리고 칼끝을 재료에 비스듬히 댄 채 잡아당기듯 하며 써는 방법이다.
> **저며 썰기**
> • 칼을 재료의 앞쪽에서 자르는 방법으로 얇게 썰기할 때 이용한다.
> • 오이, 당근, 파 등 가늘고 길쭉한 재료를 옆으로 비껴 어슷하게 써는 방법이다.

08 도마의 종류별 특징과 관리법 중 틀린 것은?

① 깨끗이 세척하여 사용하면 종류별로 구분하지 않아도 무방하다.
② 도마는 식재료에 따라 구분하여 사용한다.
③ 하루에 한 번씩 살균, 소독하며 사용하여야 한다.
④ 도마 전용소독고 또는 건조시켜서 보관한다.

> **해설** 도마는 육류는 빨간색, 채소는 초록색, 생선류는 파란색으로 구분하여 사용한다.

정답 05 ①   06 ④   07 ②   08 ①

9-1 일식 조리

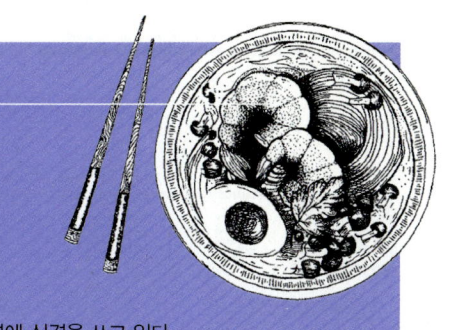

[일본 요리의 특징]
- 일본요리는 눈으로 먹는 요리이다.
- 일본 요리는 음식 맛이 단조롭고 단맛이 짙다.
- 기름의 사용이 적어 영양상 결함이 단점이다.
- 어패류, 채소류 등을 날것으로 조리하는 요리가 많아 위생적인 면에 신경을 쓰고 있다.
- 자연으로부터 얻은 식품 고유의 맛과 멋을 최대한 살릴 수 있는 조리방법을 택한다.

01 일식 무침조리

보통 재료에 향신료 등을 섞어서 무치며 무침에는 여러 가지 종류가 있다.

1. 무침재료 준비
① 식재료를 손질하여 전처리한다.
② 용도에 맞는 무침양념을 준비한다.
③ 채소류 등을 손질하여 곁들임 재료를 준비한다.

2. 무침조리
① 전처리된 식재료에 알맞은 양념을 만든다.
② 날것으로 무칠 것과 데쳐서 무칠 것 등을 구분하여 무친다.
③ 무침의 종류는 쑥갓 흰생선살 무침, 피조개된장 무침, 두부채소 무침, 갑오징어명란알 무침 등이 있다.
④ 재료는 충분히 식혀서 사용하고 먹기 직전에 무쳐야 한다.
⑤ 미리 무쳐 놓으면 수분이 나오는 경우가 있어서 색과 맛이 떨어진다.

3. 무침담기
① 용도에 따라 선택한다.
② 계절의 변화를 고려하여 식기를 선택한다.
③ 음식에 비해 식기가 크거나 너무 화려하면 상대적으로 음식이 초라해 보일 수 있으므로 고려하여 식기를 선택한다.
④ 일식 무침요리는 평평한 식기 보다는 작으면서도 깊이가 있는 것이 좋다.

02 일식 국물조리

국물요리는 보통 맑은 국물과 탁한 국물로 나누어진다. 주재료는 어패류, 육류, 채소류 등이 있다. 부재료는 주재료와 어울리는 채소류와 해초류를 사용한다.

1. 국물재료준비
주재료와 부재료를 손질하여 전처리하고 향미재료를 손질한다.
① **맑은 국물요리** : 회석요리의 코스요리에서 제공되는 음식으로 다시마국물을 이용하고 조개맑은국, 도미맑은국 등이 있다. 죽순이나 두릅 등의 부재료를 곁들여 사용한다.
② **탁한 국물요리** : 회석요리 보다는 주로 식사와 함께 곁들여 내는 요리이며 그 중에 가장 대중적인 것으로 미소된장을 이용한 된장국이 있고 보통 미역을 많이 사용한다.

2. 국물요리 조리
① 주재료, 부재료를 손질하여 준비한다.
② 맛국물 재료를 준비하여 용도에 맞는 맛국물을 우려낸다.
③ 국물요리에 필요한 양념을 준비한다. - 오로시, 생강, 유자 또는 레몬, 시치미(파래, 양귀비씨, 산초가루, 깨, 고춧가루) 등을 석어 만든 양념
④ 식초, 설탕, 맛술, 청주, 간장, 다시마 다시 등 기타 양념을 준비한다.
⑤ 국물요리에 적당한 냄비를 준비한다. - 우리나라 전통 전골냄비, 토기냄비, 철냄비, 알루미늄냄비 등으로 냄비요리는 뜨겁게 먹는 것이 생명이므로 보온이 잘 되는 재질을 선택해야 하고 워머나 버너를 이용하는 것도 방법이다.(도미냄비, 모듬냄비, 꼬치냄비, 스키야끼 등)

03 일식 조림조리

일식에 있어서 조림요리는 조림에 가능한 식재료를 준비하여 손질하고 다시마와 가쓰오부시 등의 육수와 조미료를 이용하여 재료의 형태가 유지되도록 재료와 국물을 함께 끓여서 맛이 속으로 스며들게 하며 밥

반찬이 되고 식단을 마무리 짓는 역할을 한다. 대표적인 것으로는 도미조림이나 채소조림이 있다.

1. 조림재료준비

① 조림의 종류에 따라 주재료 손질을 한다.
② 육류, 어패류, 채소류 등을 조림의 주제에 맞게 재료를 자르고 다듬는다.
　　- 근육 단백질은 가열하면 응고·수축하므로 고려하여 재료를 자른다.
③ 부재료도 손질하여 준비한다. - 채소 등을 전처리한다.
④ 조림에 필요한 육수를 준비한다(다시마, 가쓰오부시 다시 등).
⑤ 조림양념을 준비한다. - 설탕, 맛술, 간장, 소금, 청주 등
⑥ 조림에 적당한 냄비를 준비한다.

2. 조림하기

① 주재료에 따라 조림(단조림, 짠조림, 된장조림, 초조림, 보통조림)종류를 선택한다.
② 조림의 종류에 따른 조림양념을 만든다.
③ 주재료에 따른 부재료도 손질을 한다.
④ 졸여지는 시간, 불의 세기 등을 고려하여 간이 잘 배어들고 윤기가 잘 나도록 먹음직스럽게 완성 시 색상을 고려하여 조림을 한다.
⑤ 조림 시에 뚜껑은 냄비보다 약간 작아서 냄비 안으로 들어갈 수 있는 것으로 준비하여 맛이 골고루 스며들도록 한다.
⑥ 조림 만드는 순서
　　ㄱ. 주재료를 손질하여 적당하게 잘라서 준비한다.
　　ㄴ. 보통 채소가 곁들여지는 부재료를 손질한다.
　　ㄷ. 조림용 다시를 준비한다.
　　ㄹ. 계량을 하여 조림간장을 만든다.
　　ㅁ. 냄비에 재료를 순차적으로 넣고 국물을 끼얹어 가면서 조림을 한다.
　　ㅂ. 재료가 부스러지지 않게 간이 잘 스며들게 윤기나게 조림을 한다.

3. 조림담기 - 조림요리 완성

① 완성된 조림의 특성에 따라 기물 선택

② 완성된 조림의 재료가 모두 먹음직스럽게 보이도록 담아낸다.
③ 주재료와 함께 곁들임 채소를 함께 보기 좋게 담아낸다.
④ 조림이기 때문에 국물이 있으므로 조금은 움푹한 용기를 선택하는 것이 좋다.

04 일식 면류조리

일식에서 대표적인 면류 요리는 소면, 메밀국수, 우동, 라면 등으로 면과 함께 국물을 함께 제공하는 요리이다.

1. 면 재료 준비
① 면류의 식재료를 용도에 맞게 손질한다.
② 맛국물 재료를 준비한다. – 다시마, 가다랑어포
③ 용도에 알맞은 부재료와 양념을 준비한다.
④ 면류의 종류에 따라 기물을 준비한다.
⑤ 메뉴에 따라 구분되는 밀가루의 분류

2. 면 조리
(1) 면요리의 종류에 맞게 맛국물을 만든다.
① 다시마와 가다랑어를 이용하여 맛국물을 만든다. – 다시마는 오래 끓이면 점액질이 나와서 끓기 직전에 건져내야 하고 가다랑어는 우려내는 시간을 준수하여야 맑은 국물을 얻을 수 있다.
② 맛국물에 향미재료를 넣어 맛국물을 완성한다.
③ 맛에 따른 향신료
　ㄱ. **신미료** : 고추, 겨자, 고추냉이 등으로 요리에 매운맛을 주고 식욕을 촉진시킨다.
　ㄴ. **향미료** : 계피, 정향, 월계수잎 등으로 향이 강한 것이 특징이다.
　ㄷ. **고미료** : 고수나, 파슬리, 셀러리 등으로 쓴맛의 향신료로 이용한다.
　ㄹ. 생강, 마늘, 후추, 겨자 등도 향신료로 사용한다.

(2) 면은 덜 익거나 붇지 않게 적당히 삶아서 준비하고 주재료와 부재료 향미채소와 향신료도 함께 준비한다.

3. 면 담기

① 면요리의 구성에 맞는 기물을 선택하여 담아낸다.

② 국수를 알맞게 삶고 온국물 또는 냉국물과 부재료와 고명, 양념을 곁들인다.

③ 면 종류에 따른 식기 선택

　ㄱ. 국물이 있는 온면 식기 : 어느 정도 깊이가 있는 넉넉한 그릇에 빨리 식지 않는 면기

　ㄴ. 찬 메밀소바 : 물기가 빠질 수 있는 접시나 메밀판 또는 작은 채반 등에 제공

　ㄷ. 찬 우동 : 어느 정도 깊이가 있는 그릇에 찬육수와 얼음을 함께 제공

　ㄹ. 볶음우동 : 평평하고 넓적한 접시

05 일식 밥류조리

일식의 밥류 조리는 기본적인 밥과 덮밥류, 죽 등을 조리하는 방법이다.

1. 밥 짓기

쌀을 씻고 불려서 물을 조절하여 밥을 지어 뜸들이기를 한다.

(1) 쌀의 특징

　① 인디카쌀 : 태국, 필리핀 등 동남아시아에서 생산

　② 자포니카쌀 : 한국이나 일본에서 생산

2. 녹차밥 조리

① 쌀은 씻어서 30분쯤 불려 놓는다.

② 밥물을 녹차물만 하는 경우 : 향이 강한 세작을 이용하면 좋고 녹차를 우릴 때는 뜨거운 물을 사용(80~90℃)하는게 좋다.

③ 밥을 녹차물과 맛국물을 섞어서 지을 경우에는 1:1 정도로 한다.

④ 녹차밥의 고명에 와사비, 김, 깨 등을 준비한다.

⑤ 녹차밥의 기물은 아래쪽은 좁고 위쪽은 넓은 뚜껑이 있는 식기를 선택한다.

⑥ 밥을 그릇에 담을때는 고명이 잠기지 않게 가운데가 비스듬히 솟아오르게 담는다.

3. 덮밥 류 조리

덮밥을 돈부리모노(丼物, どんぶりもの, 덮밥)라고 하고 이를 줄여서 '돈부리'라고도 한다.

① 덮밥용 맛국물은 다시물을 이용하여 간장, 설탕, 맛술 등을 넣어 국물의 농도를 진하게 만든다.

② 깊이가 깊은 사발형태의 식기에 밥과 반찬이 되는 요리를 함께 담아 제공한다.

③ 밥 위에 올리는 요리에 따라 이름을 부른다.

- **덴동**(튀김을 올리는 것)
- **규동**(조림을 올리는 것)
- **카츠동**(돈까스를 올리는 것)
- **부타동**(돼지고기를 올리는 것)
- **우나동**(장어구이를 올리는 것)
- **뎃카동**(참치회를 올리는 것)
- **카이센동**(여러가지 회를 올리는 것)
- **오야코동**(닭과 달걀조림을 올리는 것)

④ 덮밥용 맛국물을 만든다.

⑤ 덮밥에 주로 쓰이는 고명으로 김, 고추냉이, 실파, 대파, 초피, 양파, 무순, 쑥갓이 있다.

⑥ 덮밥에 쓰이는 냄비는 (丼鍋, どんぶりなべ, 돈부리나베) 라고 하는데 작은 프라이팬 모양으로 손잡이가 직각으로 놓여 있고 뚜껑이 있고 턱이 낮고 가볍다.

4. 죽 류 조리

맛국물(다시마, 가다랑어포)을 이용하거나 재료의 특성에 맞게 닭, 소고기, 버섯 등을 이용하여 쌀 또는 밥으로 죽을 끓인다.

① 쌀로 죽을 끓일 때는 6~7배의 맛국물을 필요로 한다.

② 밥으로 죽을 끓일 때는 2~3배 정도의 물로 단시간 끓인다.

③ 죽의 종류

ㄱ. **오카유**(お粥) : 팥, 쌀 등의 곡류로 끓인 죽, 밥으로도 가능

ㄴ. **시라가유**(白粥) : 흰쌀로 만 지은 죽

ㄷ. **료쿠도우가유**(緑豆粥) : 녹두로 만든 죽

ㄹ. **아즈키가유**(小豆粥) : 팥으로 만든 죽

ㅁ. **이모가유**(芋粥) : 감자나 고구마를 넣은 죽

ㅂ. **챠가유**(茶粥) : 차를 넣은 죽

06 일식 초회 조리

초회 요리는 적당한 산미와 새콤달콤한 혼합초를 재료에 곁들여 내는 요리로 식욕을 증진시키고 피로회복에 도움을 주며 재료 고유의 맛을 그대로 살리는 것이 중요하고 문어초회, 해삼초회, 껍질초회, 모듬초회 등이 있다.

1. 초회 재료 준비
① 식재료를 기초 손질한다.
② 혼합초의 재료를 준비한다. – 필요한 기구를 이용하여 정확한 계량을 한다.
③ 곁들임 양념을 준비한다.

2. 초회조리
① 어패류는 소금을 이용하여 비린내를 없애주고 수분을 제거한다.
② 채소류는 소금을 이용하여 절인다.
③ 식재료에 이물질의 여부를 살핀다.
④ 말린 재료는 충분히 물에 불려서 사용한다.
⑤ 데치거나 삶아서 조리한다.
⑥ 혼합초를 만든다.
    ㄱ. **이배초(니바이즈)** : 다시물 1.3, 식초 1, 간장 1
    ㄴ. **삼배초(삼바이스)** : 다시물 3, 식초 2, 간장 1, 설탕 1
    ㄷ. **폰즈** : 다시물 1, 간장 1, 식초 1
    ㄹ. **배합초** : 식초 3, 설탕 2, 소금 1/2
    ㅁ. **덴다시** : 다시물 4, 진간장 1, 청주 1/2, 설탕 1/2
⑦ 곁들임 양념을 준비한다. – 무, 실파, 대파, 고운고춧가루, 레몬, 생강
⑧ 초회 조리 시 온도와 시간도 고려한다.

3. 초회 담기

① 신선하게 담아내는 것이 생명이다.
② 평평한 접시가 아닌 작고 깊이가 조금 있는 것이 좋다.
③ 그릇이 화려하면 음식이 초라해질 수 있으므로 고려해서 담아낸다.
④ 채소는 보통 미역이나 오이를 바탕으로 담아낸다.
⑤ 큰 접시가 아닌 작은 접시를 선택한다.
⑥ 계절감에 맞는 그릇을 선택한다.

07 일식 찜 조리

찜은 매우 열효율이 높은 가열방법으로 물방울이 찜기의 물로 돌아가 다시 가열되어 수증기로 되는, 즉 물이 순환적으로 사용되어 적은 양으로도 찔 수 있게 되는 것으로 수증기의 잠열을 이용하는 것이다.

1. 찜요리의 특징

- 찜요리는 본래 따뜻한 요리로 차게 식혀 여름에 시원맛을 제공하기도 한다.
- 찜요리는 증기로 찌기 때문에 수분을 유지하여 딱딱하게 변하지 않는 특징이 있다.
- 다른 조리방법에 비해 식재료에 충격을 주는 일이 적어 요리의 형태가 변형되지 않게 완성할 수 있는 장점이 있다.
- 압력을 이용할 수 있기 때문에 식재료를 단시간에 부드럽게 할 수 있다.
- 많은 양의 음식을 단시간에 조리할 수 있다는 장점이 있다.
- 다른 조리방법으로는 대체가 불가능하다.
- 달걀찜, 대합찜, 도미찜 등

2. 찜 재료 준비

메뉴에 따라 재료(달걀, 대합, 도미 등)의 특성을 살려 손질하여 전처리를 하고 향신료, 고명, 부재료를 조리법에 따라 손질하고 양념할 재료들을 준비하여 찜 양념을 만든다.

3. 찜조리

① 찜을 위하여 다시물을 준비한다.
② 부재료들은 데칠 것은 데치고 삶아서 준비한다.
③ 찜의 종류에 따라 적당한 소스를 만든다.
④ 재료에 따라 알맞은 찜기를 선택한다.
⑤ 찜통 준비 시 물의 양, 불의 세기, 시간을 조절해야 한다.

- 물의 양이 많으면 불필요한 시간과 연료가 낭비되고 물이 끓어올라 식재료에 닿을수도 있으므로 주의한다.
- 물이 부족하여 중간에 물을 보충하게 되면 찜이 균일하게 부드럽게 쪄지지 않는다.
- 쪄내는 시간을 잘 조절해야 식재료의 맛과, 향이 손실되지 않는다.
- 재료에 따라 쪄내는 시간을 조절한다.
- 생선, 닭고기, 찹쌀 – 강한 불로 조리한다.
- 달걀, 두부 – 약한 불로 조리한다.
- 채소류 – 채소의 식감이 살아있게 살짝 데친다.
- 조개류 – 입을 벌리면 완성된 것이다.
- 흰살생선 – 살짝 데친 정도로 한다.
- 붉은살 생선 – 완전히 익힌다.
- 찜 재료는 찜기에서 김이 올라오면 넣는다.
- 찜기에 재료를 가득 채우지 말고 80% 정도로 조절한다.
- 찜기에 재료를 넣고 면보 등을 씌운 후 뚜껑을 닫는다.

4. 찜 담기

① 재료의 특성을 고려하여 식기를 선택하고 원재료의 형태를 유지하여 담아낸다.
② 곁들임 재료나 소스를 함께 담아낸다.
③ 식지 않도록 보온에 유의해서 담아낸다.

08 일식 롤 · 초밥 조리

일식에서 롤 · 초밥 조리는 생선, 채소류, 김, 밥 등 다양한 식재료를 이용하여 여러 가지의 롤과 초밥을 만드는 조리방법이다.

1. 롤 초밥재료 준비

(1) 롤 초밥용 밥을 지어 준비하고 용도에 맞게 주재료, 부재료, 양념을 준비한다.
　① 초밥용 쌀의 조건
　　• 밥을 지었을 때 적당한 탄력과 끈기가 있어야 하고 냄새가 좋아야 한다.
　　• 밥은 고슬고슬하게 지어야 한다.
　② 초밥용 쌀의 선택 및 보관법
　　• 초밥용 쌀은 배합초를 섞었을 때 흡수율이 중요하므로 햅쌀보다는 묵은 쌀이 적당하다.
　　• 햅쌀은 전분이 굳어지지 않고 남아있기 때문이다.
　③ 초밥용 쌀 품종 : 전분의 구조가 단단하고 끈기 있고 수분의 흡습성이 좋은 고시히카리 품종이 적당하다.

(2) 초밥용 쌀을 잘 씻고 불려서 준비한다.
(3) 쌀의 물조절과 불조절을 잘 하여 밥 짓기와 뜸 들이기에 유의한다.
(4) 롤 · 초밥용 재료를 용도별로 신선도를 유지하며 준비한다. – 박고지, 오이, 오보로, 달걀, 참치 등

2. 롤 양념초 조리

초밥을 고슬고슬하게 지어놓고 초밥용 배합초를 만들어 밥에 골고루 섞는다.
　① 나무통(한기리)에 수분이 건조되지 않은 상태에서 밥을 퍼서 준비한다.
　② 배합초를 만든다. – 식초, 소금, 설탕을 넣고 천천히 저으면서 은은한 불에서 섞어 준다. 끓이면 식초맛이 날아가므로 주의한다.
　③ 밥과 배합초는 15:1을 기본으로 보통 생선초밥은 배합초 비율을 조금 더 높게 김초밥은 배합초의 비율을 조금 더 적게 한다.
　④ 밥에 배합초를 섞고 밥이 식기 전에 나무주걱으로 칼로 자르듯이 밥알이 깨지지 않게 섞어준다.

3. 롤 초밥조리

(1) 롤 초밥의 양을 조절하여 신속한 동작으로 용도에 맞게 모양을 만들어 다양한 롤 초밥을 만든다.

(2) 롤 초밥은 떡밥이 되지 않고 밥알이 깨지지 않게 말아야 맛이 좋다.

(3) 롤 초밥을 자를 때는 식초물이나 레몬즙물 또는 깨끗한 행주에 물을 묻혀 칼을 닦으면서 썰어야 일정한 간격으로 보기 좋게 자를 수 있다.

▍김초밥

- 김은 잘 마르고 검은 광택이 나는 것이 좋다.
- 김은 조리를 하기 직전에 살짝 구워서 사용하는 것이 좋다.
- 김밥용 발은 대나무재질이 좋다.
- 발을 사용할 때는 발의 껍질 부분이 위로 올라오도록 사용한다.
- 김밥용 발은 사용 후 잘 씻어 물기가 없도록 말려 위생적으로 보관하여야 한다.
- 굵게 말은 김초밥(太卷 : 후도마끼)은 보통 한 줄을 8개로 자른다.
- 가늘게 말은 김초밥(細卷 : 호소마끼)은 보통 12쪽으로 자른다.

(4) 부재료 고추냉이와 초생강을 만든다.

① 고추냉이는 생선의 비린맛을 줄이고 식욕을 촉진시키는 역할을 하며 매운맛은 휘발성이므로 먹기 직전에 바로 준비해서 사용한다.

　ㄱ. **고추냉이(가루)** : 가루고추냉이는 네리와사비라고 하고 차가운 물과 1:1 비율 정도로 잘 섞어 랩을 덮어 사용하는 것이 좋다.

　ㄴ. **고추냉이(생)** : 생고추냉이는 스리와사비라고 하며 연필깎듯이 겉껍질을 얇게 벗겨 낸 후 강판에 갈아서 바로 사용한다.

② 생강은 강한 항균작용이 있어 식중독 예방에 도움이 되는 향신료로 일식요리에서는 중요한 곁들임 재료로 많이 사용한다.

> **초생강 만들기** : 생강의 껍질을 제거하고 편으로 얇게 썰어 끓는 물에 데친 후 배합초(식초, 소금, 설탕, 다시물)를 넣어 만든다.

4. 롤 초밥 담기

① 롤 초밥의 종류와 양에 따른 기물을 선택한다.

② 식기는 높이가 높지 않고 낮은 접시가 먹기에도 편리하고 보기에도 좋다.
③ 식기는 사각형, 둥그런것, 타원형 등을 이용할 수 있다.
④ 너무 어둡거나 화려한 식기는 피한다.
⑤ 식기의 크기는 내용물이 꽉 차지 않도록 8부 안에 들어가게 담아내는 것이 좋다.
⑥ 초생강이나, 고추냉이 등을 곁들여 담아낸다.

09 일식 구이조리

일식 구이조리는 여러 가지 다양한 식재료를 이용하여 구워내는 조리법으로 직화구이와 간접구이가 있고 구이는 가열조리 방법 중 가장 오래된 조리법이다. 직화구이는 직접 구워내는 방법이고 간접구이는 오븐과 같은 대류나 재료를 싸서 직접 열을 차단하여 굽는 방법이다. 구이는 재료의 표면이 뜨거운 열에 노출되어 표면이 응고되어 재료가 가지고 있는 감칠맛이 그대로 유지되어 더욱 맛이 좋다.

1. 구이재료 준비
식재료를 용도에 맞게 손질하여 양념을 준비하고 구이에 맞는 기물들을 준비한다.
① 식재료(어류, 육류, 채소류)의 특성에 맞게 손질을 한다.
② 향신채소, 물, 식초, 맛술, 우유 등으로 여러 가지 잡냄새를 제거한다.
③ 양념을 준비한다.

2. 구이조리
(1) 구이조리 순서
① 구이에서 불 조절은 매우 중요하며 굽기 전에 반드시 밑간을 하여 굽는다.
② 구이요리를 돋보이게 하기 위하여 아시라이(곁들임 요리)를 함께 올린다.
③ 구이의 종류에 따라 양념을 달리 준비한다.
④ 구이 용도에 맞게 기물을 준비한다.

(2) 양념에 따른 구이의 종류
① 시오야끼(소금구이) : 소금으로 밑간을 하여 굽는다.

② 데리야끼(양념간장) : 양념간장을 발라가며 굽는다.

③ 미소야끼(된장구이) : 된장양념에 재웠다가 굽는다.

④ 유안야끼(유안지) : 데리소스에 유자를 넣어 재워 굽는다.

(3) 조리기구에 따른 구이의 분류

① 스미야끼(숯불구이) : 숯불에 굽는다.

② 데판야끼(철판구이) : 철판 위에 굽는다.

(4) 조리기구의 종류와 특성

① 살라만더 : 열원이 위에 있어 육류나 생선의 기름이 떨어져 연기나 불이 나지 않는다.

② 오븐 : 가열된 공기가 재료를 균일하게 가열하여 뒤집지 않아도 된다.

③ 철판 : 철판이 데워져 철판 위에 놓인 재료를 익히는 방법으로 재료를 다양하게 사용할 수 있다.

④ 숯불 화덕 : 직화로 굽는 방법으로, 재료가 타지 않게 거리를 조절하며 구울 수 있어서 숯의 향이 맛을 더 좋게 한다.

(5) 꼬치구이(쿠시야끼) : 재료를 꼬치에 꽂아서 직화로 굽는 방법

① 노보리쿠시 : 작은 생선을 통으로 구울 때 쇠꼬챙이를 꽂는 방법으로 생선이 헤엄쳐서 물살을 가로질러 올라가는 모양으로 꽂는다.

② 오우기쿠시 : 자른 생선살을 구울때 사용하는 방법으로 앞쪽은 폭이 좁고 꼬치 끝은 넓게 꽂아 부채 모양 같다고 붙여진 이름이다.

③ 가타즈마오레 쿠시, 료우즈마오레쿠시 : 생선 껍질 쪽을 도마 위에 놓고 앞쪽 한쪽만 말아 꽂는 방법을 '가타즈마오레쿠시', 양쪽을 말아 꽂는 방법을 '료우즈마오레쿠시'라고 한다.

④ 누이쿠시 : 주로 오징어와 같이 구울 때 많이 휘는 생선에 사용되는 방법으로 살 사이에 바느질하듯 꼬치를 꽂고 꼬치와 살 사이에 다시 꼬치를 꽂아 휘는 것을 방지하는 방법이다.

3. 구이담기

완성된 구이는 특성에 맞게 보기 좋게 담고 곁들임 요리와 양념도 함께 담아낸다.

(1) 구이 담기

① 통생선 : 머리는 왼쪽으로 배는 앞쪽으로 향하게 하여 담는다.

② 조각생선 : 토막내어 구운 생선은 껍질이 위로, 넓은 쪽이 왼쪽으로 향하게 담는다.

③ 육류 : 육류는 삼각뿔 모양으로 담아낸다.

(2) 곁들임 음식(아시라이)

① 아시라이는 곁들임 음식으로 구이를 먹고 난 후 입안에 비린내를 제거해주고 입안을 헹구어 주는 역할을 한다.

② 아시라이는 계절에 맞게 준비한다.

③ 초절임에 사용하는 재료로 연근, 무, 햇생강

④ 단조림에 쓰이는 재료로 밤, 고구마, 금귤

⑤ 감귤류, 레몬, 영귤 : 구이에 뿌려 먹거나 먹고 난 후 입을 헹굴 때 사용

(3) 구이에 쓰이는 양념장 – 구이의 맛과 풍미를 더해준다.

① **폰즈** : 간장, 청주, 다시마, 가다랑어포에 감귤류(유자, 영귤)의 즙을 첨가하여 1주일 정도 숙성시켜 만든 간장 양념장

② **다데즈** : 쌀죽에 여뀌잎을 갈아 넣어 만든 양념장으로 주로 은어구이와 함께 서빙된다.

(4) 구이에 적당한 식기를 선택하여 곁들임 음식과 양념장을 함께 보기 좋게 담아낸다.

일식 조리 Test

01 다음 중 무침요리를 담는 식기를 선택 시 주의할 점이 아닌 것은?

① 용도에 따라 선택한다.
② 계절의 변화를 고려하여 식기를 선택한다.
③ 접시는 크고 화려한 것이 음식이 먹음직스럽고 보기에 좋다.
④ 일식 무침요리는 평평한 식기 보다는 작으면서도 깊이가 있는 것이 좋다.

해설 음식에 비해 식기가 크거나 너무 화려하면 상대적으로 음식이 초라해 보일 수 있으므로 고려하여 식기를 선택한다.

02 국물요리에 필요한 양념이 아닌 것은?

① 취나물 ② 생강
③ 오로시 ④ 레몬

해설 국물요리에 필요한 양념을 준비한다. – 오로시, 생강, 유자 또는 레몬, 시치미(파래, 양귀비씨, 산초가루, 깨, 고춧가루) 등을 섞어 만든 양념

03 일식 국물요리의 재료와 관계가 먼 것은?

① 조개 ② 도미
③ 미역 ④ 호박

해설
- 맑은 국물요리 : 회석요리의 코스요리에서 제공되는 음식으로 다시마국물을 이용하고 조개맑은국, 도미맑은국 등이 있다. 죽순이나 두릅 등의 부재료를 곁들여 사용한다.
- 탁한 국물요리 : 회석요리 보다는 주로 식사와 함께 곁들여 내는 요리이며 그 중에 가장 대중적인 것으로 미소된장을 이용한 된장국이 있고 보통 미역을 많이 사용한다.

04 일식조림의 종류 중 관계가 먼 것은?

① 단조림 ② 짠조림
③ 된장조림 ④ 고추장조림

해설
- 단조림 : 맛술, 청주, 설탕을 넣어 조림
- 짠조림 : 주로 간장으로 조림
- 보통조림 : 장국, 설탕, 간장으로 적당히 조미하여 맛의 배합을 생각하며 조림
- 소금조림 : 소금으로 조림
- 된장조림 : 된장으로 조림
- 초조림 : 식품을 조림한 다음 식초를 넣어 조림
- 흰조림(푸른 조림) : 색상을 살려 간장을 쓰지 않고 소금을 사용하여 단시간에 조림

05 면류에 사용되는 밀가루의 종류는 무엇인가?

① 강력분 ② 박력분
③ 중력분 ④ 상관없다

해설 중력분(중간질) : 글루텐 함량이 10~13%로 면 제조에 적당한 점탄성을 가지고 있어 면류에는 중력분을 사용한다.

06 다시마를 이용하여 맛국물을 끓이는 방법으로 적당한 것은?

① 다시마는 오랜 시간 동안 푹 끓인다.
② 다시마는 한번 사용하고 난 후에 말려서 다시 사용하여도 무방하다.
③ 다시마는 끓기 직전에 건져내야 한다.
④ 다시마는 팔팔 끓는 물에 넣고 끓인다.

해설 다시마는 오래 끓이면 점액질이 나와서 끓기 직전에 건져내야 한다.

정답 01 ③ 02 ① 03 ④ 04 ④ 05 ③ 06 ③

07 멥쌀과 찹쌀의 설명이 올바른 것은?

① 멥쌀은 아밀로즈 50%, 아밀로펙틴이 50% 함유되어 있다.
② 찹쌀은 아밀로즈 100%만으로 함유되어 있다.
③ 멥쌀은 아밀로즈 20%, 아밀로펙틴이 80% 함유되어 있다.
④ 찹쌀은 아밀로펙틴 80% 아밀로즈 20% 함유되어 있다.

해설
- 멥쌀 : 아밀로즈 20%, 아밀로펙틴이 80% 함유되어 있어 밥을 지었을 때 끈기가 있어 주식으로 이용한다.
- 찹쌀 : 아밀로펙틴 100%만으로 함유되어 있어 인절미, 찰떡 등에 이용한다.

08 덮밥 위에 돈까스를 올린것을 무엇이라 하는가?

① 덴동
② 카츠동
③ 우나동
④ 규동

해설 덴동(튀김을 올리는 것), 규동(조림을 올리는 것), 카츠동(돈까스를 올리는 것), 부타동(돼지고기를 올리는 것), 우나동(장어구이를 올리는 것), 뎃카동(참치회를 올리는 것), 카이센동(여러가지 회를 올리는 것), 오야코동(닭과 달걀조림을 올리는 것)

09 죽과 죽의 재료를 짝 지어 놓은 것 중 틀리게 짝 지어진 것은?

① 시라가유(白粥) : 흰 쌀로 만 지은죽
② 료쿠도우가유(綠豆粥) : 차로 만든 죽
③ 아즈키가유(小豆粥) : 팥으로 만든 죽
④ 이모가유(芋粥) : 감자나 고구마를 넣은 죽함유되어 있다.

해설
- 오카유(お粥) : 팥, 쌀 등의 곡류로 끓인 죽, 밥으로도 가능
- 시라가유(白粥) : 흰 쌀로 만 지은 죽
- 료쿠도우가유(綠豆粥) : 녹두로 만든 죽
- 아즈키가유(小豆粥) : 팥으로 만든 죽
- 이모가유(芋粥) : 감자나 고구마를 넣은 죽
- 차가유(茶粥) : 차를 넣은 죽

10 초회 조리 시 재료 손질법에 관한 설명으로 틀린 것은?

① 어패류는 소금을 이용하여 비린내를 없애주고 수분을 제거한다.
② 채소류는 식초를 이용하여 절인다.
③ 식재료에 이물질의 여부를 살핀다.
④ 말린 재료는 충분히 물에 불려서 사용한다.

해설
- 채소류는 소금을 이용하여 절인다.
- 데치거나 삶아서 조리한다.

정답 07 ③ 08 ② 09 ② 10 ②

11 혼합초의 기본 비율 중 삼배초의 구성으로 적당한 것은?

① 다시물 3, 식초 2, 간장 1, 설탕 1
② 다시물 1.3, 식초 1, 간장 1
③ 다시물 1, 간장 1, 식초 1
④ 식초 3, 설탕 2, 소금 1/2

해설
- 이배초(니바이즈) : 다시물 1.3, 식초 1, 간장 1
- 삼배초(삼바이스) : 다시물 3, 식초 2, 간장 1, 설탕 1
- 폰즈 : 다시물 1, 간장 1, 식초 1
- 배합초 : 식초 3, 설탕 2, 소금 1/2
- 덴다시 : 다시물 4, 진간장 1, 청주 1/2, 설탕 1/2

12 다음 중 찜 요리의 특징에 대해서 잘못 설명한 것은?

① 찜요리는 증기로 찌기 때문에 수분을 잃지 않아 딱딱하게 변하지 않는 특징이 있다.
② 압력을 이용할 수 있기 때문에 식재료를 단시간에 부드럽게 할 수 있다
③ 찜요리는 본래는 따뜻한 요리이나 차게 식혀 여름에 시원한 맛을 제공하기도 한다.
④ 많은 양의 음식을 단시간에 조리할 수 없다.

해설 찜은 많은 양의 음식을 단시간에 요리할 수 있다.

13 김초밥을 준비할 때 주의사항이 아닌 것은?

① 김은 수분이 좀 있는것이 좋다.
② 김은 조리를 하기 직전에 살짝 구워서 사용하는 것이 좋다.
③ 발을 사용할 때는 발의 껍질 부분이 위로 올라오도록 사용한다.
④ 김밥용 발은 사용 후 잘 씻어 물기가 없도록 말려 위생적으로 보관하여야 한다.

해설
- 김은 잘 마르고 검은 광택이 나는 것이 좋다.
- 김밥용 발은 대나무재질이 좋다.

14 초밥용 밥을 지을 때 주의할 사항이 아닌 것은?

① 밥을 지었을 때 적당한 탄력과 끈기가 있어야 하고 냄새가 좋아야 한다.
② 밥은 고슬고슬하게 지어야 한다.
③ 초밥용 쌀은 배합초를 섞었을 때 흡수율이 중요하므로 햅쌀 보다는 묵은 쌀이 적당하다.
④ 초밥용 쌀은 가능하면 햅쌀로 밥을 짓는 것이 좋다.

해설
- 초밥용 쌀은 배합초를 섞었을 때 흡수율이 중요하므로 햅쌀 보다는 묵은 쌀이 적당하다. 햅쌀은 전분이 굳어지지 않고 남아 있기 때문이다.
- 쌀을 보관할 때에는 현미상태로 서늘한 곳에 보관하고 먹기 직전에 도정하는 것이 좋다.

정답 11 ① 12 ④ 13 ① 14 ④

15 다음은 양념에 따른 구이의 종류이다. 양념간장 구이를 가리키는 것은?

① 시오야끼
② 데리야끼
③ 미소야끼
④ 유안야끼

해설
양념에 따른 구이의 종류
- 시오야끼(소금구이) : 소금으로 밑간을 하여 굽는다.
- 데리야끼(양념간장) : 양념간장을 발라가며 굽는다.
- 미소야끼(된장구이) : 된장양념에 재웠다가 굽는다.
- 유안야끼(유안지) : 데리소스에 유자를 넣어 재워 굽는다.

16 다음 중 꼬치구이와 설명이 바르게 연결되지 않은 것은?

① 노보리쿠시 – 작은 생선을 통으로 구울 때 쇠꼬챙이를 꽂는 방법으로 생선이 헤엄쳐서 물살을 올라가는 모양이다.
② 오우기쿠시 – 잘라 놓은 생선살을 구울 때 사용하는 방법으로 부채모양과 비슷하다.
③ 누이쿠시 – 주로 오징어와 같이 구울 때 많이 휘는 생선에 사용되는 방법으로 휘는 것을 방지하는 방법이다.
④ 료우즈마오레쿠시 – 생선 껍질쪽을 도마 위에 놓고 앞쪽 한쪽만 말아 꽂는 방법

해설 가타즈마오레쿠시, 료우즈마오레쿠시 : 생선 껍질 쪽을 도마 위에 놓고 앞쪽 한쪽만 말아 꽂는 방법을 가타즈마오레쿠시, 양쪽을 말아 꽂는 방법을 료우즈마오레쿠시 라고 한다.

정답 15 ② 16 ④

9-2 복어 조리

01 복어와 부재료 손질

- 복어 조리 중 부재료의 용도에 맞게 재료를 손질하거나 자르고, 재료의 형태가 유지되도록 떡을 구워 내며, 용도에 맞게 초간장, 양념, 조리별 양념장을 만들고 복어술을 제조한다.
- 채소를 용도별로 구분하여 손질하고 신선하게 보관한다.

1. 채소 보관법
① 입고일자를 기록하여 선입선출을 원칙으로 한다.
② 물기가 닿지 않도록 보관한다.
③ 신문지나 종이박스에 포장하여 보관
④ 세척채소나 껍질을 벗긴 것은 밀폐용기에 보관하고 가급적 빨리 사용

2. 채소 손질
- 복어의 회, 지리, 탕 등에 사용하는 채소를 용도에 맞게 손질한다.
- 다음은 복어회, 지리, 탕에 주로 사용하는 채소이다.

(1) 미나리
싱싱하고 마디가 없고 깨끗한 것으로 선택하여 적당한 길이로 잘라서 사용한다.

(2) 당근
흙이 묻어있고 색깔이 매우 선명하며 단단한 것으로, 주로 지리에서는 벚꽃모양으로 삶아서 사용한다.

(3) 무
무는 지리나 탕에 사용할 경우 삶아서 은행잎 모양으로 자르고, 회에 곁들이는 폰즈 소스의 야쿠미로 사용 또는 빨간 고춧물들인 아카오로시로 사용한다.

(4) 대파
대파는 주로 지리나 탕에 어슷썰기로 사용한다.

(5) 표고버섯
버섯의 갓 속에 흙이나 이물질 여부를 확인하고 갓의 중앙부분에 칼집을 넣어 별표모양을 내어서 탕이나 지리에 사용한다.

(6) 실파
실파는 주로 폰즈의 야쿠미로 사용하거나 튀김(카라아게)에 사용한다.

(7) 팽이버섯
팽이버섯은 밑둥을 잘라서 준비하여 주로 지리나 탕에 사용한다.

(8) 죽순
죽순은 대부분 통조림으로 지리나 탕에 주로 사용하며 깨끗이 손질하여 사용하도록 한다.

(9) 기타
지리나 탕에 미나리 대신 쑥갓이나 미츠바(참나물) 등을 곁들임 채소로 사용할 수도 있다.

3. 복떡 굽기
복어 냄비요리에 사용하는 복떡은 쌀로 만들어서 노화가 빠르고 형태의 변형이 발생하므로 구워서 사용한다.

(1) 복떡굽기
① 계량하기 : 사용량에 주·부재료를 계량

② 손질하기 : 복떡을 3cm 정도로 자른다.

③ 쇠꼬챙이에 꽂기 : 3cm로 자른 복떡을 쇠꼬챙이에 꽂는다.

④ 굽기 : 직화로 타지 않게 복떡을 굽는다.

⑤ 얼음물에 식히기 : 구워낸 떡을 빨리 얼음물에 식혀낸다.

⑥ 완성하기 : 물기를 제거하여 복떡을 넣어 지리 완성하기

(2) 구이용 쇠꼬챙이(가네구시) 용도
① 가느다란 꼬챙이(호소구시) : 은어나 빙어의 작은 생선

② 평행 꼬챙이(나라비구시) : 보통 크기의 생선에 사용

③ 납작한 꼬챙이(히라구시) : 조개나 새우

02 복어 양념장 준비

복어요리에서 양념장 준비는 초간장(폰즈)과 무, 고춧가루, 실파를 사용하여 용도에 맞는 양념장을 만든다.

1. 초간장 만들기

- 재료를 비율에 맞게 혼합하여 용도에 맞게 초간장을 만든다. – 재료 : 다시마, 가다랑어, 식초, 간장, 감귤류(레몬, 라임, 유자, 영귤 등), 설탕
- 초간장은 폰즈라고 하며 폰즈는 감귤류의 과즙(레몬, 라임, 오렌지, 유자, 카보스, 영귤 등)에 식초와 간장을 섞은 것이다.

▰ 만드는 법

① 초간장(폰즈) 재료를 계량한다.
② 냄비에 물과 다시마를 넣고 불에 올려 끓기 직전의 물 온도가 90℃가 되었을 때 다시마를 건져 내고 불을 끄고 가쓰오부시를 넣는다.
③ 15분 정도 지난 후에 면보에 거른다.
④ 다시물과 간장, 식초, 레몬을 넣고 혼합한다.
⑤ 만들어진 초간장에 가쓰오부시를 넣고 하루 쯤 숙성한다.
⑥ 하루쯤 숙성한 뒤 면보에 거르고 그릇에 담아낸다.
⑦ 약한불에서 끓이되 오래 끓이지 말고 면보에 거를때는 꼭 짜지 말고 맑은 다시만 거른다.

2. 양념 만들기

- 양념에 필요한 재료를 용도에 맞게 손질하여 양념을 만든다.
- 무(大根 : 다이콘), 실파(ワケギ : 와케기), 고춧가루(唐辛子粉 : 도카라시) 등을 이용해 양념(야꾸미)을 만든다.

▰ 만드는 법

① 계량하기 : 주재료, 부재료를 계량한다.
② 강판에 갈기 : 무를 강판에 갈아준다.
③ 매운맛 제거하기 : 강판에 갈은 무의 매운맛과 향을 제거한다.
④ 버무리기 : 무 오로시(물기가 약간 있게)와 고운고춧가루를 버무린다.

⑤ 실파 준비하기 : 썰어서 물에 헹구어 파의 점액질을 제거한다.
⑥ 완성하기 : 그릇에 담아내고 양념을 곁들인다.

3. 조리별 양념장 만들기

- 필요한 재료를 손질하여 양념장을 만든다.
- 참깨 소스(ゴマのソース : 고마다레) : 볶은 깨를 갈아서 간장, 맛술 등의 양념을 넣어서 맛을 낸 것으로 담백한 냄비요리 등에 찍어 먹는다.

▩ 만드는 법

① 계량하기 : 필요한 재료를 계량한다.
② 볶아내기 : 화력을 조절하여 깨를 볶아낸다.
③ 갈아주기 : 볶은 깨를 갈아준다.
④ 재료투입 : 간장과 맛술을 넣는다.
⑤ 완성하기 : 참깨소스를 완성한다.

03 복어 껍질 초회 조리

복어 껍질(河豚皮, ふぐかわ)초회 조리란 복어껍질(겉껍질, 속껍질)의 가시를 완전히 제거하고 데친 다음 건조하여 초회용으로 썰어서 양념과 무쳐내는 것이다.

1. 복어 껍질 준비

복어껍질의 미끈미끈한 점액질과 악취를 굵은 소금으로 잘 문질러 씻어주고 헹구어 준다.

① 복어의 겉껍질과 속껍질을 데바칼로 분리하여 손질한다.
② 사시미칼을 이용하여 각각의 껍질 가시를 제거한다.
③ 가시를 제거한 겉껍질과 속껍질을 무른 느낌이 들 정도로 끓는물에 삶아낸다.
④ 데쳐낸 껍질은 얼음물에 헹구어 면보로 물기를 제거한다.
⑤ 물기를 제거한 껍질은 편편하게 하여 냉장고에서 건조한다.
⑥ 냉장고에서 건조한 껍질을 곱게 채를 썰어 초회에 사용한다.

2. 복어초회 양념 만들기

- 재료를 계량하여 초간장과 양념을 만든 다음 초회양념을 만든다.
- 양념재료 – 무, 고춧가루, 실파, 간장, 식초

① 무를 갈아 무의 매운맛과 향을 제거한다.

② 고운고춧가루와 무 간 것을 혼합해서 빨간 무즙(아카오로시)을 만든다.

③ 실파는 썰어서 물에 씻어 점액질을 제거하고 물기를 제거한다.

④ 다시마 맛국물(昆布出し, こんぶだし)을 만들어 진간장, 식초, 레몬즙을 넣어 초간장을 만든다.

⑤ 초간장을 완성하여 실파와 빨간 무즙을 넣고 초회양념을 만든다.

3. 복어껍질 무치기

재료의 배합 비율을 용도에 맞게 조절하여 북어껍질을 초회양념으로 무쳐서 보기 좋게 담아낸다.

① 아카오로시(빨간무즙)와 폰즈(초간장) 양념을 만든다.

② 복어껍질을 손질하여 가시를 제거하고 삶아서 차게 식힌 후 채를 썰어 준비한다.

③ 미나리는 4cm 정도 길이로 썰어 준다.

④ 채 썰어 놓은 북어껍질과 미나리 폰즈소스, 양념을 넣고 무쳐 접시에 담아낸다.

4. 담을 때 주의사항

① 접시는 크지 않고 좀 깊은 것이 좋다.

② 먹기 직전에 무쳐서 담아낸다.

③ 계절에 따라 가니쉬를 곁들인다.

④ 차갑게 준비하고 시원한 상태로 유지해서 서빙한다.

04 복어 죽 조리

준비해 놓은 맛국물(다시마, 또는 복어뼈)을 이용하여 밥, 복어살, 달걀 등을 넣어서 죽을 조리한다. 보통 복어냄비를 먹고 난 후에 국물에 밥을 넣어 죽을 끓이고 죽에 달걀과 김채를 올려서 먹는다.

1. 복어 맛국물 준비

맛국물을 내기 위한 전처리 작업을 준비한다.

(1) 다시마(昆布, こんぶ)의 종류 및 성분

다시마의 종류로는 우리나라에서 서식하고 있는 다시마과의 다시마류는 3종으로 애기다시마, 참다시마, 개다시마가 있다.

① **참다시마** : 자연산 토종은 동해안 사근진 앞 연안에 많이 분포하고 있고 알긴산을 비롯한 각종 영양소의 함량이 매우 높다. 수명은 2년이며 봄에 나타나서 그 해 여름에 성숙한다. 한국 토종은 수심 20~40m에 서식한다. 일본 유입종은 길이 약 2m까지 자라고 잎이 두껍고 좁다.

② **애기다시마** : 한국 동해와 중국·일본 연해에 분포하고 조간대 아래에 있는 바위나 돌에 붙어 자란다. 잎은 밑부분이 좀 넓은 좁고 긴 띠모양이며 길이 0.6~2m, 너비 5~9㎝이고 황갈색 또는 밤색을 띤다.

③ **개다시마** : 식용하지만 다시마보다 맛이 떨어진다. 한국(강릉 이북의 동해안)·일본(홋카이도)·사할린섬·쿠릴열도 등지에 분포하고 점심대(漸深帶)의 깊은 곳에서 자란다.

(2) 다시마(昆布, こんぶ)의 성분

- 말린 다시마는 단백질, 지방, 탄수화물, 칼슘, 철, 요오드 등이 들어있다.
- 비타민 C가 많고 글루탐산으로 감칠맛을 준다.
- 다시마에는 혈압을 내리게 하는 작용이 있다.
- 다시마의 알긴산 성분은 장의 연동운동을 도와 변비에 좋다.
- 마른 다시마의 표면에 백색 분말로 붙어 있는 물질이 만니톨(mannitol;mannit)로서 단맛을 띤다.

(3) 복어 맛국물 만들기

① 건다시마(昆布, こんぶ)를 손질하고 다시를 만든다. - 표면의 가루를 행주로 닦는다.
② 찬물에 다시마를 불에 올린다.
③ 약한 불에 올려서 끓기 직전에 불을 끄고 다시마를 건져낸다.

④ 면보에 맑게 거른다.

(4) 복어 뼈 맛국물 만들기
① 복어는 껍질을 제거하고 세장뜨기를 하여 살을 제외한다.
② 복어의 중간뼈, 머리뼈, 아가미뼈를 손질하여 흐르는 물에 담가 핏물과 이물질을 제거한다.
③ 냄비를 올리고 찬물에 다시마를 넣고 끓기 직전에 다시마를 건져낸다.
④ 다시마 육수에 복어의 뼈들을 넣고 끓이면서 거품과 지저분한 이물질을 건져내면서 끓인다.
⑤ 국물이 맑아지면 고운체에 받쳐 육수를 거른다.

2. 복어죽 재료 준비
불린 쌀 또는 밥으로 복어살을 이용하여 복어죽을 끓일 준비를 한다.

(1) 복어죽을 끓이기 위한 밥 짓기
① 쌀은 씻어서 첫 번째 물은 버리고 2~3번 씻어서 여름에는 30분 정도, 겨울에는 1시간 정도 불린다.
② 쌀은 불린 후 체에 받쳐 밥 지을 준비를 한다.
③ 솥이나 냄비에 쌀을 넣고 물은 동량 또는 쌀의 1.2배 정도의 물을 부어 밥을 짓는다.

(2) 복어죽의 종류 및 조리법
① 오카유(粥, おかゆ) – 불린 쌀 또는 밥으로 만든다.
    밥을 이용할 경우에는 밥에 물을 넣고 밥알을 국자로 으깨어 가면서 끓이고 불린 쌀을 사용할 경우 쌀을 반만 갈아서 맛국물을 넉넉히 넣고 끓인다.
② 조우스이(雜炊, ぞうすい)
    밥알의 형택가 남아있게 밥을 찬물에 씻어 채소나 해물을 넣어 다시국물로 끓인 죽으로 재료를 다양하게 넣어서 알죽, 전복죽, 버섯죽, 복어죽, 채소죽, 굴죽 등을 만든다.

(3) 복어죽 부재료
① 다시마, 복어뼈 준비 : 다시마 맛국물과 복어뼈 맛국물을 준비한다.
② 쌀, 밥 준비 : 반 정도 갈아서 준비한 쌀 또는 찬물에 씻어 물기를 제거한 밥을 준비한다.
③ 달걀 준비 : 달걀을 풀어서 준비한다.
④ 실파 준비 : 실파는 곱게 썰어 흐르는 물에 씻어서 물기를 제거한다.
⑤ 복어살[(河豚(ふぐ)の身(み)], 참나물(三つ葉, みつば) 준비 : 복어살은 포를 떠서 가늘게 썰고 참나물도 끓는 물에 데쳐서 준비한다.
⑥ 정소 준비하기 : 핏줄을 제거한 정소는 알맞게 자르거나 고운체에 곱게 걸러서 준비한다.

⑦ 김 준비 : 김은 불에 구어서 부수거나 가늘게 채 썰어 준비한다.

3. 복어 죽 끓여서 완성

(1) 복어 조우스이(河豚の雜炊, ふぐのぞうすい : 밥알의 형태가 있는 죽) 만들기

① **다시마 맛국물**(昆布出し, こんぶだし) **만들기**
- 건다시마(昆布, こんぶ)를 손질하고 다시를 만든다.
- 표면의 가루를 행주로 닦는다.
- 찬물에 다시마를 불에 올린다.
- 약한 불에 올려서 끓기 직전에 불을 끄고 다시마를 건져낸다.
- 면보에 맑게 거른다.

② **복어뼈 맛국물**(河豚骨出し, ふぐほねだし) **만들기**
- 복어는 껍질을 제거하고 세장뜨기를 하여 살을 제외한다.
- 복어의 중간뼈, 머리뼈, 아가미뼈를 손질하여 흐르는 물에 담가 핏물과 이물질을 제거한다.
- 냄비를 올리고 찬물에 다시마를 넣고 끓기 직전에 다시마를 건져낸다.
- 다시마 육수에 복어의 뼈들을 넣고 끓이면서 거품과 지저분한 이물질을 건져내면서 끓인다.
- 국물이 맑아지면 고운체에 받쳐 육수를 거른다.
(※ 냄비에 물, 다시마를 넣고 중불에 올려 끓기 시작하면 다시마는 건져 낸다. 맛국물에 복어의 중간뼈, 머리뼈, 아가미뼈의 순서로 넣고 충분히 맛국물을 우려내서 뼈만 체로 건져낸다. 뼈의 살이 부족하면 복어살을 썰어 넣는다.)

③ **죽 끓이기**
- 다시국물에 밥 넣고 간하기(味付け, あじつけ)
- 국물에 밑간을 하여 물에 씻어서 물기를 제거해 놓은 밥을 넣고 끓인다.

④ **달걀**(卵, たまご) **풀어서 넣기**
- 죽이 끓기 시작하면 불을 끄고 풀어 놓은 달걀을 넣고 준비해 놓은 실파를 넣어 잠깐 더 끓인다.

⑤ **담기**(盛り, もり)
- 마지막에 구어서 가늘게 썰어 놓은 김을 올려서 먹는다.

(2) 복어 오카유(河豚のお粥, ふぐのおかゆ : 밥알의 형태가 없는 죽) 만들기

① **복어살**[河豚(ふぐ)の身(み)] **준비하기** – 복어살을 포를 떠서 가늘게 썰어서 준비한다.

② **참나물**(三つ葉, みつば) **손질하기** – 참나물(미쓰바)은 끓는 물에 데쳐 찬물에 헹구어 1cm 정도로 썰어준다.

③ **김**(海苔, のり) **손질하기** – 김은 불에 살짝 구어 손으로 부수거나 잘게 자른다.

④ **실파**(浅葱, あさつき) **손질하기** – 실파는 곱게 썰어 찬물에 헹구어 물기를 제거한다.

⑤ **죽**(粥, おかゆ) **끓이기** – 밥과 다시마국물을 넣고 중불로 끓이면서 거품을 걷어내고 끓이다가 손질해 놓은 복어살을 넣고 천천히 더 끓인다.

⑥ **담기**(盛り, もり)
- 죽에 소금과 국간장으로 간을 한다.
- 달걀이나 달걀노른자를 잘 풀어준다.
- 걸쭉하게 끓여지면 식기에 담아서 참나물과 실파를 넣고 김을 넣는다.
- 먹는 사람들의 기호에 따라 참기름, 깨 등을 첨가한다.

(3) 복어 정소(이리, 시라코)죽 만들기

① **정소의 핏물을 제거한다.** – 복어 정소의 핏물을 제거하고 흐르는 물에 담가 핏물을 제거한다.

② **정소를 준비한다.** – 핏물을 제거한 복어의 정소는 자르거나, 고운체에 거른다.

③ **정소죽을 끓인다.** – 복어죽 끓이기와 같은 방법으로 끓이고 복어살 대신 정소를 넣는다.

④ **담기** – 죽에 간장 또는 소금으로 간을 하고 달걀(또는 달걀노른자)을 풀고 실파와 김을 올린다.

05 복어 튀김조리

복어튀김이란 복어의 어취를 제거하고 깨끗하게 손질하여 복어살이나 뼈를 한입 크기로 토막 낸 후, 밑간을 하여서 튀김옷을 입혀 튀겨내는 것이다.

1. 복어 튀김재료 준비

① 한입 크기로 복어를 토막 내어서 준비한다.
② 다양한 방법을 이용하여 어취를 제거한다.
③ 깨끗이 손질한 복어를 튀김용으로 밑간한다.

④ 손질한 복어의 수분을 제거하고 칼집을 넣는다.
⑤ 소스[국간장1(1큰술) : 맛술1(1큰술) : 정종1(1큰술), 참기름 약간]를 만들어 복어살을 1분간 재워 놓는다(다른 생선에 비해 복어살은 단단하기 때문에 두껍게 썰지 않도록 주의한다).
⑥ 복어살은 체에 받치고 유자껍질을 다져서 복어살에 묻힌다.
⑦ 실파는 얇게 썰어서 준비한다.

2. 복어 튀김옷 준비

① 밀가루(박력분)를 이용하여 튀김옷을 만든다.
② 전분을 이용하여 튀김옷을 만든다.
③ 밀가루(박력분)와 전분을 이용하여 튀김옷을 만든다.

(1) 복어 튀김조리

복어튀김은 가라아게로 전분을 묻혀서 튀긴다. 재료의 종류나 크기, 조리 방법에 따라 튀기는 시간과 온도를 달리한다.

① **스아게** : 식재료 자체에 튀김옷을 입히지 않고 튀기는 것으로 재료의 특성을 그대로 살릴 수 있는 튀김이다.
② **고로모아게** : 튀김옷을 박력분이나 전분으로 사용하여 물을 넣고 반죽하여 재료에 묻혀 튀겨내는 튀김이다.
③ **가라아게** : 양념한 재료를 그대로 튀기거나 박력분이나 전분만을 묻힌 튀김이다.

(2) 기본 조리용어

① **고로모** : 튀김을 하기 위하여 박력분이나 전분으로 만든 튀김반죽
② **덴가츠** : 튀김옷(고로모)을 흩뿌려서 방울지게 튀긴 것으로 튀길 때 재료에서 떨어져 나오는 튀김 부스러기로 튀김우동 등에 주로 사용
③ **아게다시** : 조림국물(다시7 : 연간장1 : 맛술1)을 만들어서 튀김에 부어 먹는 요리
④ **덴다시** : 튀김과 함께 늘 제공되는 튀김을 찍어 먹는 간장 소스(진간장1 : 맛술1 : 다시4)
⑤ **야쿠미** : 튀김요리에 덴다시와 함께 제공되는 곁들임 채소 또는 향신료 - 고춧가루, 갈아놓은 무, 고추냉이, 실파, 생강 등

(3) 가라아게(양념튀김)의 종류

〈지역별 가라아게〉

① 니이가타현 : 한바아게(半羽揚げ)

닭을 뼈째 반으로 가른 후 박력분을 이용하여 튀긴요리

② 나라현 : 다츠타아게(竜田揚げ)

닭고기에 간장, 맛술 양념 후 녹말가루를 입혀 튀긴요리

③ 기후현 : 세키가라아게(関からあげ)

톳, 표고버섯가루에 닭고기를 튀긴 요리로 검은색을 나타낸다.

④ 에히메현 : 센잔키(せんざんき)

닭을 뼈째 튀긴 중국의 루안자지(軟炸鷄, Ruan zha ji)에서 유래한 요리로 닭뼈에서 우러난 감칠맛과 양념의 맛이 잘 우러난 요리

⑤ 미야자키현 : 치킨남방(チキン南蛮)

닭양념튀김에 맛술, 설탕, 단맛식초에 담가 적신 후 타르타르소스를 뿌려 먹는 요리

⑥ 아이치현 : 데바사끼 가라아게(手羽先から揚げ)

닭날개를 이용한 튀김으로 달콤한 소스에 산초, 참깨, 소금, 후추 등을 뿌려 먹는 요리

⑦ 나가노현 : 산조쿠 야끼(山賊焼き)

닭고기의 다리살 부분을 통째로 마늘, 간장 등으로 양념하여 녹말가루를 묻혀 튀긴 요리

⑧ 홋카이도 : 잔기(ザンギ)

중국의 炸鷄(zha ji)로부터 유래한 가라아게의 종류

〈식재료별 가라아게〉

① 모모니쿠노 가라아게 : 닭다리살을 이용한 튀김요리

② 토리노 가라아게 : 닭 양념튀김

③ 난코츠노 가라아게 : 닭다리 부분의 연골이나 닭날개를 사용한 튀김요리

④ 무네니쿠노 가라아게 : 닭의 넓적다리 부위로 만든 양념튀김요리

3. 복어 튀김조리 완성

① 준비해 놓은 복어를 튀김온도를 조절하여 튀겨낸다.

② 튀겨낸 복어는 체에 받혀서 기름기를 제거하여 바삭함을 유지한다.

③ 튀김요리에 적당한 접시를 선택한다.

④ 완성접시에 기름종이를 깔고 가지런히 복어튀김을 담는다.

06 복어 회 국화모양조리

복어의 살을 회를 뜨도록 전처리하여 얇고 길게 잘라 차갑고 둥근접시에 국화모양으로 담는 방법이다.

1. 복어 살 전처리 작업
복어 손질방법으로 생선 포뜨기(오로시)의 종류로는 두장뜨기(니마이오로시, にまいおろし), 세장뜨기(삼마이오로시, さんまいおろし), 다섯장뜨기(고마이오로시, ごまいおろし), 다이묘 포 뜨기(다이묘오로시, だいみょおろし) 등이 있다.

(1) 복어 손질방법
① 세장뜨기(삼마이오로시, さんまいおろし) : 기본적인 생선 포뜨기의 방법인 세장뜨기는 뼈와 위쪽 살, 아래쪽 살로 3장으로 분리하는 방법이다.
② 다이묘 포뜨기(다이묘오로시, だいみょおろし) : 세장뜨기의 한 방법으로 보리멸, 학꽁치 등을 생선의 머리쪽에서 중앙뼈에 칼을 넣고 꼬리쪽으로 단번에 오로시하는 방법이다.

(2) 복어 살 전처리하기
① 껍질을 제거한 복어는 면보를 이용하여 물기를 제거한다.
② 꼬리는 왼쪽, 머리는 오른쪽 방향으로 놓고 중앙뼈의 윗부분에 칼을 넣어 뼈와 살을 분리하여 포를 뜨기 시작한다.
③ 중앙뼈를 기준으로 등쪽을 시작으로 중앙뼈에 붙어있는 살을 도려낸다.
④ 뼈와 살을 분리하고 뼈는 4~5cm 크기로 잔 칼집을 내고 잘라서 흐르는 물에 담가 핏물을 제거한다.

2. 복어 회 뜨기
복어의 살은 단단하고 탄력이 강해서 자르기가 어렵기도 하고 중요하다. 칼의 길이가 긴 칼을 사용하여 최대한 얇게 회를 뜨는 것이 중요하다.
① 복어 횟감을 준비한다.
② 복어 횟감용 살은 한쪽은 바깥쪽 국화, 다른 한쪽은 안쪽 국화 모양을 위해 칼 전체를 이용하여 3 : 2의 비율로 칼을 약간 기울여 횟감용 살을 두개로 분리해서 준비한다.
③ 접시바깥쪽의 국화모양은 살의 폭이 넓은 부분으로, 안쪽의 국화모양은 살의 폭이 작은 부분으로 사용한다.

④ 복어 회를 뜨기 전에 마른 면보로 감싸서 물기를 제거하고 숙성시킨다.
⑤ 도마 표면에 이물질이 없는지 확인하고 도마와 칼을 청결히 준비한다.
⑥ 큰 폭의 복어살을 먼저 사용하고 복어 살을 왼쪽 집게손가락으로 살짝 눌러 고정시키고 칼날 전체를 사용하여 비스듬하게 위에서 아래로 당기는 기분으로 일정한 폭과 길이로 잘라낸다.
⑦ 복어는 결의 반대 방향으로 폭 2~3cm, 길이 6~7cm가 되도록 자른다.
⑧ 일정한 모양과 크기를 나타내기 위해 칼 각도를 조절하여 복어 살의 폭이 좁아지면 칼을 눕히고, 길이가 짧아지면 칼을 세워 모양과 크기에 맞춰 잘라 낸다.
⑨ 도마와 칼의 물기와 손에 묻은 점액성분 등 위생면보로 깨끗이 제거하면서 청결을 유지하며 회를 자른다.

생선회 자르는법

생선회는 사시미칼을 이용하여 생선 고유의 특성을 살려서 붉은살 생선은 약간 두껍게 흰살 생선은 얇게 썰어야 생선의 쫄깃함과 담백함을 느낄 수 있다.

- **평 썰기 : 히라즈쿠리(平造リ)**
  주로 참치회 썰기에 이용하는 방법으로 생선을 자르는 법 중 가장 많이 사용되는 방법이다. 칼 손잡이 부분에서 자르기 시작하여 그대로 잡아 당기듯이 자른다.

- **잡아 당겨 썰기 : 히키즈쿠리(引造リ)**
  살이 부드러운 생선의 뱃살 부분을 썰 때 칼을 비스듬히 눕혀서 써는 방식이다.

- **깎아 썰기 : 소기즈쿠리(削造リ)**
  사시미 아라이(얼음물에 씻는 회)할 생선이나 모양이 좋지 않은 회를 자를 때 써는 방법이다.

- **얇게 썰기 : 우스즈쿠리(薄造リ)**
  복어처럼 살에 탄력이 있는 흰살 생선을 최대한 얇게 써는 방법으로 높은 기술을 요구한다.

- **가늘게 썰기 : 호소즈쿠리(細造リ)**
  도미, 광어, 한치 등을 가늘게 써는 방법이다.

- **각 썰기 : 가쿠즈쿠리(角造リ)**
  방어나 참치 등의 붉은살 생선을 직사각형 또는 사각으로 자르는 방법이다.

- **실 굵기 썰기 : 이토즈쿠리(絲造リ)**
  실처럼 가늘게 써는 방법으로 주로 도미나, 광어, 오징어 등을 가늘게 썰 때 사용하며 선도가 좋지 않을 경우 찢어지기 때문에 싱싱한 생선을 썰 때 이용한다.

- **뼈째 썰기 : 세고시(背越)**
  전어, 병어, 은어 등 작은 생선을 손질 후 뼈째 썰어 먹는 방법이다.

3. 복어 회 국화모양 접시에 담기

(1) 복어 회 국화모양 접시에 담기

① 복어 회는 삼각모양을 유지하면서 칼날 전체를 사용하여 꼬리부분쪽에서 머리부분으로 당겨 썰면서 시계반대방향으로 일정한 간격으로 원을 그리듯이 담는다.

② 안쪽 회는 바깥쪽 회보다 작은 크기의 국화모양으로 원을 그리듯이 시계 반대 방향으로 겹쳐서 담는다.

③ 접시의 중앙에는 복어 회를 말아 꽃 모양으로 만들어 놓는다.

④ 복어살에서 제거한 얇은 막은 끓는 물에 데쳐서 말린 복어 지느러미와 함께 나비 모양으로 만든다.

⑤ 국화모양을 유지하면서 담아지고 있는지 살피면서 담는다.

⑥ 국화모양을 최대한 표현하여 담으며, 복어 회에 비추어 접시의 색깔이 보이도록 담는다.

⑦ 접시에 꽃모양으로 만든 복어와 지느러미와 껍질로 만든 나비와 함께 올려 국화접시 담기를 완성한다.

⑧ 그 외 모란꽃모양, 학모양, 공작모양 등의 형상에 맞춰 접시에 담아 표현하는 방법도 있다.

⑨ 복어 회를 담는 접시는 색이 있는 원형접시를 선택하는 것이 좋다.

⑩ 그릇의 그림이 먹는 사람의 정면에 오도록 담는다.

(2) 복어 회 국화모양과 함께 곁들이는 재료

① 폰즈소스를 만든다(다시물1 : 진간장1 : 식초1).

② 야쿠미를 만든다. – 접시에 담는다.

　ㄱ. 빨간 무즙(모미지오로시, 무간 것, 고운고춧가루)

　ㄴ. 곱게 썬 실파

　ㄷ. 반달썰기한 레몬

③ 곁들임 재료 완성 – 접시에 미나리, 야쿠미, 폰즈소스와 함께 담아서 완성한다.

복어 조리 Test

01 다음은 북어의 감별법이다. 신선한 북어가 아닌 것은?

① 탄력성 : 사후 10분~수 시간 이내의 어류는 근육이 강직되어 손가락으로 눌러도 자국이 생기지 않는다.
② 눈(안구) : 안구는 맑고 투명하며 밖으로 약간 돌출되어 있다.
③ 근육 : 탄력이 있고 뼈에서 살이 쉽게 떨어지거나 분리되지 않는다.
④ 아가미의 색은 갈색을 띄고, 끈적끈적한 점액물질이 생겼다.

해설
- 표피 : 선명한 색을 띄고 밝고 광택이 난다.
- 비늘의 밀착도 : 비늘이 표피에 단단히 붙어 밀착되어 있는 것이 신선하다.
- 복부 : 탄력이 있고 내장이 나오지 않아야 신선한 것이다.
- 아가미의 색은 밝은 선홍색을 띄며, 점액물질이 생기고 갈색, 흑색이 되고 악취가 생기면 부패한 것이다.
- 어취 : TMA, amine, 암모니아 등의 발생으로 어취가 많이 난다.

02 다음 중 복어의 독성물질은 어느 것인가?

① 삭시톡신(Saxitoxin)
② 엔테로톡신(Enterotoxin)
③ 베네루핀(Vernerupin)
④ 테트로도톡신(Etrodotoxin)

해설
- 삭시톡신(Saxitoxin) – 섭조개(홍합), 대합
- 엔테로톡신(Enterotoxin) – 포도상구균
- 베네루핀(Vernerupin) – 모시조개, 굴, 바지락

03 다음중 식용이 불가능한 복어는?

① 독고등어복 ② 까치복
③ 밀복   ④ 황복

해설
- 식용 불가능한 복어 : 독고등어복, 가시복, 쥐복, 벌복, 상자복 등

04 복어지리에 들어가는 복 떡 굽기의 순서로 올바른 것은?

① 복떡 자르기 – 쇠꼬챙이에 꽂기 – 얼음물에 식히기 – 직화로 굽기
② 복떡 자르기 – 쇠꼬챙이에 꽂기 – 얼음물에 식히기 – 직화로 굽기
③ 복떡 자르기 – 쇠꼬챙이에 꽂기 – 직화로 굽기 – 얼음물에 식히기
④ 쇠꼬챙이에 꽂기 – 복떡자르기 – 직화로 굽기 – 얼음물에 식히기

해설
복떡굽기 순서
계량하기 → 손질하기 → 쇠꼬챙이에 꽂기 → 굽기 → 얼음물에 식히기 → 완성하기

05 복어요리에 사용되는 초간장(폰즈)에 들어가는 재료가 아닌 것은?

① 다시마   ② 가다랑어
③ 영귤   ④ 고춧가루

해설
- 초간장은 폰즈라고 하며 폰즈는 감귤류의 과즙(레몬, 라임, 오렌지, 유자, 카보스, 영귤 등)에 식초와 간장을 섞은 것이다.
- 재료 – 다시마, 가다랑어, 식초, 간장, 감귤류(레몬, 라임, 유자, 영귤), 설탕

정답 01 ④ 02 ④ 03 ① 04 ③ 05 ④

06 복어요리에서 양념(야꾸미)에 들어가는 재료가 아닌 것은?

① 다시마　　② 고춧가루
③ 실파　　　④ 무

해설
무(大根 : 다이콘), 실파(ワケギ : 와케기), 고춧가루(唐辛子粉 : 도카라시) 등을 이용해 양념(야꾸미)을 만든다.

07 복어요리에서 참깨소스에 들어가는 재료가 아닌 것은?

① 간장　　　　　　② 참깨
③ 조미술(맛술, 미림)　④ 가다랑어

해설
참깨 소스(ゴマのソース : 고마다래)
볶은 깨를 갈아서 간장, 미림 등의 양념을 넣어서 맛을 낸 양념으로 담백한 냄비요리 등에 찍어 먹는다.

08 복어의 껍질 가시를 제거하기에 적당한 칼은?

① 우스바 보우쵸우
② 데바 보우쵸우
③ 사사미 보우쵸우
④ 우나사키 보우쵸우

해설
- 우스바 보우쵸우 : 채소칼
- 데바 보우쵸우 : 뼈나 무거운 것을 자를때 사용
- 사사미 보우쵸우 : 사시미를 뜰때 사용
- 우나사키 보우쵸우 : 장어용 칼

09 복어 죽을 끓일 때 적당하지 않은 재료는?

① 쌀　　　② 실파
③ 달걀　　④ 취나물

해설
복어 죽 부재료 준비
① 다시마, 복어뼈 준비　② 쌀, 밥 준비
③ 달걀 준비　　　　　④ 실파 준비
⑤ 복어살 河豚(ふぐ)の身(み), 참나물 三つ葉(みつば) 준비
⑥ 정소 준비하기　　　⑦ 김 준비

10 복어 죽을 끓일 때 사용하는 맛국물 재료로 묶어진 것은?

① 다시마, 복어뼈　② 다시마, 멸치
③ 복어뼈, 새우　　④ 멸치, 새우

11 복어 튀김옷을 만드는 가루 재료가 맞게 짝지어진 것은?

① 박력분 또는 전분
② 강력분 또는 전분
③ 중력분 또는 전분
④ 강력본과 중력분

해설
복어 튀김옷 준비
- 밀가루(박력분)를 이용하여 튀김옷을 만든다.
- 전분을 이용하여 튀김옷을 만든다.
- 밀가루(박력분)와 전분을 이용하여 튀김옷을 만든다.

정답　06 ①　07 ④　08 ③　09 ④　10 ①　11 ①

12 튀김과 함께 제공되는 간장소스는 무엇인가?

① 고로모 ② 덴다시
③ 덴카츠 ④ 아게다시

해설 덴다시 : 튀김과 함께 늘 제공되는 튀김을 찍어 먹는 간장 소스(진간장1 : 맛술1 : 다시4)

13 지역별 가라아게 중에 닭날개를 이용한 튀김으로 달콤한 소스에 산초, 참깨, 소금, 후추 등을 뿌려 먹는 튀김요리는?

① 니이가타현 ② 에히메현
③ 아이치현 ④ 나가노현

해설
- 니이가타현 : 한바아게(半羽揚げ)
닭을 뼈째 반으로 가른 후 박력분을 이용하여 튀긴요리
- 에히메현 : 센잔키(せんざんき)
닭을 뼈째 튀긴 중국의 루안자지軟炸鶏(Ruan zha ji)에서 유래한 요리로 닭뼈에서 우러난 감칠맛과 양념의 맛이 잘 우러난 요리
- 나가노현 : 산조쿠 야끼(山賊焼き)
닭고기의 다리살 부분을 통째로 마늘, 간장등으로 양념하여 녹말가루를 묻혀 튀긴 요리.

14 복어 회를 제공할 때 곁들임 재료로 맞게 짝지어진 것?

① 미나리, 무, 레몬, 실파
② 미나리, 참나물, 유자, 무
③ 참나물, 레몬, 실파, 무
④ 취나물, 무, 레몬, 유자

15 생선의 비린내를 제거하는 방법이 아닌것은?

① 물로 씻기
② 산 첨가
③ 간장과 된장첨가
④ 고춧가루를 뿌림

정답 12 ② 13 ③ 14 ① 15 ④

미림원 조리기능사 필기 총정리

부록1

기출모의고사

1~5회

기출모의고사 1회

01 식육 및 어육 등의 가공육제품의 육색을 안정하게 유지하기 위하여 사용되는 식품첨가물은?

① 아황산나트륨
② 질산나트륨
③ 몰식자산프로필
④ 이산화염소

해설 질산나트륨은 가공육제품의 육색을 유지하기 위해 사용하는 첨가물로 발색제에 해당된다.

02 식품위생의 목적이 아닌 것은?

① 위생상의 위해방지
② 식품영양의 질적 향상도모
③ 국민보건의 증진
④ 식품산업의 발전

해설 식품으로 인한 위생상의 위해를 방지하고 식품영양의 질적 향상을 도모하며 식품에 관한 올바른 정보를 제공함으로써 국민보건의 증진에 이바지함을 목적으로 하는 것을 말한다.

03 다음 보기에서 설명하는 곰팡이 독소물질은?

> 1960년 영국에서 10만 마리의 칠면조가 간장 장해를 일으켜 대량폐상한 사고가 발생하여 원인을 조사한 결과 땅콩박에서 Apergillus flavus가 번식하여 생성한 독소가 원인 물질로 밝혀졌다.

① 오크라톡신(Ochratoxin)
② 에르고톡신(Ergotoxin)
③ 아플라톡신(Aflatoxin)
④ 루브라톡신(Rubratoxin)

해설 아플라톡신은 곰팡이가 땅콩류에 침입하여 아플라톡신 독소를 만들어 인체에 간장독을 유발한다.

04 식육 및 어육제품의 가공 시 첨가되는 아질산염과 제2급 아민이 반응하여 생기는 발암물질은?

① 벤조피렌(Benzopyrene)
② PCB(Polychlorinated biphenyl)
③ 엔 니트로사민(N-nitrosamine)
④ 말론알데히드(Malonaldehyde)

해설 두개의 메틸기와 엔-나이트로소(N-NO)기를 가지고 있는 화합물. 대부분은 발암성이다.

05 알레르기성 식중독에 관계되는 원인 물질과 균은?

① 아세토인(Acetoin), 살모넬라균
② 지방(Fat), 장염비브리오균
③ 엔테로톡신(Enterotoxin), 포도상구균
④ 히스타민(Histamine), 모르가니균

해설 히스타민은 혈액중 또는 많은 동물조직에 다른 물질과 결합하여 불활성 상태로 존재한다. 이것이 과잉으로 유리되면 알레르기 증상을 나타낸다.

06 초기에 두통, 구토, 설사 증상을 보이다가 심하면 실명을 유발하는 것은?

① 아우라민
② 메탄올
③ 무스카린
④ 에르고타민

해설 메탄올은 구토, 두통, 실명이 나타나고, 심하면 호흡 곤란도 일으켜 사망할 수 있다.

정답 01 ② 02 ④ 03 ③ 04 ③ 05 ④ 06 ②

07 감자의 부패에 관여하는 물질은?

① 솔라닌(Solanine)
② 셉신(Sepsine)
③ 아코니틴(Aconitine)
④ 시큐톡신(Cicutoxin)

해설 부패한 감자독은 셉신이다.

08 발육 최적온도가 25 ~ 37℃인 균은?

① 저온균　　② 중온균
③ 고온균　　④ 내열균

해설
균의 종류
저온균(15~20℃), 중온균(25~37℃), 고온균(55~66℃)

09 우리나라에서 간장에 사용할 수 있는 보존료는?

① 프로피온산(Propionic acid)
② 이초산나트륨(Sodium diacetate)
③ 안식향산(Benzoic acid)
④ 소르빈산(Sorbic acid)

해설 안식향산은 탄산음료, 간장, 과실, 채소류에 사용된다.

10 세균의 장독소(Enterotoxin)에 의해 유발되는 식중독은?

① 황색포도상구균 식중독
② 살모넬라 식중독
③ 복어 식중독
④ 장염비브리오 식중독

해설 포도상구균 식중독은 화농성 질환의 대표적인 원인균으로 원인독소는 엔테로톡신 장독소이다

11 식품위생법상 식품, 식품첨가물, 기구 또는 용기 포장에 기재하는 "표시"의 범위는?

① 문자
② 문자, 숫자
③ 문자, 숫자, 도형
④ 문자, 숫자, 도형, 음향

해설 식품, 식품첨가물, 기구 또는 용기, 포장에 적은 문자, 숫자 또는 도형은 식품위생법상 "표시"의 범위에 해당된다.

12 조리사 면허의 취소처분을 받은 때 면허증 반납은 누구에게 하는가?

① 보건복지부장관
② 특별자치도지사, 시장, 군수, 구청장
③ 식품의약품안전처장
④ 보건소장

해설 조리사 면허의 취소처분은 면허증을 특별자치도지사, 시장, 군수, 구청장에게 반납한다.

정답　07 ②　08 ②　09 ③　10 ①　11 ③　12 ②

13 영업허가를 받아야 하는 업종은?

① 식품운반업 ② 유흥주점영업
③ 식품제조가공업 ④ 식품소분판매업

14 식품위생법에서 정하고 있는 식품 등의 위생적인 취급에 관한 기준에 대한 설명으로 틀린 것은?

① 식품 등의 제조, 가공, 조리에 직접 사용되는 기계, 기구 및 음식기는 사용후에 세척, 살균하는 등 항상 청결하게 유지, 관리하여야 한다.
② 어류, 육류, 채소류를 취급하는 칼, 도마는 각각 구분하여 사용하여야 한다.
③ 제조, 가공하여 최소판매 단위로 포장된 식품을 허가 받지 아니하고 포장을 뜯어 분할하여 판매하여서는 아니 되나, 컵라면 등 그 밖의 음식류에 뜨거운 물을 부어 주기 위하여 분할하는 경우는 가능하다.
④ 식품 등의 원료 및 제품 등은 모두 냉동, 냉장시설에 보관, 관리하여야 한다.

해설 7일 이상 보존성이 없는 식품은 가능한 냉장 또는 냉동 시설에서 보관·유통하여야 한다.

15 식품 등을 제조, 가공하는 영업을 하는 자가 제조, 가공하는 식품 등이 식품위생법 규정에 의한 기준, 규격에 적합한지 여부를 검사한 기록서를 보관해야 하는 기간은?

① 6개월 ② 1년
③ 2년 ④ 3년

해설 자가품질검사에 관한 기록서를 2년간 보관하여야 한다.

16 탄수화물의 구성요소가 아닌 것은?

① 탄소 ② 질소
③ 산소 ④ 수소

해설 탄산화물과 지질은 탄소, 수소, 산소로 이루어져 있다.

17 라이코펜은 무슨 색이며, 어떤 식품에 많이 들어있는가?

① 붉은색 – 당근, 호박, 살구
② 붉은색 – 토마토, 수박, 감
③ 노란색 – 옥수수, 고추, 감
④ 노란색 – 새우, 녹차, 노른자

해설 라이코펜은 적색을 띠며 수박, 토마토, 감, 앵두, 등에 들어있다.

18 알칼리성 식품의 성분에 해당하는 것은?

① 유즙의 칼슘(Ca) ② 생선의 황(S)
③ 곡류의 염소(Cl) ④ 육류의 인(P)

해설 우유는 동물성 식품이지만 칼슘(Ca)이 다량 함유되어 있어 알칼리성 식품에 해당된다.

19 함유된 주요 영양소가 잘못 짝지어진 것은?

① 북어포 : 당질, 지방
② 우유 : 칼슘, 단백질
③ 두유 : 지방, 단백질
④ 밀가루 : 당질, 단백질

해설 북어포는 단백질이 풍부하다.

정답 13 ② 14 ④ 15 ③ 16 ② 17 ② 18 ① 19 ①

20 이당류인 것은?

① 설탕(Sucrose)
② 전분(Starch)
③ 과당(Fructose)
④ 갈락토오스(Galactose)

해설
- 다당류 – 전분, 글리코겐, 섬유소, 펙틴
- 이당류 – 설탕, 엿당(맥아당), 유당(젖당)
- 단당류 – 포도당, 과당, 갈락토오스

21 훈연 시 육류의 보전성과 풍미 향상에 가장 많이 관여하는 것은?

① 유기산   ② 숯 성분
③ 탄소   ④ 페놀류

해설 페놀류에 의해서 살균력과 항산화력 등 저장성을 갖는다.

22 동물이 도축된 후 화학변화가 일어나 근육이 긴장되어 굳어지는 현상은?

① 사후경직   ② 자기소화
③ 산화   ④ 팽화

해설 사후경직이란 동물은 도살하여 방치하면 근육이 단단해지는 현상을 말한다.

23 클로로필(Chlorophyll) 색소의 포르피린 고리에 결합되어 있는 이온은?

① Cv^{2+} ② Mg^{2+}
③ Fe^{2+} ④ Na^{+}

24 생선 육질이 소고기 육질보다 연한 것은 주로 어떤 성분의 차이에 의한 것인가?

① 글리코겐(Glycogen)
② 헤모글로빈(Hemoglobin)
③ 포도당(Glucose)
④ 콜라겐(Collagen)

해설 기질단백질(주성분은 콜라겐)의 함량이 적기 때문에 어육이 수육에 비해 연하며 소화가 잘된다.

25 식품의 단백질이 변성되었을 때 나타나는 현상이 아닌 것은?

① 소화효소의 작용을 받기 어려워진다.
② 용해도가 감소한다.
③ 점도가 증가한다.
④ 폴리펩티드(Polypeptide) 사슬이 풀어진다.

26 고구마 100g이 72kcal의 열량을 낼 때, 고구마 350g은 얼마의 열량을 공급하는가?

① 234kcal   ② 252kcal
③ 324kcal   ④ 384kcal

해설
100 : 72 = 350 : X
100 X = 72 × 350
X = 72 × 350 / 100
X = 25,200 / 100
X = 252
∴ = 350g의 고구마는 252kcal이 열량을 낸다.

정답 20 ① 21 ④ 22 ① 23 ② 24 ④ 25 ① 26 ②

27 치즈 제조에 사용되는 우유단백질을 응고시키는 효소는?

① 프로테아제(Protease)
② 렌닌(Rennin)
③ 아밀라아제(Amylase)
④ 말타아제(Maltase)

해설 치즈는 카제인을 렌닌이라는 효소로 응고시켜 숙성한 우유가공품이다.

28 쌀의 도정도가 증가할 때 나타나는 현상은?

① 빛깔이 좋아진다.
② 조리시간이 증가한다.
③ 소화율이 낮아진다.
④ 영양분이 증가한다.

해설 도정도가 커질수록 영양성분은 감소, 빛깔은 좋아지며, 밥맛과 소화흡수율이 높아진다.

29 비타민에 대한 설명 중 틀린 것은?

① 카로틴은 프로비타민 A이다.
② 비타민 E는 토코페롤이라고도 한다.
③ 비타민 B_{12}는 망간(Mn)을 함유한다.
④ 비타민 C가 결핍되면 괴혈병이 발생한다.

해설 비타민 B_{12}는 코발트를 함유하고 있다.

30 생선묵의 점탄성을 부여하기 위해 첨가하는 물질은?

① 소금　　　② 전분
③ 설탕　　　④ 술

해설 전분은 점성과 탄성을 부여한다.

31 육류조리에 대한 설명으로 맞는 것은?

① 목심, 양지, 사태는 건열조리에 적당하다.
② 안심, 등심, 염통, 콩팥은 습열조리에 적당하다.
③ 편육은 고기를 냉수에서 끓이기 시작한다.
④ 탕류는 고기를 찬물에 넣고 끓이며, 끓기 시작하면 약한 불에서 끓인다.

해설 양지와 사태는 질긴 부위이므로 습열조리, 안심과 등심, 목심, 염통, 콩팥은 건열조리에 적합하다.

32 냄새나 증기를 배출시키기 위한 환기시설은?

① 트랩　　　② 트랜치
③ 후드　　　④ 컨베이어

해설 후두의 모양은 환기속도와 주방의 위치에 따라 달라지며 4방향이 환기시설로는 가장 효율적이다.

33 시금치나물을 조리할 때 1인당 80g이 필요하다면, 식수인원 1,500명에 적합한 시금치 발주량은? (단, 시금치 폐기율은 5%이다.)

① 100kg　　　② 122kg
③ 127kg　　　④ 132kg

해설
$$총발주량 = \frac{정미중량 \times 100 \times 인원수}{(100-폐기율)}$$
$$= \frac{80 \times 100 \times 1500}{(100-5)}$$
$$= 126,315g$$
∴ 식수인원 1,500명에 적합한 시금치 발주량은 127kg

정답 27 ②　28 ①　29 ③　30 ②　31 ④　32 ③　33 ③

34 신체의 근육이나 혈액을 합성하는 구성영양소는?

① 단백질　② 무기질
③ 물　　　④ 비타민

해설
- 열량영양소 : 당질과 단백질, 지질
- 구성영양소 : 단백질과 칼슘
- 조절영양소 : 무기질 및 비타민

35 단당류에서 부제탄소원자가 3개 존재하면 이론적인 입체 이성체 수는?

① 2개　② 4개
③ 6개　④ 8개

36 전분의 호화와 점성에 대한 설명 중 옳은 것은?

① 곡류는 서류보다 호화온도가 낮다.
② 전분의 입자가 클수록 빨리 호화된다.
③ 소금은 전분의 호화와 점도를 촉진시킨다.
④ 산 첨가는 가수분해를 일으켜 호화를 촉진시킨다.

해설 입자가 클수록 호화되기 쉽고, 소금과 같은 나트륨 성분은 호화전분의 점도를 낮춘다.

37 점성이 없고 보슬보슬한 매쉬드 포테이토(Mashed popato)용 감자로 가장 알맞은 것은?

① 충분히 숙성한 분질의 감자
② 전분의 숙성이 불충분한 수확 직후의 햇감자
③ 소금 1컵 : 물 11컵의 소금물에서 표면에 뜨는 감자
④ 10℃ 이하의 찬 곳에 저장한 감자

38 김치를 담근 배추와 무가 물러졌을 때 그 원인에 해당하지 않는 것은?

① 김치 담글 때 배추와 무를 충분히 씻지 않았다.
② 김치 국물이 적어 국물 위로 김치가 노출되었다.
③ 김치를 꺼낼 때마다 꾹꾹 눌러 놓지 않았다.
④ 김치 숙성의 적기가 경과되었다.

해설 김치가 공기와 접촉하면 호기성 산막 미생물에 의해 분비되는 효소로 인해 펙틴질이 분해되어 김치가 물러지는 현상이다.

39 난백의 기포성에 관한 설명으로 옳은 것은?

① 신선한 달걀의 난백이 기포형성이 잘된다.
② 수양난백이 농후난백보다 기포형성이 잘된다.
③ 난백거품을 낼 때 다량의 설탕을 넣으면 기포형성이 잘된다.
④ 실온에 둔 것보다 냉장고에서 꺼낸 난백의 기포 형성이 쉽다.

해설 1~2주 경과한 달걀이 점성이 낮아 기포성이 좋으며, 점성이 좋은 농후난백보다 점성이 낮은 수양난백이 기포성은 좋지만 안정성은 떨어진다.

정답 34 ①　35 ④　36 ②　37 ①　38 ①　39 ②

40 식품의 감별법 중 틀린 것은?

① 감자 – 병충해, 발아, 외상, 부패 등이 없는 것
② 송이버섯 – 봉오리가 크고 줄기가 부드러운 것
③ 생과일 – 성숙하고 신선하며 청결한 것
④ 달걀 – 표면이 거칠고 광택이 없는 것

해설 갓의 지름이 8cm 이상이며 곧게 쭉 뻗은 것이 송이버섯은 좋은 것이다.

41 식물성 유지가 아닌 것은?

① 올리브유   ② 면실유
③ 피마자유   ④ 버터

해설 우유의 지방분을 모아 가열살균한 후 젖산균을 넣어 발효시킨 유가공식품은 버터이다.

42 조리기기 및 기구와 그 용도의 연결이 틀린 것은?

① 필러(Peeler) : 채소의 껍질 벗길 때
② 믹서(Mixer) : 재료를 혼합할 때
③ 슬라이서(Clicer) : 채소를 다질 때
④ 육류파우더(Meat pounder) : 육류를 연화시킬 때

해설 재료를 저며 내는 기계가 슬라이서이다.

43 알칼로이드성 물질로 커피의 자극성을 나타내고 쓴맛에도 영향을 미치는 성분은?

① 주석산(Tartaric acid)
② 카페인(Caffein)
③ 탄닌(Tannin)
④ 개미산(Formic acid)

해설 카페인은 커피의 쓴맛에 중요한 역할을 하고 흥분작용을 일으킨다.

44 전분을 주재료로 이용하여 만든 음식이 아닌 것은?

① 도토리묵   ② 크림스프
③ 두부   ④ 죽

해설 무기염류(응고제)를 넣어 응고시킨 두류가공품이다.

45 에너지 전달에 대한 설명으로 틀린 것은?

① 물체가 열원에 직접적으로 접촉됨으로써 가열되는 것을 전도라고 한다.
② 대류에 의한 열의 전달은 매개체를 통해서 일어난다.
③ 대부분의 음식은 전도, 대류, 복사 등의 복합적 방법에 의해 에너지가 전달되어 조리된다.
④ 열의 전달 속도는 대류가 가장 빨라 복사, 전도보다 효율적이다.

정답 40 ② 41 ④ 42 ③ 43 ② 44 ③ 45 ④

46 냉동 육류를 해동시키는 방법 중 영양소 파괴가 가장 적은 것은?

① 실온에서 해동한다.
② 40℃의 미지근한 물에 담근다.
③ 냉장고에서 해동한다.
④ 비닐봉지에 싸서 물속에 담근다.

해설 냉장고에서 해동하는 방법이 최대한 드립현상을 막을 수 있다.

47 쌀을 지나치게 문질러서 씻을 때 가장 손실이 큰 비타민은?

① 비타민 A
② 비타민 B_1
③ 비타민 D
④ 비타민 E

해설 쌀을 지나치게 문질러 씻게 되면 비타민 B_1의 손실이 발생한다.

48 단체급식의 문제점이 아닌 것은?

① 영양가의 산출 오류나 조리 기술의 부족은 영양저하를 일으킬 수 있다.
② 식중독 및 유독물질이나 세균의 혼입으로 위생사고가 발생할 수 있다.
③ 짧은 시간 내에 다량의 음식을 준비하므로 다양한 음식의 개발이 어렵다.
④ 국가의 식량정책에 협조하여 식단을 작성하므로 제철식품의 사용이 어렵다.

해설 계절식품을 이용하면 식재료 절감과 식단의 변화를 가져올 수 있다.

49 생선조리 방법으로 적합하지 않은 것은?

① 탕을 끓일 경우 국물을 먼저 끓인 후에 생선을 넣는다.
② 생강은 처음부터 넣어야 어취 제거에 효과적이다.
③ 생선조림은 양념장을 끓이다가 생선을 넣는다.
④ 생선 표면을 물로 씻으면 어취가 감소된다.

해설 생강의 탈취작용을 저해하므로 반드시 단백질을 변화시킨 후 생강을 넣는다.

50 육류의 사후강직과 숙성에 대한 설명으로 틀린 것은?

① 사후강직은 근섬유가 미오글로빈(Myoglobin)을 형성하여 근육이 수축되는 상태이다.
② 도살 후 글리코겐이 혐기적 상태에서 젖산을 생성하여 pH가 저하된다.
③ 사후강직 시기에는 보수성이 저하되고 육즙이 많이 유출된다.
④ 자가분해효소인 카텝신(Cathepsin)에 의해 연해지고 맛이 좋아진다.

해설 근육 중에 섬유상 단백질인 액틴과 미오신이 결합하여 엑토미오신을 생성함으로써 근육이 수축되는 상태이다.

정답 46 ③   47 ②   48 ④   49 ②   50 ①

51 감염병의 병원체를 내포하고 있어 감수성 숙주에게 병원체를 전파시킬 수 있는 근원이 되는 모든 것을 의미하는 용어는?

① 감염경로　　② 병원소
③ 감염원　　　④ 미생물

해설 감염병 발생의 3대 요소
감염원(병원체, 병원소), 감염경로(환경), 숙주

52 채소류로부터 감염되는 기생충은?

① 동양모양선충, 편충　② 회충, 무구조충
③ 십이지장충, 선모충　④ 요충, 유구조충

해설 동양모양선충은 내염성이 강하다.(절임채소에도 부착되어 감염된다.)

53 모기에 의해 전파되는 감염병은?

① 콜레라　　② 장티푸스
③ 말라리아　④ 결핵

해설 모기가 매개하는 질병 : 말라리아, 일본뇌염, 황열, 댕기열 등

54 광화학적 오염물질에 해당하지 않는 것은?

① 오존　　② 케톤
③ 알히드　④ 탄화수소

55 소음에 있어서 음의 크기를 측정하는 단위는?

① 데시벨(dB)　② 폰(phon)
③ 실(SIL)　　　④ 주파수(Hz)

해설 음의 크기를 나타내는 단위이며, 1,000Hz의 순음의 크기와 평균적으로 같은 크기로 느끼는 음의 크기를 폰(phon)이라고 한다.

56 모체로부터 태반이나 수유를 통해 얻어지는 면역은?

① 자연능동면역　② 인공능동면역
③ 자연수동면역　④ 인공수동면역

해설 후천적 면역
1. 수동면역
 • 자연수동면역 : 모체로부터 얻은 면역
 • 인공수동면역 : 혈청제재의 접종을 획득되는 면역
2. 능동면역
 • 자연능동면역 : 질병 감염 후 획득한 면역
 • 인공능동면역 : 예방접종으로 획득한 면역

57 질병을 매개하는 위생해충과 그 질병의 연결이 틀린 것은?

① 모기 – 사상충증, 말라리아
② 파리 – 장티푸스, 발진티푸스
③ 진드기 – 유행성출혈열, 쯔쯔가무시증
④ 벼룩 – 페스트, 발진열

해설 이가 매개하는 질병 : 발진티푸스, 재귀열

정답　51 ③　52 ①　53 ③　54 ④　55 ②　56 ③　57 ②

58 다수인이 밀집한 실내 공기가 물리, 화학적 조성의 변화로 불쾌감, 두통, 권태, 현기증 등을 일으키는 것은?

① 자연독　　② 진균독
③ 산소중독　　④ 군집독

해설　다수인이 밀집한 곳의 실내공기는 화학적 조성이나 물리적 조성의 변화로 인하여 불쾌감, 두통, 권태, 현기증, 구토 등의 생리적 이상을 일으키는데 이러한 현상을 군집독이라고 한다.

59 온열요소가 아닌 것은?

① 기온　　② 기습
③ 기류　　④ 기압

해설　기온, 기습, 기류, 복사열 : 온열조건(인자)

60 공중보건에 대한 설명으로 틀린 것은?

① 목적은 질병예방, 수명연장, 정신적, 신체적 효율의 증진이다.
② 공중보건의 최소단위는 지역사회이다.
③ 환경위생 향상, 감염병 관리 등이 포함된다.
④ 주요 사업대상은 개인의 질병치료이다.

해설　공중보건의 사업대상은 개인이 아닌 지역사회의 인간집단이며 최소 단위는 지역사회를 말한다.

정답　58 ④　59 ④　60 ④

기출모의고사 2회

01 빵을 비롯한 밀가루제품에서 밀가루를 부풀게 하여 적당한 형태를 갖추게 하기 위해 사용되는 첨가물은?

① 팽창제　② 유화제
③ 피막제　④ 산화방지제

> **해설** 팽창제는 빵이나 비스킷 등을 부풀게 하여 적당한 크기의 형태와 조직을 갖게 하기 위해 사용하는 첨가물이다.

02 곰팡이에 의해 생성되는 독소가 아닌 것은?

① 아플라톡신　② 시트리닌
③ 엔테로톡신　④ 파튤린

> **해설** 포도상구균 식중독 : 엔테로톡신

03 사용목적별 식품첨가물의 연결이 틀린 것은?

① 착색료 : 철클로로필린나트륨
② 소포제 : 초산비닐수지
③ 표백제 : 메타중아황산칼륨
④ 감미료 : 삭카린나트륨

> **해설** 초산비닐수지는 피막제, 규소수지는 소포제로 사용된다.

04 열경화성 합성수지제 용기의 용출시험에서 가장 문제가 되는 유독 물질은?

① 메탄올　② 아질산염
③ 포름알데히드　④ 연단

> **해설** 합성수지 및 화학제품제조 등에 발생하며 인체에 대한 독성이 강한 것은 포름알데히드 이다.

05 식품취급자가 손을 씻는 방법으로 적합하지 않은 것은?

① 살균효과를 증대시키기 위해 역성비누액에 일반 비누액을 섞어 사용한다.
② 팔에서 손으로 씻어 내려온다.
③ 손을 씻은 후 비눗물을 흐르는 물에 충분히 씻는다.
④ 역성비누원액을 몇 방울 손에 받아 30초 이상 문지르고 흐르는 물로 씻는다.

> **해설** 보통비누와 함께 사용하거나, 유기물이 존재하면 살균효과가 떨어지므로 세제로 씻은 후 역성비누를 사용한다.

06 히스타민 함량이 가장 많아 알레르기성 식중독을 일으키기 쉬운 어육은?

① 넙치　② 대구
③ 가다랑어　④ 도미

> **해설** 주로 푸른 어류에 전반적으로 히스타민의 농도가 높다.

07 사시, 동공확대, 언어장해 등 특유의 신경마비 증상을 나타내며 비교적 높은 치사율을 보이는 식중독 원인균은?

① 황색포도상구균
② 클로스트리디움 보툴리눔균
③ 병원성 대장균
④ 바실러스 세레우스균

> **해설**
> **클로스트리디움 보툴리눔 식중독**
> • 증상 : 신경마비증상
> • 원인식품 : 통조림가공품
> • 원인독소 : 뉴로독신
> • 잠복기 : 12~36시간

정답　01 ①　02 ③　03 ②　04 ③　05 ①　06 ③　07 ②

08 육류의 부패 과정에서 pH가 약간 저하되었다가 다시 상승하는데 관계하는 것은?

① 암모니아 ② 비타민
③ 글리코겐 ④ 지방

해설 식품의 부패가 시작되면 강한 암모니아 냄새, 휘발성 염기질소, 아민류, 황화수소와 같은 물질이 생성된다.

09 동물성 식품에서 유래하는 식중독 유발 유독성분은?

① 아마니타톡신 ② 솔라닌
③ 베네루핀 ④ 시큐톡신

해설 아마니타톡신(독버섯), 솔라닌(감자중독), 시큐톡신(독미나리)이며 베네루핀(조개류중독)은 동물성 식품에서 유래한 식중독이다.

10 황색포도상구균에 의한 독소형 식중독과 관계되는 독소는?

① 장독소 ② 간독소
③ 혈독소 ④ 암독소

해설 화농성질환의 대표적인 원인균으로 포도상구균에 의한 식중독은 포도상구균이 식품 중에 번식할 때 형성하는 엔테로톡신이라는 독소에 의해 일어난다.

11 식품 등의 표시기준에 의해 표시해야 하는 대상 성분이 아닌 것은?

① 나트륨 ② 지방
③ 열량 ④ 칼슘

12 다음 영업의 종류 중 식품접객업이 아닌 것은?

① 식품을 제조, 가공업소 내에서 직접 최종 소비자에게 판매하는 영업
② 음식류를 조리, 판매하는 영업으로서 식사와 함께 부수적으로 음주행위가 허용되는 영업
③ 집단급식소를 설치, 운영하는 자와의 계약에 의하여 그 집단급식소 내에서 음식류를 조리하여 제공하는 영업
④ 주로 주류를 판매하는 영업으로서 유흥종사자를 두거나 유흥시설을 설치할 수 있고 노래를 부르거나 춤을 추는 행위가 허용되는 영업

해설 ① 즉석판매 제조, 가공업에 해당된다.

13 식품 등을 판매하거나 판매할 목적으로 취급할 수 있는 것은?

① 병을 일으키는 미생물에 오염되었거나 그 염려가 있어 인체의 건강을 해칠 우려가 있는 식품
② 포장에 표시된 내용량에 비하여 중량이 부족한 식품
③ 영업의 신고를 하여야 하는 경우에 신고하지 아니한 자가 제조한 식품
④ 썩거나 상하거나 설익어서 인체의 건강을 해칠 우려가 있는 식품

해설 ①③④는 유해한 식품으로 판매할 수 없다.

정답 08 ① 09 ③ 10 ① 11 ④ 12 ① 13 ②

14 식품공정상 표준온도라 함은 몇 ℃ 인가?

① 5℃   ② 10℃
③ 15℃   ④ 20℃

> **해설**
> **식품의 기준 및 규격**
> 미온은 30~40℃, 상온은 15~25℃, 실온은 1~35℃

15 식품위생법상 조리사가 면허취소 처분을 받은 경우 반납하여야 할 기간은?

① 지체없이   ② 5일
③ 7일   ④ 15일

16 신선한 생육의 환원형 미오글로빈이 공기와 접촉하면 분자상의 산소와 결합하여 옥시미오글로빈으로 되는데 이때의 색은?

① 어두운 적자색   ② 선명한 적색
③ 어두운 회갈색   ④ 선명한 분홍색

> **해설** 신선한 식육 : 미오글로빈(암적색)
> 공기 중에 노출된 식육 : 옥시미오글로빈(선홍색)
> 공기 중에 장시간 노출된 식육 : 메트미오글로빈(갈색)
> 가열한 식육 : 메트미오크로노겐, 헤마틴(회갈색)

17 돼지의 지방조직을 가공하여 만든 것은?

① 헤드치즈   ② 라드
③ 젤라틴   ④ 쇼트닝

18 과실 주스에 설탕을 섞은 농축액 음료수는?

① 탄산음료   ② 스쿼시
③ 시럽   ④ 젤리

> **해설** 과일 주스에 설탕을 섞은 음료수는 스쿼시이다.

19 필수아미노산만으로 짝지어진 것은?

① 트립토판, 메티오닌
② 트립토판, 글리신
③ 라이신, 글루타민산
④ 루신, 알라닌

> **해설**
> • 성인에게 필요한 필수아미노산 : 8가지(트레오닌, 발린, 트립토판, 이소루신, 루신, 라이신, 페닐알라닌, 메티오닌)
> • 성장기 어린이에게 필요한 필수아미노산 : 10가지(성인에게 필요한 필수아미노산+알기닌,+ 히스티딘)

20 다음 물질 중 동물성 색소는?

① 클로로필   ② 플라보노이드
③ 헤모글로빈   ④ 안토잔틴

> **해설**
> • 식물성 색소 : 클로로필, 안토시안, 플라보노이드, 카로티노이드
> • 동물성 색소 : 미오글로빈, 헤모글로빈, 헤모시아닌, 아스타신, 유멜라닌

21 감자는 껍질을 벗겨 두면 색이 변화되는데 이를 막기 위한 방법은?

① 물에 담근다.
② 냉장고에 보관한다.
③ 냉동시킨다.
④ 공기 중에 방치한다.

> **해설** 갈변방지법으로는 물에 담궈 산소와의 접촉을 방해한다.

정답 14 ④   15 ①   16 ②   17 ②   18 ②   19 ①   20 ③   21 ①

22 대두에 관한 설명으로 틀린 것은?

① 콩 단백질의 주요 성분인 글리시닌은 글로불린에 속한다.
② 아미노산의 조성은 메티오닌, 시스테인이 많고 라이신, 트립토판이 적다.
③ 날콩에는 트립신 저해제가 함유되어 생식할 경우 단백질 효율을 저하시킨다.
④ 두유에 염화마그네슘이나 탄산칼슘을 첨가하여 단백질을 응고시킨 것이 두부이다.

23 달걀을 삶은 직후 찬물에 넣어 식히면 노른자 주위의 암녹색의 황화철이 적게 생기는데 그 이유는?

① 찬물이 스며들어가 황을 희석시키기 때문
② 황화수소가 난각을 통하여 외부로 발산되기 때문
③ 찬물이 스며들어가 철분을 희석하기 때문
④ 외부의 기압이 낮아 황과 철분이 외부로 빠져 나오기 때문

해설 외부쪽의 압력이 저하되므로 생성된 황화수소가 외부로 이동하여 황화 제1철은 적게 발생하므로 달걀을 삶은 직후 찬물에 넣어 바로 식힌다.

24 적자색 양배추를 채 썰어 물에 장시간 담가두었더니 탈색되었다. 이 현상의 원인이 되는 색소와 그 성질을 바르게 연결한 것은?

① 안토시아닌계 색소 - 수용성
② 플라보노이드계 색소 - 지용성
③ 헴계 색소 - 수용성
④ 클로로필계 색소 - 지용성

해설 안토시아닌 : 꽃, 과일 등의 적색 등의 색소이다. 산성에서는 선명한 적색, 중성에서는 보라색, 알칼리에서는 청색을 띤다.

25 다음 ( )에 알맞은 용어가 순서대로 나열된 것은?

> 당면은 감자, 고구마, 녹두 가루에 첨가물을 혼합, 성형하여 ( )한 후 건조, 냉각하여 ( )시킨 것으로 반드시 열을 가해 ( ) 하여 먹는다.

① α화 - β화 - α화
② α화 - α화 - β화
③ β화 - β화 - α화
④ β화 - α화 - β화

26 고등어 100g당 단백질량이 20g, 지방량이 14g이라 할 때 고등어 150g의 단백질량과 지방량의 합은?

① 34g　② 51g　③ 54g　④ 68g

해설
㉠ 고등어의 150g에 대한 단백질량
　100 : 20 = 150 : X
　100X = 3,000
　X = 30
㉡ 고등어의 150g에 대한 지방량
　100 : 14 = 150 : X
　100X = 2,100
　X = 21
단백질량과 지방량의 합은 ㉠ + ㉡
30 + 21 = 51g

정답　22 ②　23 ②　24 ①　25 ①　26 ②

27 전분에 대한 설명으로 틀린 것은?

① 아밀로오즈와 아밀로펙틴의 비율이 2:8이다.
② 식혜, 엿은 전분의 효소 작용을 이용한 식품이다.
③ 동물성 탄수화물로 열량을 공급한다.
④ 가열하면 팽윤되어 점성을 갖는다.

28 박력분에 대한 설명 중 옳은 것은?

① 마카로니 제조에 쓰인다.
② 우동 제조에 쓰인다.
③ 단백질 함량이 9% 이하이다.
④ 글루텐의 탄력성과 점성이 강하다.

해설

종류	글루텐함량	특징	용도
박력분	10% 이하	글루텐의 탄력성과 점성이 약함	케이크, 과자, 튀김옷
강력분	13% 이상	글루텐함량이 높아 탄력성과 점성이 강함	식빵, 스파게티, 마카로니
중력분	10~13%	글루텐의 탄력성, 점성 중간 정도	국수, 우동, 만두피

29 인체의 미량원소로 주로 갑상선호르몬인 싸이록신과 트리아이오도싸이록신의 구성원소로 갑상선에 들어있으며, 원소기호는 I인 영양소는?

① 요오드　② 철
③ 마그네슘　④ 셀레늄

해설　요오드 : 갑상선 호르몬을 구성하며 유즙분비를 촉진시키는 작용을 한다.

30 천연 산화방지제가 아닌 것은?

① 아스코르브산　② 안식향산
③ 토코페롤　④ BHT

해설　안식향산 : 청량음료 및 간장에 허용되어 있는 방부제이다.

31 닭튀김을 하였을 때 살코기 색이 분홍색을 나타내는 것은?

① 변질된 닭이므로 먹지 못한다.
② 병에 걸린 닭이므로 먹어서는 안 된다.
③ 근육성분의 화학적 반응이므로 먹어도 된다.
④ 닭의 크기가 클수록 분홍색 변화가 심하다.

해설　근육성분의 화학반응으로 핑크빛을 띠며 맛에는 변함이 없으며 인체에 무해하다.

32 매월 고정적으로 포함해야 하는 경비는?

① 지급운임　② 감가상각비
③ 복리후생비　④ 수당

해설　고정비 : 제품의 제조, 판매 수량의 증감에 관계없이 고정적으로 발생하는 비용으로 감가상각비, 고정급 등이 속한다.

정답　27 ③　28 ③　29 ①　30 ②　31 ③　32 ②

33 급식시설 종류별 단체급식의 목적으로 틀린 것은?

① 학교급식 – 심신의 건전한 발달과 올바른 식습관형성
② 군대급식 – 체력 및 건강증진으로 체력단련 유도
③ 사회복지시설 – 작업능률을 높이고, 효과적인 생산성의 향상
④ 병원급식 – 환자상태에 따라 특별식을 급식하여 질병 치료나 증상 회복을 촉진

해설   ③은 사업체 급식에 대한 설명이다.

34 다음 자료에 의해서 총원가를 산출하면 얼마인가?

직접재료비 170,000원	간접재료비 55,000원
직접노무비 80,000원	간접노무비 50,000원
직접경비 5,000원	간접경비 65,000원
판매경비 5,500원	일반관리비 10,000원

① 425,000원 ② 430,500원
③ 435,000원 ④ 440,500원

해설
- 직접원가 = 직접재료비 + 직접노무비 + 직접경비
- 제조원가 = 직접원가 + 제조간접비(간접재료비+간접노무비+간접경비)
- 총원가 = 제조원가 + 판매비와 관리비
∴ 직접원가 = 170,000 + 80,000 + 5,000 = 255,000원
   제조원가 = 255,000 + 제조간접비(55,000+50,000+65,000) = 425,000원
   총원가 = 425,000 + 5,500 + 10,000 = 440,500원

35 표준 조리레시피를 만들 때 포함되어야 할 사항이 아닌 것은?

① 메뉴명   ② 조리시간
③ 1일 단가 ④ 조리방법

36 달걀 삶기에 대한 설명 중 틀린 것은?

① 달걀을 완숙하려면 98 ~ 100℃의 온도에서 12분 정도 삶아야 한다.
② 삶은 달걀을 냉수에 즉시 담그면 부피가 수축하여 난각과의 공간이 생기므로 껍질이 잘 벗겨진다.
③ 달걀을 오래 삶으면 난황 주위에 생기는 황화수소는 녹색이며 이로 인해 녹변이 된다.
④ 달걀은 70℃ 이상의 온도에서 난황과 난백이 모두 응고한다.

해설 난백의 황화수소가 난황의 철분과 결합하여 황화 제1철을 만들기 때문에 달걀을 오래 삶으면 검푸른 색이 생긴다.

37 달걀의 이용이 바르게 연결된 것은?

① 농후제 – 크로켓   ② 결합제 – 만두속
③ 팽창제 – 커스터드 ④ 유화제 – 푸딩

해설
- 요리를 걸쭉하게 하는 역할 : 푸딩, 알찜, 커스터드 등
- 혼합부착역할 : 크로켓, 커틀릿 등
- 달걀의 팽창역할 : 스펀지케익, 오믈렛, 머랭 등

정답 33 ③   34 ④   35 ③   36 ③   37 ②

38 식미에 긴장감을 주고 식욕을 증진시키며 살균 작용을 돕는 매운맛 성분의 연결이 틀린 것은?

① 마늘 – 알리신 ② 생강 – 진저롤
③ 산초 – 호박산 ④ 고추 – 캡사이신

해설 호박산 : 조개류의 독특한 시원한 국물 맛을 내는 것이다.

39 일반적으로 젤라틴이 사용되지 않는 것은?

① 양갱 ② 아이스크림
③ 마시멜로우 ④ 족편

해설
- 젤라틴 응고제 음식 : 젤리, 족편, 머시멜로, 아이스크림
- 한천 응고제 음식 : 양갱, 과자, 양장피

40 오이피클 제조 시 오이의 녹색이 녹갈색으로 변하는 이유는?

① 클로로필리드가 생겨서
② 클로로필린이 생겨서
③ 페오피틴이 생겨서
④ 잔토필이 생겨서

해설 오이의 엽록소인 클로로필(녹색)을 식촛물에 담그면 페오피틴(녹갈색)이 형성된다.

41 다음 식품 중 직접 가열하는 급속해동법이 많이 이용되는 것은?

① 생선 ② 소고기
③ 냉동피자 ④ 닭고기

해설 반 조리 또는 조리된 상태의 냉동식품을 그대로 가열하거나 전자레인지를 이용하는데 냉동피자가 급속해동에 해당된다.

42 마요네즈가 분리되는 경우가 아닌 것은?

① 기름의 양이 많았을 때
② 기름을 첨가하고 천천히 저어주었을 때
③ 기름의 온도가 너무 낮을 때
④ 신선한 마요네즈를 조금 첨가했을 때

해설
마요네즈를 만들 때 분리되는 경우
기름을 너무 빠르게 많이 넣거나, 젓는 방법이 부적당할 때(회전속도가 빠를수록 유화속도가 빠르다). 기름의 온도가 낮을 때이다.

43 과일이 성숙함에 따라 일어나는 성분변화가 아닌 것은?

① 과육은 점차로 연해진다.
② 엽록소가 분해되면서 푸른색은 옅어진다.
③ 비타민 C와 카로틴 함량이 증가한다.
④ 탄닌은 증가한다.

해설 덜 익은 과일에는 탄닌이 많아 떫은 맛을 낸다.

정답 38 ③ 39 ① 40 ③ 41 ③ 42 ④ 43 ④

44 감자 150g을 고구마로 대치하려면 고구마 약 몇 g이 있어야 하는가? (당질 함량은 100g 당 감자 15g, 고구마 32g)

① 21g
② 44g
③ 66g
④ 70g

해설
- 대치식품량 = $\dfrac{\text{원래식품의 양} \times \text{원래식품의 해당성분수치}}{\text{대치하고자 하는 식품의 해당성분수치}}$
- 대치식품량 = 150 × 15 / 32
  = 2,250 / 32
  = 70.3

45 두부를 새우젓국에 끓이면 물에 끓이는 것보다 더 (   ). 괄호 안에 알맞은 말은?

① 단단해진다.
② 부드러워진다.
③ 구멍이 많이 생긴다.
④ 색깔이 하얗게 된다

해설 두부 조리 시 물에 소금을 넣고 두부를 끓이면 단단해지거나 수축되지 않아 두부가 부드럽다.

46 일반적으로 맛있게 지어진 밥은 쌀 무게의 약 몇 배 정도의 물을 흡수하는가?

① 1.2 ~ 1.4배
② 2.2 ~ 2.4배
③ 3.2 ~ 4.4배
④ 4.2 ~ 5.4배

해설
- 백미(보통) : 쌀 중량의 1.5배
- 햅쌀 : 쌀 중량의 1.4배
- 찹쌀 : 쌀 중량의 1.1~1.2배
- 불린 쌀 : 쌀 중량의 1.2배

47 일반적으로 생선의 맛이 좋아지는 시기는?

① 산란기 몇 개월 전
② 산란기 때
③ 산란기 직후
④ 산란기 몇 개월 후

해설 산란기 전에는 산란을 위하여 체내에 에너지를 지방의 형태로 많이 저장해가지고 있어서 맛이 가장 좋다.

48 식품조리의 목적과 가장 거리가 먼 것은?

① 식품이 지니고 있는 영양소 손실을 최대한 적게 하기 위해
② 각 식품의 성분이 잘 조화되어 풍미를 돋구게 하기 위해
③ 외관상으로 식욕을 자극하기 위해
④ 질병을 예방하고 치료하기 위해

해설 조리의 목적은 기호성, 영양성, 안전성, 저장성

49 식품구입시의 감별방법으로 틀린 것은?

① 육류가공품인 소시지의 색은 담홍색이며 탄력성이 없는 것
② 밀가루는 잘 건조되고 덩어리가 없으며 냄새가 없는 것
③ 감자는 굵고 상처가 없으며 발아되지 않은 것
④ 생선은 탄력이 있고 아가미는 선홍색이며 눈알이 맑은 것

정답 44 ④ 45 ② 46 ① 47 ① 48 ④ 49 ①

50 전자레인지의 주된 조리 원리는?

① 복사 ② 전도
③ 대류 ④ 초단파

해설 조리의 초단파(전자파)를 이용한 것은 전자레인지이다.

51 DPT 예방접종과 관계없는 감염병은?

① 페스트 ② 디프테리아
③ 백일해 ④ 파상풍

해설
DTP란?
- D(Diphtheria) : 디프테리아
- T(Tetani) : 파상풍
- P(Pertussis) : 백일해

52 하수처리방법 중에서 처리의 부산물로 메탄가스 발생이 많은 것은?

① 활성오니법 ② 살수여상법
③ 혐기성처리법 ④ 산화지법

53 곤충을 매개로 간접 전파되는 감염병과 가장 거리가 먼 것은?

① 재귀열 ② 말라리아
③ 인플루엔자 ④ 쯔쯔가무시병

해설
바이러스성 감염병
- 호흡기 계통 : 인플루엔자, 홍역, 유행성 이하선염, 두창 등
- 소화기 계통 : 소아마비, 유행성 간염 등

54 예방접종이 감염병 관리상 갖는 의미는?

① 병원소의 제거 ② 감염원의 제거
③ 환경의 관리 ④ 감수성 숙주의 관리

해설
숙주의 감수성
- 숙주란 한 생물체가 다른 생물체의 침범을 받아 영양물질의 탈취 및 조직 손상 등을 당하는 생물체를 말한다.
- 감수성이 높으면 면역성이 낮으므로 질병이 발병되기 쉽다.
- 감염병이 전파되어 있어도 병원체에 대한 저항력이나 면역성이 있으므로 개개인의 감염에는 차이가 있다.
→ 감수성 : 숙주에 침입한 병원체에 대항하여 감염이나 발병을 저지할 수 없는 상태

55 인공능동면역에 의하여 면역력이 강하게 형성되는 감염병은?

① 이질 ② 말라리아
③ 폴리오 ④ 폐렴

해설 인공능동면역 : 예방접종후 형성되는 면역
예) 폴리오, 홍역, 결핵, 황열, 탄저, 두창, 광견병

56 영아사망률을 나타낸 것으로 옳은 것은?

① 1년간 출생수 1000명당 생후 7일 미만의 사망수
② 1년간 출생수 1000명당 생후 1개월 미만의 사망수
③ 1년간 출생수 1000명당 생후 1년 미만의 사망수
④ 1년간 출생수 1000명당 전체 사망수

해설 연간 영아사망수 = $\dfrac{\text{연간 영아사망수}}{\text{연간 출생아수}} \times 100$

정답 50 ④ 51 ① 52 ③ 53 ③ 54 ④ 55 ③ 56 ③

57 미생물에 대한 살균력이 가장 큰 것은?

① 적외선　　② 가시광선
③ 자외선　　④ 라디오파

해설 일광의 살균력은 대체로 자외선 때문이며 특히 2,500~2,800Å(옴스트롱)범위의 것이 살균력이 가장 강하다.

58 군집독의 가장 큰 원인은?

① 실내 공기의 이화학적 조성의 변화 때문이다.
② 실내의 생물학적 변화 때문이다.
③ 실내공기 중 산소의 부족 때문이다.
④ 실내기온이 증가하여 너무 덥기 때문이다.

해설 다수인이 밀집한 곳의 실내공기는 화학적 조성이나 물리적 조성의 변화로 인하여 불쾌감, 두통, 권태, 현기증, 구토 등의 생리적 이상을 일으키는데 이러한 현상을 군집독이라고 한다.

59 감염병과 주요한 감염경로의 연결이 틀린 것은?

① 공기 감염 – 폴리오
② 직접접촉 감염 – 성병
③ 비말 감염 – 홍역
④ 절지동물 매개 – 황열

해설
- 호흡기계 침입 : 디프테리아, 백일해, 결핵, 폐렴, 인플루엔자, 두창, 홍역, 풍진, 성홍열 등
- 소화기계 침입 : 장티푸스, 파라티푸스, 세균성 이질, 콜레라, 아메바성 이질, 소아마비(폴리오), 유행성 간염 등
- 경피 침입 : 일본뇌염, 페스트, 발진티푸스, 매독, 나병 등

60 우리나라에서 사회보험에 해당되지 않는 것은?

① 생명보험　　② 국민연금
③ 고용보험　　④ 건강보험

해설 국민연금, 건강보험, 고용보험, 산재보험은 사회보험이다.

정답 57 ③　58 ①　59 ②　60 ①

기출모의고사 3회

01 다음 중 국내에서 허가된 인공감미료는?

① 둘신(Dulcin)
② 사카린나트륨(Sodium saccharin)
③ 사이클라민산나트륨(Sodium cyclamate)
④ 에틸렌글리콜(Ethylene glycol)

해설 인공감미료의 종류 : 사카린나트륨, D-솔비톨, 글리실리친산나트륨, 아스파탐, 스테비로사이드

02 바이러스(Virus)에 의하여 발병되지 않는 것은?

① 돈단독증   ② 유행성간염
③ 급성회백수염   ④ 감염성 설사증

해설
• 바이러스에 의한 발병 : 천연두, 인플루엔자, 일본뇌염, 광견병, 소아마비, 유행성간염, 급성회백수염, 감염성 설사증
• 돈단독증 : 가축의 고기, 장기를 다룰 때 피부의 창상으로 균이 감염되며, 경구 감염되는 수도 있다.

03 생육이 가능한 최저수분활성도가 가장 높은 것은?

① 내건성포자   ② 세균
③ 곰팡이   ④ 효모

해설 생육 필요 수분량 순서 : 세균 〉 효모 〉 곰팡이 순

04 발아한 감자와 청색 감자에 많이 함유된 독성분은?

① 리신   ② 엔테로톡신
③ 무스카린   ④ 솔라닌

해설
• 감자중독 : 감자에 싹이 트는 부분이나 녹색을 나타내는 부분에 솔라닌 이라는 독소가 많이 들어있음. 구토, 설사, 복통 등이 나타나고, 언어장애를 일으킨다.
• 솔라닌리신 - 피마자
• 엔테르톡신 - 포도상구균
• 무스카린 - 독버섯

05 식품첨가물과 사용목적을 표시한 것 중 잘못된 것은?

① 글리세린 - 용제
② 초산비닐수지 - 껌기초제
③ 탄산암모늄 - 팽창제
④ 규소수지 - 이형제

해설 규소수지 : 소포제로써 식품 제조 공정에 많은 거품이 발생하며 지장을 주는 경우 거품을 없애기 위해 사용되는 첨가물

06 식품위생법상에 명시된 식품위생감시원의 직무가 아닌 것은?

① 과대광고 금지의 위반 여부에 관한 단속
② 조리사 및 영양사의 법령준수사항 이행여부 확인, 지도
③ 생산 및 품질관리일지의 작성 및 비치
④ 시설기준의 적합 여부의 확인, 검사

정답   01 ②   02 ①   03 ②   04 ④   05 ④   06 ③

> **해설**
> 식품위생감시원의 직무 : 과대광고 금지의 위반 여부에 관한 단속, 조리사 및 영양사의 법령준수사항 이행 여부 확인 및 지도, 시설기준의 적합 여부의 확인 및 검사, 위생적 취급기준의 이행 지도, 수입, 판매, 사용 등이 금지된 식품 등의 취급여부 단속, 출입검사 및 검사에 필요한 식품 수거, 행정 처분의 이행 여부, 식품 등의 압류 및 폐기, 영업소 폐쇄를 위한 간판 제거 등의 조치, 영업자 및 조업원의 건강진단 및 위생교육의 이행여부 확인 및 지도

07 영업을 하려는 자가 받아야 하는 식품위생에 관한 교육시간으로 옳은 것은?

① 식품제조가공업 : 36시간
② 식품운반업 : 12시간
③ 단란주점영업 : 6시간
④ 옹기류 제조업 : 8시간

08 식품위생법상 허위표시과대광고로 보지 않는 것은?

① 수입신고한 사항과 다른 내용의 표시광고
② 식품의 성분과 다른 내용의 표시광고
③ 인체의 건전한 성장 및 발달과 건강한 활동을 유지하는데 도움을 준다는 표현의 표시광고
④ 외국어 사용 등으로 외국제품으로 혼동할 우려가 있는 표시광고

> **해설** 식품위생법상 허위표시과대광고 : 허가나 신고 또는 보고한 사항이나 수입신고한 사항과 다른 내용의 표시 광고, 의약품으로 혼동할 우려가 있는 내용의 표시 광고, 원재료나 성분이 다른 내용의 표시 광고, 제조 연월일 또는 유통기한을 표시함에 있어서 사실과 다른 내용의 표시 광고, 감사장이나 상장 또는 체험기 등을 이용하거나 주문쇄도, 단체추천 등 이와 유사한 내용을 표현하는 광고, 외국어 사용 등으로 외국제품으로 혼동할 우려가 있는 내용의 표시 광고, 다른 업소의 제품을 비방.

09 식품 등의 표시기준상 영양성분에 대한 설명으로 틀린 것은?

① 한 번에 먹을 수 있도록 포장판매되는 제품은 총 내용량을 1회 제공량으로 한다.
② 영양성분함량은 식물의 씨앗, 동물의 뼈와 같은 비가식 부위도 포함하여 산출한다.
③ 열량의 단위는 킬로칼로리(kcal)로 표시한다.
④ 탄수화물에는 당류를 구분하여 표시하여야 한다.

10 식품위생법상 영업신고를 하여야 하는 업종은?

① 유흥주점영업
② 즉석판매제조가공업
③ 식품조사처리업
④ 단란주점영업

> **해설** 영업신고 업종 : 식품제조 및 가공업, 즉석판매제조 및 가공업, 식품 운반업, 식품소분 및 판매업

11 식품의 부패 과정에서 생성되는 불쾌한 냄새 물질과 거리가 먼 것은?

① 암모니아　　② 포르말린
③ 황화수소　　④ 인돌

> **해설** 부패 시 생성되는 물질 : 암모니아, 황하수소, 인돌, 아민류

정답　07 ③　08 ③　09 ②　10 ②　11 ②

12 과일이나 과채류를 채취 후 선도 유지를 위해 표면에 막을 만들어 호흡 조절 및 수분 증발 방지의 목적에 사용되는 것은?

① 품질개량제 ② 이형제
③ 피막제 ④ 강화제

해설
- 이형제 : 빵의 제조과정에서 반죽이 분할기로부터 잘 분리되도록 함. **예** 유동파라핀만 허용
- 강화제 : 식품의 영양 강화를 목적. **예** 비타민, 무기질, 아미노산

13 식품과 독성분의 연결이 틀린 것은?

① 복어 – 테트로도톡신
② 미나리 – 시큐톡신
③ 섭조개 – 베네루핀
④ 청매–아미그달린

해설
- 섭조개 – 삭시톡신
- 복어 – 테트로도톡신
- 청매 – 아미그달린
- 굴, 바지락 – 베네루핀
- 미나리 – 시큐톡신

14 호염성의 성질을 가지고 있는 식중독 세균은?

① 황색포도상구균(Staphylococcus aureus)
② 병원성 대장균(E. coli O157 : H7)
③ 장염 비브리오(Vibrio parahaemolyticus)
④ 리스테리아모노사이토제네스(Listeriamonocytogenes)

해설
- 호염성 : 식염농도가 높은 생육환경을 좋아하는 미생물의 성질
- 장염 비브리오 : 3~4%의 식염농도에서 발육, 설사, 구토, 발열, 위장 통증이 주된 증상, 연안지역에서 잡은 어패류를 생것으로 먹을 때 발생

15 미생물의 생육에 필요한 조건과 거리가 먼 것은?

① 수분 ② 산소
③ 온도 ④ 자외선

해설
미생물 생육에 필요조건 : 영양소, 수분. 온도, pH, 산소

16 글루텐을 형성하는 단백질을 가장 많이 함유한 것은?

① 밀 ② 쌀
③ 보리 ④ 옥수수

해설 글루텐 : 밀, 보리, 귀리 등에 들어있는 글루테닌과 글리아딘이 결합하여 만들어진 성분으로 물에 용해되어 풀어지지 않는 성질을 갖는 불용성 단백질의 일종

17 비타민 E에 대한 설명으로 틀린 것은?

① 물에 용해되지 않는다.
② 항산화작용이 있어 비타민 A나 유지 등의 산화를 억제해준다.
③ 버섯 등에 에르고스테롤(Ergosterol)로 존재한다.
④ 알파 토코페롤(α–tocopherol)이 가장 효력이 강하다.

해설
- 비타민 E(토코페놀 : Tocopherol) : 열에 매우 안정하며 항산화성 비타민, 결핍시 동물은 불임증, 인간은 노화현상이 촉진, 비타민 A의 산화를 막고 흡수를 돕는다.
- 에르고스테롤(Ergosterol) : 프로비타민 D

정답 12 ③ 13 ③ 14 ③ 15 ④ 16 ① 17 ③

18 청과물의 저장 시 변화에 대하여 옳게 설명한 것은?

① 청과물은 저장 중이거나 유통과정 중에도 탄산가스와 열이 발생한다.
② 신선한 과일의 보존기간을 연장시키는 데 저장이 큰 역할을 하지 못한다.
③ 과일이나 채소는 수확하면 더 이상 숙성하지 않는다.
④ 감의 떫은맛은 저장에 의해서 감소되지 않는다.

19 달걀의 가공 적성이 아닌 것은?

① 열응고성　② 기포성
③ 쇼트닝성　④ 유화성

> 해설
> • 쇼트닝성 : 파이나 쿠키를 무르고 부서지기 쉽게 하는 성질
> • 기포성 : 난백을 이용한 머랭
> • 유화성 : 난황을 이용한 마요네즈

20 식품의 갈변 현상 중 성질이 다른 것은?

① 고구마 절단면의 변색
② 홍차의 적색
③ 간장의 갈색
④ 다진 양송이의 갈색

> 해설
> • 비효소적 갈변반응 : 카라멜화에 의한 갈변(당류를 180~200℃ 이상으로 가열하면 산화 및 분해물의 중합 및 축합에 의하여 점조성을 띠우는 갈색 물질을 형성하는 반응 – 간장, 된장, 합성청주, 영주, 청량음료, 과자)
> • 효소적 갈변반응 : 폴리페놀 이산화 효소에 의한 갈변(공기 중에 방치하면 갈색으로 변하는 현상 – 배, 사과)

21 매운맛 성분과 소재 식품의 연결이 올바르게 된 것은?

① 알릴이소티오시아네이트(Allylisothiocyanate) – 와사비
② 캡사이신(Capsaicin) – 마늘
③ 진저롤(Gingerol) – 고추
④ 차비신(Chavicine) – 생강

> 해설
> • 진저론 : 생강　• 캡사이신 : 고추
> • 차비신 : 후추

22 클로로필(chlorophyll)에 관한 설명으로 틀린 것은?

① 포르피린환(Porphyrin ring)에 구리(Cu)가 결합되어 있다.
② 김치의 녹색이 갈변하는 것은 발효 중 생성되는 젖산 때문이다.
③ 산성식품과 같이 끓이면 갈색이 된다.
④ 알칼리 용액에서는 청록색을 유지한다.

23 참기름이 다른 유지류보다 산패에 대하여 비교적 안정성이 큰 이유는 어떤 성분 때문인가?

① 레시틴(Lecithin)
② 세사몰(Sesamol)
③ 고시폴(Gossypol)
④ 인지질(Phospholipid)

> 해설
> • 레시틴 : 달걀노른자　• 고시폴 : 면실류

정답　18 ①　19 ③　20 ③　21 ①　22 ①　23 ②

24 우유에 함유된 단백질이 아닌 것은?

① 락토오스(Lactose)
② 카제인(Casein)
③ 락토알부민(Lactoalbumin)
④ 락토글로불린(Lactoglobulin)

해설
- 우유에 함유된 단백질 : 카제인, 락토알부민, 락토글로불린
- 락토오즈 : 탄수화물의 이당류에 속하는 젖당

25 유지의 산패도를 나타내는 값으로 짝지어진 것은?

① 비누화가, 요오드가
② 요오드가, 아세틸가
③ 과산화물가, 비누화가
④ 산가, 과산화물가

해설
- 산가 : 정제식용류 산가가 대체로 1.0 이하이며 이보다 높은 것은 변질되거나 정제정도가 낮은 것
- 과산화물가 : 유지가 자동산화나 가열산화에 의하여 산패되면 이중결합에 인접한 탄소에 분자상의 산소가 결합된 과산화물이 형성, 과산화물가 10 이하이면 신선한 기름

26 결합수의 특징이 아닌 것은?

① 수증기압이 유리수보다 낮다.
② 압력을 가해도 제거하기 어렵다.
③ 0℃에서 매우 잘 언다.
④ 용질에 대해서 용매로서 작용하지 않는다.

해설 결합수 : 용질에 대해 용매의 기응이 없음, 압력을 가해도 제거되지 않음, 미생물의 번식에 이용되지 못함, 0℃ 이하의 낮은 온도에서도 얼지 않음, 대기 중 100℃ 이상 가열해도 제거되지 않음, 어떠한 반응도 하지 않음

27 훈연에 대한 설명으로 틀린 것은?

① 햄, 베이컨, 소시지가 훈연제품이다.
② 훈연 목적은 육제품의 풍미와 외관 향상이다.
③ 훈연재료는 침엽수인 소나무가 좋다.
④ 훈연하면 보존성이 좋아진다.

해설
- 훈연법 : 살균작용 물질(포름알데히드, 크레오스트, 메칠알콜, 페놀)
- 훈연법효과 : 세균 번식 예방, 염장에 의한 방부, 식품의 풍미응 더함. 소세지 베이컨 등 육류, 어류의 보존에 이용. 훈연재료에는 참나무, 밤나무, 벚나무, 떡갈나무 사용.

28 탄수화물이 아닌 것은?

① 젤라틴   ② 펙틴
③ 섬유소   ④ 글리코겐

해설
- 탄수화물 : 식품의 중요한 기본성분으로 소화되는 당질(단당류 : 포도당, 과당 / 이당류 : 자당, 맥아당, 젖당 / 다당류 : 전분, 글리코겐, 펙틴, 이눌린)과 소화되지 않는 섬유소가 있다.
- 젤라틴 : 단백질 군

29 소시지 100g당 단백질 13g, 지방 21g, 당질 5.5g이 함유되어 있을 경우, 소시지 150g의 열량은?

① 158kcal   ② 263kcal
③ 322kcal   ④ 395kcal

해설
- 단백질1g당 4kcal, 지방1g당 9kcal, 탄수화물1g당 4kcal
- 소시지100g 열량 = (단백질 13×4) + (지방 21×9) + (당질 5.5 ×4) = 263
- 소시지 150g의 열량 = 263 × 1.5 = 394.5

정답   24 ①   25 ④   26 ③   27 ③   28 ①   29 ④

30 우유를 높은 온도로 가열하면 Maillard 반응이 일어난다. 이때 가장 많이 손실되는 성분은?

① Lysine
② Arginine
③ Sucrose
④ Ca

해설 메일라드 반응 : 갈변 반응에 의하여 갈색색소인 멜라노이딘이 생성되면, 색, 향기 물질이 생성되고 맛에도 커다란 영향을 준다. 라이신(Lysine)과 같은 아마노산이 파괴되어 영양가가 저하된다.

31 토마토 크림수프를 만들 때 일어나는 우유의 응고 현상을 바르게 설명한 것은?

① 산에 의한 응고
② 당에 의한 응고
③ 효소에 의한 응고
④ 염에 의한 응고

해설 토마토크림스프를 끓일 때 우유를 넣으면 산에 의한 응고현상을 보일 수 있다. 응고현상을 방지하기 위해 토마토를 가열하여 산을 휘발시킨 후 데운 우유를 넣고 만들면 된다.

32 기름을 여러 번 재가열할 때 일어나는 변화에 대한 설명으로 맞는 것은?

㉠ 풍미가 좋아진다.
㉡ 색이 진해지고, 거품 현상이 생긴다.
㉢ 산화중합반응으로 점성이 높아진다.
㉣ 가열분해로 황산화 물질이 생겨 산패를 억제한다.

① ㉠, ㉡
② ㉠, ㉢
③ ㉡, ㉢
④ ㉢, ㉣

33 조리식품이나 반조리 식품의 해동방법으로 가장 적합한 방법은?

① 상온에서의 자연 해동
② 냉장고를 이용한 저온 해동
③ 흐르는 물에 담그는 청수 해동
④ 전자레인지를 이용한 해동

34 조리 시 센 불로 가열한 후 약한 불로 세기를 조절하지 않는 것은?

① 생선조림
② 된장찌개
③ 밥
④ 새우튀김

해설 튀김 : 온도의 변화없이 고온에서 조리한다.

35 단체급식 시설별 고유의 목적과 거리가 먼 것은?

① 학교급식 – 편식 교정
② 병원급식 – 건강회복 및 치료
③ 산업체급식 – 작업능률 향상
④ 군대급식 – 복지 향상

36 생선튀김의 조리법으로 가장 알맞은 것은?

① 180℃에서 2~3분간 튀긴다.
② 150℃에서 4~5분간 튀긴다.
③ 130℃에서 5~6분간 튀긴다.
④ 200℃에서 7~8분간 튀긴다.

정답 30 ① 31 ① 32 ③ 33 ④ 34 ④ 35 ④ 36 ①

37 당근 등의 녹황색 채소를 조리할 경우 기름을 첨가하는 조리방법을 선택하는 주된 이유는?

① 색깔을 좋게 하기 위하여
② 부드러운 맛을 위하여
③ 비타민 C의 파괴를 방지하기 위하여
④ 지용성 비타민의 흡수를 촉진하기 위하여

해설 지용성 비타민 : 비타민 A, D, E, F, K로서 지방에 용해되고 물에 불용이다. 산화를 통하여 약간의 손실이 일어나나 조리하는 물에 용해되지는 않는다. 당근은 비타민 A를 많이 함유하고 있어 지방과 함께 섭취한다.

38 고기를 요리할 때 사용되는 연화제는?

① 소금　　　② 참기름
③ 파파인(papain)　　　④ 염화칼슘

해설
- 연화제 : 고기 육즙을 부드럽게 하는 역할
- 단백질 분해효소 : 프로테아제(배), 피신(무화과), 브로멜린(파인애플), 파파인(파파야)

39 달걀의 기포성을 이용한 것은?

① 달걀찜
② 푸딩(Pudding)
③ 머랭(Meringue)
④ 마요네즈(Mayonnaise)

해설
달걀의 기포성 : 난백의 단백질이 난백을 저을 때 들어간 공기를 둘러싸서 거품이 일어나는 현상. 오래된 달걀일수록, 30℃ 정도에서, 산을 첨가하면 거품이 잘 난다. 기름과 우유는 기포력을 저해한다. 머랭이 이에 속한다.
데 마요네즈(달걀의 유화성), 달걀찜, 푸딩(열에 의한 응고성)

40 단백질의 구성단위는?

① 아미노산　　　② 지방산
③ 과당　　　④ 포도당

해설
- 과당, 포도당 : 탄수화물
- 지방산 : 지방

41 사과나 딸기 등이 잼에 이용되는 가장 중요한 이유는?

① 과숙이 잘되어 좋은 질감을 형성하므로
② 펙틴과 유기산이 함유되어 잼 제조에 적합하므로
③ 색이 아름다워 잼의 상품 가치를 높이므로
④ 새콤한 맛 성분이 잼 맛에 적합하므로

해설
잼 : 펙틴의 응고 비율 (펙틴 1.0~1.5%, pH3.46, 당분 60~65%)
− 펙틴과 산이 많은 사과, 포도, 딸기 등은 잼의 원료로 적합하다. 펙틴 및 산이 적은 배, 감은 잼의 원료로 사용하지 않는다.

42 음식의 온도와 맛의 관계에 대한 설명으로 틀린 것은?

① 국은 식을수록 짜게 느껴진다.
② 커피는 식을수록 쓰게 느껴진다.
③ 차게 먹을수록 신맛이 강하게 느껴진다.
④ 녹은 아이스크림보다 얼어 있는 것의 단맛이 약하게

해설 적정온도
쓴맛(55~60℃), 신맛(25~50℃), 단맛(20~50℃) 짠맛(30~40℃), 국, 커피(80℃)

정답 37 ④　38 ③　39 ③　40 ①　41 ②　42 ③

43 재고회전율이 표준치보다 낮은 경우에 대한 설명으로 틀린 것은?

① 긴급구매로 비용 발생이 우려된다.
② 종업원들이 심리적으로 부주의하게 식품을 사용하여 낭비가 심해진다.
③ 부정 유출이 우려된다.
④ 저장기간이 길어지고 식품 손실이 커지는 등 많은 자본이 들어가 이익이 줄어든다.

44 채소 조리 시 색의 변화로 맞는 것은?

① 시금치는 산을 넣으면 녹황색으로 변한다.
② 당근은 산을 넣으면 퇴색된다.
③ 양파는 알칼리를 넣으면 백색으로 된다.
④ 가지는 산에 의해 청색으로 된다.

45 돼지고기 편육을 할 때 고기를 삶는 방법으로 가장 적합한 것은?

① 한 번 삶아서 찬물에 식혔다가 다시 삶는다.
② 물이 끓으면 고기를 넣어서 삶는다.
③ 찬물에 고기를 넣어서 삶는다.
④ 생강은 처음부터 같이 넣어야 탈취 효과가 크다.

해설 고기만 먹는 음식은 끓은 물에 넣어 육즙이 빠져나가지 않도록 삶는다. 육수를 내어 먹는 요리는 찬물로 삶아 육즙이 국물에 베어 나올 수 있도록 한다. 생강은 조리 마지막에 넣어야 탈취 효과가 크다.

46 소금의 용도가 아닌 것은?

① 채소 절임 시 수분 제거
② 효소 작용 억제
③ 아이스크림 제조 시 빙점 강하
④ 생선구이 시 석쇠 금속의 부착 방지

47 생선 조리 시 식초를 적당량 넣었을 때 장점이 아닌 것은?

① 생선의 가시를 연하게 해준다.
② 어취를 제거한다.
③ 살을 연하게 하여 맛을 좋게 한다.
④ 살균 효과가 있다.

해설 식초를 생선요리에 넣으면 가시는 연하게 하고 살은 단단하게 하여 맛을 좋게 한다. 어취효과와 살균효과도 있다.

48 가식부율이 70%인 식품의 출고계수는?

① 1.25 ② 1.43
③ 1.64 ④ 2.00

해설 가식부율이란 음식에서 섭취할 수 있는 부분. 가식부율 0.7 / 100 = 1.4285...

정답 43 ① 44 ① 45 ② 46 ④ 47 ③ 48 ②

49 비타민 A가 부족할 때 나타나는 대표적인 증세는?

① 괴혈병 ② 구루병
③ 불임증 ④ 야맹증

해설
- 비타민 A : 피부, 점막을 보호하여 항상 피부를 촉촉하게 한다. 결핍증은 각막 건조증, 결막염, 야맹증. 동물성 식품인 소나 돼지의 간, 난황, 버터, 우유, 치즈 등에 많이 함유되어 있다.
- 괴혈병 : 비타민 C
- 구루병 : 비타민 D
- 불임증 : 비타민 E

50 배추김치를 만드는 데 배추 50kg이 필요하다. 배추 1kg의 값은 1,500원이고 가식부율은 90%일 때 배추 구입비용은 약 얼마인가?

① 67,500원 ② 75,000원
③ 82,500원 ④ 83,400원

해설
- 구입비용 = 필요량 × ($\frac{100}{90}$) × 1kg단가
- 50 × ($\frac{100}{90}$) × 1500 = 83,3333
- 구입비용 = 필요량 × ($\frac{100}{가식부율}$) × 1kg단가
- 가식부율 = 100 − 폐기율

51 접촉감염지수가 가장 높은 질병은?

① 유행성이하선염 ② 홍역
③ 성홍열 ④ 디프테리아

해설 접촉감염지수 : 질병을 받아들일 수 있는 능력으로 홍역, 천연두 〉 백일해 〉 성홍열 〉 디프테리아 〉 폴리오 순이다.

52 중간숙주 없이 감염이 가능한 기생충은?

① 아니사키스 ② 회충
③ 폐흡충 ④ 간흡충

해설
- 폐흡충(다슬기 – 게, 가재)
- 간흡충(민물고기 – 붕어, 잉어)
- 아니사키스(바다생선)

53 소음으로 인한 피해와 거리가 먼 것은?

① 불쾌감 및 수면 장애
② 작업능률 저하
③ 위장기능 저하
④ 맥박과 혈압의 저하

54 기생충과 인체 감염원인 식품의 연결이 틀린 것은?

① 유구조충 – 돼지고기
② 무구조충 – 민물고기
③ 동양모양선충 – 채소류
④ 아니사키스 – 바다생선

해설 무구조충(소고기)

55 모성사망률에 관한 설명으로 옳은 것은?

① 임신, 분만, 산욕과 관계되는 질병 및 합병증에 의한 사망률
② 임신 4개월 이후의 사태아 분만율
③ 임신 중에 일어난 모든 사망률
④ 임신 28주 이후 사산과 생후 1주 이내 사망률

정답 49 ④ 50 ④ 51 ② 52 ② 53 ④ 54 ② 55 ①

56 동물과 관련된 감염병의 연결이 틀린 것은?

① 소 – 결핵
② 고양이 – 디프테리아
③ 개 – 광견병
④ 쥐 – 페스트

해설
- 모기 : 말라리아, 일본뇌염, 황열, 뎅기열
- 이 : 발진티푸스, 재귀열
- 벼룩 : 페스트, 발진열, 재귀열
- 바퀴 : 이질, 콜레라, 장티푸스, 폴리오
- 파리 : 장티푸스, 파라티푸스, 이질, 콜레라, 결핵, 디프테리아
- 진드기 : 쯔쯔가무시증, 옴, 재귀열
- 쥐 : 유행성 출혈열, 쯔즈가무시증

57 잠함병의 발생과 가장 밀접한 관계를 갖고 있는 환경 요소는?

① 고압과 질소
② 저압과 산소
③ 고온과 이산화탄소
④ 저온과 일산화탄소

해설
- 고압환경 : 잠함병
- 저압환경 : 고산병, 항공병

58 법정 제2급감염병이 아닌 것은?

① 결핵
② 세균성 이질
③ 한센병
④ 후천성면역결핍증(AIDS)

59 진개(쓰레기) 처리법과 가장 거리가 먼 것은?

① 위생적 매립법
② 소각법
③ 비료화법
④ 활성슬러지법

해설 진개 처리법 : 매립법(매립시 진개의 두께가 2m, 복토의 두께는 60cm~1m 정도), 소각법(가장 위생적이나 대기오탁의 원진이 됨), 비료화법(쓰레기를 발효시켜 비료로 사용)

60 국가의 보건수준이나 생활수준을 나타내는 데 가장 많이 이용되는 지표는?

① 병상이용률
② 건강보험 수혜자수
③ 영아사망률
④ 조출생률

해설 생후 12개월 미만의 아기사망률인 영아사망률은 지역사회의 보건 수준을 나타내는 가장 대표적인 지표가 된다.

정답 56 ② 57 ① 58 ④ 59 ④ 60 ③

기출모의고사 4회

01 식품에 오염된 미생물이 증식하여 생성한 독소에 의해 유발되는 대표적인 식중독은?

① 살모넬라균 식중독
② 황색포도상구균 식중독
③ 리스테리아 식중독
④ 장염비브리오 식중독

> [해설]
> • 감염형 식중독 : 살모넬라, 장염비브리오, 병원성 대장균, 웰치균
> • 독소형 식중독 : 포도상구균, 보툴리누스균

02 복어와 모시조개 섭취 시 식중독을 유발하는 독성물질을 순서대로 나열한 것은?

① 엔테로톡신(Enterotoxin), 사포닌(Saponin)
② 테트로도톡신(Tetrodotoxin), 베네루핀(Venerupin)
③ 테트로도톡신(Tetrodotoxin), 듀린(Dhurrin)
④ 엔테로톡신(Enterotoxin), 아플라톡신(Aflatoxin)

> [해설] 복어(테트로도톡신), 모시조개(베네루핀)

03 곰팡이 독소와 독성을 나타내는 곳을 잘못 연결한 것은?

① 아플라톡신(Aflatoxin) – 신경독
② 오클라톡신(Ochratoxin) – 간장독
③ 시트리닌(Citrinin) – 신장
④ 스테리그마토시스틴(Sterigmatocystin) – 간장독

> [해설] 아플라톡신 : 곰팡이 독, 산패한 견과류에서 생김

04 식품과 독성분의 연결이 틀린 것은?

① 독보리 – 테물린(Temuline)
② 섭조개 – 삭시톡신(Saxitoxin)
③ 독버섯 – 무스카린(Muscarine)
④ 매실 – 베네루핀(Venerupin)

> [해설] 매실의 독성분은 아미그달린이다.

05 식품의 부패 시 생성되는 물질과 거리가 먼 것은?

① 암모니아(Ammonia)
② 트리메틸아민(Trimethylamine)
③ 글리코겐(Glycogen)
④ 아민(Amine)류

> [해설] 글리코겐은 조개류의 감미성분이다.

06 카드뮴이나 수은 등의 중금속 오염 가능성이 가장 큰 식품은?

① 육류
② 어패류
③ 식용유
④ 통조림

> [해설] 이타이이타이병이나 미나마타병은 카드뮴과 수은 등의 중금속에 오염된 식품으로 인해 생긴병이며, 중금속에 노출이 가장 쉬운 어패류로 인하여 발병될 가능성이 크다.

정답 01 ② 02 ② 03 ① 04 ④ 05 ③ 06 ②

07 살모넬라균에 의한 식중독의 특징 중 틀린 것은?

① 장독소(Enterotoxin)에 의해 발생한다.
② 잠복기는 보통 12~24시간이다.
③ 주요증상은 메스꺼움, 구토, 복통, 발열이다.
④ 원인식품은 대부분 동물성 식품이다.

해설 장독소 : 포도상구균

08 통조림관의 주성분으로 과일이나 채소류 통조림에 의한 식중독을 일으키는 것은?

① 주석(Sn) ② 아연(Zn)
③ 구리(Cu) ④ 카드뮴(Cd)

해설 통조림에 철이 녹스는 것을 막기 위해 표면에 주석을 입히는데, 이 주석은 산성이 강한 과일, 캔, 주스 등에서 용출될 가능성이 높다.

09 도마의 사용방법에 관한 설명 중 잘못된 것은?

① 합성세제를 사용하여 43~45℃의 물로 씻는다.
② 염소소독, 열탕소독, 자외선살균 등을 실시한다.
③ 식재료 종류별로 전용의 도마를 사용한다.
④ 세척, 소독 후에는 건조시킬 필요가 없다.

해설 도마를 건조시키지 않고 보관할 경우 곰팡이가 생겨 위생상 좋지 않다.

10 과채, 식육 가공 등에 사용하여 식품 중 색소와 결합하여 식품본래의 색을 유지하게 하는 식품첨가물은?

① 식용타르색소 ② 천연색소
③ 발색제 ④ 표백제

해설 발색제 - 색소를 함유하고 있지 않지만 식품중의 색소 성분과 반응하여 그 색을 고정(보존)하고 나타나게(발색)하는데 사용되는 첨가물

11 식품위생법상 판매를 목적으로 하거나 영업상 사용하는 식품 및 영업시설 등 검사에 필요한 최소량의 식품 등을 무상으로 수거할 수 없는 자는?

① 국립의료원장
② 시·도지사
③ 시장·군수·구청장
④ 식품의약품안전처장

해설 식품의약품안전처장, 특별시장, 광역시장, 시·도지사, 시장·군수·구청장은 필요하다고 인정할 때에는 영업을 하는 자 또는 기타 관계인에 대하여 필요한 보고를 하게 할 수 있으며 검사에 필요한 최소량의 식품 등을 무상으로 수거하게 할 수 있다.

정답 07 ① 08 ① 09 ④ 10 ③ 11 ①

12 수출을 목적으로 하는 식품 또는 식품첨가물의 기준과 규격은 식품위생법의 규정 외에 어떤 기준과 규격에 의할 수 있는가?

① 수입자가 요구하는 기준과 규격
② 국립검역소장이 정하여 고시한 기준과 규격
③ FDA의 기준과 규격
④ 산업통상자원부장관의 별도 허가를 득한 기준과 규격

해설 수출을 목적으로 하는 식품 또는 식품첨가물의 기준과 규격은 국내의 기준과 규격에도 불구하고 수입자가 요구하는 기준과 규격에 의할 수 있다.

13 다음 중 식품 위생법상 식품위생의 대상은?

① 식품, 약품, 기구, 용기, 포장
② 조리법, 조리시설, 기구, 용기, 포장
③ 조리법, 단체급식, 기구, 용기, 포장
④ 식품, 식품첨가물, 기구, 용기, 포장

해설 식품위생의 대상은 식품, 식품첨가물, 기구, 용기, 포장이다.

14 식품접객업소의 조리판매 등에 대한 기준 및 규격에 의한 요리용 칼·도마, 식기류의 미생물 규격은? (단, 사용 중의 것은 제외한다)

① 살모넬라 음성, 대장균 양성
② 살모넬라 음성, 대장균 음성
③ 황색포도상구균 양성, 대장균 음성
④ 황색포도상구균 음성, 대장균 양성

해설 식품접객업소의 조리판매 등에 대한 미생물 권장 규격은 살모넬라 음성, 대장균 음성이다.

15 식품위생법상 식품 등의 위생적 취급에 관한 기준으로 틀린 것은?

① 식품 등의 보관·운반·진열 시에는 식품 등의 기준 및 규격이 정하고 있는 보존 및 유통기준에 적합하도록 관리하여야 한다.
② 식품 등의 제조·가공·조리에 직접 사용되는 기계·기구 및 음식기는 세척·살균하는 등 항상 청결하게 유지·관리하여야 하며, 어류·육류·채소류를 취급하는 칼·도마는 공통으로 사용한다.
③ 식품 등의 제조·가공·조리 또는 포장에 직접 종사하는 자는 위생모를 착용하는 등 개인위생관리를 철저히 하여야 한다.
④ 제조·가공(수입품 포함)하여 최소판매 단위로 포장된 식품 또는 식품첨가물을 영업허가 또는 신고하지 아니하고 판매의 목적으로 포장을 뜯어 분할하여 판매하여서는 아니된다.

해설 어패류, 육류, 채소류의 칼과 도마는 분류하여 사용한다.

16 인을 함유하는 복합지방질로서 유화제로 사용되는 것은?

① 레시틴   ② 글리세롤
③ 스테롤   ④ 글리콜

해설 레시틴 : 마요네즈 만들 때 달걀 노른자의 레시틴 성분으로 인해 잘 섞이게 해준다.

정답 12 ①   13 ④   14 ②   15 ②   16 ①

17 하루 필요 열량이 2700kcal일 때 이 중 14%에 해당하는 열량을 지방에서 얻으려 할 때 필요한 지방의 양은?

① 36g
② 42g
③ 81g
④ 94g

해설 지방의 양은 2700 × 0.14 ÷ 9 = 42

18 전분의 호정화를 이용한 식품은?

① 식혜
② 치즈
③ 맥주
④ 뻥튀기

해설 전분의 호정화란 전분에 물을 가하지 않고 160℃ 이상으로 가열하면 여러 단계의 가용성 전분을 거쳐 덱스트린으로 분해되는 현상을 말하며 쌀튀밥, 강냉이 등은 뻥튀기에 해당한다.

19 어묵의 탄력과 가장 관계 깊은 것은?

① 수용성 단백질 – 미오겐
② 염용성 단백질 – 미오신
③ 결합 단백질 – 콜라겐
④ 색소 단백질 – 미오글로빈

해설 미오신 : 흰살 생선의 단백질로, 소금에 용해되어 풀과 같이 되며, 가열하면 굳는다.

20 달걀 저장 중에 일어나는 변화로 옳은 것은?

① pH 저하
② 중량 감소
③ 난황계수 증가
④ 수양난백 감소

해설 달걀 저장 중 변화 : pH증가, 난황계수 감소, 수양난백 증

21 사과를 깎아 방치했을 때 나타나는 갈변현상과 관계없는 것은?

① 산화효소
② 산소
③ 페놀류
④ 섬유소

해설 갈변요소 : 이산화효소, 산소, 페놀류

22 생식기능 유지와 노화방지의 효과가 있고 화학명이 토코페롤(Tocopherol)인 비타민은?

① 비타민 A
② 비타민 C
③ 비타민 D
④ 비타민 E

해설 비타민 E : 토코페롤(Tocopherol)

23 다음중 알리신(Allicin)이 가장 많이 함유된 식품은?

① 마늘
② 사과
③ 고추
④ 무

해설 매운맛 성분 : 마늘(알리신), 고추(캡사이신)

24 다음 중 과일, 채소의 호흡작용을 조절하여 저장하는 방법은?

① 건조법
② 냉장법
③ 통조림법
④ 가스저장법

해설
- 건조법 : 수분으로 인한 미생물 번식 제어
- 냉장법 : 10℃ 이하에서의 미생물 활동이 둔해짐
- 통조림법 : 수분 증발 및 흡수, 공기의 통화 등을 막음
- 가스 저장법 : 산소를 제거하고 불활성 가스를 사용하며 호흡, 증산 작용을 억제

정답 17 ② 18 ④ 19 ② 20 ② 21 ④ 22 ④ 23 ① 24 ④

25 젤라틴의 원료가 되는 식품은?

① 한천 ② 과일
③ 동물의 연골 ④ 쌀

해설 젤라틴 : 단백질 군

26 두류가공품 중 발효과정을 거치는 것은?

① 두유 ② 피넛버터
③ 유부 ④ 된장

27 영양소와 급원식품의 연결이 옳은 것은?

① 동물성 단백질 – 두부, 쇠고기
② 비타민 A – 당근, 미역
③ 필수지방산 – 대두유, 버터
④ 칼슘 – 우유, 치즈

28 염지에 의해서 원료 육의 미오글로빈으로부터 생성되며 비가열 식육제품인 햄 등의 고정된 육색을 나타내는 것은?

① 니트로소헤모글로빈(Nitrosohemoglobin)
② 옥시미오글로빈(Oxymyoglobin)
③ 니트로소미오글로빈(Nitrosomyoglobin)
④ 메트미오글로빈(Metmyoglobin)

해설
- 미오글로빈 : 육류의 근육 속에 함유된 적자색 색소
- 옥시미오글로빈 : 미오글로빈이 공기에 닿으면 선명한 적색을 가진다.
- 메트미오글로빈 : 공기 중에 오래 방치하거나 가열하면 갈색으로 변함.

29 다음 당류 중 케톤기를 가진 것은?

① 프룩토오스(Fructose)
② 만노오스(Mannose)
③ 갈락토오스(Galactose)
④ 글루코오스(Glucose)

해설 프룩토오스(과당)은 케톤기를 가진 대표적인 단당류로 포도당과 함께 과일, 꽃 등에 많고 특히 꿀에 많이 들어있다.

30 다음 중 레토르트식품의 가공과 관계없는 것은?

① 통조림 ② 파우치
③ 플라스틱 필름 ④ 고압솥

해설 레토르트 식품 : 플라스틱 주머니에 밀봉 가열한 식품

31 단체급식소에서 식수인원 400명의 풋고추조림을 할 때 풋고추의 총 발주량은 약 얼마인가? (단, 풋고추 1인분 30g, 풋고추의 폐기율 6%)

① 12kg ② 13kg
③ 15kg ④ 16kg

해설 총 발주량 = (정미중량×100 / 100−폐기율) × 인원수
(30×100 / 100−6) × 400 = 12,765   약 13kg

32 육류의 가열 변화에 의한 설명으로 틀린 것은?

① 생식할 때보다 풍미와 소화성이 향상된다.
② 근섬유와 콜라겐은 45℃에서 수축하기 시작한다.
③ 가열한 고기의 색은 메트미오글로빈이다.
④ 고기의 지방은 근수축과 수분손실을 적게 한다.

정답 25 ③ 26 ④ 27 ④ 28 ③ 29 ① 30 ① 31 ② 32 ②

33 식단작성 시 고려할 사항으로 틀린 것은?

① 피급식자의 영양소요량을 충족시켜야 한다.
② 좋은 식품의 선택을 위해서 식재료 구매는 예산의 1.5배 정도로 계획한다.
③ 급식인원수와 형태를 고려해야 한다.
④ 기호에 따른 양과 질, 변화, 계절을 고려해야 한다.

34 생선을 씻을 때 주의사항으로 틀린 것은?

① 물에 소금을 10% 정도 타서 씻는다.
② 냉수를 사용한다.
③ 체표면의 점액을 잘 씻도록 한다.
④ 어체에 칼집을 낸 후에는 씻지 않는다.

[해설] 바닷물 정도의 염도(2~3%)로 씻어 주는 것이 좋다.

35 달걀의 열응고성에 대한 설명 중 옳은 것은?

① 식초는 응고를 지연시킨다.
② 소금은 응고온도를 낮추어 준다.
③ 설탕은 응고온도를 내려주어 응고물을 연하게 한다.
④ 온도가 높을수록 가열시간이 단축되어 응고물은 연해진다.

[해설] 산이나 식염을 첨가하면 응고는 촉진되며, 높은 온도에서 계속 가열하면 질겨진다. 설탕은 단백질의 열응고성을 저해하여 응고 온도가 높아진다.

36 자색 양배추, 가지 등 적색채소를 조리할 때 색을 보존하기 위한 가장 바람직한 방법은?

① 뚜껑을 열고 다량의 조리수를 사용한다.
② 뚜껑을 열고 소량의 소리수를 사용한다.
③ 뚜껑을 덮고 다량의 조리수를 사용한다.
④ 뚜껑을 덮고 소량의 조리수를 사용한다.

[해설] 수용성 비타민이 함유한 채소는 물에 용해되고 영양손실 일어나므로 소량의 조리수로 단시간 가열하여 조리한다.

37 단체급식소에서 식품구입량을 정하여 발주하는 식으로 옳은 것은?

① 발주량 = (1인분 순사용량÷가식률) × 100 × 식수
② 발주량 = (1인분 순사용량÷가식률) × 100
③ 발주량 = (1인분 순사용량÷폐기율) × 100 × 식수
④ 발주량 = (1인분 순사용량÷폐기율) × 100

38 냉동보관에 대한 설명으로 틀린 것은?

① 냉동된 닭을 조리할 때 뼈가 검게 변하기 쉽다.
② 떡의 장시간 노화방지를 위해서는 냉동보관하는 것이 좋다.
③ 급속냉동 시 얼음 결정이 크게 형성되어 식품의 조직 파괴가 크다.
④ 서서히 동결하면 해동 시 드립(drip)현상을 초래하여 식품의 질을 저하시킨다.

[해설] 전분의 노화 : 냉장보관 시 가장 잘 일어난다. 급속냉동 시 얼음결정이 작게 형성된다.

정답 33 ② 34 ① 35 ② 36 ④ 37 ① 38 ③

39 녹색채소를 데칠 때 소다를 넣을 경우 나타나는 현상이 아닌 것은?

① 채소의 질감이 유지된다.
② 채소의 색을 푸르게 고정시킨다.
③ 비타민 C가 파괴된다.
④ 채소의 섬유질을 연화시킨다.

해설 녹색채소를 데칠 때 소다를 넣으면 녹색은 선명하게 유지되나 섬유소를 분해하여 질감이 물러지고 비타민 C가 파괴된다.

40 감자의 효소적 갈변 억제 방법이 아닌 것은?

① 아스코르빈산 첨가　② 아황산 첨가
③ 질소 첨가　　　　　④ 물에 침지

해설 질소 첨가 : 가스 저장법

41 조리용 기기의 사용법이 틀린 것은?

① 필러(Peeler) : 채소 다지기
② 슬라이서(Slicer) : 일정한 두께로 썰기
③ 세미기 : 쌀 세척하기
④ 블랜더(Blender) : 액체 교반하기

해설 필러 : 채소의 껍질을 벗기는데 사용한다.

42 원가계산의 목적이 아닌 것은?

① 가격결정의 목적
② 원가관리의 목적
③ 예산편성의 목적
④ 기말재고량 측정의 목적

해설 원가계산의 목적 : 가격결정, 원가관리, 예산편성, 재무재표의 작성

43 조리 시 나타나는 현상과 그 원인 색소의 연결이 옳은 것은?

① 산성성분이 많은 물로 지은 밥의 색은 누렇다. - 클로로필계
② 식초를 가한 양배추의 색이 짙은 갈색이다. - 플라보노이드계
③ 커피를 경수로 끓여 그 표면이 갈색이다. - 탄닌계
④ 데친 시금치나물이 누렇게 되었다. - 안토시안계

44 고기를 연화시키려고 생강, 키위, 무화과 등을 사용할 때 관련된 설명으로 틀린 것은?

① 단백질의 분해를 촉진시켜 연화시키는 방법이다.
② 두꺼운 로스트용 고기에 적당하다.
③ 즙을 뿌린 후 포크로 찔러주고 일정시간 둔다.
④ 가열 온도가 85℃ 이상이 되면 효과가 없다.

45 전분의 가수분해에 해당되지 않는 것은?

① 식혜, 엿 등이 전분의 가수분해의 결과이다.
② 전분의 당화이다.
③ 효소를 넣어 최적온도를 유지시키면 탈수 축합반응에 의해 당이 된다.
④ 전분을 산과 함께 가열하면 가수분해되어 당이 된다.

정답 39 ① 40 ③ 41 ① 42 ④ 43 ③ 44 ② 45 ③

46 쌀 전분을 빨리 α화 하려고 할 때 조치사항은?

① 아밀로펙틴 함량이 많은 전분을 사용한다.
② 수침시간을 짧게 한다.
③ 가열온도를 높인다.
④ 산성의 물을 사용한다.

[해설] 전분의 빠른 α화를 위한 조건 : 가열하기 전 물에 담근다. 가열 온도를 높인다. 전분 입자 크기가 작고 수분 함량이 많은 것. pH가 높은 것.

47 유지를 가열할 때 유지 표면에서 엷은 푸른 연기가 나기 시작할 때의 온도는?

① 팽창점   ② 연화점
③ 용해점   ④ 발연점

[해설] 유지의 가열에서 유지 표면에 엷은 푸른 연기가 발생할 때의 온도를 발연점이라 한다.

48 호화와 노화에 대한 설명으로 옳은 것은?

① 쌀과 보리는 물이 없어도 호화가 잘된다.
② 떡의 노화는 냉장고보다 냉동고에서 더 잘 일어난다.
③ 호화된 전분을 80℃ 이상에서 급속건조하면 노화가 촉진된다.
④ 설탕의 첨가는 노화를 지연시킨다.

[해설] 호화(46번 참조) : 노화 예방(금속냉동, 수분함량 낮추기, 설탕 첨가, 환원제나 유화제 첨가) – 노화 조건(아밀오스의 함량 비율이 높을수록, 수분이 30~70%, 온도 3℃)

49 조미료 중 수란을 뜰 때 끓는 물에 넣고 달걀을 넣으면 난백의 응고를 돕고, 작은 생선을 사용할 때 소량 가하면 뼈가 부드러워 지며, 기름기 많은 재료에 사용하면 맛이 부드럽고 산뜻해 지는 것은?

① 설탕   ② 후추
③ 식초   ④ 소금

50 전분에 효소를 작용시키면 가수분해 되어 단맛이 증가하여 조청, 물엿이 만들어지는 과정은?

① 호화   ② 노화
③ 호정화   ④ 당화

[해설] 전분에 묽은 산을 넣고 가열하여 최적온도를 유지하면 포도당으로 가수분해가 되는데 이를 전분의 당화라 하며 식혜, 엿 등이 있다.

51 직업병과 관련 원인의 연결이 틀린 것은?

① 잠함병 – 자외선
② 난청 – 소음
③ 진폐증 – 석면
④ 미나마타병 – 수은

[해설] 잠함병 : 고압환경

52 고온작업환경에서 작업할 경우 말초혈관의 순환장애로 혈관신경의 부조절, 심박출량 감소가 생길 수 있는 열중증은?

① 열허탈증   ② 열경련
③ 열쇠약증   ④ 울열증

[해설] 열중증 : 열경련증, 열허탈증, 열쇠약증, 울열증

정답 46 ③ 47 ④ 48 ④ 49 ③ 50 ④ 51 ① 52 ①

53 먹는 물에서 다른 미생물이나 분변오염을 추측할 수 있는 지표는?

① 증발잔류량　② 탁도
③ 경도　　　　④ 대장균

해설 미생물이나 분변오염을 추측할 수 있는 수질오염의 지표는 대장균으로 대장균이 수질오염의 지표로 중요시 되는 이유는 대장균 자체가 유해한 작용을 하는 것은 아니지만 다른 미생물이나 분변오염을 추측할 수 있고 검출 방법이 간편하고 정확하기 때문이며 대장균은 50㎖ 중에서 검출되지 말아야 한다.

54 음식물로 매개될 수 있는 감염병이 아닌 것은?

① 유행성간염　② 폴리오
③ 일본뇌염　　④ 콜레라

해설 일본뇌염 : 모기

55 감염경로와 질병과의 연결이 틀린 것은?

① 공기감염 - 공수병
② 비말감염 - 인플루엔자
③ 우유감염 - 결핵
④ 음식물감염 - 폴리오

해설
- 공기감염, 비말감염 : 디프테리아, 백일해, 결핵, 폐렴, 인플루엔자, 홍역, 수두, 풍진, 유행성 이하선염
- 음식물감염 : 이질, 콜레라, 파라티푸스, 장티푸스, 폴리오, 유행성감염
- 바이러스감염 : 공수병

56 세균성이질을 앓고 난 아이가 얻는 면역에 대한 설명으로 옳은 것은?

① 인공면역을 획득한다.
② 수동면역을 획득한다.
③ 영구면역을 획득한다.
④ 면역이 거의 획득되지 않는다.

해설 세균정 이질 : 면역이 없다.

57 쥐와 관계가 가장 적은 감염병은?

① 페스트
② 신증후군출혈열(유행성출혈열)
③ 발진티푸스
④ 렙토스피라증

해설
- 쥐 : 페스트, 서교증, 재귀열, 발진열, 유행성 출혈열, 쯔쯔가무시증
- 발진티푸스 : 토양, 상처

58 다수인이 밀집한 장소에서 발생하며 화학적 조성이나 물리적 조성의 큰 변화를 일으켜 불쾌감, 두통, 권태, 현기증, 구토 등의 생리적 이상을 일으키는 현상은?

① 빈혈　　　　② 일산화탄소 중독
③ 분압 현상　　④ 군집독

해설 군집독의 원인은 구취, 체취, 고온, 고습, 산소부족, 이산화탄소 증가 등 공기의 조성 변화이며 환기가 이루어지지 않는 실내에 다수인이 장시간 밀집되어 있을 경우 발생한다.

정답 53 ④　54 ③　55 ①　56 ④　57 ③　58 ④

59 작업장의 조명 불량으로 발생될 수 있는 질환이 아닌 것은?

① 안구진탕증　　② 안정피로
③ 결막염　　　　④ 근시

> **해설**　조명불량에 의한 피해 : 작업 능률 저하, 재해 발생, 가성근시, 안정피로, 안구 진탕증, 전광성 안염, 백내장 등

60 하수 오염도 측정 시 생화학적 산소요구량(BOD)을 결정하는 가장 중요한 인자는?

① 물의 경도　　　② 수중의 유기물량
③ 하수량　　　　④ 수중의 광물질량

> **해설**　수중의 유기물량에 따라 생화학적 산소요구량(BOD)는 달라지며 BOD 측정은 수중유기물을 20℃에서 5일간 측정한다.

정답　59 ③　60 ②

기출모의고사 5회

01 식품을 조리 또는 가공할 때 생성되는 유해물질과 그 생성 원인을 잘못 짝지은 것은?

① 엔-니트로소아민(N-nitrosoamine) - 육가공품의 발색제 사용으로 인한 아질산과 아민과의 반응 생성물
② 다환방향족탄화수소(Polycyclic Aromatic Hydrocarbons) - 유기물질을 고온으로 가열할 때 생성되는 단백질이나 지방의 분해생성물
③ 아크릴아미드(Acrylamide) - 전분식품 가열시 아미노산과 당의 열에 의한 결합반응 생성물
④ 헤테로고리아민(Heterocyclic amine) - 주류 제조 시 에탄올과 카바밀기의 반응에 의한 생성물

해설 헤테로고리아민은 육류나 생선을 150~230℃에서 조리 시 검출되는 발암성 물질을 말한다.

02 복어 중독을 일으키는 독성분은?

① 테트로도톡신(Tetrodotoxin)
② 솔라닌(Solanine)
③ 베네루핀(Venerupin)
④ 무스카린(Muscarine)

해설
· 솔라닌(감자싹)
· 베네루핀(모시조개, 굴, 바지락)
· 무스카린(독버섯)

03 과일 통조림으로부터 용출되어 구토, 설사, 복통의 중독 증상을 유발할 가능성이 있는 물질은?

① 안티몬
② 주석
③ 크롬
④ 구리

해설 통조림에서 철이 녹스는 것을 막기 위해 표면에 주석을 입히는데 이 주석은 산성이 강한 과일, 캔, 주스 등에서 용출될 가능성이 높다.

04 화학성 식중독의 원인이 아닌 것은?

① 설사성 패류 중독
② 환경오염에 기인하는 식품 유독성분 중독
③ 중금속에 의한 중독
④ 유해성 식품첨가물에 의한 중독

해설 패류중독은 조개류 중독으로 자연독 식중독을 말한다.

05 안식향산(Benzoic acid)의 사용 목적은?

① 식품의 산미를 내기 위하여
② 식품의 부패를 방지하기 위하여
③ 유지의 산화를 방지하기 위하여
④ 식품의 향을 내기 위하여

해설 안식향산은 청량음료, 간장, 식초 등에 쓰이는 보존료(방부제)이다.

06 식중독 중 해산어류를 통해 많이 발생하는 식중독은?

① 살모넬라균 식중독
② 클로스트리디움 보툴리늄균 식중독
③ 황색포도상구균 식중독
④ 장염비브리오균 식중독

정답 01 ④ 02 ① 03 ② 04 ① 05 ② 06 ④

> **해설**
> - 살모넬라균 식중독 – 육류, 난류
> - 클로스트리디움 보툴리늄균 식중독 – 햄, 소시지, 병, 통조림
> - 황색포도상구균 식중독 – 떡, 콩가루, 쌀밥

07 색소를 함유하고 있지는 않지만 식품 중의 성분과 결합하여 색을 안정화시키면서 선명하게 하는 식품첨가물은?

① 착색료 ② 보존료
③ 발색제 ④ 산화방지제

> **해설**
> - 착색료 – 인공적으로 착색하여 천연색을 보완, 미화하여 식욕을 촉진시키고 품질면에서 그 가치를 높인다.
> - 보존료 – 인식품저장중 미생물의 증식을 억제하여 식품의 변질 및 부패를 방지하기 위해 사용된다.
> - 산화방지제 – 인유지의 산패 및 식품의 변질현상을 방지하기 위해 사용된다.

08 식품의 부패 또는 변질과 관련이 적은 것은?

① 수분 ② 온도 ③ 압력 ④ 효소

> **해설** 부패의 영향요인 – 온도, 수분, 습도, 산도, 열

09 세균으로 인한 식중독 원인물질이 아닌 것은?

① 살모넬라균 ② 장염비브리오균
③ 아플라톡신 ④ 보툴리늄독소

> **해설 세균성 식중독**
> - 감염형 – 살모넬라, 장염비브리오, 병원성대장균, 웰치균
> - 독소형 – 인황색포도상구균, 클로스트리디움 보툴리늄, 바실러스 세레우스

10 중온균 증식의 최적온도는?

① 10~12℃ ② 25~37℃
③ 55~60℃ ④ 65~75℃

> **해설** 중온균 – 최적온도 25~40℃인 세균으로 자연계에 가장 광범위하게 분포한다.

11 업종별 시설기준으로 틀린 것은?

① 휴게음식점에는 다른 객석에서 내부가 보이도록 하여야 한다.
② 일반음식점의 객실에는 잠금장치를 설치할 수 있다.
③ 일반음식점의 객실 안에는 무대장치, 우주볼 등의 특수조명시설을 설치하여서는 아니 된다.
④ 일반음식점에는 손님이 이용할 수 있는 자동반주장치를 설치하여서는 아니 된다.

> **해설**
> **식품위생법상 제7장 영업 21조 시설기준의 식품접객업**
> 1. 휴게음식점 : 음식물을 조리, 판매하는 영업으로 음주행위가 허용되지 않는다.
> 2. 일반음식점 : 음식물을 조리, 판매하는 영업으로서 식사와 함께 부수적으로 음주행위가 허용된다.
> 3. 단란주점 : 주로 주류를 조리, 판매하는 영업으로서 손님이 노래를 부르는 행위가 허용된다.
> 4. 유흥주점 : 주로 주류를 조리, 판매하는 영업으로서 유흥종사자를 두거나 유흥시설을 설치할 수 있고 손님이 노래를 부르거나 춤을 추는 행위가 허용된다.
> - 일반음식점의 객실에는 잠금장치를 설치할 수 없다.
> - 휴게음식점 및 일반음식점의 영업장에는 손님이 이용할 수 있는 자막용 영상장치 또는 자동반주장치를 설치할 수 없다.
> - 일반음식점의 객실 안에는 무대장치, 음향 ,및 반주시설, 우주볼 등의 특수조명시설을 설치하여서는 안 된다.

정답 07 ③ 08 ③ 09 ③ 10 ② 11 ②

12 HACCP의 7가지 원칙에 해당하지 않는 것은?

① 위해요소분석
② 중요관리점(CCP) 결정
③ 개선조치방법 수립
④ 회수명령의 기준 설정

> **해설** HACCP의 7가지 원칙
> 1. 위해요소 분석
> 2. 중요관리점 결정
> 3. 한계 기준 설정
> 4. 모니터링 방법 설정
> 5. 개선 조치 설정
> 6. 검증 방법 설정
> 7. 기록유지 및 문서관리

13 판매의 목적으로 식품 등을 제조·가공·소분·수입 또는 판매한 영업자는 해당 식품이 식품 등의 위해와 관련이 있는 규정으로 위반하여 유통 중인 당해 식품 등을 회수하고자 할 때 회수계획을 보고해야 하는 대상이 아닌 것은?

① 시·도지사
② 식품의약품안전처장
③ 보건소장
④ 시장·군수·구청장

> **해설** 식품의약품안전처장, 특별시장·광역시장, 시·도지사, 시장·군수 또는 구청장은 필요하다고 인정할 때에는 영업자에게 필요한 보고를 하게 할 수 있다.

14 식품위생법에 명시된 목적이 아닌 것은?

① 위생상의 위해 방지
② 건전한 유통·판매 도모
③ 식품영양의 질적 향상 도모
④ 식품에 관한 올바른 정보 제공

> **해설** 식품위생의 목적은 식품으로 인하여 생기는 위생상의 위해를 방지하고 식품영양의 질적 향상을 도모하여 식품에 대한 올바른 정보를 제공하여 국민보건의 증진에 이바지함을 목적으로 한다.

15 식품위생법상 영업에 종사하지 못하는 질병의 종류가 아닌 것은?

① 비감염성 결핵   ② 세균성이질
③ 장티푸스   ④ 화농성질환

> **해설**
> **식품위생법상 영업에 종사하지 못하는 질병의 종류**
> • 콜레라, 장티푸스, A형감염, 파라티푸스, 세균성이질, 장출혈성 대장균감염증
> • 결핵(비감염성 제외)
> • 피부병 또는 그 밖의 화농성 질환
> • 후천성면역결핍증

16 우유 가공품이 아닌 것은?

① 치즈   ② 버터
③ 마시멜로우   ④ 액상 발효유

> **해설** 우유 가공품에는 치즈, 버터, 유청, 분유, 연유, 요구르트 등이 있다.

정답 12 ④   13 ③   14 ②   15 ①   16 ③

17 육류의 사후경직을 설명한 것 중 틀린 것은?

① 근육에서 호기성 해당과정에 의해 산이 증가된다.
② 해당과정으로 생성된 산에 의해 pH가 낮아진다.
③ 경직 속도는 도살전의 동물의 상태에 따라 다르다.
④ 근육의 글리코겐 젖산우로 된다.

해설 산의 증가는 근육의 글리코겐이 분해되어 젖산이 발생되는데 이에 의하여 산이 증가되는 것이다.

18 효소의 주된 구성성분은?

① 지방
② 탄수화물
③ 단백질
④ 비타민

해설 효소의 주성분은 단백질이다. 펩신, 아밀라아제와 같은 소화효소는 주효소인 단백질만으로도 활성을 나타낸다.

19 다음 냄새 성분 중 어류와 관계가 먼 것은?

① 트리메틸아민(Trimethylamine)
② 암모니아(Ammonia)
③ 피페리딘(Piperidine)
④ 디아세틸(Diacetyl)

해설
- 생선은 신선도가 떨어지면서 트리메틸아민 산화물과 요소가 분해되는데, 이 과정에서 트리메틸아민과 암모니아가 생겨 강한 비린내가 나게 된다.
- 피페리딘은 아미노산 분해 생성물로 민물고기 비린내 성분에 속한다

20 식품에 존재하는 물의 형태 중 자유수에 대한 설명으로 틀린 것은?

① 식품에서 미생물의 번식에 이용된다.
② −20℃에서도 얼지 않는다.
③ 100℃에서 증발하여 수증기가 된다.
④ 식품을 건조시킬 때 쉽게 제거된다.

해설
자유수(유리수)의 특징
- 0℃ 이하에서 쉽게 동결한다.
- 건조로 쉽게 분리·제거 가능하다.
- 전해질을 잘 녹인다.
- 미생물이 생육, 번식에 이용할 수 있는 보통형태의 물이다.

21 전분의 노화를 억제하는 방법으로 적합하지 않은 것은?

① 수분함량 조절
② 냉동
③ 설탕의 첨가
④ 산의 첨가

해설
전분 노화의 방지책
- 수분함량을 15% 이하로 한다.
- 유화제를 첨가한다.
- 0℃ 이하로 동결시키거나 60℃ 이상으로 온장한다.

22 우유 100ml에 칼슘이 180mg 정도 들어있다면 우유 250ml에는 칼슘이 약 몇 mg 정도 들어있는가?

① 450mg
② 540mg
③ 595mg
④ 650mg

해설
$100 : 180 = 250 : X$
$100X = 180 × 250$

정답 17 ① 18 ③ 19 ④ 20 ② 21 ④ 22 ①

23 찹쌀의 아밀로오스와 아밀로펙틴에 대한 설명 중 맞는 것은?

① 아밀로오스 함량이 더 많다.
② 아밀로오스 함량과 아밀로펙틴의 함량이 거의 같다.
③ 아밀로펙틴으로 이루어져 있다.
④ 아밀로펙틴은 존재하지 않는다.

해설 찹쌀은 100% 아밀로펙틴으로 구성되어 있다.

24 과일향기의 주성분을 이루는 냄새 성분은?

① 알데히드(Aldehyde)류
② 함유황화합물
③ 테르펜(Terpene)류
④ 에스테르(Ester)류

해설
- 알데히드류 – 감자, 계피, 오이, 복숭아
- 함유황화합물 – 마늘, 양파, 파, 무, 고추냉이
- 테르펜(terpene)류 – 녹차, 레몬, 오렌지

25 불건성유에 속하는 것은?

① 들기름 ② 땅콩기름
③ 대두유 ④ 옥수수기름

해설 불건성유 – 낙화생유, 동백기름 올리브유 등

26 채소의 가공 시 가장 손실되기 쉬운 비타민은?

① 비타민 A ② 비타민 D
③ 비타민 C ④ 비타민 E

해설 비타민 C는 산에는 안정적이나 알칼리와 열에는 불안정하다.

27 일반적으로 포테이토칩 등 스낵류에 질소충전 포장을 실시할 때 얻어지는 효과로 가장 거리가 먼 것은?

① 유지의 산화 방지
② 스낵의 파손 방지
③ 세균의 발육 억제
④ 제품의 투명성 유지

28 달걀흰자로 거품을 낼 때 식초를 약간 첨가하는 것은 다음 중 어떤 것과 가장 관계가 깊은가?

① 난백의 등전점 ② 용해도 증가
③ 향 형성 ④ 표백효과

해설 식초를 첨가함으로 난백의 산도 값이 낮아지게 되어 난백 단백질의 등전점에 가까워지면서 기포성이 좋아지게 된다.

정답 23 ③ 24 ④ 25 ② 26 ③ 27 ④ 28 ①

29 붉은 양배추를 조리할 때 식초나 레몬즙을 조금 넣으면 어떤 변화가 일어나는가?

① 안토시아닌계 색소가 선명하게 유지된다.
② 카로티노이드계 색소가 변색되어 녹색으로 된다.
③ 클로로필계 색소가 선명하게 유지된다.
④ 플라보노이드계 색소가 변색되어 청색으로 된다.

해설 안초시안 색소는 채소, 과일 등의 적색, 자색 등의 색소로 산성에서는 선명한색, 중성에서는 자색, 알칼리성에서는 청색이 된다.

30 단맛을 갖는 대표적인 식품과 가장 거리가 먼 것은?

① 사탕무 ② 감초
③ 벌꿀   ④ 곤약

31 신선한 달걀의 감별법으로 설명이 잘못된 것은?

① 햇빛(전등)에 비출 때 공기집의 크기가 작다.
② 흔들 때 내용물이 잘 흔들린다.
③ 6% 소금물에 넣으면 가라앉는다.
④ 깨트려 접시에 놓으면 노른자가 볼록하고 흰자의 점도가 높다.

해설 **달걀 감별법**
1. 표면이 꺼칠꺼칠하고 두껍고 강한 것이 좋다.
2. 빛에 쬐였을때 난백부가 밝게 보이는 것이 신선한 것이다.
3. 흔들어 보아 소리가 나면 오래된 것이다.
4. 6%의 소금물에 달걀을 넣어 가라앉으면 신선한 것이다.
5. 알을 깨뜨렸을 때 노른자가 그대로 있고 흰자가 퍼지지 않는 것이 신선하다.
6. 혀를 대보아 둥근 부분은 따뜻하고 뾰족한 부분은 찬 것이 좋다.

32 열량급원 식품이 아닌 것은?

① 감자   ② 쌀
③ 풋고추   ④ 아이스크림

해설 체내에서 에너지를 발생하는 3대 열량원은 탄수화물, 단백질, 지방이며 풋고추는 무기질 및 비타민이 함유되어 있다.

33 마늘에 함유된 황화합물로 특유의 냄새를 가지는 성분은?

① 알리신(Allicin)
② 디메틸설파이드(Dimethyl sulfide)
③ 머스타드 오일(Mustard oil)
④ 캡사이신(Capsaicin)

해설 알리신은 마늘에 함유된 황화합물이다.

34 당근의 구입단가는 kg당 1300원이다. 10kg 구매 시 표준수율이 86%이라면, 당근 1인분(80g)의 원가는 약 얼마인가?

① 51원   ② 121원
③ 151원   ④ 181원

해설 1300×10(10kg) : 8600g = X : 80g

정답 29 ① 30 ④ 31 ② 32 ③ 33 ① 34 ②

35 다음 조립법 중 비타민 C 파괴율이 가장 적은 것은?

① 시금치 국　　② 무생채
③ 고사리 무침　④ 오이지

36 조리 시 일어나는 비타민, 무기질의 변화 중 맞는 것은?

① 비타민 A는 지방음식과 함께 섭취할 때 흡수율이 높아진다.
② 비타민 D는 자외선과 접하는 부분이 클수록, 오래 끓일수록 파괴율이 높아진다.
③ 색소의 고정효과로는 Ca^{++}이 많이 사용되며 식물 색소를 고정시키는 역할을 한다.
④ 과일을 깎을 때 쇠칼을 사용하는 것이 맛, 영양가, 외관상 좋다.

37 급식 시설에서 주방면적을 산출할 때 고려해야 할 사항으로 가장거리가 먼 것은?

① 피급식자의 기호
② 조리 기기의 선택
③ 조리 인원
④ 식단

38 다음 급식시설 중 1인 1식 사용 급수 량이 가장 많이 필요한 시설은?

① 학교급식　　② 보통급식
③ 산업체급식　④ 병원급식

39 생선의 비린내를 억제하는 방법으로 부적합한 것은?

① 물로 깨끗이 씻어 수용성 냄새 성분을 제거한다.
② 처음부터 뚜껑을 닫고 끓여 생선을 완전히 응고시킨다.
③ 조리 전에 우유에 담가 둔다.
④ 생선 단백질이 응고 된 후 생강을 넣는다.

해설
비린내 제거방법
- 물로 세척
- 간장, 된장, 고추장, 식초, 과즙, 후추 등 첨가
- 생강, 고추, 파 등의 향신채소류 이용
- 우유에 담그었다 사용

40 총원가는 제조원가에 무엇을 더한 것인가?

① 제조간접비　② 판매관리비
③ 이익　　　　④ 판매가격

해설 총원가 = 제조원가+판매관리비

41 조리 시 첨가하는 물질의 역할에 대한 설명으로 틀린 것은?

① 식염 - 면 반죽의 탄성 증가
② 식초 - 백색채소의 색 고정
③ 중조 - 펙틴 물질의 불용성 강화
④ 구리 - 녹색채소의 색 고정

해설 중조(탄산수소나트륨)는 팽창제로 사용된다.

정답　35 ②　36 ①　37 ①　38 ④　39 ②　40 ②　41 ③

42 소고기의 부위 중 탕, 스튜, 찜 조리에 가장 적합 한 부위는?

① 목심　　　② 설도
③ 양지　　　④ 사태

해설　사태는 결체조직이 많아 오래 끓이는 요리에 적합하다.

43 유지의 발연점이 낮아지는 원인에 대한 설명으로 틀린 것은?

① 유리지방산의 함량이 낮은 경우
② 튀김기의 표면적이 넓은 경우
③ 기름에 이물질이 많이 들어 있는 경우
④ 오래 사용하여 기름이 지나치게 산패된 경우

해설
유지의 발연점에 영향을 미치는 요인
- 사용횟수가 많으면, 1회 사용할 때마다 발연점이 10~15℃씩 저하된다.
- 유리지방산의 함량이 많을수록 발연접이 낮아진다.
- 그릇의 표면적이 넓을수록, 1인치 넓을수록 발연점이 2℃씩 저하된다.

44 김치 저장 중 김치조직의 연부현상이 일어나는 이유에 대한 설명으로 가장 거리가 먼 것은?

① 조직을 구성하고 있는 펙틴질이 분해되기 때문에
② 미생물이 펙틴분해효소를 생성하기 때문에
③ 용기에 꼭 눌러 담지 않아 내부에 공기가 존재하여 호기성 미생물이 성장·번식하기 때문에
④ 김치가 국물에 잠겨 수분을 흡수하기 때문에

해설
김치의 연부현상
- 김치가 숙성적기를 지나면 산패 및 연부현상을 나타낸다.
- 호기성 미생물이 성장번식하기 때문에 김치가 물러지는 현상이다.
- 조직을 구성하고 있는 펙틴질이 분해되기 때문이다.
- 용기에 꼭 눌러 담지 않아 내부에 공기가 존재하여 발생한다.
- 저장온도가 높을수록 숙성적기의 기간이 짧아진다.

45 편육을 끓는 물에 삶아 내는 이유는?

① 고기 냄새를 없애기 위해
② 육질을 단단하게 하기 위해
③ 지방 용출을 적게 하기 위해
④ 국물에 맛 성분이 적게 용출되도록 하기 위해

해설
편육은 고기의 맛 성분이 많이 용출되지 않도록 끓는물에 고기를 넣어 만든다. 끓는물에 넣으면 고기의 표면이 먼저 응고하여 내부 성분의 용출이 느려진다.

정답　42 ④　43 ①　44 ④　45 ④

46 에너지 공급원으로 감자 160g을 보리쌀로 대체할 때 필요한 보리쌀 양은? (단, 감자 당질함량 : 14.4%, 보리쌀 당질함량 : 68.4%)

① 20.9g ② 27.6g
③ 31.5g ④ 33.7g

해설

대치식품량 = $\dfrac{\text{원래식품의 양} \times \text{원래식품의 해당성분수치}}{\text{대치하고자 하는 식품의 해당성분수치}}$

= $\dfrac{160 \times 14.4}{68.4}$

47 육류 조리 시 열에 의한 변화로 맞는 것은?

① 불고기는 열의 흡수로 부피가 증가한다.
② 스테이크는 가열하면 질겨져서 소화가 잘 되지 않는다.
③ 미트로프(Meatloaf)는 가열하면 단백질이 응고, 수축, 변성된다.
④ 소꼬리의 젤라틴이 콜라겐화 된다.

해설

육류의 가열에 의한 변화
- 단백질이 응고되면서 수축, 분해된다.
- 결합조직의 콜라겐이 젤라틴화 되면서 조직이 부드러워진다.
- 중량이 감소되고 육단백질의 보수성이 감소된다.
- 색과 풍미가 좋아지고 지방이 융해된다.

48 차, 커피, 코코아, 과일 등에서 수렴성 맛을 주는 성분은?

① 탄닌(Tannin)
② 카로틴(Carotene)
③ 엽록소(Chlorophyll)
④ 안토시아닌(Anthocyanin)

해설 수렴성이란 입안에 느껴지는 떫은 느낌을 말하며 이는 탄닌의 성분으로 일어나는 현상이다.

49 식단을 작성하고자 할 때 식품의 선택요령으로 가장 적합한 것은?

① 영양보다는 경제적인 효율성을 우선으로 고려한다.
② 소고기가 비싸서 대체식품으로 닭고기를 선정하였다.
③ 시금치의 대체식품으로 값이 싼 달걀을 구매하였다.
④ 한창 제철일 때 보다 한 발 앞서서 식품을 구입하여 식단을 구성하는 것이 보다 새롭고 경제적이다.
④ 소꼬리의 젤라틴이 콜라겐화 된다.

해설

식단 작성의 유의점
- 영양성 : 다섯가지 기초 식품군을 고루 이용하도록 한다.
- 경제성 : 신선하고 값이 싼 식품, 제철 식품을 이용한다.
- 기호성 : 조미료 사용을 줄이고 짜지 않도록 한다.
- 지역성 : 지역의 식생활과 조화될 수 있는 식단을 연구한다.
- 능률성 : 주방의 시설, 기구 등을 고려하고 음식의 종류와 조리법을 선택한다.

50 우유의 카제인을 응고시킬 수 있는 것으로 되어 있는 것은?

① 탄닌 – 레닌 – 설탕
② 식초 – 레닌 – 탄닌
③ 레닌 – 설탕 – 소금
④ 소금 – 설탕 – 식초

해설

우유를 응고시키는 요인
- 카세인 : 산(식초,레몬즙), 응유효소(레닌), 알코올, 염류(염석)
- 유청단백질 : 열

정답 46 ④ 47 ③ 48 ① 49 ② 50 ②

51 칼슘(Ca)과 인(P)이 소변 중으로 유출되는 골연화증 현상을 유발하는 유해 중금속은?

① 납　　　　② 카드뮴
③ 수은　　　④ 주석

해설　카드뮴 중독은 이타이이타이병의 원인물질로 폐기량, 골연화, 전신위축, 신장장애, 단백뇨 등의 증세가 나타난다.

52 실내 공기오염의 지표로 이용되는 기체는?

① 산소　　　　② 이산화탄소
③ 일산화탄소　④ 질소

해설　이산화탄소는 실내공기오염의 지표로 이용되며, 허용기준은 0.1%(1,000ppm)이다.

53 기생충과 중간숙주의 연결이 틀린 것은?

① 십이지장충 – 모기
② 말라리아 – 사람
③ 폐흡충 – 가재, 게
④ 무구조충 – 소

해설　십이지장충은 중간숙주가 없으며 경피감염에 의해 병을 일으킨다.

54 감염병 중에서 비말감염과 관계가 먼 것은?

① 백일해　　② 디프테리아
③ 발진열　　④ 결핵

해설　비말감염이란 호흡기계 전염병의 가장 보편적인 감염방식으로 결핵, 백일해, 디프테리아, 폐렴 등이 있다.

55 환경위생의 개선으로 발생이 감소되는 감염병과 가장 거리가 먼 것은?

① 장티푸스　② 콜레라
③ 이질　　　④ 인플루엔자

해설　수인성 전염병인 소화기계전염병은 환경위생 개선으로 가소시킬수 있으며 장티푸스, 파라티푸스, 이질, 콜레라, 폴리오 등이 있다.

56 우리나라의 법정 감염병이 아닌 것은?

① 말라리아　② 유행성이하선염
③ 매독　　　④ 기생충

57 수질의 오염정도를 파악하기 위한 BOD(생물화학적산소요구량) 측정 시 일반적인 온도와 측정기간은?

① 10℃에서 10일간
② 20℃에서 10일간
③ 10℃에서 5일간
④ 20℃에서 5일간

해설　BOD측정은 수중 유기물을 20℃에서 5일간 측정한다.

정답　51 ②　52 ②　53 ①　54 ③　55 ④　56 ④　57 ④

58 지역사회나 국가사회의 보건수준을 나타낼 수 있는 가장 대표적인 지표는?

① 모성사망률 ② 평균수명
③ 질병이환율 ④ 영아사망률

> **해설** 생후 12개월 미만의 아기사망률인 영아사망률은 지역사회의 보건수준을 나타내는 가장 대표적인 지표가 된다.

59 자외선에 의한 인체 건강 장해가 아닌 것은?

① 설안염 ② 피부암
③ 폐기종 ④ 결막염

> **해설** 폐기종은 폐포가 커지고 폐가 지속적으로 확장하는 병으로 카드뮴과 관계가 있다.

60 고열장해로 인한 직업병이 아닌 것은?

① 열경련 ② 일사병
③ 열쇠약 ④ 참호족

> **해설** 고열환경에 의한 직업병 : 열중증(열쇠약증, 열허탈증, 울열증, 열경련증, 열사병)

정답 58 ④   59 ③   60 ④

부록 2

자기진단 테스트

시험직전 자기진단 테스트를 통하여
이론 정립과 핵심 요약을 병행할 수 있도록
구성하였습니다.

001 공중보건의 정의는?
질병예방, 생명연장, 건강증진

002 건강의 정의?
육체적, 정신적, 사회적으로 모두 완전한 상태

003 자외선의 역할은?
구루병의 예방과 치료작용(비타민 D형성), 창상의 살균력, 피부암유발, 결핵의 치료 효과, 기생충 사멸과 의복류, 식기류의 소독 효과가 있다.

004 대기 중에 가장 많은 원소는?
질소(N_2)-78%, 산소(O_2)-21%, 이산화탄소(CO_2)-0.03% 순서임

005 실내공기의 오염 지표는?
이산화탄소(CO_2)
※ **수질오염의 판정지표?** 대장균
※ **실외공기 판정지표?** 아황산가스(SO_2)

006 인축 공동전염병은?
결핵, 탄저병, 파상열, 페스트, 공수병

007 우리나라 검역 전염병의 종류는?
콜레라, 페스트, 황열

※ **집단 감염되는 기생충은?**
요충

※ **해산어(오징어, 고래, 갈치)의 기생충은?**
아니사키스충

※ **채독증의 원인은?**
구충증(채독증)

008 보건수준을 나타내는 지표서로서 가장 대표적인 것은?
영아사망률

009 3대 건강지표란?
평균수명, 조사망률, 비례사망지수

010 보건행정의 대표적인 기관은?
보건소

011 공중보건 사업의 3대 요건은?
보건행정, 보건법, 보건교육

012 감각온도(자연환경)의 3요소란?
기온(18±2), 기습(60~65%), 기류(1초당 1m이동할 때)

013 군집독 이란?
실내공기의 화학적 조성이나 물리적 조성의 변화.
예 구취, 체취

014 작업대의 종류중 넓은 주방공간에서 용이하고 능률적인 형태는?
ㄷ자형(U자형)

015 수인성 전염병이란?
물을 통해서 전염되는 질병 : 장티푸스, 파라티푸스, 이질, 콜레라

016 물의 정수법과 침전 시 사용되는 약품은?
침사 → 침전 → 여과 → 소독, 황산알루미늄

017 염소 소독의 장점은?
가격이 싸다, 잔류효과가 크다, 소독력이 강하다, 조작이 간편하다.

018 염소 소독의 장점과 염소 소독 시 잔류 염소량은?
장점 : 살균력이 뛰어나다
잔류염소량 : 0.2ppm, 제빙, 수영장, 전염병 발생시 – 0.4ppm

019 조리장의 조도와 검수구역의 조도는?
220Lux, 540Lux

020 하수처리 중 호기성처리와 혐기성처리 방법은?
- 호기성 처리 : 활성오니법, 살수여상법, CO_2발생
- 혐기성 처리 : 부패조 처리법, 임호프 탱크법, 메탄가스 발생

021 BOD는 무엇을 측정하기 위한 것이며 온도와 측정기간은?
20℃에서 5일간 물속의 호기성 생물이 하수 중 유기물을 이용하여 호흡할 때 소비하는 산소의 양

022 여름과 겨울의 분뇨처리 기간은?
부숙 기간 : 여름 – 1개월, 겨울 – 3개월

023 진개 처리 중 매립 시 조건은?
매립 시 2m를 초과하지 말 것, 복토의 두께는 60cm~1m

024 바퀴의 습성은?
잡식성, 야간 활동성, 군서성(집단서식), 질주성

025 공기 중 분진의 위생학적 허용한계(서한량)은?
10mg/m³, (400개/ml)

026 수질오염에 의한 공해질병은?
- 수은(Hg) – 미나마타병
- 카드뮴(Cd) – 이따이이따이병

027 전염원의 병원소에 해당하는 것은?
사람(보균자), 동물, 토양(흙)

028 개달물이란?
비활성 전파체로서 식기, 손수건 같은 일상용품

029 백신이나 예방접종에 의해 형성되는 면역은?
인공능동면역

※인공능동 면역 면역(예방)이 되지 않는 전염병은?
성병, 이질, 풍진, 매독, 세균성식중독

030 바이러스에 의해 감염되는 전염병은?
일본뇌염, 유행성간염, 홍역, 급성회백수염(소아마비, 폴리오)

031 전염병 중 잠복기간이 가장 긴 것은?
결핵임 (짧은 것은 콜레라)

032 바퀴, 파리가 공동으로 일으키는 전염병은?
장티푸스, 콜레라, 이질

※ 모기에 의해 감염되는 전염병은?
말레이사상충증, 말라리아, 뎅기열, 황열, 일본뇌염

033 토양전염이 되는 전염병은?
파상풍, 구충, 보툴리즘

034 D, P, T란?
D : 디프테리아, P : 백일해, T : 파상풍

035 보균자중 관리가 가장 어려운 대상은?
건강보균자

036 유행주기는?
- 계절적 변화 : 겨울-호흡기계, 여름-소화기계
- 단기변화(순환변화) : 3~4년의 유행주기 - 백일해, 홍역, 일본뇌염
- 장기변화(추세변화) : 10~20년의 유행주기 - 장티푸스, 디프테리아, 성홍열

037 흡충류의 1.2중간숙주?
- 횡천(요꼬가와)흡충 : 제1(다슬기) - 제2(은어+담수어)
- 간흡충 : 제1(왜우렁이) - 제2(붕어, 잉어)
- 폐흡충 : 제1(다슬기) - 제2(게, 가재)

038 조충류의 중간숙주?
- 광절열두조충 - 제1중간숙주(물벼룩) - 제2중간숙주(연어, 송어)
- 만소니열두조충 - 닭
- 무구조충 - 소고기, 유구조충 - 돼지고기

039 방부, 소독, 멸균(살균)의 정의?
- 방부 〈 소독 〈 멸균
- 방부 : 미생물의 증식억제
- 소독 : 감염력을 없애는 작용(물리적, 화학적방법)
- 멸균 : 미생물을 사멸시키는 것

040 자외선 중 살균력이 가장 강한 범위는?
2400~2800 옹스트롬
※ **건강선(Dorno ray)이란?** 자외선 중 살균 효과를 가지는 선

041 우유 소독법 3가지는?
- 저온소독법 : 61~65℃ 30분
- 고온단시간살균법 : 70~75℃ 15~20초간
- 초고온살균법 : 130~140℃ 2초간

042 변소 하수도 진개처리에 사용되는 소독약 3가지는?
석탄산(3%), 크레졸(3%), 생석회(3%)

※ 과일 야채 식기 손 소독에 사용되는 것은?
염소, 표백분, 역성비누

043 식품의 특수성분 5가지는?
색, 향, 미(맛), 효소, 유독성분(=기호적 가치 결정)

044 식품의 일반성분은?
지방, 무기질, 탄수화물, 비타민, 단백질(=영양적 가치 결정)

045 유리수(자유수), 결합수의 수분활동의 특징은?

유리수 = 자유수
① 용매로 작용
② 건조에 의해 쉽게 제거
③ 0℃ 이하에서 쉽게 동결
④ 미생물의 생육번식에 이용

결합수
① 용매로 작용 X
② 압력을 가해도 제거 X
③ 0℃ 이하 낮은 온도에서 얼지 X
④ 미생물 생육번식에 이용 X

046 수분활성도(Aw)란?
미생물의 생육이 가능한 식품속의 최저수분 활성치로 Aw값은 1보다 작다.
예) 과일, 채소, 고기(0.98~0.99) 곡류, 두류(0.6~0.64), 박테리아〉효모〉곰팡이 순이다.

047 식품의 맛(향기)성분 명칭은?
마늘(알리신), 생강(진저론, 쇼가올), 생선비린내(트리메틸아민), 고추(캡사이신), 후추(카비신), 참기름(세사몰), 표고(구아닌산), 쓴맛(카페인, 테인, 호프)

048 단당류 5가지는?
포도당, 과당, 갈락토오즈, 자일리톨, 만노오즈

049 이당류 3가지와 결합요소는?
- 자당(서당, 설탕)sucrose : 포도당(glucose) + 과당(fructose)
- 맥아당(엿당)maltose : 포도당(glucose) + 포도당(glucose)
- 유당(젖당)lactose : 포도당(glucose) + 갈락토오즈(glucose)

050 다당류의 종류는?
전분, 글리코겐, 섬유소, 펙틴
※**폰당이란?** 당류 가공품의 결정형 캔디

051 필수지방산(비타민 F)의 종류 3가지는?
리놀레인산(linoleic acid), 리놀레닌산(linolenic acid), 아라키도닉산(arachidonic acid)

052 비타민의 화학명은?
Vit A : Retinol(레티놀)
Vit B : Thiamin(티아민)
Vit B_2 : Liboflavin(리보플라빈)
Vit B_6 : Pyridoxine(피리독신)
Vit B_{12} : Cobalamine(코발아민)
Vit C : Ascorbicacid(아스콜빅에시드)
Vit D : Ccalciherol(칼시페롤)
Vit E : Tocoperol(토코페롤)
Vit F : 필수지방산

053 3대 열량소의 최종 분해산물은?
탄수화물(포도당), 단백질(아미노산), 지방(지방산+글리세롤)

054 경화유(Trans fat)란?
불포화 지방산에 니켈(Ni)을 촉매로 백금과 수소를 첨가하여 포화지방산으로 만든 고체형의 기름
예) 쇼트닝, 마가린이 있다.

055 필수아미노산 9가지는?
페닐알라닌, 루신, 발린, 리신, 메치오닌, 트레오닌, 히스티딘, 트립토판, 이소루신

※암기요령
페루에서 산 **메**트에 앉아 **발리**이까지 가서 **히트**를 쳤다
페 – 닐알라닌, **루** – 신, **메** – 치오닌, **트** – 립토판
발 – 린, **리** – 신, **이** – 소루신, **히** – 스티딘, **트** – 립토판

056 칼슘(Ca)의 급원식품과 결핍증은?
- 급원식품 – 사골, 뱅어포, 멸치, 우유, 치즈
- 결핍증 – 골격 및 치아 발육부진

057 성인과 성장기 어린이의 Ca : P의 섭취 비율은?
성인 1:1   어린이 2:1

058 유지의 성질 중 요오드가의 정의와 3가지 종류는?
고도의 불포화지방산을 함유한 지방으로서 요오드가가 높으면 불포화지방 함량이 많다.
- 건성유(130 이상) – 들깨, 잣, 호두, 아마인유
- 반건성유(100~130) – 참기름, 체종유(해바라기씨 기름, 유채기름), 목화씨, 대두
- 불건성유(100 이하) – 올리브, 동백유, 낙화생유

059 열량의 섭취 비율 순서?
탄수화물65% 〉 지방20% 〉 단백질15%

※소화 흡수율 순서는?
탄수화물98% 〉 지방96% 〉 단백질95%

※당질의 감미도 순서는?
과당(173) 〉 전화당(130) 〉 자당(100) 〉 포도당(73) 〉 맥아당(50) 〉 갈락토오즈(30) 〉 유당(25)

060 산성식품과 알카리성 식품은?
- 산성 : S, P, Cl – 곡류, 어류, 육류, 달걀, 두류
- 알카리성 : Mg, Na, Ca – 채소류, 과일류, 우유

061 요오드의 부족증과 급원식품은?
- 부족증 – 갑산선종, 바세도우시병,
- 급원식품 – 미역, 다시마, 어육

062 비타민과 무기질의 부족증은?
- 비타민 : A–야맹증, C–괴혈병, D–구루병, E–불임증, F–피부염, K–혈액응고(장내세균에 의해 합성됨) B_1–각기병, B_2–구순구각염, B_{12}–악성빈혈,
- 무기질 : 구리, 코발트, 철분 – 빈혈

※비타민의 전구체?
- 비타민 A – 카로틴(provitamin A)
- 비타민 D – 에르고스테린(provitamin D)
- 나이아신 – 트립토판

063 4원미와 매운맛을 가장 잘 느끼는 온도와 예민한 온도는?
① 단맛 ② 짠맛(생리적으로 요구되는 맛)
③ 신맛 ④ 쓴맛(취미맛)
- 매운맛 : 50~60℃
- 가장 예민한 음식 온도 : 30℃ 전후

※역치란?
- 그 맛을 느낄 수 있는 최저농도
- 쓴맛 : 0.00005~0.15

064 식물성 색소 중 수용성 2가지와 지용성 2가지는?
- 수용성 색소 – 안토시안, 플라보노이드
- 지용성 색소 – 클로로필, 캐로티노이드

065 동물성 색소 중 혈색소와 근육색소는?
- 혈색소 – 헤모글로빈, 헤모시아닌
- 근육색소 – 미오글로빈

066 움 저장, 냉장, 냉동의 저장 온도는?
움 저장(-10℃정도), 냉장(-0~4℃), 냉동(-40℃에서 급속냉동시켜 -20℃에서 저장)

067 갈변의 종류는?
효소적 갈변
- 과실 – 사과, 배, 복숭아
- 야채 – 우엉, 연근, 감자의 껍질을 벗겨 공기 중 방치 시

비효소적 갈변
- 캬라멜화 반응 – 당을 170~200℃ 이상으로 가열 시
- 아미노 카보닐 반응 – 된장, 간장의 착색 비타민 C 산화반응

068 잼 형성의 3요소는?
펙틴(1.0~1.5%), 산(pH3.46), 당분(60~65%)

069 훈연식품의 3가지는?
햄, 소시지, 베이컨

070 마요네즈 제조 시 주재료 3가지는?
난황1개, 샐러드유 200ml(65% 차지함), 산

※마요네즈 제조 시 기름과 난황이 분리되기 쉬운 경우는?
기름의 양이 많을 때

※ 난황의 유화제?
레시틴

071 생선묵 제조의 원리와 재료는?
염용성 단백질인 Myosin(미오신)함량이 높은 흰살 생선

072 두부의 응고제는?
간수($MgCl_2$ 염화마그네슘), $CaSO_4$(황산칼슘), $CaCl_2$(염화칼슘)

073 생선의 비린내성분과 어취 제거법은?
① 비린내 성분 – 트리메틸아민(TMA)
② 어취 제거법
- 물로 씻기
- 식초 또는 산 첨가
- 간장, 된장 또는 고추장 첨가
- 파, 무, 생강, 고추냉이, 겨자의 첨가
- 우유에 담근다.
- 술에 재운다.

074 부패, 후란, 변패, 산패, 발효의 특징은?
- 부패 – 단백질 식품이 혐기성하에서 변질
- 후란 – 단백질 식품이 호기성하에서 변질
- 변패 – 단백질 이외의 식품이 미생물의 작용으로 변질
- 산패 – 유지 방치시 변질되는 것(미생물의 작용없이)
- 발효 – 유일하게 유익한 물질로 변화

※ 산패를 촉진시키는 인자는?
광선, 철과 구리 등 금속, 산소

075 식품의 부패를 일으키는 곰팡이 4가지?
아스퍼질루스(누룩곰팡이), 뮤코아(털곰팡이), 리조푸스(거미줄곰팡이), 페니실리움(푸른곰팡이)

※ 식품으로 열원의 에너지 이동 종류에 따른 정의?
대부분의 음식은 복합적 방법에 의해 식품이 조리됨
- 대류 – 가스(공기)나 액체를 통해서만 골고루 전달 (예 물끓이기)
- 복사 – 물체가 열원에 직접 전달되는 현상(예 숯불구이)
- 전도 – 열이 물체를 통해 이동하는 것(예 프라이팬)

076 수중 세균은?
슈도모나스

077 냉동(동결)건조법을 이용한 식품은?
한천, 당면, 건조두부

078 달걀의 기포성에 영향을 주는 요인은?
난백의 수양성, 온도, 첨가물(산, 설탕)

079 첨가물중 팽창제는?
효모(이스트), 명반, 탄산수소나트륨, 중탄산나트륨

080 기름을 가열하여 분해될 때 생기는 연기성분은?
아크롤레인

※ 유지의 발연점에 영향을 미치는 인자는?
유리지방산의 함량, 노출된 유지의 표면적, 외부로부터 들어온 미세한 입자들

081 두류(콩)의 가공품?
두부, 유부, 얼린(건조)두부, 콩나물, 순두부, 유바

082 상차림에서 첩수에 들지 않는 것은?
밥, 국(탕), 김치, 조치(찌개), 종지류

083 신경증상을 일으키는 식중독은?
유기인제(급성), 유기염소제(만성), 복어독, 보툴리누스식중독

084 염장, 당장, 산 저장의 %농도는?
염장(10~30%), 당장(50~65%), 산(3~4%)의 초산

085 철분(Fe)의 급원식품과 결핍증 권장량은?
- 급원식품(간, 육류, 난황)
- 결핍증(빈혈)
- 권장량(남 : 12mg, 여 : 16mg)

086 통조림의 변질 현상 중 내용상의 변질로 캔을 뜯었을 때 신맛을 내는 변질과 원인은?
Flat sour(플랫 사우어 – 가열이 덜 되었을 때)

087 골격, 치아와 관계되는 무기질은?
칼슘(Ca), 급원식품 – 사골, 멸치, 뱅어포, 건새우, 우

088 쌀로 밥을 지을 때 수분함량은?
- 백미(보통 쌀) 중량에 물을 1.5배
- 부피(체적)에 1.5배
- 불린쌀과 찹쌀은 부피(체적)에 동량(1.0배)의 물을 부어 밥을 짓는다.

089 쌀 100g으로 밥을 지었을 때 중량은?
250g (2.5배)

090 전분의 호정화란?
전분에 물을 가하지 않고 160~180℃ 이상으로 가열 시 여러 단계를 거쳐 생기는 가용성 물질
예 쌀 튀밥, 미숫가루, 비스켓, 토스트

※전분의 호화란?
생쌀(β전분)이 물과 열에 의해 밥(α전분)이 되는 현상 98℃에서 20分가열

※전분의 노화 현상이란?
α화(밥)된 전분을 방치 시 딱딱해지는 것

※전분의 노화 현상 방지법?
수분을 15% 이하로 낮추는 방법으로 비스켓, 센베이, 미숫가루를 만들고 서랍속에 두기, 급속냉동시키기, 노화방지제를 사용하면 노화를 늦출 수 있다.

※전분의 노화 조건?
온도0~4℃, 수분50~60%, 수소이온농도 높을 때 노화현상이 빨리 온다.

091 음용수의 적정불소(F)의 함량은?
0.8~1ppm

092 음용수의 적정pH와 색도, 탁도는?
pH : 5.8~8.5, 색도 : 5, 탁도 : 2

093 육류의 결합조직이 많은 부위와 조리법은?
- 부위 – 양지육, 장정육, 사태
- 조리 – 편육, 탕, 찜

094 육류, 과일의 구입 시 유의 사항은?
육류(부위, 중량), 과일(산지, 상자 당 개수, 품종)

095 우리나라에서 감염률이 제일 높은 식중독은?
세균성 식중독인 포도상구균 식중독

096 식품과 식중독의 연결은?
- 햄, 소시지, 통조림 – 보툴리누스 식중독
- 육류, 알 – 살모넬라 식중독

097 육류의 사후강직 순서와 융점이 높은 순서는?
- 사후강직 순서 : 돼지고기→닭고기→쇠고기, 말고기
- 융점 : 닭고기→돼지고기→쇠고기→양고기

098 육류연화법은?
칼·망치 다지기, 냉동법, 숙성과정 5% 이하의 식염 농도, 효소 첨가법

※육류 가열에 의한 변화 6가지는?
① 고기 단백질의 응고, 수축, 분해
② 중량의 감소, 보수성의 감소
③ 결합조직의 연화 : 콜라겐 → 젤라틴화
④ 지방의 융해
⑤ 색의 변화
⑥ 풍미의 변화

※육류를 묵혀두기(aging) 할때 온도와 습도는?
습도(85~95%), 온도(1~3℃)

※육류의 수분 함량은?
60%

099 신선한 달걀의 감별법은?
- 표면이 까칠까칠하고 광택이 없는 것
- 빛에 비추어 난백부가 밝게 보이는 것
- 흰자 덩어리인 농후 난백(난황, 난백 계수법)이 많을것
- 6%의 식염수에 안 떠오르는 것
- 혀에 대어 보아 뾰족한 부분은 차갑고 둥근 부분은 따뜻한 것, 난황계수=높이/직경으로 평균 0.36~0.44이다.
- pH가 높으면 기공이 커져 오래된 것

100 첨가물 중 산화 방지제는?
BHA, BHT, 에리소르빈산염, 몰식자산프로필

※천연 산화방지제?
비타민 E, 비타민 C

101 글루테인 함량에 따른 밀가루의 종류와 용도?
- 강력분 : 13% 이상 - 빵, 마카로니, 파스타
- 중력분 : 10~13% 이상 - 국수, 만두, 칼국수
- 박력분 : 10% 이하 - 튀김, 과자, 비스켓, 케익, 카스테라

102 당질 지방 단백질의 구성원소는?
C, H, O
※단백질의 추가 구성요소 = N(16%), S

103 달걀의 난백과 난황의 응고 온도는?
난백(58℃), 난황(68~70℃)

※알찜을 결이 곱게 찌려면?
60~70℃로 5~7분

※달걀의 완숙 시간은?
12~15분

※조리된 달걀의 소화 흡수율은?
반숙란 > 삶은 달걀 > 생달걀 > 프라이

104 음식의 적정온도는?
찌개전골(95℃), 도우넛(160℃), 커틀렛(170℃), 크로켓(190℃), 캬라멜화(170~200℃), 청주, 엿기름, 당화온도(55~60℃), 밥, 납두균(45℃), 국, 커피, 홍차(80℃)

105 통조림의 제조원리는?
탈기 → 밀봉 → 살균 → 냉각

106 조리사, 영양사 면허취득의 결격사유?
- 정신질환자, 마약 및 그 밖의 약물중독자
- 감염병환자(B형간염환자는 제외)
- 조리사 또는 영양사 면허의 취소 처분을 받고 그 취소된 날부터 1년이 지나지 아니한 자

107 소맥분 개량제는?
과산화벤조일, 브롬산칼륨, 과황산암모늄, 이산화염소, 과붕산나트륨

108 주류의 메탄올 허용치는?
0.5mg/㎖ 이하
- 치사량 : 30~100ml
- 증상 : 구토 실명, 호흡곤란, 사망

109 곡류의 배아에 많이 들어 있는 성분은?
비타민 E(토코페롤), 비타민 B_1

110 제빵 시 설탕과 지방의 효능은?
- 설탕 : 단맛 효모의 영양원 빛깔 향기 겉면의 갈색화
- 지방 : 연화작용

111 각 식품 속 단백질명은?
콩(글리시닌), 옥수수(제인), 쌀(오르제닌), 보리(호르데인), 밀(글루데닌+글리아딘=글루텐)

112 근채류는?
무, 우엉, 연근, 당근

113 유화식품의 종류는?
마요네즈, 우유, 아이스크림, 버터, 잣 미음

114 수중유적형은?
마요네즈, 우유, 아이스크림
※유중수적형은? 버터, 마가린

115 어육의 단백질 성분 3가지는?
미오신, 액틴, 액토미오신

※신선한 우유의 4가지 조건은?
① 물컵에 한 방울 떨어뜨리면 구름같이 퍼지는 것
② 비중이 15℃ 기준일 때 1.028 이상인 것
③ 이물 침전물이 없고 점주성이 없는 것
④ 70%의 알코올 실험 시 미세한 점성이 생기지 않는 것

116 우유를 응고시키는 요인 5가지는?
산, 알카리, 열, 효소, 탄닌

117 잠열이란?
찜할 때 수증기가 갖고 있는 증기열(잠열) : 539Cal

118 국 끓일 때 건더기량?
국은 국물의 1/3, 찌개는 국물의 2/3

119 조미의 순서는?
설탕 → 소금 → 간장 → 식초, 참기름

120 소금 농도는?
국 : 1%, 찌개 : 2%, 생선구이 : 2%, 김치 : 2~3%

121 원가란?
제품을 생산하는데 소비한 경제가치
※비용이란?
일정기간 내에 기업의 경영활동으로 발생한 경제가치의 소비액을 의미

122 원가의 3요소는?
재료비, 노무비, 경비

123 직접경비는?
외주가공비, 특허권 사용료 등

124 재료비의 계산 공식?
재료의 실제소비량×재료소비단가

※월중소비액을 파악하기 쉬운 계산 방법은?
월초재고액+월중매입액−월말재고액

125 재료 소비량의 계산법 3가지는?
계속기록법, 재고조사법, 역계산법

126 재료 소비가격의 계산법 2가지는?
선입선출법, 단순평균법

127 손익분기점이란?
수익과 총비용(고정비+변동비)이 일치하는 점

128 고정자산이란?
토지, 건물, 기계

129 비타민의 손실이 가장 적은 조리법 순서는?
튀김 < 볶음 < 구이 < 찜 < 탕

130 조리장의 설비순서는?
준비대 → 개수대 → 조리대 → 가열대 → 배선대

131 조리장 설비 순서?
제일 먼저 위생 고려 다음이−능률−경제

132 조리장 구조는?
바닥과 바닥으로부터 1m까지는 내수성자재를 사용한다.

133 튀김할 때 튀김기름의 사용양은?
일반적으로 2~5배의 기름을 사용하고, 많은양(deep fat frying)의 기름은 5~6배를 사용하여 튀긴다.

134 칼슘 흡수 방해요소는?
수산, 지방산, 피틴산(Phytic acid)

135 핵산의 구성 성분이고 보효소 성분으로 되어 있으며 생리상 주요한 당은?
리보스

136 쌀을 주식으로 하는 민족에게 부족되기 쉬운 비타민은?
비타민 B_1

137 비타민 B_1의 흡수를 도와주는 마늘에 들어있는 성분은?
알리신

138 옥수수를 주식으로 하는 민족에게 잘 나타나는 피부병은?
펠라그라(나이아신의 결핍증)

139 세균성 식중독의 발생시기는?
6~9월(여름)

140 우유를 통해 일어날 수 있는 식중독과 특히 주의해야 할 사람은?
병원성대장균, 젖먹이 어린이

141 포도상구균의 독소와 균은?
엔테로톡신(Enterotoxin)장독소, 황색포도상구균, 화농균

142 보툴리누스균의 독소 이름은?
뉴로톡신(Neurotoxin) 신경독소

143 발열이 없는 식중독?
보툴리누스, 장염비브리오

※발열이 있는 식중독은?
살모넬라 38℃

144 자연독에 의한 식중독?
복어–테트로도톡신/독미나리–시큐(사이코)톡신/청매–아미그달린/섭조개, 대합–삭시톡신/모시조개, 굴, 바지락–베네루핀/독보리–테물린/맥각–엘고타민/독버섯–무스카린, 무스카리틴, 아마니타톡신, 필지오린/대두–사포닌/면실유–고시폴

145 독버섯의 감별법은?
버섯줄기가 세로로 쪼개지지 않는 것, 고약한 냄새가 나고 화려한 것, 색깔이 짙은 것, 줄기부분이 거친 것, 쓴맛, 은수저로 문질러 검게 변하는 것, 점성의 액이 나오고 유즙분비하는 것, 공기 중에서 변색 되는것은 유독하다.

146 간장독을 일으키며 재래식 된장, 곶감에 일어나는 식중독은?
아플라톡신

147 알레르기성 식중독으로 일어나는 물질과 균은?
히스타민 – 모르가니균(프로테우스균의 일종)

148 냉동식품 해동법?
냉장고에서 자연해동, 플라스틱 필름에 싸서 흐르는 물, 전자렌지이용

149 우유를 데우는 방법은?
이중냄비에서 가끔씩 저어가며 데운다.

※응고물질은?
락토알부민

※단백질의 변성에 영향을 미치는 조건은?
- 물리적 : 가열, 동결, 압력, 초음파
- 화학적 : 산, 알카리, 알콜, 중금속

150 채소 삶을 때 물의 양은?
재료의 5배 정도

151 담즙의 기능은?
산의 중화작용, 지방을 소화되기 좋은 형태로 유화시켜 줌, 약물 및 독소 등의 배설작용

152 단백질 분해효소 종류는?
파인애플–부로메린, 파파야–파파인, 무화과–휘신, 펩신, 트립신

153 우리나라 성인 남자 여자의 열량, 단백질, 비타민 C, 칼슘, 철분의 권장량은?

	열량	단백질	비타민C	칼슘	철분
남자	2500cal	70g	70mg	700mg	12mg
여자	2000cal	55g	70mg	700mg	12mg

154 간장을 달이는 목적은?
살균과 장이 맑아지고 부패 위험을 감소시키기 위해서 달인다.

155 맛의 강화(대비현상)이란?
본래의 정미물질에 다른 물질이 섞여 맛이 증가하는 것

156 부패 세균의 증식 조건은?
적당한 영양, 온도, 수분, pH

157 장맥아란?
- 저온에서 장시간 발아 감주 제조에 쓰임.
- 당화력이 단맥아 보다 강하다.

158 찬곳이란?
0~15℃
※표준온도란? 20℃

159 감자의 갈변과 관계있는 것은?
플라본색소, 효소, 공기

160 엔젤 케이크, 머렝게, 스폰지 케이크는 달걀의 어떤 성질을 이용한 것인가?
기포성

161 산소가 없거나 있더라도 미량일 때 생육할 수 있는 균?
통성혐기성균

162 첨가물 중 과채류의 품질 유지를 위한 피막제는?
초산비닐수지, 몰호린지방산염

163 포자형성균의 멸균에 가장 적절한 것은?
고압증기 멸균법, 간헐멸균법

164 미생물의 발육 최적온도는?
저온균(15~20℃), 중온균(26~37℃), 고온균(50~60℃)

165 기생충 중 사람이 중간숙주 역할을 하는 것은?
말라리아
- 회충, 구충 – 채소(매개식품임)

166 대치식품이란?
영양면에서 주된 영양소가 공통으로 함유된 것을 의미한다.
예 버터 → 마가린, 소고기 → 돼지고기, 감자 → 고구마로 대치할 수 있다.

167 표준식단의 작성순서는?
영양기준량의 산출 → 섭취식품량의 산출 → 3식의 배분 결정 → 음식수 및 요리명 결정 → 식단작성 주기 결정 → 식량배분 계획 → 식단표 작성

168 가스 저장법이란?
과일 야채류를 냉장과 병행하여 호흡을 억제하고 저장하는 법(O_2제거하고 N_2, CO_2를 주입하면 저장이 됨)

169 아린 맛의 정의는?
쓴맛에 떫은 맛을 섞은 것 같은 불쾌한 맛

170 기초 대사량에 영향을 주는 인자는?
체표면적이 클수록, 남자가 여자보다, 근육질인 사람이 지방질인 사람에 비해, 발열이 있는 사람이, 기온이 낮으면 소요열량이 커진다.

171 유지의 중합 반응이란?
유지를 장시간 가열하면 중합이 되고, 분자가 2개 이상 결합되어 소화율과 요오드가가 저하되며, 설사 증상과 점성이 증가됨

172 세계보건기구의 주요 기능?
① 국제적인 보건사업의 지위 및 조정
② 회원국에 대한 기술지원 및 자료공급
③ 전문가 파견에 의한 기술자문 활동

173 상수도 시설이 잘되면 발생이 크게 감소할 수 있는 전염병은?
장티푸스, 이질

174 기온역전현상은 어느 경우를 말하는가?
상부기온이 하부기온보다 높을 때

175 상수도의 급속여과 시 사용되는 약품은?
황산알루미늄

176 음료수의 염소소독 시 잔류 염소의 양은?
0.2ppm

177 임호프조와 관계가 있는 것은?
하수처리

178 미나마타병의 원인이 되는 금속은?
수은

179 카드뮴 중독에 의하여 생기는 병은?
이타이이타이병

180 링겔만 비탁표는 무엇을 측정하는 것인가?
검댕이량

181 결핵환자의 객담소독에 제일 위생적인 방법은?
소각법

182 유지의 경화란?
불포화 지방산에 수소를 첨가한 것이다.
예 쇼트닝, 마가린이 있다.

183 단백질의 질소 함유량은?
16%

184 고기 국물이 맛있는 것은 무엇 때문인가?
이노신산

185 수질오염의 지표균은?
대장균

186 맥아물엿의 주성분은?
덱스트린 + 말토오즈

187 대두에는 어떤 성분이 들어있어 소화액인 트립신의 분비를 저해하는가?
사포닌

188 생선비린내의 냄새는?
트리메틸아민

189 병원성 미생물을 큰 것부터 순서대로 나열하면?
진균류 〉 스피로헤타 〉 세균 〉 리케차 〉 바이러스

190 여름철에 음식을 실온에 방치하였다가 먹었더니 4시간 후에 발병했다. 어느 균에 의한 것인가?
포도상구균

191 신선한 우유의 평균 pH는?
pH 6.6

192 치즈, 버터, 마가린 등 유지 식품에 사용이 허가된 보존료는?
데히드로 초산

193 살인당 또는 원폭당이라는 별명이 있던 유해 감미료는?
파라니트로올솔루이딘

194 조리 시 다양한 거품이 발생할 때 이를 제거하기 위하여 사용되는 첨가물은?
소포제

195 커피에 들어있는 발암물질은?
벤즈알파파이렌

196 검역 전염병은?
콜레라, 황열, 페스트

197 유통기한의 정의는?
제품의 제조일로부터 소비자에게 판매가 허용되는 기한을 말함.

198 올리고당의 특징은?
1. 장내균총의 개선효과 2. 변비개선 3. 저칼로리당
4. 충치예방 5. 미네랄 흡수촉진
6. 비스티스균 성장에 도움

199 승홍수의 특징은?
1. 식기구나 피부 소독에 부적당
2. 금속 부식성이 강하여 0.1% 수용액으로 비금속 기구 소독에 사용
3. 온도 상승에 따라 살균력도 비례하여 증가함
4. 단백질과 결합하여 침전이 일어남

200 감수성지수(접촉성 감염지수)순서?
홍역 · 천연두 95% 〉 백일해 70% 〉 성홍열 40% 〉 디프테리아 10% 〉 소아마비(폴리오) 0.1%

참고문헌

- 김기영 외 2인(2006). 『외식산업론』. 현학사.
- 김동승 외(2006). 『식품구매론』. 광문각.
- 박경곤·최성기(2014). 『식자재관리 및 구매』. 백산출판사.
- 염진철(2002). 『The professional cuisine』. 백산출판사.
- 장명숙 외 2인(2014). 『식생활관리』. 신광출판사.
- (사)한국전통음식연구소(2011). 『아름다운 한국음식 300선』. 질시루.
- 한국제분협회(2014). 『제분과 밀가루의 이용』.
- 국가법령정보센터(2021). 『식품위생법』. https://www.law.go.kr/.
- 국가법령정보센터(2021). 『제조물책임법』. https://www.law.go.kr/.
- NCS 학습모듈(2020). 『한식조리』.
- NCS 학습모듈(2020). 『양식조리』.
- NCS 학습모듈(2020). 『중식조리』.
- NCS 학습모듈(2020). 『일식조리』.
- NCS 학습모듈(2020). 『복어조리』.

2021년 03월 04일 발행(개정증보판)
2025년 01월 06일 개정2판

저자 | 차원, 한인경, 이윤선, 이순란
발행인 | 김정태
발행처 | 도서출판 미림원
신고번호 | 제2023-000025호
주소 | 경기도 남양주시 다산중앙로 146번길 7
전화 | 031-513-4600
팩스 | 031-513-4900

ISBN | 978-89-94204-66-6 (13590)
정가 | 25,500원

저자와의
협의하에
인지첨부
생략

- 파본은 구입하신 서점에서 교환해 드립니다.
- 이 책은 저작권법에 의해 보호받는 저작물이므로 무단전재와 복제를 금합니다.